분단-통일에서 분리-통합으로

분단-통일에서 분리-통합으로

2014년 10월 20일 초판 1쇄 인쇄
2014년 10월 30일 초판 1쇄 발행

지은이 김학노 · 박정원 · 김종법 · 정병기 · 이호근 · 김인춘 · 차창훈 · 김용복 · 이옥연
펴낸이 윤철호
펴낸곳 (주)사회평론아카데미

편집 박서운 · 김천희
표지 본문 디자인 김진운 · 황지원
마케팅 이영은 · 이경화 · 홍은혜 · 조서연

등록번호 2013-000247(2013년 8월 23일)
전화 02-2191-1133
팩스 02-326-1626
주소 121-844 서울특별시 마포구 월드컵북로12길 17(2층)

ISBN 979-11-85617-17-6 93340

"이 저서는 2013학년도 서울대학교 미국학연구소 총서 사업의 지원을 받아 수행된 연구 결과물임.
This work was supported by the Seoul National University (American Studies Institute Publication Series)."

분단-통일에서 분리-통합으로

분리통합연구회 편

사회평론

책을 펴내며

이 책은 분리통합연구회에서 처음 내놓는 책이다. 분리통합연구회는 2012년 말경에 소수의 사람들이 만나서 정치와 정치학 및 사회과학 전반에 대한 의견을 교환하면서 시작했다. 처음에는 유럽정치연구회에서 공부를 같이 한 서너 명을 중심으로 무언가 어렴풋하지만 새로운 공부 주제가 생긴 것 같다는 희미한 공감대만 있었다. 여기에 몇몇 학자들이 뜻을 같이하면서 소규모 공부 모임이 꾸려졌다. 친분이 있던 사람들이 모이기도 했지만, 전혀 모르던 사람들도 함께 했다. 굳이 하나를 골라야 한다면, 친분보다는 공부 주제와 자세에 공감하는 사람들이 모인 셈이다.

분리통합연구회는 특정 지역이나 분야의 전공자들이 모인 모임이 아니다. 다양한 지역 전문가, 다양한 분야를 다루는 연구자들이 모였고, 실로 각자 다양한 주제에 관심을 갖고 있다. 다만 현실에서 일어나는 많은 현상을 '분리-통합'이라는 개념으로 이해할 수 있다는 생각을 공유하고 있다. 남북한의 분단과 통일 문제뿐만 아니라, 특정 정치인을 중심으로 지지세력이 모이고 흩어지는 현상, 특정 종교나 이념을 둘러싸고 전개되는 세력 결집과 와해 현상, 물질적 이익을 둘러싸고 모이거나 갈라서는 일, 남녀가 사랑해서 같이 살고 또 헤어지기도 하는 일이 모두 분리와 통합의 연속선에서 일어나는 것으로 볼 수 있다. 서로 다른 분야의 연구자들이 이런 '생각'을 공유하면서 '따로 또 같이' 공부하는 모임이다.

분리통합연구회에서 공부하고자 하는 주제도 명확하게 규정되어 있지 않다. 공부의 대상이 되는 행위주체가 다양하고 그에 따라 다양한 주제를 공부하고자 한다. 영토적 기반을 가진 국가나 지역 혹은 혈연적 기반을 가진 민족이나 종족 같은 눈에 보이는 대상에만 우리의 관심을 국한하지 않는다. 분리-통합의 주체는 영토나 혈연과 같은 가시적인 (가시적이라고 생각하는) 울타리에 의해서 규정되는 국가나 민족도 될 수 있지만, 진보나 보수와 같은 아주 유동적이고 실체를 가시화하기 힘든 다양한 세력들도 될 수 있다. 분리-통합의 주체가 다양한 만큼 우리들의 공부 욕심도 끝이 없다.

처음부터 너무 많은 욕심을 내면 아무것도 제대로 할 수 없을 것이라는 생각에서, 우선은 상대적으로 가시화하기 쉬운 주제를 잡아서 책으로 내놓는다. 이 책에서 다루는 지역이나 국가들 사이의 분리와 통합이라는 주제는 우리 연구회의 관심과 시각을 다소 평이하게 보여줄 수 있을 것으로 생각한다. 아울러 분리-통합이라는 일반적인 시각에서 볼 때 남북한의 분단과 통일 문제도 새롭게 볼 수 있다는 점을 보여줄 것으로 기대한다. 물론 첫술에 배부를 수는 없다. 새로운 공동작업을 계기로 앞으로도 꾸준한 걸음을 따로 또 같이 계속할 것을 약속한다.

분리통합연구회 활동을 하면서 여러 분들의 도움을 받았다. 2013년에는 한국학술협의회에서 연구모임 지원을 받았고, 2014년부터는 유럽정치연구회와 함께 한국고등교육재단의 지원을 받고 있다. 특히 서울대학교 미국학연구소에서 이 책을 미국학총서로 내기로 하면서 물심양면의 지원을 받았다. 이 책의 구상을 선뜻 받아주고 책의 출판을 지원해준 미국학연구소에 감사를 드린다. 총서 발간을 위해 심사위원들께서 소중한 심사평도 해주었다. 심사위원들의 소중한 논평을 이 책에 제대로 반영하지 못한 부분은 앞으로 공부를 계속하면서 보완할 것을 약속드린다. 위 기관들에 관련된 모든 분들과 연구회 회원들, 그리고 출판사의 윤철호, 김천희 선생께 감사의 말씀을 드린다.

2014. 10. 3.

분리통합연구회원들의 뜻을 모아

김학노 씀

차례

영국의 분리와 통합: 북아일랜드, 스코틀랜드, 웨일스의 지역주의

독일: 분리와 통합의 역사적 발전과정의 재구성

‘분단-통일’에서 ‘분리-통합’으로: 문제의 제기

김학노(영남대학교)

이 책은 세계의 여러 지역에서 일어났거나 일어나고 있는 분리와 통합의 사례들을 정치사회학적으로 비교 검토한다. 이 책의 작업은 그동안 남북한 관계 및 통일 문제에 대해서 사용해 온 ‘분단과 통일’의 개념에서 벗어나 ‘분리와 통합’의 새로운 개념을 사용하자는 간단한 발상에서 비롯됐다. 지금까지 남북한 관계와 통일 문제에 대해서 우리는 ‘분단-통일’이라는 익숙한 개념쌍을 가지고 연구하고 생각해 왔다. 이 책은 남북한 관계와 통일 문제에 대하여 ‘분단-통일’ 대신에 ‘분리-통합’이라는 새로운 개념쌍으로 볼 필요가 있다는 발상의 전환에 입각해 있다. 분단-통일 대신 분리-통합의 개념쌍으로 보면, 이전에 남북한 관계와 무관했던 많은 사례들이 우리에게 대단히 중요한 의미를 갖게 된다. 이런 문제의식에서 세계 여러 지역의 주요 분리-통합 사례들에 대한 탐사연구(pilot project)를 시도한다.

분단-통일 개념과 분리-통합 개념의 장단점에 대해서는 이 책의 마지막 부분에서 상세하게 다룰 것이다. 여기서는 먼저 분단과 통일의 개념으로 남북한 관계와 통일 문제를 보는 것에 대해 간단한 의문을 던짐으로써 이 책의 필자들이 공유하고 있는 전반적인 문제의식의 출발점을 소개한다. 다음으로 분리와 통합의 개념을 '우리(我)'의 외연의 축소와 확대로 정의한다. 분단-통일의 개념쌍이 통일지향성이라는 규범적 내포를 강하게 갖고 있는 반면, 분리-통합의 개념은 규범적 정향을 배제하고 '우리'의 외연의 상대적 크기를 기술하는 가치중립적인 용어다. 마지막으로, 이 책에서 다루는 사례들을 간단히 언급하고 사례연구에서 다룰 주요 질문들을 소개한다.

I. 분단과 통일?

임채완(2006, 21-22)에 따르면, 분단은 근대 국민국가가 탄생한 이후의 정치현상이다. 그는 파운즈(Pounds)의 연구에 근거하여, 19세기와 20세기를 거치면서 아일랜드, 폴란드, 네덜란드, 스웨덴과 노르웨이, 인도와 파키스탄, 독일 등을 비롯한 20여 개국의 분단 사례가 있다고 소개한다. 20세기의 분단 현상은 주로 제2차 세계대전 이후 국제정치 및 내전에 의한 결과이며 독일, 오스트리아, 예멘, 베트남, 한국, 팔레스타인, 중국 등이 있다고 한다. 임채완 등이 지은 『분단과 통합』(2006)은 분단국 사례로 독일, 예멘, 베트남, 중국(과 대만), 한국을 분석하고 있다.

임채완(2006, 26-29)은 분단국가의 유형에 대한 기존 연구들도 검토하는데, 그중 헨더슨 등(Henderson *et al.* 1974)이 분단국가를 크게 '분단민족(divided nations)'과 '분할국가(partitioned countries)'로 구분한 것에 특별히 주목할 만하다. 이들은 모두 둘 이상으로 나뉘기 전에 정치적 통일을 유지한 점에서 공통점을 가진다. 분단민족은 주로 외부

강대국의 간섭으로 나뉜 경우로 한국, 독일, 베트남, 중국, 몽골 등이 포함된다. 분할국가는 주로 종족, 언어, 종교 등 내적인 이유로 나뉜 것으로 아일랜드, 인도, 루안다, 팔레스타인 등이 해당된다. 〈표 1〉은 임채완의 연구에서 가져온 것인데, 여기에 중국과 대만이 분단국 사례에 포함된 것은 이 기준에 따른 것으로 보인다.

표 1. 다섯 개 사례의 분단과 통일 유형 비교

구분 \ 국가	독일	예멘	베트남	중국과 대만	남북한
분할 원인	강대국 합의분할점령	강대국 합의분할	강대국 합의분할	이데올로기적 교착상태	강대국 합의분할점령
분단 원인	강대국 미합의 (의견 불일치)	강대국의 합의	내전	내전/혁명	강대국 미합의 (내부 불일치)
분단 유형	국제형	국제형	국제형/내쟁형	내쟁형	국제형/내쟁형
통일 요인	경제교류 (기능주의)	정치적 협상 (신기능주의)	전쟁	-	-
통일 유형(정책)	흡수통일	합의통일	흡수통일	중: 일국양제 대: 일국양구	남: 남북연합 북: 연방제

출처: 임채완 2006, 29

그런데 〈표 1〉에서 과연 분단국의 사례 선정이 정확한지 의문이 든다. 먼저 〈표 1〉에서 중국과 대만은 국제적 요인보다 국내 요인이 압도적으로 우세한 내쟁형으로 기술되어 있다. 남북한도 과연 분단국 사례로 보는 것이 적합한지 의문이 든다. 남북한 분단의 우선적인 원인이 강대국의 분할 점령에 있지만 〈표 1〉에서 보듯이 내쟁형의 요소도 있기 때문이다. 물론 강대국의 분할 점령이 남북한 분단의 일차적인 원인이라고 볼 수 있기 때문에 내쟁형보다 국제형이 우위에 있다고 할 수 있다. 하지만 남북한 분단의 원인 또는 책임이 일차적으로 우리 민족의 분열에 있고 국제적 요인은 부차적 변수라고 볼 수도 있다. 이런 시각에서 신복

룡(2006, 58)은 "한반도의 분단은 나누어짐(division)이 아니라 갈라섬(separation)이었다"고 주장한다. 분단국 사례 선정이 적절한지 의문이 드는 것은 곧 '분단국'이라는 개념 자체가 분명한지에 대한 의문으로 이어진다.

대부분의 경우 안과 밖의 경계가 모호하고 안과 밖의 갈등이 서로 복잡하게 얽혀 있기 때문에 나뉨의 일차적인 원인이 국내에 있는지(내쟁형) 아니면 국외에 있는지(국제형)에 따라서 분단민족과 분할국가를 엄밀히 구분하는 것은 부적절할 수 있다. 어느 경우든 분단국은 분단 이전에 정치적 통일을 이뤘다가 분단에 의해서 정치적 통일성을 상실하게 됐다는 의미를 담고 있다. 그런데 분단 이전에 정치적 통일성을 갖고 있었다는 기준이 실은 간단한 문제가 아니다. 앞서 분단국의 사례로 든 스웨덴과 노르웨이, 인도와 파키스탄 같은 경우 과연 분단국으로 볼 수 있을지 강한 의문이 든다. 노르웨이나 파키스탄이 분리독립한 것을 분단으로 볼 수 있는가? 그렇다면 한국이 일본 제국주의에서 벗어나서 분리독립한 것도 분단으로 봐야 하는가? 대만이 일제 강점에서 벗어난 것도?

문제를 더 복잡하게 만드는 것은, 남북한이 분단 이전에 정치적 통일체를 형성했었다고 봐야 하는지조차 의문이 든다는 점이다. 일제 강점에서 벗어난 뒤 남북한이 정치적 통일체를 형성한 적은 없다. 다만 일제 강점기 이전에 수백 년 동안 단일한 정치공동체로 살아온 역사가 있을 뿐이다. (물론 이것도 통일신라 이후 고려와 조선으로 하나의 공동체가 지속적으로 이어져왔다는 인식에 입각해 있을 때만 성립한다. 여기에서 발해는 사라진다.) 원래 하나였던 것이 나뉜 것을 분단이라고 한다면, 남북한의 경우 분단 이전에 원래 하나의 정치적 통일체를 형성하지 못했던 점에서 분단국으로 표현하는 것은 적절해 보이지 않는다. 하나의 국가가 두 개의 국가로 갈린 것이 아니라, 해방 후 애초에 두 개의 국가를 건설한 것이다.

다만 남북한의 주민들이 오래전부터 상당히 강한 민족의식을 유지해 온 점에서 하나의 민족을 형성했었고 그 하나의 민족이 두 개의 국가로 나뉜 분단민족이라고 할 수는 있겠다. 하지만 우리가 과연 그만큼 강한 민족의식을 지속적으로 유지해 왔는지의 문제는 차치하고, 같은 민족이 다른 국가에 속해서 살고 있는 경우가 이 지구상에 얼마나 많은가? 또, 우리가 시야를 조금만 넓히면, '조선족'으로 불리는 우리와 같은 민족 구성원들이 중국에 속해 있음을 잘 알고 있다. 그렇다고 조선족과 남한이나 북한의 한민족을 가리켜 원래 하나의 민족이 다른 국가들로 나뉜 분단민족이라고 부를 것인가?

분단 개념 못지않게 통일 개념 또한 생각만큼 자명한 개념이 아닐 수 있다. 김혁(1997, 65-73)은 통일과 통합의 개념을 비교하면서 본래 하나였던 것인지 아닌지에 따라서 두 개념을 구분한다. 즉, 통일은 본래 하나였던 것이 나뉜 것을 다시 합치는 것이고, 통합은 본래 다른 국가들을 하나로 합치는 것이라고 한다. 김혁은 이러한 구분에 입각하여 남북한이 원래 하나의 민족국가였기 때문에 "두말할 필요 없이 '통일'의 개념이 적절"하다고 주장한다. 하지만 남북한이 분단 이전에 원래 하나의 민족국가를 형성한 것이 아니기 때문에 분단국이라고 부르는 것이 적절하지 않듯이, 같은 이유로 남북한을 합치는 것을 통일이라고 부르는 것도 적절하지 않을 수 있다. 원래가 하나인지 아닌지 자체가 분명하지 않은 것이다.

통일 개념과 관련해서 더 커다란 어려움은, 우리가 원래 하나였던 것을 합치는 경우에 한해서 통합 대신 통일이라는 이름을 붙이는 게 사실이 아니라는 점이다. 가령 삼국'통일' 이전에 고구려와 신라 및 백제가 하나의 국가를 형성했었기 때문에 우리가 '통일'이라는 용어를 사용하는 것은 아니다. 삼국통일은 단순히 고구려, 백제, 신라 세 나라 사이의 사건이 아니라 당이 신라를 끌어들여 자신의 동북아시아 정책을 추진한 국제정치적 역사로 볼 필요가 있다. 삼국시대에 삼국의 백성들이 원래 하나라는 민족의식이 만연해 있었다고 보기 어렵고, 더구나 그 이전에 원래 하나의 국가를 형성했었던 것도 아니다(구대열 2010 참조). 그럼에도 우리는 삼국이 합친 것을 삼국'통일'이라고 부른다. 그렇다면 고구려와 백제 및 신라가 원래 하나의 민족국가나 민족의식을 형성하여서 우리가 삼국'통일'이라고 부르는 것이 아니라, 오히려 통일신라와 그 후예들이 대체로 한반도를 영토적 기반으로 하는 국가로 이어져 내려왔기 때문에 후대의 입장에서 거꾸로 삼국'통일'이라는 용어를 사용한다고 봐야 할 것이다. 같은 논리가 19세기 후반에 일어난 독일 통일이나 이탈리아 통일에도 적용된다.

요약하면, '분단'과 '통일' 개념은 정확하게 사용하기 어렵고 분석적 용어로서 복잡한 문제들이 있다. 우리가 통상 남북한의 분단과 통일이라는 개념을 사용하지만, 막상 학문적 분석을 위해서 이 개념쌍이 적절한지 의문이 든다. 분단-통일 대신 분리-통합의 개념쌍으로 발상을 전환하려는 이유의 하나다.

II. 특수론에서 일반론으로

분단-통일 대신 분리-통합으로 개념을 바꾸려는 이 책의 시도는 용어의 부적절함에서만 비롯하지 않는다. 개념이 다소 모호하고 부적절하더라도 그 개념이 좋은 연구 결과를 구하는 데 잘 활용될 수 있다면 크게 문제가 되지 않을 수 있다. 게다가 분단과 통일이라는 개념은 우리가 일상 생활에서 널리 쓰는 용어다. 일상적인 용어를 활용하여 좋은 연구결과를 가져올 수 있다면, 개념의 정교성과 유용성 사이에 어느 정도의 교환이 가능하고 바람직할 수도 있다.

하지만 우리가 익히 사용하고 있는 개념들이 정확성도 떨어지고 분석적 효용성도 떨어진다면 새로운 개념들을 모색할 필요가 있다. 이 책에서 분단-통일 대신에 분리-통합의 개념쌍으로 바꾸자는 주장을 하는 가장 큰 이유는 후자가 전자보다 분석적으로 더 유용한 결과를 가져올 수 있다고 믿기 때문이다. 두 개념쌍의 장단점에 대한 비교는 이 책의 마지막 부분에서 상세히 다룰 것이다. 여기서는 분단-통일 대신 분리-통합 개념을 사용할 때 우리의 연구대상 범위가 대단히 넓어지고 그만큼 남북한의 관계 개선과 통일 문제에 대해서도 훨씬 풍부한 시사점을 가져올 수 있다는 점을 강조한다.

분단-통일의 개념 대신 분리-통합의 개념을 사용할 때 얻는 가장 큰 이점은 한반도 문제를 더 이상 특수사례로 보지 않고 하나의 일반사례로 보는 것이다. 분단-통일의 개념은 남북한이 '분단'이라는 특수한 상황에 있다는 것을 전제로 한다. 앞서 보았듯이, 지난 200여 년 동안 분단국 사례는 20여 개에 불과하다. 이 숫자는 노르웨이가 스웨덴에서 독립한 사례와 파키스탄이 인도에서 분리독립한 사례처럼 일반적인 분단의 경우로 보기 힘든 사례도 포함한 것이다. 그중에서도 독일, 베트남, 예멘의 경우를 분단국 사례로 중점적으로 연구하는 것이 우리 학계의 일반적인 경향이며, 특히 독일 통일의 경험에 관심이 집중되어 있다.

이 책은 좀 더 시야를 넓혀 20세기의 특수한 현상을 담고 있는 분단국 사례도 분리의 일반적인 경우로 보고자 한다. '천하대세(天下大勢), 분구필합(分久必合), 합구필분(合久必分)'이라고 하듯이, 인류 역사는 정치공동체가 나뉘고 합치기를 반복하는 과정으로 점철되어 있다. 분합(分과 合)의 개념으로 한반도에 초점을 맞추어서 보자면 우리의 역사도 분리와 통합이 지속되어 온 과정에 해당한다. 부족국가들이 고대국가들로, 나아가 삼국으로 통합하고, 이들이 다시 통일신라와 발해로 통합 및 분리되고, 이 중 통일신라를 중심으로 후삼국으로 분리되었다가 고려로 다시 통합되고, 중국(원)과의 부분적 통합을 거쳐서, 조선으로 이어진 후 일본에 통합되었다가 남북한으로 분리 및 통합된 것으로 아주 거칠게 간략할 수 있다.

이러한 분과 합의 역사는 한반도에만 국한된 현상이 아니요, 중국과 일본, 나아가 유럽과 아메리카, 아프리카, 중동 등 세계 모든 지역에서 볼 수 있는 일반적인 현상이다. 모든 분리와 통합의 사례에는 나름대로의 특수성이 있겠으나 그 특수성들을 제대로 이해하기 위해서도 무수히 많은 일반적인 사례들의 비교연구를 통해 일반적인 경향과 패턴들을 발견하는 작업을 해야 할 것이다. 이런 이유로 이 책은 분단-통일에서 벗어나서 분리-통합의 시각으로 남북한 관계와 통일 문제에 접근할 것을 주장한다.

III. 분리와 통합의 개념

이 책에서 사용하는 분리와 통합이라는 용어는 '우리'의 외연의 축소와 확대를 의미하는 가치중립적인 개념이다. 분단과 통일이라는 용어가 분단을 극복하고 통일을 달성해야 한다는 규범적 정향을 강하게 갖고 있는 반면, 분리와 통합은 그와 같은 규범적 정향을 배제하고 단순히 현실을 기술하는 개념으로 사용한다. 그렇다고 이 책의 필자들이 현재의 분단 상태를 극복하고 통일을 이루려는 민족적 염원을 무시하거나 거부하는 것은 아니다. 다만 남북한 관계 및 통일 문제와 관련한 연구를 수행함에서 가치정향적인 분단-통일의 개념보다 가치중립적인 분리-통합의 개념이 더 많은 이득을 가져올 수 있다고 생각한다. 분리와 통합 그 자체에는 좋고 나쁨이 내포되어 있지 않다. 분리에도 좋은 분리와 나쁜 분리가 있고, 통합에도 좋은 통합과 나쁜 통합이 있을 수 있다. 분리와 통합은 좋고 나쁨을 떠나서 단순히 '우리'라는 공동주체의 외연이 작아지거나 커지는 것을 의미한다.

이 책에서 '통합'은 '소아(小我)에서 대아(大我)로의 확대'로, 분리는 '대아에서 소아로의 축소'로, 각각 '우리'의 외연의 상대적 크기를 기준으로 정의한다. 통합은 둘 이상의 행위자가 더 큰 '우리'를 형성해 나가는 과정이나 또는 그 최종적인 결과로서 큰 우리를 형성한 상태를 지칭한다. 소아와 대아는 상대적인 개념이다. 소아, 즉 '작은 우리'는 '더 작은 우리'에 대해서는 대아에 해당한다. 대아, 즉 '큰 우리'도 '더 큰 우리'에 대해서는 소아에 해당한다. 나와 너라는 개인들이 모여서 가족을 이루고 가족들이 지역공동체를, 지역공동체들이 국가공동체를 이룬다고 하면, 이때 '개인 → 가족 → 지역 → 국가' 순으로 소아에서 대아로 확대되는 것이라 볼 수 있다. 국가와 국가가 모여서 국가연합이나 연방국가를 구성한다면 이 또한 소아(원래의 국가)에서 대아(새로운 연합이나 연방)로 통합하는 것이다. 이와 같이 통합을 소아에서 대아로 우리 외연이 확대하는 것으로 정의하는 것은, 나이(Nye 1968, 858)가 "부분들로 하나의 전체를 형성하는 것 또는 상호의존성을 만드는 것(forming parts into a whole or creating interdependence)"으로 통합을 이해한 것이나, 구영록(1980, 316)이 "부분들로써 전체를 형성하는 것"으로 통합을 정의한 것과 일맥상통한다.

'분리'는 '통합'의 상대적인 개념으로서 대아에서 소아로 우리의 외연이 축소되는 과정이나 그 최종적인 결과로서 작은 우리를 형성한 상태를 지칭한다. 연방국가에서 개별 국가로, 국가에서 지역으로, 지역에서 가족으로, 가족에서 개인으로 우리의 외연이 축소되는 과정이 분리다. 대아에서 소아로 우리의 외연이 축소되는 분리 과정은, 한편으로는 '더 작은' 소아들을 소아로 통합하는 과정이기도 하다. 연방국가가 개별 국가들로 분리되는 것을 예로 들면, 이는 연방국가라는 대아에서 개별국가라는 소아가 분리하는 과정이기도 하지만, 동시에 개별국가 내의 다양한 소아들을 연방국가와 구별하여 개별국가의 이름 아래 통합하는 과정이기도 하다. 〈그림 1〉로 설명하자면, '작은 우리1'이 '큰 우리'에서 분리하는 과정은 '더 작은 우리1'과 '더 작은 우리2'를 자신을 중심으로 통합하는 과정과 같다. 한민족이라는 '큰 우리(대아)'에서 남한과 북한이라는 '작은 우리(소아)'로 분리한 과정은 곧 남과 북 각각의 내부에서 '더 작은 우리'들을 한민족이라는 '더 큰 우리'의 이름이 아니라 남한과 북한이라는 '작은 우리'의 이름으로 통합한 것이기도 하다.

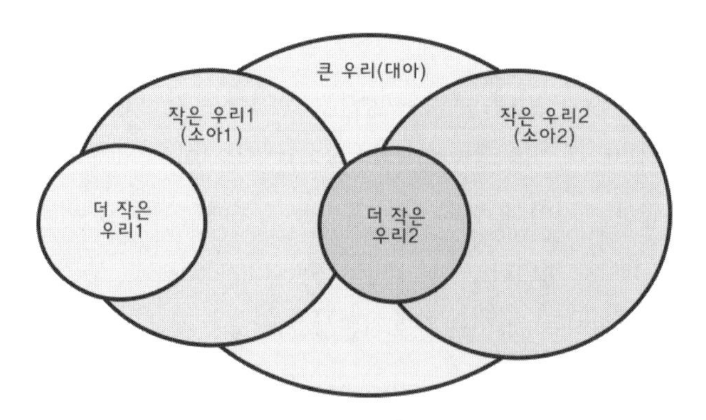

그림 1. 분리와 통합의 상대적 개념도

이러한 통합과 분리의 개념은 정치를 '아(我)와 비아(非我)의 헤게모니 투쟁'으로 보는 필자의 시각에 입각해 있다(김학노 2010). 소아에서 대아로 자아를 확대하는 '통합' 과정은 곧 헤게모니 행사요 구축 과정이다. 통합의 주도세력 또는 구심세력은 하위세력들에게 강압이나 리더십, 양보와 담론 등 다양한 방식으로 헤게모니를 행사하고 구축함으로써 자신을 중심으로 한 '우리'의 틀 안에 하위세력을 규합한다. 주도세력과 하위세력을 각각 아와 비아라고 한다면, 아가 비아에 대하여 헤게모니를 구축함으로써 전체로서의 우리 안에 포함하는 과정은 소아에서 대아로 우리를 확대하는 통합과정이다. 원래의 아, 즉 주도세력이나 원래의 비아, 즉 하위세력은 나중의 우리에 비하여 모두 소아에 해당한다. 이 과정을 소아의 견지에서 보면 우리 밖의 헤게모니 행사 과정, 즉 외적 통합이다. 하지만 같은 과정을 대아의 견지에서 보면 이것은 아(대아) 내부에 있는 아(소아)와 비아(소아) 사이의 헤게모니 투쟁과 구축 과정, 즉 내적 통합이다.

그 역도 마찬가지다. 즉, 소아에서 대아로 우리의 외연이 확대되는 통합과정이 헤게모니 행사와 구축 과정이라면, 역으로 대아에서 소아로 분리되는 과정도 마찬가지로 헤게모니 행사와 구축 과정이다. 대아에서 소아로 분리를 도모하는 세력은 대아의 입장에서 보면 분열적인 세력이다. 그러나 분리를 도모하는 세력은 그보다 '더 작은 소아들'을 따로 모아서 하나의 우리(소아)를 형성한다. 이 소아는 더 작은 소아들을 자신의 헤게모니 아래 통합함으로써 만들어진 것이다. 이 과정을 원래의 대아의 입장에서 보면 분열 내지 분리의 과정이지만, 아주 작은 소아의 입장에서 보면 또 다른 대아(원래의 대아보다는 작지만)로의 통합과정이다.

따라서 분리와 통합은 소아와 대아처럼 상대적인 개념이며, 분리-통합은 하나의 연속적인 과정으로 보아야 한다. 분리-통합은 한 공간 안에서 소아와 대아가 스스로를 '우리'로서 동시에 구축하려는 과정이다. 즉 '분리-통합'은 '큰 우리'와 '작은 우리' 사이의 헤게모니 투쟁이다. 또는 '큰 우리'를 형성하려는 주도세력인 소아1과 그 하위세력인 소아2 사이의 헤게모니 투쟁이다. 큰 우리는 상대적으로 외연이 넓은 대아로의 큰 통합을 추구하며 구심력을 구축하려 한다. 작은 우리는 상대적으로 외연이 좁은 소아로의 작은 통합을 추구하며, 이는 대아의 입장에서 보면 분리를 추구하는 원심력의 원천이 된다. 분리-통합의 시각에서 볼 때 세계 곳곳의 분리-통합을 둘러싼 갈등은 이러한 '큰 우리 대 작은 우리' 또는 '구심력 대 원심력' 또는 '구심력 대 원심력1 대 원심력2' 사이의 헤게모니 투쟁이다.

이렇게 정의한 통합과 분리 개념은 국가와 국가 사이의 관계뿐만 아니라 사회 집단 사이나 단체, 또는 지역과 소수민족 사이의 통합과 분리 문제에도 널리 적용될 수 있다. 통상적으로 국가와 국가의 통합은 '국제통합'으로서 국가 밖의 문제로 보고, 사회 집단이나 단체들 또는 소수민족과 지역들 사이의 통합은 국가 안의 문제로 구분한다. 하지만 이와 같은 국제와 국내의 구분은 현실에서 엄격하게 유지되기 힘들다. 국내의 소수민족이 결집하여 중앙 국가로부터 분리에 성공한 경우 이는 더 이상 국내 문제가 아니다. 북아일랜드와 영국과의 통합을 원하는 사람들에게 북아일랜드 문제는 국내 통합 문제가 되지만, 북아일랜드가 영국으로부터 독립해서 아일랜드와 통합하기를 원하는 사람들에게는 국제적 문제가 될 수 있다.

IV. 주요 질문

위에서 제시한 분리와 통합의 개념 정의는 아직 초보적인 단계에 머무르고 있다. 무엇보다도 분리-통합을 우리의 외연의 차원에서만 이해하고 있으며 그 내포의 차원을 포함하지 못하고 있다. 고정된 수의 행위자들을 대상으로 연구할 때 분리-통합은 외연보다 내포가 더 중요하다. 이를테면 남한과 북한이라는 두 행위자만 고찰할 때 둘 사이의 관계에 따라 분리와 통합의 정도를 논할 수 있어야 한다. 향후 내포의 차원을 포함하여 분리-통합의 개념을 더욱 정교하게 다듬고 중요한 기준을 준거로 유형화하고 그 정도를 측정하는 지표를 개발하는 일이 필요하다.

개념의 정교화와 유형의 개발은 다음의 과제로 미루고, 이 책에서는 우선 분리-통합의 초보적인 개념 정의에 입각하여 주요 사례들에 대한 기초적인 조사를 시작한다. 먼저 구 유고슬라비아와 구 체코슬로바키아, 영국, 독일, 이탈리아, 스웨덴과 노르웨이, 미국, 일본, 중국 등을 비교 사례로 선정했다. 유고슬라비아와 체코슬로바키아는 모두 분리의 사례로서, 각각 폭력적 방식과 평화적 방식의 분리를 대표한다. 영국은 잉글랜드를 중심으로 스코틀랜드와 웨일즈 및 북아일랜드와의 통합과정이 다채롭고 분리와 통합의 헤게모니 투쟁 또한 다양한 양태를 보인다. 독일과 이탈리아는 모두 19세기 후반에 통일된 근대국가를 수립한 사례지만, 그 속에 다양한 분리주의 움직임이 있고 다양한 형태의 분리-통합 기제가 제도화되어 있다. 스웨덴과 노르웨이는 통합과 분리가 모두 비교적 평화롭게 이루어진 사례로 우리와 일본과의 관계와 대조적이다. 미국은 분리주의 세력과 통합주의 세력이 전쟁까지 치르면서 대결했지만 내전 이후 비교적 평화적 통합을 이룬 사례로서 비슷하게 전쟁을 치른 남북한 관계에 시사점이 크다. 일본과 중국은 미국과 함께 한반도를 둘러싼 동북아시아 국제정치의 주요 관련국들이다. 중국은 티베트와의 관계에, 일본은 오키나와와 재일 조선인에 초점을 맞추었다.

이 책은 분리-통합의 개념으로 이들 사례에 대해서 처음으로 조사하는 점에서 일종의 탐사연구에 해당한다. 따라서 각 사례를 연구하는 데서 사례의 특성에 맞게 개별 필자들이 자유롭게 기초 조사를 수행하도록 하였다. 다만 다음과 같은 질문을 염두에 두기로 했다.

첫째, 분리 및 통합을 추동하는 주요 요인들이다. 우리가 다루는 역사적 사례에서 다양한 주체세력들이 어떤 이유나 계기로 분리와 통합을 추진하게 되었는지 알아야 한다. 여기에는 종교적 이유, 이념 또는 정치적 이유, 인종 및 민족적 이유(ethnicity 포함), 경제적 이유, 문화적 이유, 국제적 이유 등 다양한 계기들이 포함된다. 이들 계기들이 중첩될 수도 있다. 남북한의 분단은 국제적 이유와 국내의 정치사회적 이유가 중첩되어 발생하였다. 벨기에의 분리 움직임은 언어와 경제적 빈부 격차가 지역과 중첩되면서 가속화되었다. 이탈리아의 북부 동맹이나 남한의 통일에 대한 무관심 증가는 일종의 '부자들의 반란'이라고 할 수 있다. 부유한 소아가 대아로부터 분리를 희망하는 경우다. 이러한 다양한 계기들 중에서 어떤 계기들이 어떻게 작동하여 분리나 통합의 움직임을 가져왔는지 살펴본다.

둘째, 헤게모니 투쟁의 주체다. 이 책의 시각에서는 분리와 통합의 역학관계가 중요하다. 분리나 통합은 홀로 일어나지 않는다. 분리는 통합을 원하는 세력을 무릅쓰고 일어나며, 통합은 분리를 원하는 세력들을 극복하고 이루어진다. 이는 곧 분리와 통합 세력들 사이의 헤게모니 투쟁의 결과다. 헤게모니 투쟁과 관련하여 우선 누가 주도적 역할을 하는지가 중요하다. 분리 및 통합의 주요 추진 세력(들)이다. 각 사례에서 어떤 행위자가 분리와 통합을 추진하였는지 살펴보고, 왜 그리고 어떻게 그 행위자가 주된 헤게모니 주체가 되었는지 알아본다. 여기에는 구성국가, 지역정부와 중앙정부, 계층, 정당, 종교세력, 인종 및 민족 등 다양한 부류의 행위자들이 해당할 수 있다. 다양한 잠재적 행위자들 중에서 어떤 행위자가 주요 추진세력으로 등장하게 되었는지 그들의 주관적 노력과 객관적 환경 사이의 관계를 살펴본다.

셋째, 헤게모니 투쟁의 방식과 내용이다. 분리와 통합 추진세력들 사이의 헤게모니 투쟁에서 각 세력들이 어떤 방식으로 어떤 내용의 헤게모니를 구축하려고 하였는지, 그 결과는 어떠했으며 왜 그랬는지 등의 질문이 중요하다. 또 헤게모니 투쟁에서 물적, 이념적, 제도적 자원들이 어떻게 활용되었는지 살펴본다. 물적 자원으로는 군사력과 경제력이 대표적으로 포함된다. 이념적 자원으로는 이데올로기와 문화 및 역사의 재해석 등이 포함된다. 제도적 자원은 분리나 통합을 촉진하거나 억제하기 위한 제도적 장치들이 어떻게 변화해 왔는지 살펴본다. 특히 이 과정에서 '지식인'이 어떤 역할을 하였는지 살펴볼 필요가 있다.

넷째, 분리와 통합의 변천 과정이다. 이 글이 제안하는 분리-통합의 개념은 역사적 접근을 배제하고는 성립할 수 없다. 각 사례에서 분리와 통합의 추동 요인과 역학관계를 제대로 이해하기 위해서는 과거로부터의 역사적 맥락을 이해해야 한다. 우리의 분석 대상은 고정된 것이 아니라 움직이는 것이기 때문에, 그 움직임의 역사적 변천과정을 정리하고 이해할 필요가 있다. 분리와 통합의 변천과정은 다른 말로 표현하면 헤게모니 투쟁의 경과와 특정 시점에서의 결과다. 변천과정에서 중요한 요인과 과정을 헤게모니 투쟁의 관점에서 살펴본다.

다섯째, 남북한에 주는 시사점이다. 우리의 연구는 남북한의 관계에 대해 시사점을 얻는 데 궁극적인 목적이 있다. 남북한의 시사점을 구하기 위해서 남북한에 특수한 교훈을 구하는 것은 아니다. 각각의 사례 중에서 일반적으로 적용될 수 있는 유형들을 발견하고 이를 남북한에 적용할 수 있다. 따라서 남북한에 적용한다고 해서 특수론적 관점에 서는 것이 아니다. 일반론적인 관점에서 여러 사례들을 비교 분석함으로써 우리의 특수한 경우에도 적용할 수 있는 교훈을 찾는 것이다.

이러한 문제의식을 갖고 이 책은 다양한 분리-통합의 사례들을 살펴보았다. 위의 다섯 가지 질문을 모든 필자들이 공유하고 있다. 하지만 실제 연구의 결과물에는 이 질문들이 분명히 드러나 있지 않을 수도 있다. 처음 시도하는 작업이기 때문에 각 사례별로 내적인 과정을 소상하게 파악하는 것이 너무 힘들 수 있기 때문이다. 그럼에도 이 책의 작업이 우리가 공유한 문제의식을 더 발전시키고 더욱 심층적인 연구로 발전할 것을 기대한다.

통합과 분리:
유고슬라비아와 체코슬로바키아의 사례

박정원(한국교원대학교)

I. 들어가는 말

20세기에 동유럽의 유고슬라비아와 체코슬로바키아는 각각 두 번의 통합과 두 번의 해체를 경험하였다. 두 나라 모두 제1차 세계대전의 종전과 더불어 탄생하였고, 제2차 세계대전의 와중에 1차 국가해체를 경험하였으며, 제2차 세계대전의 종전과 함께 통합된 국가로 재출발하였다. 그리고 재출발 과정에서 사회주의체제를 채택한 점에서나, 1989년 동유럽 사회주의체제의 붕괴과정에서 연방국가가 해체되는 점에서도 양국은 역사적 유사성을 보여 주고 있다.

그러나 이러한 유사성에도 불구하고 최종적인 제2차 국가해체과정에서 유고슬라비아와 체코슬로바키아는 전혀 상이한 모습을 전개하였다. 즉, 유고슬라비아가 전쟁과 대량학살 또는 인종청소로 대표되는 폭력적 해체과정을 밟은 반면, 체코슬로바키아는 체코와 슬로바키아로 분리되는 과정에서 흔히 '벨벳이혼(velvet divorce)'으로 표현되듯이 평화적으로 해체되었던 것이다.

1989년 구 소련 진영의 사회주의체제 붕괴 이후 사회주의연방을 유지하였던 소련, 체코슬로바키아, 유고슬라비아의 경우 모두 연방해체를 경험하였는데, 이들은 모두 다민족국가였다. 다민족국가의 경우 구성원 규모나 역학관계상 대개 우세민족(또는 우등민족)과 열세민족(또는 이등민족)이 존재하기 마련이다. 유고슬라비아의 경우 우세민족으로 세르비아 민족을 들 수 있고, 크로아티아 민족이나 슬로베니아 민족, 마케도니아 민족 등을 열세민족으로 볼 수 있다면, 체코슬로바키아의 경우 체코 민족을 우세민족으로, 슬로바키아 민족을 열세민족으로 볼 수 있을 것이다. 그리고 소련의 경우 러시아 민족이 우세민족이라면 소련을 구성하였던 우크라이나, 그루지아, 리투아니아 등 다른 공화국의 민족들은 열세민족으로 볼 수 있을 것이다.[1] 이 글은 이들 우세민족과 열세민족 들의 관계양상과 역학관계 전개가 연방의 구성과 해체에 중요하게 작용하였다는 전제하에, 민족관계의 동학을 중심으로 유고슬라비아의 폭력적 해체와 체코슬로바키아의 평화적 해체를 고찰하고자 한다.

민족관계의 동학을 중심으로 양국의 통합과 해체 과정을 고찰하는 이 작업은 다른 한편 '분리와 통합'의 관점에서 유고슬라비아와 체코슬로바키아의 국가성립과 국가해체과정을 재고찰하는 것이기도 하다.[2] 이 글에서 통합과 분리의 주체는 민족이지만, 대체로 민족이 공화국을 건설

1 다민족국가 내 구성 민족에 대해 우세민족과 열세민족으로 단정짓는 것에 문제가 있을 수 있지만, 인구수, 민족이 차지하는 영토의 크기, 국내정치적 지배력, 대외적 대표성 등에서 그 구분이 불가능한 것은 아니다. 예를 들어 소련의 경우 러시아 민족이 모든 면에서 압도적이었고, 체코슬로바키아의 경우도 체코인의 수가 슬로바키아인에 비해 거의 두 배에 달하며, 유고슬라비아의 경우 소련의 러시아 민족 정도는 아니지만 세르비아인이 지속적으로 주도권을 장악한 것은 분명하다.

2 분리와 통합의 개념 및 그 의의에 대해서는 이 책에 수록되어 있는 김학노의 글 참조

하여 연방을 구성하는 과정을 밟았다는 점에서 구성공화국이 될 수도 있다. 통합의 경우 유고슬라비아와 체코슬로바키아의 국가성립과 재출발을 의미한다면, 분리의 경우 1차와 2차에 걸친 국가해체를 의미한다. 유고슬라비아와 체코슬로바키아의 두 사례는 통합과 분리의 과정에서 핵심적 주체세력, 각 세력의 동기와 전략, 헤게모니 투쟁의 경과 등이 잘 드러나는 사례가 될 것으로 보인다.

그리고 분리와 통합에 대한 연구가 남북한의 통일 문제에 대한 시사점을 찾는 데 가장 큰 의의가 있다면, 유고슬라비아와 체코슬로바키아의 국가 성립과 해체에 관한 이 사례연구를 통해서 남한과 북한의 장래에 대한 시사점을 도출하는 것이 가능할 것으로 예상된다. 또한 동유럽의 구 공산국가와 비교하여 세습체제나 자력갱생 노선처럼 이질성을 보여주는 공산국가 북한이지만, 그럼에도 불구하고 스탈린식 경제체제나 일당독재를 고수하는 소련형 사회주의체제에 속하는 동질성을 보유한다는 점에서 이들 양국에 대한 연구는 북한체제를 전망하는 데에서도 도움이 될 수 있을 것이다. 이런 의의를 염두에 두고 이 글은 유고슬라비아와 체코슬로바키아의 분리와 통합 사례를 살펴보고자 한다.

II. 1차 통합과 국가성립

제1차 세계대전의 종료와 함께 시작된 유고슬라비아와 체코슬로바키아의 국가성립에는 여러 가지 유사성이 발견된다. 약소민족들로 구성된 점, 오랜 기간 독립을 염원하고 투쟁해 온 점, 그러나 자력으로 독립을 달성하기에는 역부족인 현실에 직면한 점, 세계대전이 초래한 다민족제국의 붕괴—특히 오스트리아 합스부르크 제국의 붕괴—가 임박했다는 유리한 역사적 시점에 도달한 점, 이 시점을 포착하여 중유럽과 남유럽의 다양한 민족들이 연대하여 신생국가를 출범시키게 된 점 등이 그 유사성에 해당된다.

유고슬라비아는 1918년 여러 남슬라브 민족들을 통합하여 출발한 '세르비아-크로아티아-슬로베니아 왕국(Kingdom of the Serbs, Croats, and Slovenes)'이 그 출발점이다. 이 국가는 기존에 이미 1878년 독립국을 구성하였던 세르비아와 여전히 오스트리아-헝가리 이중제국의 식민상태에 있던 다른 남슬라브 민족들, 특히 슬로베니아 민족과 크로아티아 민족을 통합하여 성립되었다. 이미 독립을 달성하고 국제적 승인을 얻고 있었던 세르비아가 아직 식민상태에 있던 다른 민족에 비해 통합과정에서 주도권을 쥐게 되는 것은 당연했던 것으로 보인다.

다양한 남슬라브 민족들을 하나의 국가로 묶는 데에는 이른바 유고슬라비아주의(Yugoslavism)가 중요하게 작용하였다. 유고슬라비아주의는 19세기 말에 발칸 지역의 다양한 남슬라브 민족들을 묶어 하나의 나라를 건설하려는 사상이자 운동으로, 세르비아계, 크로아티아계, 슬로베니아계는 세 부족으로 갈라진 하나의 민족이라는 의식에 기초한 것이었다(Necak 1995, 15). 그러나 사실 이러한 인식은 남슬라브지역 일반인들의 인식이라기보다 소수의 학자나 지식인들의 신념에 불과했다고 알려져 있다. 또한 유고슬라비아주의는 제1차 세계대전에 참전한 세르비아가 다민족국가인 오스트리아-헝가리 이중제국 내의 남슬라브 민족의 반란을 조장함으로써, 이중제국의 약화를 도모한 세르비아의 전략적 이익과도 부합되는 것이었다(바타코비치 2001, 319). 유고슬라비아주의의 공통요소가 존재하든 전략적 이해관계의 일치에 의한 것이든, 분명한 것은 남슬라브 민족들이 이전에 자신들을 지배하였던 독일 민족, 이탈리아 민족, 헝가리 민족 등 주변의 다른 민족에 비해 비교적 작은 단위에 불과하므로 단결하여 하나의 단위체를 건설해야 한다는 생존전략 차원에서 그 의의를 찾았다는 점이다. 예를 들어 크로아티아 지식인들은 헝가리의 지배로부터 벗어난다고 해도 이탈리아에 흡수될 위험이 존재하므로 차선책으로 세르비아와의 연합을 일차적으로 도모하고, 새로 성립된 국가 내에서 실질적인 자치권을 확보하는 것을 목표로 삼았다.

1917년 7월의 코르푸선언(Corfu Declaration)은 유고슬라비아 국가창립에서 중요한 전환점이다. 유고슬라비아주의를 전파하고 세르비아로부터 재정지원을 받아왔던 달마치아의 유고슬라비아 위원회와 세르비아 왕국의 각료들 간에 열린 이 회의에서, 남슬라브 민족들의 통일국가를 건설하며 구성 민족들의 평등한 민족자결권을 인정하기로 선언하였다. 이후 이 선언에 대한 인식 차이가 세르비아와 크로아티아 사이의 민족갈등으로 나타나게 되고 오랜 기간 지속하게 된다. 즉, 코르푸선언은 유고슬라비아의 출발점이지만 구성 민족의 평등한 자결권 보장을 더욱 중시한 크로아티아의 요구와 이를 충족시켜 줄 의도가 별로 없었던 우세 민족 사이에 분쟁의 요소를 동시에 안고 있었다.

대부분의 국가 탄생과 멸망의 경우처럼 남슬라브 민족의 단일국가 탄생에도 국제정치가 압도적으로 작용하였다. 세르비아-크로아티아-슬로베니아 왕국의 건설에서 세르비아 민족이나 크로아티아 민족의 움직임도 중요했지만, 합스부르크 제국의 해체와 분할을 결정함으로써 이들에게 국가건설의 무대를 마련해 준 것은 바로 당시의 강대국정치였다.[3] 애초에 제1차 세계대전 참전국들은 오스트리아-헝가리 이중제국

3 국제정치 변동에서 전쟁의 중요성에 대해서는 Gilpin(1981) 참조. 그러나 1989-1991년 동유럽과 소련에서 일어난 사회주의체제 붕괴와 냉전종식은 이른바 헤게모니전쟁(hegemonic war) 없이 일어난 변동이라는 점에서 현실주의 국제정치이론의 한계를 보여주는 중요한 사례이기도 하다.

의 장래에 대해 축소만 시킬 것인지 국가를 분할할 것인지 분명한 입장을 취하지 못하고 있었고, 전황의 전개에 따라 가변적인 태도를 취하였다. 예를 들어 영국을 중심으로 한 협상국 측은 이탈리아에 협상국 측 가담에 대한 대가로 크로아티아와 슬로베니아 지역을 이탈리아로 양도할 것을 약속함으로써 크로아티아인들로 하여금 부득이 친세르비아 태도를 취하도록 만들었으나, 나중에 미국의 참전 이후에는 윌슨의 입장을 따라 이중제국을 해체하고 남슬라브 민족의 국가를 창설하는 것에 동의를 표하였다. 분명한 것은 제1차 세계대전의 국제정치 변동 속에서 약소민족들의 이합집산이 있었고, 전승국의 동의와 승인 속에서 유고슬라비아가 출발할 수 있었다는 것이다.

유고슬라비아 지역과 마찬가지로 체코 민족과 슬로바키아 민족도 1918년 제1차 세계대전 이후 체코슬로바키아로 통합하게 된다. 양 민족은 여전히 합스부르크 제국의 지배하에 있었으나 체코 지역은 오스트리아의 지배를 받고 있었고, 슬로바키아 지역은 오랜 기간 헝가리의 지배를 받아오고 있었다. 체코 민족의 경우 오스트리아 지배 이전의 상당 기간 동안 독립한 경험이 있었지만, 슬로바키아는 독립의 경험이 없었고 중세 이후 오랜 기간 헝가리 마자르족의 지배를 받아왔다는 점에서 양 민족의 국가성립에서 체코 민족이 주도권을 쥐는 것은 자연스러운 일이었다.

유고슬라비아주의가 남슬라브 민족들을 하나로 묶는 이념으로 작용하였다면, 체코 민족과 슬로바키아 민족을 연결시키는 데에는 체코슬로바키아주의(Czechoslovakism)가 작용하였다. 체코슬로바키아주의를 주창하는 사람들은 양 민족이 모두 슬라브계라는 점, 언어적으로 양 언어가 유사하다는 점 등을 들어 동질화 이념을 내세웠다. 공통의 정치적 경험을 결여한 두 민족을 하나로 만드는 정치적 실험으로서 19세기 말부터 양 민족을 하나로 묶으려는 집단적 움직임이 작동하기 시작하였는데, 특히 미국 내 체코 이민자와 슬로바키아 이민자 들은 1918년 5월 피츠버그협정(Pittsburgh Agreement)을 체결하여 체코 민족과 슬로바키아 민족을 통합하여 하나의 독립국가를 건설하기로 합의하였다. 이들의 노력으로 이미 제1차 세계대전 중에 연합국 측으로부터 독립이 인정되었고, 교전국으로 승인되기도 하였으며, 종전 후 파리평화회의에서 국경선이 확정되었다.

그러나 체코슬로바키아를 성립시킨 체코슬로바키아주의에도 정치적 편의를 위한 측면이 발견된다. 유고슬라비아주의와 유사하게 체코슬로바키아주의도 소수 지식인들에게만 수용되고 있을 뿐이었고 광범위한 대중의 지지를 얻고 있던 인식은 아니었다. 체코 민족 지도자들 입장에서는 합스부르크 제국으로부터 독립국임을 내세우기 위해서 제1차 세계대전의 전승국들에게 세를 과시할 필요가 있었고 이를 위해 슬로바키아와 연합하였다면, 슬로바키아 민족 지도자들의 입장에서는 헝가리로부터 독립하기에는 자민족의 역량이 부족하였기에 우세민족인 체코인들과의 연합을 수단으로 채택한 것이다.

그러나 유고슬라비아에서 국가성립 직후부터 민족 간 갈등이 표출되기 시작한 것처럼 체코슬로바키아에서도 민족 간 관계정립 과정에서 분쟁의 요소가 나타나기 시작한다. 체코슬로바키아 탄생 직후 민족문제는, 체코와 슬로바키아 양 민족 간에 잠재된 갈등도 존재하였지만, 그보다는 신생국 내에 포함된 독일인, 헝가리인, 폴란드인 등 다민족국가로서의 문제가 더 심각한 것이었다. 특히 독일인 수는 300만을 초과하여 슬로바키아인과 비슷한 규모를 유지하였는데, 이처럼 민족자결 문제를 해결하지 못하는 방식으로 제1공화국이 출발한 것 역시 유고슬라비아에서처럼 제1차 세계대전의 국제정치가 작용하였기 때문이다. 독일을 견제할 국가로서 보다 강하고 보다 넓은 영토를 보유한 체코슬로바키아가 출범하는 것이 더 유리하였던 프랑스는, 독일인들의 반대에도 불구하고 체코슬로바키아가 대규모의 독일인 소수민족을 포함하도록 함으로써 분쟁의 불씨를 안게 하였던 것이다. 이러한 문제가 제2차 세계대전 발발 시기에 표면화되면서 체코슬로바키아 제1공화국의 해체를 초래하게 된다.

III. 통합 이후 민족관계의 동학

1. 구심력의 한계와 1차 분리

유고슬라비아주의와 관련한 논쟁은 과연 유고슬라비아를 구성하는 여러 민족들을 하나로 묶을 공통요소가 있는가 하는 물음과 직결된다. 가톨릭과 정교 및 이슬람교가 모두 존재하는 종교의 다양성뿐만 아니라 로마문자와 키릴문자를 함께 사용하는 데에서 드러나는 문화의 차이, 그리고 같은 남슬라브 민족이라는 테두리에 묶이기 어려운 다양한 인종적 차이들로 인하여 유고슬라비아주의에 회의적인 입장이 얼마든지 가능하다. 이 때문에 유고슬라비아주의는 지식인 일부에서만 주장되거나 공유되는 신념일 뿐, 일반민중 사이에는 별로 공유되지 않던 믿음이라는 지적이 적지 않다. 유고슬라비아를 구성하던 양대 민족인 세르비아민족과 크로아티아 민족의 공통성에 대한 입장도 극과 극을 보여준다. 애초에 양 민족은 언어나 역사, 민족의 기원에서 전혀 다르며 이상적인 이데올로기로 포장하기에는 그 이질성이 너무나 크다는 점을 지적하면서 양 민족간 상이성을 강조하는 주장이 존재한다.[4] 이와는 정반대로 세르비아어와

4 예를 들어 권혁재(2003)는 크로아티아인과 세르비아인 사이의 문화적 차이에 결정적 영향을 미친 것이 가톨릭과 동방정교의 상이한 기독교 전파 과정이라고 본다.

크로아티아어 사이에 약간의 차이는 존재하지만, 이 차이는 "영국영어와 미국영어의 차이보다 결코 크지 않으며, 다만 양 민족의 언어는 키릴문자와 로마문자로 기록하는 차이밖에 없다(Dragnich 1992, 19)"고 하여 양 민족 간 동질성을 강조하는 주장도 제기되고 있다. 이러한 논쟁은 공통성을 강조하여 유고슬라비아를 유지하려는 입장과 차이성을 강조하여 유고슬라비아를 해체하려는 입장의 대립인 셈이다. 즉, 구심력을 강조하는 입장과 원심력을 강조하는 입장 대립의 연장선인 것이다.

크로아티아인과 세르비아인의 동상이몽은 애초에 세르비아-크로아티아-슬로베니아 왕국의 출발점에서부터 발견된다. 세르비아인에게 왕국의 건설은 대세르비아를 건설해 가는 과정으로서의 남슬라브 민족 통합이며 당연히 구심력을 지향하는 것이라고 한다면, 크로아티아인에게 왕국의 건설은 궁극적 목표인 독자적 국가수립으로 전진하기 위한 과도적 단계로서의 남슬라브 민족 통합이며, 따라서 이 과도적 단계에서 최대한의 자치권을 추구하는 것을 목적으로 원심력을 지향했던 것이다. 출발부터 우세민족인 세르비아인들의 기득권 유지 지향 대 기타 열세민족의 자치권 확대 추구의 입장 대립을 볼 수 있다.

특히 크로아티아 민족주의자들 사이에서는 아주 급진적으로 크로아티아 민족의 독자국가 수립을 목표로 하는 분파가 존재하였는데, 이들 극우적 민족주의자들은 세르비아와의 통합이 아니라 크로아티아 국가건설에 방해가 될 경우 세르비아계의 제거까지 도모하고자 하였다. 이러한 극우적 입장이 곧 우스타샤(Ustasa) 지도부에 의해 계승된다.

신생왕국의 운영에 대해 세르비아 왕조를 중심으로 중앙집권적 국가운영을 추구한 세르비아인들과 각 민족의 자치권을 강조한 크로아티아인, 슬로베니아인 사이의 충돌이 상징적으로 드러난 것은 1921년의 비도브단헌법(Vidovdan Constitution) 채택이었다. 지방행정체제를 개편하여 지방에 대한 중앙의 통제를 강화하고 강력한 중앙정부에 권력을 집중시키려는 이 헌법에 대해, 크로아티아계는 각 민족들의 독립적 국가 건설과 이를 통합한 국가연합을 제의하였다. 그러나 결국 이 헌법이 크로아티아계 의원의 불참 속에 세르비아계의 주도로 의회를 통과함으로써, 이후 세르비아 민족과 여타 민족 사이의 갈등과 분쟁에 결정적인 계기가 되었다.[5] 열세민족들에게 이 헌법은 대세르비아주의의 상징으로 인식되었고, 각 민족 간 평등한 관계를 약속한 코르푸선언의 배신에 다름 아니었다. 크로아티아 지도자들은 이후 국내외적으로 세르비아 주도의 왕정에 대한 저항을 강화하기 시작하였고, 이에 대한 탄압 및 지도자 암살 등으로 인하여 민족 간 갈등은 악화일로를 걷게 되었다. 더군다나 마케도니아인, 몬테네그로인, 보스니아의 무슬림 등에게는 세르비아-크로아티아-슬로베니아 왕국의 구성민족 자격조차 주어지지 않았다.

이러한 국내적 민족갈등과 세계대공황의 여파에 따른 경제적 위기 속에서 1929년 세르비아-크로아티아-슬로베니아 왕국의 알렉산다르 1세는 헌정을 중단시키고 의회를 해산하는 동시에 왕권을 강화하며, 또한 기존의 국명을 남슬라브 민족의 왕국이라는 의미인 '유고슬라비아 왕국'으로 개칭함으로써 국명에서나마 유지되어 오던 민족 간 연합체적 성격을 탈피하기에 이른다. 그러나 이러한 강경조치는 오히려 열세민족들의 분리주의운동과 저항의식을 강화하였고, 이 같은 상황에서 크로아티아의 극단적 민족주의자들은 우스타샤라는 조직을 창설하여 유고슬라비아 왕국의 해체와 크로아티아의 독립을 추구하기 시작하였다. 1934년 유고슬라비아 왕국의 알렉산다르 1세를 암살하는 등 무장투쟁이 본격화되기에 이르렀고, 이들은 제2차 세계대전 중 1941년 추축국에 의해 유고슬

5 비도브단헌법 채택과 이에 대한 크로아티아 민족의 저항에 대해서는 김철민(2008) 참조

라비아 왕국이 점령되자 크로아티아 지역에 독일과 이탈리아의 지원하에 친독일적 독립국가를 수립하였으며, 파시즘과 나치즘의 비호하에 세르비아계를 학살하였다. 이것으로 유고슬라비아의 1차 통합이 종식되는 것이다. 그러나 우스타샤는 1945년 전황이 불리해진 독일군이 물러나자 수세에 몰리고 결국 소멸되고 말았다. 여기에는 나치즘에 대한 저항을 주도한 티토(Josip Broz Tito)의 빨치산 활동이 중요하게 작용하였다.

체코슬로바키아에서도 체코인과 슬로바키아인을 하나의 단일민족으로 묶을 수 있는 요소가 약했으며, 양 민족 간 이질성이 문제되기 시작하였다. 종교적으로 슬로바키아 지역이 주로 가톨릭인 반면 체코 지역은 개신교가 우세하였으며, 경제적으로 슬로바키아 지역이 농업 중심으로 저발전된 지역인 반면 체코 지역은 합스부르크 제국에서도 산업화가 상당히 이루어진 선진 지역에 해당하였다.

세르비아-크로아티아-슬로베니아 왕국에서 크로아티아인이나 슬로베니아인이 느낀 정도는 아니었지만, 슬로바키아인들은 체코인들이 피츠버그협정에서 약속된 정도의 자치권을 슬로바키아인들에게 허용하지 않는다는 점에 불만을 가졌다. 슬로바키아인들은 체코인들의 차별대우에 불만을 품게 되었는데, 특히 수적으로나 문화적으로 우세민족인 체코인들이 슬로바키아 지역에서도 우수한 지위를 차지하는 것에 분노하였던 것이다. 제1공화국 시기 슬로바키아인들의 민족의식은 주로 종교에 기반을 두고 있었는데, 프라하의 중앙정부가 반가톨릭적이고 친프로테스탄트적인 경향을 보인 것에 반해 흘린카(Andrej Hlinka)를 중심으로 한 슬로바키아인민당(Slovak People's Party)은 슬로바키아의 자치와 가톨릭교회의 사회적 영향력 증대, 슬로바키아어의 배타적 사용권 등을 요구하였다(김신규 2001, 103). 슬로바키아의 요구에 대해 체코인들 입장에서 슬로바키아의 자치권에 긍정적이기 어려웠던 이유는 체코슬로바키아 제1공화국을 구성하던 다수의 독일인과 헝가리인 들에게도 동일한 권한을 부여할 경우 국가유지가 어려울 수 있다는 인식이 작용하였기 때문이다.

슬로바키아인들은 1930년대에 들어 이전 세대보다 더 급진적인 태도를 취하게 되는바, 체코인들의 슬로바키아인에 대한 교육과 그것의 바탕이 되는 체코슬로바키아주의를 슬로바키아에 대한 동화정책으로 간주하게 된 것이다. 이로 인한 갈등이 표출되기 시작하고 점차 흘린카의 인민당에 대한 지지가 증대하면서 1차 분리의 배경이 되었다. 하지만 인민당의 노선은 여전히 체코슬로바키아라는 틀 내에서의 자치이지 반체코주의는 아니었다.

1938년 뮌헨협정은 체코슬로바키아 제1공화국의 최대 위기를 초래하였다. 사실 독일인 다수가 거주하는 주데텐 지역을 체코슬로바키아에 할양한 것은 베르사유조약의 과오 가운데 하나였으며, 제1차 세계대전 중에 프라하 정부가 무력으로 점령한 주데텐 지역에 대해 파리평화회의는 민족자결주의 원칙을 적용하지 않고, 독일을 견제하기 위해 체코슬로바키아를 강화시키기를 원한 프랑스 입장을 반영하여 체코슬로바키아에 귀속시켰던 것이다. 바로 이 조치가 결국 1938년 뮌헨협정으로 연결되고 국제정치적 위기를 초래하게 되었다.

뮌헨협정 이듬해 1939년 슬로바키아의 독립은 나치 독일에 의한 강요와 협박에 따른 것이었다. 히틀러는 흘린카의 사망 이후 슬로바키아 인민당의 대표가 된 티소(Jozef Tiso)를 1939년 3월 베를린으로 초청하여 슬로바키아의 독립선언을 요구하고, 슬로바키아가 이를 거부할 경우 독일은 슬로바키아에 대한 지배권을 다시 헝가리에 돌리겠다는 최후통첩을 전하였다. 이러한 압력에 굴복하여 슬로바키아는 독립을 선언하였고, 바로 다음날 독일군은 독립슬로바키아 이외의 체코슬로바키아 지역을 점령하여 '보헤미아-모라비아 보호령'을 설치하였다(Rychlik 1995, 183). 체코슬로바키아 제1공화국이 해체된 것이다. 슬로바키아가 체코슬로바키아로부터 분리되었지만 이것이 독일의 강요에 의한 것이었다는 점은 슬로바키아인민당의 지도자였던 흘린카와 티소가 슬로바키아 자치론자였지 독립론자가 아니었다는 사실과 부합된다. 물론 체코슬로바키아 제1공화국의 해체를 외인(外因)에 의한 것으로만 보기는 어렵다. 외적 요인이 1차적으로 작용하였다 해도 체코인과 슬로바키아인의 갈등이라는 내인(內因)이 부차적으로 작용하였기에 분리가 초래된 것으로 보아야 할 것이다.

독립 슬로바키아는 명목상으로만 독립국이었을 뿐 사실상 나치 독일의 괴뢰국가에 해당되었다. 나치 독일과 연계된 독립 슬로바키아는 당연히 민주정치와 거리가 먼 권위주의 내지 전체주의 정치체였으며, 슬로바키아로부터 체코인과 유대인을 추방하는 등 반체코적이자 반유태적이었다. 특히 유대인의 재산 몰수로부터 시작된 반유대인 정책은 이후 유대인 체포와 독일에의 인계로 연결되었다. 이 슬로바키아 독립국가는 제2차 세계대전에서 히틀러 독일의 패망과 함께 당연히 소멸되고 말지만, 제2차 세계대전 기간 중 수년간의 독립경험은 나중에 사회주의체제 붕괴 과정에서 슬로바키아를 독립국가로 재탄생하게 만드는 계기가 되기도 하였다.

2. 제2차 통합과 사회주의체제에서의 민족관계

제2차 세계대전 과정에서 해체되었던 유고슬라비아는 티토의 빨치산 활동과 나치 독일에 대한 연합국의 승리로 부활하게 된다. 티토가 유고슬라비아의 재출발에서 가장 중요시한 것은 민족문제의 해결이었는데, 그가 제2차 세계대전 이후 민족문제를 봉합한 방법은 이전의 유고슬라비아와 달리 연방국가화한 것이다. 즉, 현실적으로 소수민족들에 기반을 둔 공화국을 수립하도록 인정하고 이들을 구성공화국으로 한 연방국가를 창설함으로써 유고슬라비아의 원심력을 조정하고자 한 것이다. 나중에 6개 공화국과 2개 자치주로 상징되는 이 해결책은 각 민족의 민족주의 열망을 달래려는 포석으로, 자신의 카리스마를 이용하여 유고슬라비아를 재건함에서 티토는 세르비아와 크로아티아를 다시 결속시키고, 마케도니아에 공화국 지위를 부여하며, 나중에는 단일민족으로 보기 어려운 보스니아의 무슬림까지 하나의 민족으로 인정할 정도로 특정 민족의 우월성을 인정하지 않는 방식으로 민족문제를 해결하고자 고심하였다. 또한 언어적 통일성을 중시하며 세르보 - 크로아티아어를 강조하는 등 유고슬라비아주의를 고취하였다. 티토는 제1차 유고슬라비아에서 가장 큰 수혜자가 세르비아였고 가장 큰 불만을 가졌던 것이 크로아티아였다면, 제2차 유고슬라비아에서는 아무도 수혜자가 되지 않도록 조치를 취했던 것이다.

그러나 연방주의 틀을 유지하면서도 티토가 스탈린주의 방식으로 강력한 민주적 중앙집중제(Democratic Centralism)를 유지하였음은 물론이다. 즉, 형식적으로는 민족주의를 인정하면서 내용상으로는 당을 중심으로 한 민주적 중앙집권제를 관철함으로써 실질적으로는 중앙의 통제력을 강화하고 구심력을 유지하였던 것이다.

그러나 강력한 카리스마의 티토마저 점진적으로 민족주의적 열망을 수용하면서 원심력을 허용하는 정책을 전개할 수밖에 없었으니 그만큼 발칸지역의 민족주의가 강인한 생명력을 유지하였다고 볼 수 있다. 1964년 유고슬라비아공산당 제8차당대회에서부터 연방정부는 대다수 공화국이 각기 독자적 민족을 기반으로 구성된 현실을 수용하기 시작하여,

중앙집중주의보다 연방주의를 진정으로 인정하기 시작하였다. 즉, 지금까지의 유고슬라비아주의를 포기하고 각 공화국의 독자성을 상당 부분 인정하기 시작한 것이다.[6] 이른바 정치적 분권화의 시기가 도래한 것인데, 각 민족문화에 대한 관대한 인정이 허용되기 시작한 것도 이즈음이었다.

이런 입장의 연장선에서 중요한 것이 1974년 채택된 개정헌법이다.[7] 이 헌법은 어느 민족도 연방을 지배하지 못하도록 하는 장치였다. 미국의 경우처럼 주나 구성공화국 간에 평등하게 대표되는 상원에 비해 하원의 경우 인구에 비례적으로 대표되는 것이 일반적이지만, 유고슬라비아의 1974헌법에 의하면 하원까지도 각 공화국에 평등하게 30명씩 배분되고 자치주의 경우 20명이 배분되는 방식으로 구성공화국 간 평등이 강조되었다. 당연히 우세민족인 세르비아 민족으로서는 이러한 장치에 불만을 가지게 되었다. 또한 개별공화국의 의회대표단이 연방의회를 마비시킬 수 있을 정도로 의회결정에서 상당한 권한을 갖게 되는데, 심지어 대통령위원회(Presidency)는 각 개별공화국과 자치주가 같은 자격으로 1명씩 파견하는 대표로 구성됨으로써, 세르비아는 대통령위원회에서 자신의 영토 내에 속하는 자치주인 보이보디나나 코소보와 동격으로 대표되기에 이른 것이다. 집단대통령제도 각 공화국의 평등을 위해 윤번대통령제로 운영되어, 연방보다는 구성공화국의 권한을 강화시킨 일종의 국가연합 성격을 띠기도 하였다. 또한 개별공화국의 권한 강화 조치로서 연방으로부터의 분리권까지 포함시킬 정도였다. 이에 더하여 코소보의 알바니아인들에게 언어, 교육, 문화 등에서 광범위한 자치권이 부여되었

6 Ramet(1992, 51). 라멧은 흥미롭게도 이 시기 이후의 유고슬라비아 국내정치를 국제정치에서의 세력균형체제에 빗대어 구성공화국들 사이의 세력균형체제로 부르고 있다.

7 이에 대한 해설로는 Dimitrijevic(1995, 45-74).

다. 유고슬라비아연방군의 장교 수를 민족구성비에 맞추도록 할 것을 규정하기도 하였는데, 그 이전까지는 장교단에서 세르비아 출신이 차지하는 비율이 가장 컸었다. 이처럼 1974년 헌법은 분권화를 상징하고 민족주의적 요구에 대해 상당히 수용적인 특징을 보여준다. 이로 인해 1991년 이후 유고슬라비아가 최종적으로 해체되는 데에서 1974헌법에 일정부분 그 책임이 있다는 주장이 제기되기도 한다.

그럼에도 불구하고 이 헌법에 대해서 상대적으로 저발전 상태의 동부와 남부의 공화국들은 지나치게 분권적이라고 본 반면, 슬로베니아와 크로아티아처럼 상대적으로 부유한 북서부 지역은 지나치게 중앙집중적으로 인식하는 등 인식의 괴리가 있었다는 것은 티토 통치 시절에도 결국 민족문제는 해결되지 못했다는 반증이 될 수 있을 것이다. 그러나 민족 간 갈등이나 공화국 간 갈등은 적어도 티토 생존 시에는 본격적으로 표출되기보다 잠복해 있었고, 그의 사후 정치엘리트에 의해 동원되기 시작하면서 비로소 부정적인 위력을 가공할 정도로 발휘하기 시작한다.

우스타사에 의한 학살과 세르비아 민족의 체트니크 반격에 의한 폭력이 만연하였던 유고슬라비아 지역과 달리 체코슬로바키아의 경우 1차 해체 이후 재출발이 비교적 순조로웠다. 여기에는 1차 해체 이후 슬로바키아의 분리에도 불구하고 체코 민족과 슬로바키아 민족 사이에 학살이나 전쟁이 부재하였던 사실이 가장 크게 작용하였다. 또한 재출발과 관련하여 제2차 세계대전 중 망명정부 수반이던 베네스(Edvard Benes)가 체코로부터 분리된 슬로바키아라는 개념에 대해서 단호히 거부해 온 점도 양국의 분리보다 통합을 위한 유리한 추진력이 되었다. 베네스 망명정부가 중부유럽의 레지스탕스 세력과 연계하여 영국에 도움을 줌으로써 망명정부의 승인을 얻었다는 점도 종전 후 체코슬로바키아의 재출발에 도움이 되었다. 더구나 독립슬로바키아가 나치의 협력국가였으며, 제

2차 세계대전 중에 미국, 소련, 영국 등 연합군에게 선전포고를 하였던 사실로 인해 전승 연합국으로부터 전혀 지지를 받기 어려웠다는 점에서도, 제2차 세계대전 종전과 함께 체코와 슬로바키아의 재결합은 자연스럽게 이루어진 것이다(Rychlik 1995, 186).

새롭게 출발한 체코슬로바키아는 체코슬로바키아 제1공화국에 비해 현저히 단순화된 민족문제를 포함하였다. 즉, 슬로바키아 내에 여전히 상당한 규모의 헝가리 소수민족이 포함되었지만, 가장 큰 문제가 되었던 독일인의 경우 제2차 세계대전 이후 대거 추방됨으로써 적어도 독일인 문제는 해소되었던 것이다. 체코슬로바키아의 재출발 시 슬로바키아는 상당한 자치권한을 요구했으나 프라하 중앙정부의 권한이 여전히 우월적인 위치에 있었다. 체코슬로바키아 주둔 소련군도 슬로바키아의 권한강화보다 중앙정부의 권한강화나 사회주의혁명에 우선권을 부여하고 있었다.

이런 상황에서 1948년 2월 공산주의자들의 쿠데타와 체코슬로바키아 공산화는 민족관계에도 새로운 요소를 가져오게 만들었다. 공산주의 국가로서, 그리고 소련의 위성국가로서 재출발하는 체코슬로바키아의 역사는 역사학자 캐롤 레프의 지적처럼 거의 20세기 주요 정치적 이념의 박물관으로 보이게까지 한다(Leff 1988, 3). 즉, 체코슬로바키아의 경우 제1공화국이 의회민주주의를 시행하였다면, 제2차 세계대전 기간 동안은 파시즘을 실행하였고, 제2차 세계대전 이후 다시 사회주의를 실험하게 된 것이다. 소련형 사회주의 국가로서 체코슬로바키아 당 지도부는 슬로바키아의 독자성을 내세우는 인사들을 당에서 축출하는 등 제2차 세계대전 중 독립슬로바키아의 탄생과 함께 강화되었던 슬로바키아 민족주의에 대한 탄압을 강화하였다. 당에 의한 권력의 중앙집중화로 모든 권력이 당에 집중됨에 따라 슬로바키아의 독자성은 다시 약화될 수밖에 없었다.

이에 대한 대가로 당은 슬로바키아 지역의 불만을 달래기 위하여 슬로바키아의 산업화에 주력함으로써 정치적 불만을 경제적 부흥으로 잠재우고자 하였다. 이러한 시도와 함께 슬로바키아는 농업국가에서 산업국가로 전환하게 되었고, 특히 중공업과 군수산업이 슬로바키아 지역에 집중 투자되었다. 그러나 1960년대 들어 체코슬로바키아의 경제성장이 지체되는 등 경제상황이 악화되면서 개혁적인 성향의 지식인들이 목소리를 높이기 시작하는바, 중앙계획경제에 대한 비판과 시장요소 도입의 필요성이 제기되기 시작함과 동시에 자유화 요구도 확대되기 시작하였다. 이와 같은 변화는 슬로바키아에서도 나타나기 시작하는데, 1960년대 중반 지식인들을 중심으로 한 자유화 물결이 일기 시작하여 이 물결은 1968년 프라하의 봄으로 연결되기에 이른다.

'인간의 얼굴을 가진 사회주의'를 요구하는 개혁운동인 프라하의 봄은 바르샤바조약기구군의 탱크로 좌절되었지만 개혁안 가운데 한 가지를 유산으로 남겼으니, 그것은 체코슬로바키아를 체코와 슬로바키아의 연방국가로 만드는 방안이었다. 슬로바키아는 구성공화국의 권한을 대폭 강화하고 중앙정부는 외교와 국방에만 집중하도록 하는 방안을 제안하였는데, 체코로부터도 연방화에 대해서는 호의적인 반응이 나왔다. 결국 1968년 체코슬로바키아를 연방화하는 법안이 통과하여 1969년부터 연방으로 전환되었다. 연방화는 결국 체코인과 슬로바키아인이 단일한 민족이라는 체코슬로바키아주의를 폐기하는 것이나 다름없다. 소련이 체코슬로바키아의 연방화에 동의한 것은 소련 자신이 연방국가로서 연방화를 민족문제를 해결할 방안으로 인식하였고 슬로바키아인들의 민족주의를 충족시키는 조치로 인식하였기 때문이다(Leff 1988, 243). 비록 슬로바키아의 갈등 표출이 유고슬라비아 지역에 비해 상대적으로 약하

긴 하지만, 프라하의 봄이라는 자유화 물결을 억누르고 슬로바키아인의 민족적 요구를 부분적으로 수용할 필요가 있었던 것이다. 연방화와 함께 체코슬로바키아 공산당 지도부에 슬로바키아 출신이 대거 포진하게 되는 것도 이러한 조치의 일환이었다.

그러나 연방화에도 불구하고 공산당의 지배는 지속됨으로써 슬로바키아의 지위에 큰 변화가 초래된 것은 아니다. 슬로바키아의 독자성을 강조해 오던 슬로바키아 민족주의자 후사크(Gustav Husak)가 체코슬로바키아 공산당 서기장으로 선출되었으나, 후사크는 프라하의 봄이 좌절된 이후 소련이 요구한 체코슬로바키아의 소련형 민주적 중앙집중제 재강화를 충실히 이행하는 데 앞장섰다. 소련의 입장에서 보면 그의 집권 시기가 프라하의 봄이라는 일탈에서 '정상화(normalization)'하는 것으로 보이는 것이 당연할 것이다. 정상화와 함께 프라하의 봄 기간 동안 개별 공화국에 주어졌던 광범위한 자치권이 다시 중앙정부에 회수되고 말았다.

체코슬로바키아의 역사에서 1970년대와 1980년대를 어떻게 보는가에 대하여 체코인과 슬로바키아인 사이에 인식의 차이가 크다고 할 수 있다. 한 여론조사에 의하면 슬로바키아인들은 자기 민족의 역사에서 이 '정상화' 시기를 가장 행복하고 성공적인 시기로 간주하는 반면, 체코인들은 전반적인 쇠퇴와 불명예의 시기로 간주한다고 한다(Pithart 1995, 201). 아마도 프라하의 봄 좌절 이후의 공산체제 시기에 대한 이러한 인식차이가 사회주의체제 붕괴 이후 체코슬로바키아라는 국가의 해체에도 작용한 것으로 보인다.

IV. 사회주의체제 붕괴와 제2차 분리

1. 유고슬라비아의 분리

1980년, 35년 이상 유고슬라비아를 통치한 티토의 사망은 한 시대의 종언을 의미하는 것이었다. 그러나 그의 사망 이후에도 초기에는 비교적 순조롭게 국가운영시스템이 작동하였다. 하지만 곧 티토 사망이 당내 의견대립에서 권위 있는 중재자가 사라졌다는 것을 의미하는 것이 분명해졌다. 예를 들어 당의 권한강화를 내세우는 중앙집중주의자와 분권유지를 주장하는 세력의 의견대립이 티토 사망 후 다시 나타나기 시작했으며, 이와 더불어 그동안 잠복되었던 민족주의 문제들이 불거지기 시작하였다. 이러한 상황은 유고슬라비아 경제사정이 점점 어려워지는 점과 병행하여 유고슬라비아의 장래에 어두운 그림자를 드리웠다. 1981년 이후 심각해진 코소보 내 세르비아계와 알바니아계 사이의 민족갈등은 티토 시절에도 불구하고 결코 해결되지 못한 민족 간의 분쟁과 갈등을 상징적으로 보여주는 것이었다.

흔히 유고슬라비아 해체에서 중요한 전환점은 1987년이라고 알려져 있다. 이 해는 밀로세비치(Slobodan Milosevic)가 세르비아 공화국의 권력을 장악한 해이며, 이때부터 유고슬라비아는 폭력적 해체의 과정에 돌입했다고 볼 수 있다.[8] 밀로세비치의 정치프로그램은 다음과 같은 세 단계를 거쳤다고 한다. 첫째, 세르비아 공화국 내에서 확고한 권력을 장악하는 것으로, 세르비아 언론을 장악하여 조종함으로써 자신의 정

8 Bennett(1995, 10). 특히 베넷은 국가 구성 요소의 다양성에도 불구하고 1987년 이전에는 유고슬라비아가 해체될 이유를 찾기 어려우며, 1987년에야 비로소 유고슬라비아가 해체되는 과정에 돌입했다고 본다.

책을 선전하고 관제데모에 동원하며 자신의 개인숭배를 조장하는 데까지 이용하고, 세르비아정교 교회를 지원하여 민족주의를 장려하도록 하며, 세르비아의 역사를 찬양하도록 고무하는 것이다. 둘째, 세르비아 내의 두 자치주인 코소보와 보이보디나에 대한 세르비아의 통제권을 부활시키는 것으로, 이들 자치지역에 거주하는 세르비아계를 동원하여 가두시위를 유도하고 긴장을 조성함으로써 개입의 명분을 만들었다는 것이다. 셋째, 1974헌법의 무력화를 도모하는 것으로, 연방을 강화하고 구성공화국의 권한을 축소한다는 것이다(Ramet 1992, 227-228). 이 가운데 특히 두 번째 단계와 세 번째 단계는 세르비아 이외의 다른 유고슬라비아 구성공화국들에게 세르비아의 의도에 대한 심각한 의구심을 초래하는 것이었다. 특히 그가 자신의 권력기반 강화의 기지로 사용한 코소보 문제의 재연은 궁극적으로 유고슬라비아 해체를 초래한 단초가 되었다.

1987년의 밀로세비치는 1960년대의 란코비치(Alexandar Ranko-vic)의 재연이라는 평가가 있다. 란코비치는 세르비아주의를 강화한 세르비아계 정치지도자로, 코소보 내 알바니아인 탄압과 세르비아계 지위의 강화를 도모하다가 1966년 티토에 의해 제거되었다. 란코비치 사건 이후 코소보는 1968년 자치주로 승격되었고, 알바니아어 사용이나 알바니아 역사교육 등에서 폭넓은 자치권을 획득하였던 것이다(김철민 · 김원회 2009, 120-125). 코소보 내 세르비아계와 알바니아계 간 대립과 갈등은 세르비아-크로아티아-슬로베니아 왕국 출범 때부터 문제되어 왔던 갈등요소로, 이후에도 양 민족 간 갈등은 반복되었는데 1968년과 1981년 코소보에서 알바니아계의 대규모 시위와 소요가 발생하기도 하였다. 1989년 밀로세비치는 코소보에 주어졌던 자치권을 박탈함으로써 자신의 권력을 더욱 강화하는 기반으로 삼았지만, 반대로 이 조치는 크로아티아나 슬로베니아 등 다른 공화국 지도자들에게 대세르비아주의의 부활에 대한 위기의식을 고취시킴으로써, 독립을 추구하게 만드는 계기가 되었다.

대세르비아주의의 부활 위험으로부터 벗어나기 위해 유고슬라비아에서 탈퇴하려는 움직임은 슬로베니아에서부터 나타나기 시작하였다. 슬로베니아에서는 1989년부터 연방에서의 분리가 언급되기 시작하였고, 베를린장벽이 붕괴한 다음해인 1990년 봄, 슬로베니아와 크로아티아의 자유선거 이후 이들 공화국에서 독자노선이 더욱 분명해졌다. 그리고 1991년 크로아티아와 슬로베니아는 독립을 선언하게 되는 것이다.

유고슬라비아가 해체되는 과정에서 발발한 수차례의 유고슬라비아 계승전쟁 가운데 슬로베니아 전쟁은 가장 짧은 기간에 수행되었는데, 슬로베니아에 유고슬라비아 연방군이 파견되어 슬로베니아의 자치병력과 유고슬라비아 연방군 사이에 전투가 벌어졌다. 연방군은 사실상 세르비아 공화국의 지휘를 받고 있었다. 그러나 슬로베니아 내에는 연방군이 수호해야 할 세르비아계가 극히 소수만 존재하였고 연방군의 공격도 소극적이어서, 이 전투는 10여 일 만에 종료되고 연방군은 곧 철수하였다. 그러나 크로아티아 전쟁은 이와 달랐다. 1991년 7월부터 본격화된 크로아티아 전쟁은 크로아티나 내 세르비아계와 크로아티아계 사이의 내전 성격을 띠었지만, 세르비아계가 세르비아공화국으로부터 무기와 자금을 지원받았으므로 사실상 공화국 간 전쟁과 다름없었다. 수많은 인명피해와 파괴를 초래한 이 전쟁은 2년여 동안 지속되었다.

유고슬라비아 계승전쟁 가운데 가장 참혹한 인명피해와 학살을 초래한 보스니아 전쟁은 1992년 발발하여 1995년까지 3년여 동안 계속되었다. 보스니아 전쟁은 보스니아-헤르체고비나 내 무슬림과 세르비아계 사이의 전쟁이지만, 복잡한 민족 구성상 무슬림과 크로아티아계 사이의 전쟁뿐 아니라 크로아티아계와 세르비아계 사이의 전투까지 포함될 정도로 복잡하게 얽힌 전쟁이었다. 보스니아-헤르체고비나의 인구 구성은 너무나 복잡해서 인종적 구분선이 분명하지 않으며 따라서 내전의 양상도 혼미했던 것이다. 이 때문에 국제적 지탄의 대상이 되었던 인종청소(ethnic cleansing)가 행해질 수 있는 여지가 있었던 것이다. 일반적으로 인종청소가 민족 간의 역사적 증오 때문에 발발한 것으로 보는 견해가 많지만, 사실 인종청소는 의도적으로 계획되고 추진된 정책이며, 보스니아의 경우 밀로세비치에 의해 주의 깊게 계획되었고 밀로세비치의 지시를 받은 보스니아의 세르비아계 지도자인 카라지치(Radovan Karadzic)가 이를 실행에 옮긴 것이었다(Cigar 1995, xiii). 그리고 그 목표는 인종적으로 순수하며 영토적 팽창을 이룬 대(大)세르비아의 건설이었다. 보스니아에서의 인종청소에는 밀로세비치와 카라지치 이외에 민병대 지휘자인 믈라디치(Ratko Mladic)도 큰 책임이 있는 것으로 알려졌다. 카라지치와 믈라디치는 유고슬라비아 전범재판소에 의해 전범으로 지목된 후에도 오랜 기간 도피해 있었는데, 카라지치는 도피 13년 만인 2008년에 세르비아에서 체포되어 헤이그의 유고슬라비아 전범재판소로 인계된 바 있다.

코소보 전쟁은 1998년 코소보 내 세르비아계와 알바니아계 사이의 무력충돌에서 시작되어 1999년 확전되었는데, 당시까지 유고슬라비아 계승전쟁에 대해 방관적이었던 서방이 나토군을 통해 군사적으로 개입한 이른바 인도적 개입의 사례로 알려진 전쟁이다. 3개월여에 걸친 나토의 공습에 굴복하여 세르비아가 나토의 요구를 수용함으로써 전쟁은 종결되었다.

서방은 유고슬라비아의 해체와 이어진 전쟁에 적극적으로 개입하지 않았다. 애초 미국은 슬로베니아와 크로아티아의 독립선언에 우호적이지 않은 반응을 보였고, 전통적으로 세르비아와 유대의식이 강했던 소련도 유사한 반응이었으며, 영국, 프랑스 등 서유럽 국가들도 소극적이었다. 그러나 전통적으로 크로아티아 및 슬로베니아와 밀접한 관계를 유지해 왔던 독일과 오스트리아는 이들의 독립선언에 적극적인 반응을 보이고 곧바로 독립을 외교적으로 승인하였다. 한편 유엔은 확전방지를 이유로 유고슬라비아에 무기금수 조치를 취한 바 있는데, 이 조치도 공세적 세르비아에 대해 크로아티아나 보스니아로 하여금 저항수단을 확보하지 못하게 만드는 조치라는 이유로 비판받기도 하였다.

2. 체코슬로바키아의 분리

공산체제 붕괴와 관련하여 체코슬로바키아에서의 변화는 폴란드와 헝가리의 변화에 비해 상당히 더딘 것이었다. 고르바초프 개혁에 대해 이들 두 국가가 적극적으로 환영하거나 선도한 반면, 동독과 루마니아는 개혁에 대해 적극 반대하였으며, 불가리아와 체코슬로바키아는 마지못해 동조하며 피상적이고 장식에 불과한 개혁을 시도하였다. 그러나 불가리아와 체코슬로바키아도 실제로는 고르바초프 개혁의 실패를 기대하고 있었다는 점에서 동독, 루마니아와 함께 고르바초프 개혁 추진에 저항하는 보수적 동유럽 '4인방(Gang of Four)'으로 분류될 수 있을 정도였다(Gati 1989, 100). 그러나 1989년 11월 벨벳혁명 이후 체코슬로바키아는 오히려 폴란드나 헝가리보다 훨씬 적극적인 체제전환 과정을 밟게 되는데, 여기에는 후사크 통치기간 중 성장한 체코슬로바키아의 시민사회가 크게 기여한 것으로 볼 수 있다.

1968년 프라하의 봄이 좌절된 이후 침체되었던 체코슬로바키아의 시민사회는 1970년대 들어 변화의 조짐을 보이다가 1977년의 77헌장을 통해 헬싱키선언이 규정한 인권보장을 요구하면서 반체제 목소리의 성장을 보여주기 시작하였다. 하벨(Vaclav Havel)로 상징되는 이러한 움직임은 나중에 1989년 벨벳혁명으로 연결된다. 즉, 베를린장벽 붕괴 일주일 후 하벨을 위시한 77헌장 지도부는 시민광장(Civic Forum)을 결성하여 이미 허약해진 당에 급진적 개혁을 요구하였고, 동구혁명의 선두주자로서 대가를 지불해야 했던 폴란드에 비해 하벨이 대통령에 당선되는 등 후발주자의 이점을 충분히 확보할 정도의 변혁을 단기간에 이루게 되었다. 비교적 자유롭고 공정한 선거를 거치고, 하벨로 상징되는 정치엘리트의 대폭적 교체를 이루었으며, 정치적 제도개혁을 가져온 점 등을 통하여 체코슬로바키아는 동유럽의 다른 국가에 비해 민주정치를 유지할 수 있는 조건을 갖춘 것으로 평가되었다.

그러나 체제전환 과정이 순조롭기만 한 것은 아니었고, 체제전환 과정에서의 상이한 태도는 민족주의를 다시 자극하기 시작하였다. 시장경제 도입을 위하여 재무장관 클라우스(Vaclav Klaus)가 채택한 충격요법(shock therapy)적 급진 체제전환에 대해 체코 지역과 슬로바키아 지역은 상이한 반응을 보였다. 즉, 체코 지역이 공산체제의 급속한 청산과 신속한 자본주의로의 전환에 대해 대체적으로 수용적이었던 반면, 중공업 및 군수공업 중심의 산업구조로 인해 체제전환의 패배자들 내지 피해자들의 불만이 고조된 슬로바키아 지역은 높은 실업률과 산업기반 붕괴에 대한 우려로 이에 대한 반발이 거셌다. 이런 불만을 대변한 사람이 슬로바키아의 정치지도자 메치아르(Vladimir Meciar)였다.

체코슬로바키아에서도 체제전환 과정에 있는 다른 나라처럼 민족적 갈등을 부추기는 요인이 증가하게 되고, 정치엘리트에 의한 민족주의 이용이 확산됨에 따라 연방의 유지가 상대방에게만 오히려 더 유리하다는 불만이 자라기 시작하였다. 예를 들어 1992년 4월의 한 조사에 의하면 연방의 유지가 체코공화국에 더 유리하다고 보는 비율이 체코 지역에서는 16%에 불과한 반면, 슬로바키아에서는 무려 73%에 달할 정도로 연방에 대한 인식차가 크게 나타났으며, 체코 민족이 슬로바키아 민족을 저발전된 민족(underdeveloped nation)으로 간주한다고 보는 비율이 슬로바키아에서는 68%로 높게 나타난 반면, 체코에서는 84%가 이에 동의하지 않는 것으로 나타났다(Wolchik 1995, 231). 이와 같은 차별대우가 사실이든 아니든 우세민족과 열세민족의 인식에 불신과 열등감을 초래하는 격차가 존재한다는 사실이 중요한 것이다.

이러한 정세에서 점차 연방을 해체하고자 하는 정치적 흐름이 강해졌고, 연방의 해체에 반대하는 연방대통령 하벨이 연방해체를 위해서는 국민투표가 필요하다는 주장과 함께 여론을 동원하여 연방해체를 논하는 정치가들에 대한 압력을 행사하도록 호소하기도 하였다. 하지만 하벨의 호소에 따라 국민투표를 실시하기 위한 청원에 서명한 사람 수가 슬로바키아 지역에서는 현저히 떨어지는 사실에서 볼 수 있듯이 일반 국민 가운데서도 이 문제에 대한 태도의 차이가 발견되었다.

1992년 6월 총선 이후 체코와 슬로바키아의 집권당 사이에는 연방분리에 대한 논의가 본격화되었다. 이 선거에서 클라우스가 이끄는 체코의 중도우파 정당인 시민민주당(Civic Democratic Party)이 체코 지역의 제1당이 되었고, 메치아르가 지도하는 슬로바키아의 중도좌파 정당인 슬로바키아민주운동(Movement for a Democratic Slovakia)이 슬로바키아의 제1당이 되었다. 이들 정치세력이 연방해체를 가져온 장본인이었다. 양측은 연방제도에 관한 협상을 계속하였지만, 슬로바키아가 원하는 국가연합 방식은 체코가 원하지 않고, 체코가 원하는 연방 방식은 슬로바키아가 원하지 않아서, 결국 양측은 분리의 길을 택할 수밖에 없었던 것이다. 1992년 7월 슬로바키아 의회는 슬로바키아 민족의 주권선언을 통과시켰고, 같은 날 하벨은 체코슬로바키아 대통령직을 사임하였다.

동년 11월 체코 의회와 슬로바키아 의회는 1993년 1월 1일부로 체코슬로바키아를 분리하기로 한 법을 통과시킴으로써 최종적 국가해체를 승인하였다. 이로써 벨벳이혼이 성립된 것이다.

메치아르와 클라우스의 연방해체 주도는 국내식민지(internal colonialism)이론이냐 과부양(over-supporting)이론이냐 하는 논쟁과도 관련된다. 국내식민지론이란 국가분열 또는 지역갈등 이론의 근거로서 일국 내에서도 제국주의의 식민지 착취와 같은 중심부의 주변부에 대한 착취가 발견되므로 국내식민지는 민족주의적 독립을 추진하는 해방 전략이 필요하다는 것이다(Hechter 1975). 이는 억압받는 소수민족의 입장에서 민족 간 관계를 조명한 것으로 슬로바키아의 주장은 이 입장에 서 있다고 볼 수 있다. 이와는 반대로 체코가 먼저 연방해체를 주도한 것은 아니며, 슬로바키아의 과도한 요구 때문에 연방해체가 초래되었다는 입장이 있다. 이는 오히려 체코가 슬로바키아에 지나친 부양의 부담을 져 왔다는 일종의 과부양론이다. 이러한 체코의 입장을 다민족국가에서 선진화된 지역이 더 빈한한 구성부분을 제거하려는 민족주의를 지칭하는 용어로서 '절제민족주의(ectomic nationalism)'라고 부르기도 한다(Musil 1995, 8). 이러한 입장은 파트너를 자산이 아니라 부채로 인식하고, 부담을 덜어내려는 태도에서 나온 것으로, 오늘날 이탈리아 북부동맹이 남부를 배제하려는 입장에서도 유사한 논리가 발견된다.

3. 폭력적 분리와 평화적 분리에 대한 평가

미국의 동유럽정치 전공학자인 번스(Valerie Bunce) 교수는 소련, 유고슬라비아, 체코슬로바키아 등 사회주의 연방국가의 해체과정이 평화적 과정을 밟게 된 소련 및 체코슬로바키아와 폭력적 해체를 겪은 유고슬라비아의 경우로 나뉘는 가장 큰 차이를 '제도의 차이' 때문이라고 설명하고 있다(Bunce 1999). 그녀 주장의 핵심은 소련과 체코슬로바키아가 연방주의(federalism)를 유지했지만, 유고슬라비아는 거의 독립적인 국가들로 구성된 일종의 국가연합(confederalism)이었다는 것이다. 즉, 유고슬라비아의 경우 1974년 헌법 이후 공화국들의 힘이 중앙정부에 비해 실질적으로 정치, 경제, 문화적으로 더 강하여 국가연합으로 볼 수 있으며, 1980년 티토 사망 이후 이 경향이 더욱 가속화되어 중앙정부는 9개 기관에 의한 집단지도체제에 불과했다고 주장하는 것이다. 여기서 그녀가 말하는 9개 기관은 6개 구성공화국, 2개 자치주, 그리고 유고슬라비아 연방군을 말한다. 이처럼 그녀는 1980년대 초부터 이미 각 구성공화국들은 실질적인 준독립상태에 있었다고 주장하는 것이다.

그러나 번스의 주장은 비판받을 여지가 적지 않다. 우선 이런 제도적 차이가 과연 이들 국가들의 차이를 설명하는 가장 핵심적인 요소인가 하는 점이다. 번스의 지적처럼 제도적 차이도 중요하지만, 그것만으로는 왜 꼭 1980년대 후반에야 폭력적 갈등으로 전개되기 시작했는지 그 시점을 설명하기 곤란하다. 또한 국가연합이 연방보다 폭력적 해체로 귀결될 가능성이 크다는 주장도 받아들이기 쉽지 않다. 실질적 국가연합이라면 오히려 중앙정부가 강력한 연방보다 더 평화적으로 해체될 가능성이 클 수도 있기 때문이다. 국가연합이라면 폭력의 가능성도 크지만, 역으로 평화적으로 나누어질 가능성도 더 클 것이다. 오히려 제도적 차이나 배경적 조건보다는 민족주의의 작동조건이 더 중요하다고 보아야 할 것이다.

즉, 이들 국가의 해체과정에서 핵심적 차이는 '민족주의의 폭력적 동원(violent mobilization of nationalism)'이 발견되는지 여부에 있는 것으로 보인다. 특히 우세민족이 열세민족에 대해 민족주의를 폭력적으로 동원했는지 여부가 관건인 것이다. 유고슬라비아의 경우 우세민족인 세르비아 민족의 민족주의를 동원한 리더십이 발견되고, 연방군이 이에 동조하여 결국 전쟁과 학살로 치닫게 되었다고 보아야 할 것이다. 따라서 일차적으로 정치권력 강화를 위해 세르비아 민족주의를 동원한 밀로세비치에게 책임이 있고, 이에 동조한 연방군에도 책임이 있으며, 이에 부화뇌동한 세르비아 민족주의 지도자들에게도 책임이 큰 것이다. 유고슬라비아와는 달리 소련과 체코슬로바키아의 경우 적어도 연방해체 과정에서 우세민족의 열세민족에 대한 민족주의의 폭력적 동원이 발견되지 않는다.

번스는 유고슬라비아의 폭력적 해체가 이미 1974년에, 또는 1980년에 시작된 것으로 보지만, 앞서 지적한 것처럼 1987년 밀로세비치가 정치권력을 강화하는 과정에서 시작되었다고 보는 것이 더 옳은 지적으로 보인다. 더구나 번스의 견해와 달리 1974헌법의 분권적 성격에도 불구하고 적어도 티토가 생존했을 때에는 유고슬라비아의 정치체제 운영이 전혀 분권적이 아니었다는 평가도 존재한다. 즉, 1974헌법으로 대변되는 공식적 표명에도 불구하고 유고슬라비아가 진정한 연방의 성격을 띤 적은 한 번도 없으며, 티토를 정점으로 한 중앙집권화된 공산당에 의해 지배되는 체제였을 뿐이라는 주장이다(Dimitrijevic 1995, 72). 이런 입장에서 보면 1974헌법이 이미 유고슬라비아 해체의 요소를 배태하고 있었다는 번스의 주장은 받아들이기 어려운 것이다.

유고슬라비아 국가해체에는 다양한 민족 간 갈등이 존재하였지만 세르비아계와 크로아티아계 사이의 분쟁이 국가해체에 결정적 변수이다. 양 민족의 대립이 가장 중요한 갈등 축이었던 셈이다. 1918년 국가 출범 때에도 그랬고, 1921년 비도브단헌법 채택으로 이 관계가 악화되었으며, 1929년 유고슬라비아 왕국 출범으로 더욱 악화되었던 이 관계는, 결국 제2차 세계대전 당시의 우스타샤 학살로 연결되고 세르비아계의 체트닉 반격을 초래했던 것이다.

체코슬로바키아의 경우 유고슬라비아와 달리 평화적 해체과정을 밟게 된 데에는 몇 가지 원인을 들 수 있을 것이다. 우선 체코 민족과 슬로바키아 민족 사이에는 유고슬라비아 같은 적대감을 찾기 어렵다는 점이다. 민족 간 불만은 존재하였지만, 제2차 세계대전 때 분리의 경우에도 민족 간 인식에서 증오와 적대감은 찾기 어렵다. 또한 국경과 소수민족에 대한 갈등과 적대감이 유고슬라비아에 비해 거의 존재하지 않았다는 점이다. 민주적 경험과 정치문화의 차이도 들 수 있을 것이다. 하지만 가장 중요한 것은 체코와 슬로바키아 정치리더십의 민족주의 동원 양식이 유고슬라비아의 경우와 달리 폭력적이지 않았다는 점이다.

다만 체코슬로바키아 해체과정의 비민주성은 지적해야 할 부분이다. 체코슬로바키아의 해체는 체코 민족과 슬로바키아 민족의 이해가 일치되었다기보다 클라우스와 메치아르로 대표되는 두 정치세력의 정치적 이해가 일치하였기 때문이며, 오히려 하벨로 대표되는 해체 반대세력이 국민다수의 여론을 대변하고 있었다. 그러나 국민투표를 거치지 않고 의회의 주도로 분리해체가 결정됨으로써 비민주적 해체과정이라는 비판을 모면하기 어렵다. 특히 슬로바키아의 지도자 메치아르가 국민투표에 부정적이었는데, 이는 국민투표가 실시될 경우 슬로바키아 지역에서 연방분리안이 통과되기 어려울 수도 있으며, 이 경우 슬로바키아에서 메치아르의 정치적 지위가 약화될 수밖에 없다는 점에서 국민투표에 소극적이었던 것으로 보인다. 그러므로 경제발전에 장애가 되는 지역을 제거하고자 하는 클라우스가 대변한 절제민족주의와 급진경제개혁이 아닌 점진적 체제전환을 도모하고자 한 슬로바키아의 분리민족주의가 체코슬로바키아라는 국가의 해체를 초래하였다고 보는 것이 정확하다.

슬로바키아에서도 세르비아와 같이 민족주의의 정치적 동원이 발견된다. 그리고 그 리더십은 블라디미르 메치아르로 대표된다. 그는 체코 민족과 슬로바키아 민족의 대립이 민족분쟁을 초래할 정도로 대립적이지 않은 상황에서 슬로바키아의 경제적 불만을 이용하여 연방국가를 분리시킬 정도까지 정치적 목적을 위해 민족주의를 동원하고 이용한 것이다. 그럼에도 불구하고 체코슬로바키아와 유고슬라비아에서 결정적인 차이가 발견된다. 세르비아의 밀로세비치가 민족주의를 폭력적으로 동원한 반면, 슬로바키아의 메치아르는 비록 슬로바키아 민족주의를 동원한 점에서는 유사하지만 그 동원 과정이 전혀 폭력적이지는 않았던 것이다.

연방국가 해체 이후에도 체코슬로바키아 지역에 비한 유고슬라비아 지역의 불리함이 드러난다. 해체 이후에 체코와 슬로바키아 민족 사이에 심각한 갈등을 찾기 어려우며, 양국 모두 체제전환과 서구로의 편입에 적극적이었다. 동유럽 국가들은 공산체제 붕괴 이후의 체제전환 과정에서 거의 대부분 유럽연합과 나토 가입을 체제전환의 성공보장책으로 인식하였는데, 분리된 체코와 슬로바키아 모두 유럽연합과 나토에 가입하기 위해 노력하였고 결국 조기에 그 목표를 달성하였다. 이웃 국가와도 긴장과 갈등이 심각하지 않은 수준이다. 물론 슬로바키아 내에 60만에 달하는 헝가리계 소수민족 문제로 슬로바키아와 헝가리의 관계가 긴장된 경우도 있지만, 기본적으로 폴란드와 체코슬로바키아, 헝가리의 비세그라드(Visegrad) 3국의 협력관계에서 볼 수 있듯이 유럽연합의 틀 내에서 풀려는 노력을 보여주기도 하였다.

그러나 유고슬라비아 지역은 아직 전쟁의 상흔이 완전히 아물지 않은 상태이다. 유고슬라비아 계승전쟁에서 주로 서방의 제재대상이었던 세르비아에 비해 유고슬라비아 시절부터 가장 민주적이었고 경제적으로 앞선 지역이었던 슬로베니아, 크로아티아 등이 서유럽의 우호적 대접을 받고 있으며, 이들은 이미 유럽연합과 나토에 가입한 상황이다. 유고슬라비아 지역의 슬로베니아와 체코슬로바키아 지역의 슬로바키아는 유로존에도 참여하고 있다. 그러나 아직도 밀로세비치의 전쟁책임에서 완전히 면제되지 못한 세르비아는 서유럽에 편입되지 못하고 있다. 물론 세르비아도 유고슬라비아 계승전쟁의 전범에 대한 체포에 협력하고 밀로세비치나 카라지치를 유고슬라비아 전범재판소에 인도하는 등 가입을 위한 유화적 제스처를 보이면서 서방의 호의적 태도를 이끌어내고 있는 중이다.

체코와 슬로바키아의 벨벳이혼은 서유럽에서도 메아리를 울릴 가능성이 있다고 한다. 즉, 캐나다의 퀘벡 지역도 이러한 움직임으로 갈 가능성이 언급되고 있고, 벨기에에서도 플레미시 지역의 평화적 이혼 가능성이 논의되고 있으며, 이탈리아에서도 롬바르디아동맹이 체코슬로바키아에서 체코가 그랬던 것처럼 남부의 경제적 부담지역을 제거할 가능성이 언급되고 있는 것이다(Rupnik 1995, 277).

V. 나오는 말

유고슬라비아와 체코슬로바키아는 두 곳 모두 국가성립 시 비폭력적이고 평화적인 방식으로 민족들을 통합하여 출발하였다. 그러나 성립 직후부터 유고슬라비아에서는 민족 간 갈등이 증폭되어 테러와 암살이 잦아지고, 제2차 세계대전과 함께 폭력적 해체를 겪으면서 상호 학살이 자행되었다. 제2차 세계대전 이후 제2차 통합된 이후 민족갈등과 분쟁은 티토의 카리스마에 의해 봉합되었으나 여전히 잠복되었다가 결국 사회주의체제 붕괴와 함께 다시 폭력적 해체를 노정하였다.

체코슬로바키아에서도 민족 간 갈등은 존재하였으나 민족주의 동원 양상이 비폭력적이었다는 점에서 유고슬라비아와 상이한 면을 보여준다. 증오의 정도와 민족갈등의 관리에서 비교적 평화적이었던 체코슬로바키아는 제2차 세계대전과 함께 1차 분리되고 재출발하는 과정에서도 유고슬라비아에 비해 비교적 용이하였다. 체코 민족과 슬로바키아 민족 사이의 불평등한 관계는 1968년 프라하의 봄에서 연방화에 동의하면서 봉합되었으나, 사회주의체제 붕괴 과정에서 재분출된 민족주의 때문에 결국 합의에 의한 평화적인 해체가 이루어졌다.

유고슬라비아가 폭력적 해체의 과정을 거치게 되는 것은 국가성립 과정에서부터 그 원인을 찾을 수 있다. 유고슬라비아 통합 당시부터 세르비아 민족과 크로아티아 민족의 관계가 중심적이었으나, 크로아티아 민족이 유고슬라비아 국가창설에 동의한 것은 '마지못한(reluctant)' 통합 또는 '내키지 않는(half-hearted)' 통합에 동의한 것으로서 통합 자체가 분쟁의 요소를 포함하고 있었다. 이것이 결국 중앙집권화를 추구한 세르비아와 동등화 내지 분권화를 추구한 크로아티아의 대립으로 전개되기 시작한 것이다.

제2차 세계대전의 발발을 전후한 1차 국가해체에서도 유고슬라비아와 체코슬로바키아의 차이가 발견된다. 유고슬라비아의 경우 크로아티아는 독립에 적극적이었고, 독립추구 과정에서 세르비아인에 대한 우스타샤 학살이 자행된 반면, 체코슬로바키아의 경우 슬로바키아는 독립보다 자치를 선호하였고 나치 독일의 강요에 의해 독립을 선언하는 소극성을 보여주었던 것이다. 또한 체코인에 대한 추방은 있었지만 유고슬라비아에서와 같은 학살은 없었다.

결론적으로 유고슬라비아와 체코슬로바키아의 가장 큰 차이는 두 가지로 볼 수 있을 것이다. 첫째, 우세민족이 열세민족을 대하는 태도와 방식의 문제였다. 우세민족이 열세민족을 대세르비아주의 실현의 수단으로 본 유고슬라비아의 경우와 그렇지 않았던 것의 차이를 이 두 사례를 통해 볼 수 있다. 둘째, 정치엘리트에 의한 민족주의 동원의 방식이 폭력적인가 아닌가가 또한 핵심적 차이를 가져왔다. 밀로세비치의 세르비아 민족주의 동원은 체코의 클라우스나 슬로바키아의 메치아르의 민족주의 동원 방식과는 전혀 다른 모습을 보여주었던 것이다.

유고슬라비아와 체코슬로바키아의 통합과 분리를 통해 한반도 통일과 관련하여 다음과 같은 시사점을 찾을 수 있다. 우선 유고슬라비아의 성립과 해체를 통해서 볼 때 통합의 달성보다 그 과정과 이후의 '관계의 동학'이 더 중요하다는 점을 발견할 수 있다. 한반도의 경우도 어쩌면 '우리의 소원은 통일'이라는 문구가 중시하는 통일의 달성보다 통일 이후가 더 중요할지 모른다. 우세민족과 열세민족의 갈등과 분쟁이 국가의 폭력적 해체를 초래하지 않기 위해서는 우세민족에게서 열등민족 또는 이등민족으로서의 자괴감을 갖는 집단의 소외감과 분노를 아우르려는 세심함이 필요하다.[9] 그렇지 않을 경우 통일은 달성될지 몰라도 내포된 폭력과 전쟁의 위험요소가 유고슬라비아의 통합과 분리에서 보았듯이 언제든 분출될 수 있기 때문이다. 또한 체코슬로바키아의 사례를 볼 때, 경제적 저발전 지역과 선진 지역 간 갈등을 해결하지 못할 경우 절제민족주의와 분리민족주의가 충돌할 수 있음을 발견하게 된다. 예멘의 통일에서 볼 수 있듯이, 진정한 통합에 이르지 못한 형식적 통일의 경우 내전 발발의 위험을 안고 있으며, 분리민족주의가 폭력적 해체로 연결될 수도 있음을 부인하기 어렵다.

9 김누리 외 연구진이 통일 이후 동서독 주민 사이의 통일에 대한 인식 차이에서 발견한 가장 중요한 문제점은 동독주민들이 스스로를 서독인에 비해 열등한 이등민족으로 인식한다는 점이다. 김누리 외(2006).

분리-통합의 이탈리아 사례: 남부문제와 이레덴티즈모(Irredentismo: 미수복영토 귀속운동)를 통해 본 분리와 통합의 역설

김종법(대전대학교)

I. 들어가는 말: 통일이 가져온 분리-통합의 역설[1]

로마 제국의 멸망 이래 이탈리아 반도의 통일 문제는 어디까지를 국경으로 하느냐가 중요한 쟁점으로 대두되었다. 더군다나 19세기까지 열강들의 세력 각축장이었던 역사적 경험은 정치적인 측면에서뿐만이 아니라 실질적인 문화와 언어의 문제까지 복합적으로 작용하였다. 이는 이러한 기운은 한 차례 이탈리아 통일운동의 소용돌이에 있던 1848년부터 이미 시작되었다고 볼 수 있으며(Mantelli. 1994), 1861년 이탈리아 왕국의 통일을 시작으로 더더욱 불거질 수밖에 없는 정치적 이슈가 되었다. 이후 1870년 보불전쟁에 의해 프랑스로부터 로마를 완전히 인수받으면서 기존 국가들의 국경지역을 중심으로 영토 확정과 경계 문제가 쟁점이 되었다.

특히 이탈리아가 신생 독립국으로서 개입하였던 제1차 세계대전에

1 이 소절은 김종법(2008)의 "이탈리아의 이레덴티스모에 관한 역사적 고찰"을 본서의 성격과 내용에 맞게 재구성하고 편집했다.

서는 직접적으로 국제문제가 되었다. 제1차 세계대전의 승전국이었음에도 파리강화조약에서 승전국의 대우뿐만 아니라 요구했던 미수복지 반환문제가 강대국의 이해와 엇갈려 수용되지 않자 이탈리아는 결국 무력과 강제합병이라는 극단적인 선택을 하였고, 이는 유럽의 국제질서를 어지럽히는 동인이 되었다. 더군다나 이를 틈타 등장한 민족주의와 이를 흡수한 파시즘의 발현과 집권은 영토회복 문제를 국제정치질서뿐만이 아니라 국내문제의 주요 쟁점으로 발전시킬 수 있었다.

결국 통일이라는 통합적인 상황이 더더욱 분리주의를 조장하거나 요구하는 상황으로 흐르게 된 이탈리아의 역사적 배경과 역설을 만들어 내었다. 이 글은 이와 같은 역설적인 상황의 오랜 분열과 서로 다름에 익숙한 이탈리아의 분리-통합의 문제를 남부문제와 이레덴티즈모(Irredentismo)라고 하는 미수복영토 귀속운동을 통해 현대까지 이어지고 있는 북부분리주의 운동을 중심으로 이탈리아 분리-통합의 역사적 사례를 분석하고자 한다. 이러한 분석틀에는 현대 이탈리아 사회의 주요 쟁점과 현상을 덧붙여서 분리-통합의 현대적 의미를 함께 해석하고자 한다. 특히 이탈리아 헌법에서 규정할 정도로 높은 수준의 자치를 유지하고 있는 5개 특별주 문제, 남부문제의 진행과정에서 발생한 남부문제 고착화, 북부분리주의의 전국화 과정, 그리고 트리에스테를 비롯하여 사르데냐에 이르기까지 자치를 넘어선 독립에 대한 요구들이 어떻게 지속되고 있는가를 살펴보고자 한다.

분리의 관점에서 보자면 이탈리아의 분리와 분열 문제는 이미 오랜 역사적 배경 속에 종적으로 드러나 있는 문제이기도 하다. 476년 오도아케르에게 서로마 제국이 멸망한 이래 이탈리아는 1,400여 년 가까이 분리된 채 각각의 독립성을 유지하거나 외세의 영향 아래 지내는 데 너무나 익숙해 있던 지역이었다. 비록 1861년 통일의 과업을 완수하지만, 통일의 주체나 방법 등을 놓고 평가한다면, 진정한 의미의 통일 국가로 이야기하기에는 부족한 측면이 존재했다. 여기에는 통일의 주체 세력이 통일을 이룩한 것인가의 문제뿐만 아니라 대다수의 국민들이 원했던 통일이었던가의 문제가 뒤따랐다. 따라서 통일이라는 통합적인 현상이 새로운 분리의 시작이라는 역설적인 상황이 발생하였다.

통일 이전에 다름의 차이를 인정한 채 각각의 지역성에 기반을 둔 수많은 이탈리아가 존재했지만, 통일이 그러한 지역성과 차이를 극복하면서 진행된 것이 아니라는 점에서 통일은 지역에 기반을 둔 차이성이 오히려 더욱 부각되는 역설적인 상황이 되었다. 이러한 원인에는 여러 가지가 있겠지만, 일반적으로 4가지의 정치사회적인 요인을 지적할 수 있다. 첫째는 피에몬테 왕국의 정치와 행정제도의 강제적인 전국적 이식이고,[2] 둘째는 남부를 통일 영토의 일부로 인정하기보다는 내부식민지[3]에 가까운 시장과 노동력의 공급지로 인식했기 때문이며, 셋째는 후발 선진국이었던 피에몬트 왕국이 통일국가로서 이탈리아라는 정치외교적인 의미에 대한 이해가 부족했고, 마지막으로는 피에몬트 왕국이 국민들이 원했던 통일의 주체[4]가 아니었다는 점이다.

2 가장 대표적인 제도가 피에몬테 왕국의 헌병근위대였던 카라비니에리(Carrabinieri)라는 수사대의 전국적인 이식으로 각 주마다 지청을 설치하였으며, 그 외에도 각종 행정체계 이식과 가톨릭에 대한 통제 등도 각 지역과 지방의 특성을 인정하지 않은 획일적인 제도적 이입이었다. 더군다나 초기에 북부의 토리노를 비롯한 산업을 진흥하기 위해 남부의 농업을 희생하는 보호무역정책 등이 시행되기도 하였다.

3 사회구조론에서 이야기하는 대표적인 이론 중의 하나로, 하나의 국가 안에서 한 지역이 다른 지역의 희생과 착취를 통해 산업과 경제를 발전시킨다는 의미의 사회발전이론 중 하나이다. 특히 이탈리아의 경우 남부가 그 착취의 대상으로 북부의 산업발전을 위한 희생과 시장이었다는 의미를 갖는다.

4 통일 운동 당시 국민들의 지지를 가장 많이 받았던 분파는 마찌니의 가톨릭을 중심으로 하는 공화주의 주창자들이었다. 그러나 결국 온건자유주의자들이었던 카보우르를 비롯한 피에몬트 세력이 통일을 이룩하게 되었다.

결국 이와 같은 통일왕국 안에서의 분리 상태가 지속되면서 이를 극복하고 해결하기 위한 인위적이고 제도적인 수준에서 해결책들이 제시되었지만, 양차 세계대전을 거치면서 새로운 영토의 편입과 미수복영토 문제가 복잡하게 얽히게 되었다. 더군다나 이데올로기적으로 좌파와 친미 성향의 가톨릭과 청산되지 않은 파시즘 세력이 정치적 재기에 성공하면서 더 복잡한 이탈리아 내부의 분리 상태가 지속되었다. 이러한 문제는 결국 세 가지 차원에서 이탈리아의 분리-통합 수준을 결정하는 요인이 되었다. 첫째는 남부문제로 일컬어지는 지역문제가 오랫동안 사회문제의 정점에 위치하게 되었으며 이민이라는 사회적 현상과 맞물리면서 해결해야 할 지역문제가 되었고, 둘째는 제1차 세계대전의 결과물로 발생한 미수복영토 문제가 1948년 이탈리아 공화국의 제헌헌법에 '특별주'의 문제로 불거지면서 통합 속의 분리가 고착화되는 일이 발생했다. 셋째는 네오파시즘과 신나치즘 정당이 등장하면서 북부분리주의 운동과 연방제의 확대에 따른 분리주의 운동으로 연계되어 통합 속의 분리가 하나의 주요한 사회운동 흐름으로 자리 잡게 되었다.

통합 속의 분리와 분리를 극복하기 위한 통합의 노력이 공존하고 있는 이탈리아의 이와 같은 분리-통합의 사회적인 현상을 분석하기 위해, 본 논문에서는 다음의 구성으로 전개하고자 한다. 첫째, 통일과 남부문제의 관계 그리고 이후 현대적으로 연계되어 발전된 북부분리주의 운동을 하나의 연장선상에서 종합적인 구도 속에 설명하고 의미를 찾아볼 것이다. 둘째, 이레덴티즈모의 역사적인 전개와 이러한 운동의 현대적인 양상이 연방제의 강화와 분리주의 운동을 넘어 독립이나 이웃 관련 국가로의 편입 운동을 펼치고 있는 현재의 상황을 중심으로 서술할 것이다. 셋째, 국가적인 통합과 5개 특별주를 인정하고 있는 통합 속에서의 분리 문제를 현대적인 시각에서 재해석하고, 통일이 된 지 150년이 넘은 현대 이탈리아의 통합성에 대한 새로운 수준의 의미를 담게 될 것이다. 이에 덧붙여 이탈리아 사회를 분리와 통합의 유형화 분류 과정에 어떻게 편입시키고 정의할 것인가의 문제를 간략하게 분석하면서 결론에 갈음하고자 한다.

II. 남부문제와 북부분리주의 운동: 지역문제와 자치허용의 딜레마

1. 남부문제[5]

이탈리아 남부문제의 역사는 분리주의나 통합의 역사적 사건들과 궤를 같이한다고 볼 수 있다. 남부문제의 시작을 언제로 보아야 하느냐는 역사적인 관점에서 보면 다소 논란이 있지만, 남부문제가 하나의 사회문제로 불거지고 이론화되었던 것은 그람시에 의한 문제제기였다. 그러나 더 구체적으로 남부문제를 구분하여 이념적으로 분리해 본다면 두 개의 시기와 그룹으로 분리할 수 있는데, 카부르에서 니띠에 이르는 초기와 치꼬띠에서 그람시에 이르는 후기가 그것이다. 초기 사상가들의 가장 큰 공통점은 모두 지배계층 출신일 뿐만 아니라 모두 자본주의적 교육과 훈련을 통해 이들의 사상이 형성되었다는 것이다. 이에 반해 후기, 치꼬띠 이후 그람시까지는 주로 사상적 기반이 좌파적 기반을 갖고 있다는 점과 이들 사상가들의 출신과 사상적 형성기 역시 지배계층의 그것과는 조금 다르다는 점이다. 이는 전기와 후기가 각각 다른 특징들을 보이고 있음

5 이 소절은 김종법(2004)의 "이탈리아 남부문제의 역사-카부르에서 니띠까지 부르주아 지배계급의 관점에서-"와 김종법(2006)의 "이탈리아 남부문제에 대한 정치사상적 기원-치꼬띠에서 그람쉬까지-"를 본서의 성격과 구성에 맞게 재구성하고 편집했다.

과 동시에 사상적 단절에 따른 시기구분이 아닌 전환점이라는 측면에서의 새로운 시각과 분석이 진행되었다는 것을 의미한다.

초기 남부문제에 대한 접근 관점과 시각이 지배자의 그것에서 이를 국가정책에 활용하기 위한 여러 시도였다는 것이다. 이들이 제시하고 있는 남부문제 접근법과 해결방식들은 당대 이탈리아 지식인들과 위정자들의 생각을 잘 알 수 있는 것들이다. 자유주의부터 보수주의 그리고 여러 사상이 혼용되어 나타나는 정책과 사상들은 여전히 오늘날까지 진행형인 남부문제 역사에 생생하게 살아있는 것이기도 하며, 많은 부분 실제로 세부적인 계획과 정책에 반영되었다.

남부문제가 통일왕국의 사회문제로 형성되면서 위정자들과 지배계급 사상가들이 접근했던 정책과 방향은 그 효율성이나 실효성에도 불구하고 결국 부르주아 지배를 지속시키는 데 있었다. 역사적, 문화적, 그리고 지리적으로 이질적인 '남부'를 하나의 국가 안으로 통합시키기 위한 시도로 여러 정책과 해결책들이 제안되었지만, 남부의 입장이 제대로 반영되지 못한다면 일정한 한계를 가질 수밖에 없다는 것을 여실히 보여주고 있다. 그럼에도 불구하고 이들이 제안했던 여러 정책들과 해결책들은 이후 전개되는 사회주의 사상가들이나 남부민중의 입장에서 남부문제를 보았던 여러 사상가들에게 전해진다.

치꼬띠 이후 그람시까지 이어지는 남부문제의 계보가 더욱 중요성을 갖는 것은 바로 이와 같은 초기 정치사상가들의 입장이 민중적 관점에서 재생되고, 거시적 측면에서 여전히 유용한 하나의 흐름으로 자리잡게 된다는 점이다. 실제로 오늘날 현실적으로 전개되고 있는 남부문제 관련 정책의 기본적 흐름은 이들 후기의 사상가들에서 연유된 바가 크다. 이러한 점에서 본다면 이탈리아 남부문제에서 우리가 아는 것보다는 상당한 역사와 연구 결과물들이 존재하고 있다는 점은 분명한 사실이다.

특히 지금까지 모든 사상가들이 남부문제의 출발점으로 리소르지멘또라는 이탈리아 통일운동을 거론할 정도로 단순한 현상으로 남부문제가 불거진 것이 아니라 사회적이고 역사적인 사건들이 중첩되는 과정에서 서서히 생성된 역사적인 사회문제라는 점은 남부문제 접근을 어떻게 해야 할 것인가에 대한 보다 올바른 지침을 제공하리라 믿는다.

준비 없이 예상치 못한 채 실현된 삐에몬떼 중심의 이탈리아 통일은 태생적으로 문제를 안고 갈 수밖에 없었다. 북부 중심의 산업정책에 끼워진 경제정책과 제도들은 국가 제도나 정책 그리고 현대적 의미의 '국가' 또는 '왕국'에 대하여 무지하였던 남부의 지식인들과 농민들 모두를 혼란과 어려움에 빠트렸다. 삐에몬떼 중심, 더 확장하여 말하면 북부 중심의 국가계획은 상대적 이질성을 무시한 정책적 오류를 범하게 되었고, 부르주아 지배계급과 지식인들은 이를 합리화하기 위한 이론과 정책 개발에 박차를 가하였다. 그러나 차이의 격차를 메우지 못하고 사회문제로 변하여 해결이 시급한 과제가 되게 하였다.

정치적으로 통일이 되었지만, 북부 산업과 남부 농업의 존재는 정치적 타협책을 찾을 수밖에 없었고, 이를 정책적으로 표현한 것이 보호무역주의와 곡물세였다. 그러나 이와 같은 경제정책의 기조는 당시 이탈리아의 지역 간 불균형과 이질성으로 인해 성공할 수 없는 정책이었고, 변형주의라는 독특한 정치적 특색을 견지하면서 구조적으로 고착화된 사회문제로 발전되었다. 이를 해결하기 위한 좌파적 시각의 남부문제 연구들은 본질적인 접근보다는 피상적이거나 혹은 북부 산업자본가들이나 프롤레타리아의 온정과 양보에 근거한 정책과 이론에 기대는 우를 범하게 되었다. 1922년 '로마 행진' 이후 정권을 획득한 무솔리니 정부는 남부를 자신의 정권유지의 전략적 거점으로 삼았지만, 문제 해결을 위한 국가정책으로 발전시키지 못했다. 결국 파시즘 치하에서 남부라는 사회문제는 수면 아래로 가라앉게 되었고, 파시즘이 몰락한 후 새로운 정부가 구성될 때까지 기다려야만 했다.

종전이 되었지만 이탈리아는 연합국에 의해 군정기간을 거치게 되었고, 공산주의 정부 설립 가능성에 대한 우려로 인해 미국은 급격하게 마셜 플랜을 추진하면서 이탈리아를 경제적으로 그리고 군사적으로 영향력 아래 두고자 하였다. 공산주의 세력을 둔화시키고 미국식 자본주의 체제에 맞는 새로운 유럽질서를 위해 실행되었던 마셜 플랜은 적어도 이탈리아에서만큼은 미국의 의도대로 진행되었다.

새로운 이탈리아 건설이라는 국가적 당면과제는 미국식 자본주의 체제의 구축이라는 목표 앞에서 의미를 잃게 되었고, 결국 이탈리아 북부 중심의 산업발전 계획이 집중적으로 실행되면서 북부는 다시 한 번 산업자본 축적의 기회를 갖게 되었다. 그러나 남부 인민 대중들의 불만과 이탈리아 공산당을 중심으로 하는 좌파 지식인들은 그람시 개념의 남부문제 해결이야말로 국가적으로 해결해야 할 시급한 사회문제로 인식시키는 데 노력하였다. 기민당 정부 역시 자신들의 강력한 지지 기반인 남부를 위해 무언가를 해야 할 처지였고, 보다 확실한 지지기반 구축을 위한 가시적 성과가 필요한 때였다.

결국 기민당 정부는 1950년 남부문제를 위한 정책적 해결책으로 남부기금(Cassa per il Mezzogiorno)을 설립하였다. 10년간 매년 1000억 리라를 배정하여 이탈리아 남부의 지역개발과 경제적 성장을 이루고자 설립한 이 기금은 유감스럽게도 당장 정책에 활용되지 못했다. 사회간접자본시설이 부족했던 남부에는 이를 효율적이고 즉각적으로 활용할 수 있는 기반시설이 부족하였던 것이다. 결국 여건이 좋은 지역을 중심으로 예산이 책정되었으며, 이는 남부 안에서의 또 다른 지역 불균형을 낳는 원인이 되었다.

1955년 10월 빨레르모(Palermo)에서 개최된 국가경제개발위원회 회의에서 남부문제가 국가의 구조적 문제라는 인식을 공유하게 된 것은 그나마 커다란 진전이었다. 경제인연합회(Confindustria)와 국가는 남부를 성장거점(poli di sviluppo) 정책으로 전환하여 단기적이고 즉각적인 이익을 추구하는 민간기업의 확충보다는 주로 공사나 국영기업체를 이 성장거점을 통하여 발전시킴으로써 지역과 남부 전체의 균형적 발전을 꾀하고자 했던 것이다. 그렇지만 그와 같은 성장거점 지역의 선택이나 업종 역시 북부 산업자본가들이나 민간기업의 의지에 의해 결정됨으로써 본래적 의미에서 남부기금에 대한 취지나 목적을 만족할 만한 수준으로 살리지 못했다. 이는 정책의 방향이 북부산업의 성장과 발전에 도움이 되는 쪽으로 남부개발을 유도했다는 의미일 뿐, 남부라는 지역을 전체적으로 경제발전과 성장을 유도하기 위한 정책은 아니었다는 비난을 받게 되었다.

정부의 입장에서 국가의 균형적 발전이나 합리적 국토개발이라는 목적으로 이를 추진하는 것은 당연한 논리지만, 문제는 이탈리아 경제가 움직이는 힘은 민간기업 중심이었고, 더군다나 80%에 달하는 중소기업 위주로 움직여 왔다는 데 있다. 또한 이탈리아 경제와 정부의 가장 커다란 문제 중 하나인 재정적자 문제가 정부의 효율성이라는 측면뿐만이 아니라 중소기업에 집중되어 있는 국경기업들의 적자에서 많은 부분 기인한다는 점은 정부의 남부정책에 대한 한계를 분명하게 노출시켰다.

상황이 이렇게 되자 남부정책과 개발이 진행되는 과정에서도 남부에서 북부로의 노동력 이동은 지속적으로 진행되었고, 1980년대까지도 하나의 일반적 사회현상이 되었다. 더군다나 기민당 중심의 집권당과 정부는 후견인 제도를 통하여 지역과 지방을 사적으로 통제해 왔으며, 국가란 왕조시대의 헌병대나 경찰 이상의 역할을 담당하는 것이 아니라는 인식이 뿌리 깊게 남부에 자리 잡게 되었다.

그러나 집권당의 입장에서는 남부문제를 해결해야 할 정치적 필요성이 있었고, 실제로 남부의 저개발과 후진성을 극복하기 위한 실질적인 정책을 도입하였다. 그것은 남부기금이라는 형태의 재정적 지원금과 남부개발공사였다. 남부기금은 1984년까지 존속되다 1986년 남부개발공사(Azienda per il Mezzogiorno)로 바뀌었다. 현재에도 이탈리아 남부라는 지역문제는 여전히 상존한다. 그러나 더욱 큰 문제는 여전히 해결되지 않은 채 남아 있는 남부문제가 또 다른 사회문제인 외국인 문제와 겹치면서 중층적 복합구조를 갖는 사회문제가 되어 간다는 사실이다.

1989년 베를린장벽의 붕괴와 더불어 소련을 비롯한 동유럽 사회주의 국가들의 몰락은 유럽사회 지평에 커다란 전환점을 가져왔다. 흔히 '이데올로기의 승리'라는 상처뿐인 영광에 따르는 대가는 너무나 컸다. 유럽 지역 안에 전쟁과 대립의 위험이 사라진 대신 새로운 지역문제와 민족주의 문제가 불거지게 되었고, 동유럽 국가의 국민들이 자본주의 체제 서유럽 국가로 이주하며 생긴 노동력 문제는 이미 1960년대 이후 식민지 국가였던 아프리카와 중남미 국가들로부터의 유럽 이주와 맞물리면서 통제 불능한 사회문제가 되었다.

경제가 지속적으로 성장하던 1980년대까지는 이와 같은 외국인 노동자 전입문제가 국가경쟁력에 도움이 되는 방향으로 흐르게 되었지만, 포용능력의 한계에 달하면서 커다란 사회문제가 될 수밖에 없었다. 이탈리아의 경우 이와 같은 문제는 더욱 커다란 사회문제가 되었다. 아직 해결되지 않고 있는 남부문제에 외국인 불법노동자 이주문제가 사회적으로 커다란 반향을 불러일으키며 새로운 인종주의와 파시즘의 발흥 조짐을 보이고 있기 때문이다. 최근 유럽 각국의 선거에서 나타난 우파의 승리는 이와 같은 정치적 상황변화의 뚜렷한 증표라고 볼 수 있다.

통일 이후 150여 년이라는 시간 동안 이탈리아를 두 개로 나누었던 남부문제가 21세기에도 여전히 유효한 정치적, 사회적 의미를 갖는 이유는 바로 이와 같은 중층의 사회 현상들과 문제들이 겹치면서 새로운 전환점을 맞고 있기 때문이다. 국내적인 통합의 문제에 남과 북이라는 지역문제를 뛰어넘어 인종과 민족이라는 문제까지 겹치면서 더욱 혼란스러운 양상을 나타내고 있다는 사실은 남부문제의 접근과 그 해결책 역시 새로운 기준과 방향에서 다가서야 함을 나타낸다.

더군다나 이탈리아 내부의 이와 같은 사회문제들이 제대로 해결되지 않은 상태에서 유럽통합은 그 발걸음을 재촉하고 있다. 따라서 이탈리아처럼 지역문제가 있는 나라들에서 유럽통합 방식의 정책적 우선성 문제를 어떻게 해결해야 할 것인가 하는 것은 유럽통합이 궁극적으로 성공할 수 있는가에 대한 중요한 문제라고 할 것이다. 따라서 내부문제의 해결이 먼저인가 통합이 먼저인가라는 문제제기는 이제는 변형되어 각 국가에 존재하고 있는 지역문제와 외국인 노동자 문제 그리고 다시 한 번 그 모습을 보이고 있는 네오파시즘이나 네오나치즘 문제를 해결하는 것이 시작이라는 점에서 여전히 진행형인 사회문제인 것이다.

2. 남부문제를 넘어서는 북부분리주의 운동[6]

이탈리아 남부문제의 역사에서 주목할 만한 흐름 중 하나는 끊임없는 지역분할과 분리 시도와 내용의 변화라고 할 수 있다. 그것은 또 다른 지역문제의 등장으로 설명할 수 있는데, 이는 이탈리아 북부와 남부의 지역적 편차로 발생한 사회문제를 유력한 정당 지도자들이 자신들의 지역

6 이 소절은 김종법(2008)의 "이탈리아의 이레덴티스모에 관한 역사적 고찰"과 김종법(2007)의 "이탈리아 권력구조 전환가능성과 시도: 연방주의와 대통령제로의 전환모색"을 본서의 성격과 구성에 맞게 재구성하고 편집했다.

적 근거지를 볼모로 삼아 정치적 생명을 연장하는 수단으로 전락시키는 과정에서 등장하였다. 특히 단순한 사회문제 이상의 복잡한 국가적 분열과 정치적 통합의 결단이 필요한 문제가 되었다. 정치적 후견인주의와 남부문제의 접목은 남부에 기반을 둔 기민당 지도자들의 강력한 지지기반으로 변형되었다. 이는 1950년대부터 1980년대까지 기민당 주도하의 정권에서 표방하던 주요 정책적 방향으로 표출되었다. 또한 '남부문제'라는 남부에 기반을 둔 지역문제가 북부에 근거한 새로운 지역문제로서 '북부문제'라는 지리적 대립구조로 발전하면서 북부에서는 분리주의를 표방하는 정당(레가 노르드Lega Nord: 북부동맹)이 등장하였다. 이러한 지역문제가 정치적 환경을 결정하는 요소로서 중요한 기능을 수행하면서 이탈리아 정치상황의 복잡성은 더해갔다.

지역문제로서 북부문제의 등장은 현대 이탈리아를 이해하는 데 필수적인 부분이 되었다. 움베르토 보씨(Umberto Bossi)라는 정치가가 이끄는 북부동맹은 이탈리아의 이데올로기적 대립이 첨예하던 1980년대부터 점차 두각을 드러내기 시작했고, 이후 베를루스코니가 이끄는 우파 연정의 한 축으로 중요한 역할을 수행하고 있다. 그런데 이들 북부동맹의 지지자들과 우파 연정 안에서의 정치적 역할을 살펴보면 흥미로운 점이 많다. 그중 하나는 이들 북부동맹의 활동이 현행 이탈리아 헌법을 넘어서는 측면이 존재한다는 점이며, 다른 정당들과 전략적 제휴를 하고 있다는 점과 북부동맹의 지지자들 대부분은 주로 자영업자들과 다소 인종주의적 편견을 가진 이들이 많다는 점이다.

북부동맹이 주로 지지를 받는 지역은 포강 중하류의 평야지대로 유럽 최대의 쌀 생산지인 파다나(Padana) 평원이다. 그런 이유로 북부동맹이 설립하고자 하는 국가명도 파다나공화국이다. 북부분리주의자들인 이들의 주장을 요약하면 다음과 같다. 비교적 선진적이고 공업이 발달한 북부 지역의 국민들이 낸 세금이 더 이상 국토개발이나 균형적인 지역발전이라는 미명 아래 남부나 도서 지방 등의 이탈리아의 후진 지역에 사용되는 일은 없어야 하며, 북부 지역과 세금을 거둔 곳에서 세금이 쓰여지는 원칙이 지켜져야 하며, 이를 위해서는 북부와 남부를 분리하여 두 개의 국가로 나누어야 한다고 주장한다. 또한 국가 분리가 안 된다면 적어도 느슨한 형태의 연방제 형식을 띠면서 두 지역을 분리해야 한다고 주장한다.

북부동맹은 이를 위해 실제로 관공서가 들어설 행정구역과 자체적으로 일종의 경찰이나 준군대와 같은 질서유지대를 보유하고 있으며, 기타 강령과 헌법에 준하는 기본원칙 등을 마련하여 자치주의를 주장하고 있다. 우리나라에서 이런 유사한 일이 일어났다면 반란이나 헌법질서의 파괴에 해당하는 중죄였겠지만, 이탈리아는 이를 하나의 해프닝으로 간주하고 이들은 매번의 총선에 베를루스코니와 연합하여 후보를 내고 많은 지역에서 적지 않은 국회의원을 당선시킨다. 이들을 지지하는 국민들은 주로 어려서부터 돈벌이에 뛰어들어 자수성가하거나 바나 식당 등의 자영업에 종사하는 이들이 대부분이다.

그런데 이들이 소속되어 있는 우파 연정에서 북부동맹의 역할은 완벽한 캐스팅 보트 정당이라는 점이다. 다수당은 아니지만 이들을 빼고서는 우파 연정이 독자적으로 수립하기 어려울 정도로 독자적 세력 확보에 성공한 세력이라는 점이다. 특히 이들은 전국 지지율보다는 북부 도시들을 중심으로 20-40%에 이르는 지지율을 확보하고 있으며, 많은 현직 시장과 현(縣) 지사를 배출하고 있는 정당이다. 베를루스코니에게는 그야말로 없어서는 안 될 정당의 하나인 것이다. 그러나 북부동맹의 모든 정책이 우파라는 틀 안에서 다른 집권 정당인 베를루스코니 정당이나 또 따른 신파시스트 정당의 하나인 민족동맹(Alleanza Nazionale)과 동일하거나 유사하지는 않다.

실제로 북부동맹이 우파연정을 배반함으로써 우파연정을 해체해버린 적이 있었다. 베를루스코니가 기업가에서 정치가로 변신한 뒤의 첫 번째 성공이었던 1994년 총선 승리 이후 연정을 구성할 때 우파 계열인 북부동맹과 함께 정부를 구성하였다. 그러나 마니풀리테의 여진이 남아 있었고, 베를루스코니 자신이 여러 가지 죄명으로 기소되는 상황 속에서 베를루스코니가 추진하고자 했던 정책 중 하나는 바로 연금개혁이었다. 많은 국민들이 전개한 연금개혁 반대와 베를루스코니 퇴진 운동 속에서도 베를루스코니가 믿을 수 있었던 것은 의회 내의 과반수 확보가 용이했기 때문이었다. 그러나 북부동맹의 경우 베를루스코니가 주장하는 연금개혁이 이루어질 경우 북부동맹의 주요 지지자들인 자영업자들에게 불리한 상황이 전개될 것을 잘 알고 있었고, 지지자들이 연정 탈퇴를 요구하는 등의 정치적 반향이 생각보다 컸다.

그럼에도 불구하고 베를루스코니는 기어이 연금개혁 법안을 의회에 상정하였는데, 결국 오랜 논의 끝에 북부동맹이 이 연금 법안에 반대표를 던짐으로써 총리가 불신임되는 최악의 상황이 발생하여 베를루스코니가 총리직 수행 8개월여 만에 퇴각하고 다시 과도내각이 들어서는 초유의 사태가 발생하였다. 대통령제와 달리 집권여당의 수반인 총리나 수상 등이 의회에 발의한 법안이 통과되지 않을 경우에는 해당 총리나 수상에 대한 불신임으로 간주하여 총리나 수상이 사퇴하는 것이 내각책임제의 일반적인 특징이기 때문에 베를루스코니 역시 퇴진할 수밖에 없었다. 북부동맹의 이러한 정치적 입장은 그 뒤에도 종종 우파 연정 안에서 공공연하게 표출되었고, 이후의 총선에서도 그러한 입장 차이로 인해 총선 승리와 패배 등의 명암이 엇갈리기도 했다.

어쨌든 이와 같은 북부동맹의 분리주의 운동의 배경에는 역사적으로 중첩되어 내려온 이탈리아 지역문제의 심각성이 깔려 있다. 이와 같은 이탈리아 지역문제는 통일 이전부터 존재하였지만, 통일이라는 정치적 행위에 의해 탄생한 통일국가의 등장 이후 더욱 본격적으로 드러났다는 점에서 이탈리아 지역문제의 심각성을 알 수 있으며, 다양한 분리주의 운동으로 발전되고 있는 것은 인위적이거나 강압적인 지역통합이 쉽지 않다는 점을 나타낸다. 미래의 이탈리아가 두 개, 아니 세 개 이상의 이탈리아가 될 수 있을지도 모르지만 현재의 정치사회적인 분리주의 운동은 하나의 거부할 수 없는 현상으로서 그 추이를 지켜볼 필요가 있다.

3. 특별주의 높은 수준의 자치 문제

통합의 역사보다는 분열의 역사가 훨씬 긴 이탈리아에서 최근 가장 중요한 정치적 지형 변화의 흐름 중 하나는 바로 정치권력 지형의 전환과 연방주의로의 전환 가능성 문제이다. 남과 북의 차이만큼 북부 내에 존재하고 있는 동서 간의 차이와 이를 둘러싼 정당 간의 대립구도를 통해 불거지고 있는 문제는 제헌헌법 이후 보장하고 있는 특별주의 지위와 위상 문제와 관련이 있는 것이다. 특히 이 문제는 제1차 세계대전 무렵까지 거슬러 올라가는 실지회복운동(Irredentismo)과 관련된 것으로, 이미 헌법상에서 연방주의적 특징을 갖는 특별 지위와 연관되어 있다.[7]

중세 이후 오랫동안 분열되었던 이탈리아가 하나의 왕국으로 재통일된 것은 1870년에 이르러서였다. 통일 방식을 두고 벌어졌던 갑론을

7 미수복영토 귀속운동이라 할 수 있는 이레덴티즈모는 제1차 세계대전에서 승전국이었던 이탈리아가 이전에 자신들의 영토였던 여러 지역에 대한 영토 소유권을 주장하면서 발생된 일련의 정치적 운동으로, 미수복영토에 대한 회복을 목적으로 하였다. 남티롤이나 이스크라 및 단눈치오가 의용군을 이끌고 점령했던 피우메 시 등은 이레덴티즈모의 대상 지역이었다.

박에는 당대의 수많은 정치사상과 제도들이 동원되었으며, 연방주의 역시 주요한 정치적 지향점이었다. 흔히 리소르지멘토(Risorgimento)라고 하는 이탈리아 통일운동 기간을 지배했던 통일 이탈리아에 대한 정체(polity)를 지향하는 주요 흐름은 크게 세 가지 정도로 볼 수 있다. 하나는 마찌니(Mazzini)가 주도했던 공화주의를 지향하는 다소 급진적인 성향의 정치가 및 사상가들이었고, 둘째는 입헌군주제를 지향하는 자유주의 계열의 정치가와 사상가들이었으며, 세 번째는 권력분점과 이탈리아의 지역 다양성을 인정하고자 하는 정치가 및 정치 사상가들이 지향하는 연방주의가 그것이었다.[8]

이탈리아 연방주의의 뿌리가 자유주의적 특징을 갖는 것은 바로 그러한 이유이다. 이 시기 가장 대표적인 연방주의 주창자들은 카타네오(Cattaneo)와 페라리(Ferrari) 그리고 피사카네(Pisacane)이다. 피사카네(1818-1857)가 보다 사회적인 문제에 관심을 갖는 급진적 성향인 데 반해 카타네오(1801-1869)와 페라리(1811-1876)는 이탈리아의 지역적 분할과 역사적 경험을 고려한 연방주의를 주창하였다.[9] 특히 카타네오의

8 리소르지멘토의 해석과 관련된 이 문제는 후대의 역사 비평가들에게도 많은 과제를 남겼다. 보다 다양한 흐름으로 분류하기도 하지만 일반적으로는 서술한 세 가지 흐름이 보편적이다. 프랑스 혁명 이후에 자유주의와 민족주의자들이 중요한 사상적 흐름을 지배했지만, 왕정복고로 인해 군주제가 주요한 흐름으로 동참했고, 이후에는 이들 세 흐름들이 정치적 지향과 통일운동의 주류로 작용했다. 그러나 일단의 자유주의들 중에서 온건파와 급진파가 나누어지면서 카타네오(Cattaneo)와 페라리(Ferrari) 등의 급진파를 중심으로 이탈리아라는 지리적이고 역사적인 배경을 고려하여 연방주의를 정치적 방향과 운동으로 내세우면서 통일에 이르는 1870년까지 이탈리아의 세 가지 주요한 정치적 흐름이 되었다. 이에 대한 보다 자세한 내용은 다음의 책을 참조하시오. Salvatorelli 1975, 228-336; Salvatorelli 1969, 412-442; Bravo, Malandrino 1994, 189-215.

9 피사카네는 리소르지멘토 시기 이탈리아의 급진 자유주의를 대표하는 사상가이다. 마찌니의 공화주의 주창자들과 온건 자유주의자들 사이에 대립하고 있던 정치적 지향점과 목적의 대안을 제시하고 일반 민중의 문제를 먼저 해결하고 통일 역시 민중이 주체가 되는 방향에서 지역적 특성을 감안한 연방주의를 주창했던 인물이다. Rosselli(1977); 페라리는

연방주의에 대한 주장은 현재까지도 그 적실성 면에서 많은 지지를 얻고 있으며, 이탈리아의 지리적, 역사적 특수성에 가장 적합한 연방주의 이론이자 제도로 인용되고 있다.

카타네오는 사회 구성에서 세 가지 차원의 체계와 분야를 연계시켜 설명하고 있는데, 경제체계와 법률적-제도적 체계 및 문화와 윤리 분야의 결합으로 사회가 구성된다고 주장하였다(Galasso 1962, 8). 그는 자신의 이러한 논리를 발전시켜 한 국가의 성립 역시 이렇게 구성된 여러 사회의 결합으로 보았으며, 따라서 개별 사회와 구성 요소의 자율성을 최대한 인정하면서 개별성을 어떻게 효율적으로 연계시키는가에 관심을 가졌고, 이를 완성해 줄 수 있는 제도로서 연방주의를 주창한 것이다. 그러나 연방주의라는 정체의 주체와 적용 대상은 중산층이나 한정된 계층, 집단에 국한하였기에, 이탈리아를 국민국가나 민족국가로서 발전하는 연방주의 국가로 상정하지 않은 모순과 한계를 지니게 되었다. 다시 말해 이탈리아의 정체성에 대한 경제적 · 사회적인 측면에서의 기준으로 접근함으로써 리소르지멘토의 정치적 목적성에 대한 좌표를 상실하였고, 연방주의에 대한 지지 기반을 확장시키지 못하는 결과를 가져왔다.

그러나 통일의 주도권은 온건파 자유주의자들에게 넘어갔고, 결국

실증주의자로 역사 속의 경험들을 통해 혁명에 이르는 방법을 찾으려 했다. 그 과정에서 이탈리아의 경우 가장 적합한 정체로서 연방주의를 주창한 것이었고, 많은 후학들을 배출하여 이탈리아 연방주의 지지자들을 길러내었다. Salvatorelli(1975, 337-366): 카타네오는 리소르지멘토 시기 가장 대표적인 연방주의자로 오랜 역사적 지방주의의 전통을 이탈리아의 특수성으로 보고, 이를 정치적으로나 제도적으로 해결하기 위한 방안으로 연방주의를 주창했다. 당시 그는 이탈리아 중산계층의 대표적 지식인으로서 이탈리아 민족을 중시하는 민족주의적 통일보다는 지역과 계층에 맞는 통일, 즉 연방주의적 통일을 주장했다. 그가 보기에 민족주의 운동은 필연적으로 경제적으로나 행정적으로 사회적 불평등을 야기할 수밖에 없는 것으로 간주했다. 이로 인해 그의 연방주의가 갖는 이론상이나 적용 면에서의 탁월함에도 불구하고 민중적인 지지를 받지 못했던 원인이었다. 그러나 그의 연방주의적 사상은 현재까지 이탈리아 연방주의자들에게 많은 지지를 받고 있다(Galasso 1962).

카부르와 다젤리오(D'Agellio) 등이 주장하던 입헌군주제의 이탈리아 왕국이 탄생하였다. 통일 이후에도 연방주의의 흔적은 여전히 남아 있었고, 역사학자인 무라토리(Muratori)나 개혁적 법학자인 베카리아(Beccaria) 등으로 이어졌다. 이탈리아 반도의 통일이 곧 사회적·정치적 통합이 아니었다는 사실은 여러 사회문제들이 해결되지 않은 채로 여러 개의 이탈리아가 하나의 왕국 아래 존재하도록 하였다.

연방주의 문제가 다시 한 번 정치적으로 국민들의 관심을 받게 된 것은 제2차 세계대전이 끝난 뒤, 패전국이었던 이탈리아의 정체를 결정하는 국민투표였다. 1946년 6월 2일 국회의원 선거와 동시에 실시된, 이탈리아 정치사상 최초의 국민투표는 입헌군주제와 공화제를 국민의 손으로 직접 결정하는 선거였다. 공화제에 찬성하는 표는 12,717,923표였고(총 유효 득표의 54%에 해당), 입헌군주제를 찬성하는 표는 10,719,284표였다(약 200만 표 뒤진 것으로 유효득표율의 46%에 해당).[10] 이탈리아 공화국은 이렇게 탄생되었지만 여전히 해결해야 할 문제는 남아 있었다. 특히 북부가 주로 공화제에 찬성하였던 데 반해 남부는 입헌군주제를 선호하였고, 이는 연방주의 전통이 북부에 여전히 강하게 남았다는 내용 이외에도 남과 북의 인식과 정치적 견해 차이가 상당히 큰 것이었다는 사실을 증명하는 것이었으며, 중앙권력과 지방권력의 배분이나 국가 안에서의 조화문제가 커다란 국가의 정치적 문제로 남게 되었음을 의미하였다.

1948년 제헌의회는 몇몇 헌법 조항 안에서 '보충성의 원리'[11]에 의

10 공화국 초대 대통령은 엔리코 데 니콜라(Enrico De Nicola)였으며, 1946년 6월 28일 출범하였다. 또한 동시에 실시된 국회의원 선거에서도 기민당(DC)이 35.2%를, 이탈리아 사회당(PSI)이 20.7%를, 이탈리아공산당(PCI)이 19%를 획득함으로써 제헌의회 총 557명 중에서 426명에 달하는 약 75%에 달하는 의석을 세 개의 당에서 점유하였다(Chabod 1961, 144-157).

11 보충성의 기본원리는 개인, 주 및 사회의 기본적인 분할에 기초하고 있다. 보충성의 고전적

거한 연방주의 원칙을 밝히고 있다. 헌법 제11조, 제118조, 제119조, 제128조, 제138조 등에서 규정하고 있는 내용들이 그것이며, 상원에 대한 규정을 다루고 있는 조항들 역시 넓게 보아 연방주의적 근거로 볼 수 있고, 이들 조항들은 주로 국가와 주 및 지방자치단체들 간의 권한과 권력 배분을 규정하고 있다. 그러나 이탈리아에서 연방주의가 본격적으로 시작된 것은 1972년 지방자치 법안이 의회를 통과하여 시행에 들어가면서부터이다.

다시 1977년에 이르러 실질적인 지방자치가 시행되고, 이후 지속적인 보완과 입법 등을 통하여 오늘날에 이르고 있다. 2002년 기준으로 이탈리아에 지방자치에 해당되는 행정구역으로 주에 해당하는 레지오네(Regione)는 모두 20개, 쁘로빈치아(Provincia)는 102개에 이르고, 꼬무네(Comune)는 모두 8,104개가 존재한다(김종법 2003a, 1-30). 이전까지는 실질적인 지방자치의 근거가 되는 법률적인 지방자치나 권력분점 등에 대한 내용들이 막연하고 추상적이었던 데 반하여 1970년을 기점으로 본격적인 지방자치와 더불어 연방주의로의 전환을 위한 모색과 준비가 정치권에서도 본격적으로 일어났다.[12]

이론적인 측면에서 보자면 연방주의를 지방자치와 동일시하거나 유사한 것으로 보기에는 한계가 있지만, 이탈리아의 경우 제도적으로 국민 대표성과 지역 대표성을 의미하는 상하양원제를 채택하고 있으며, 3

개념정의는 가톨릭의 사회문제에 대한 가르침에서 발견된다. "사회나 국가의 도움 없이 자신이 할 수 있는 데까지 자신에 관계된 일은 스스로 처리하라. 사회는 다만 보충적으로만 개입한다." 이런 원리는 국가의 계층적인 구조에도 적용된다…. 일련의 법들은 '공평한 평등 분배'를 하도록 하며, 문제가 되는 지역에 대한 지원을 강화한다(박응격 외 2006, 39-40).

12 1970년 지방자치법의 발효로 인해 현재의 20개 주에 대한 헌법적 지위가 5개 특별주와 보통주로 나뉘게 되었고, 이 법안에 의해 보충성의 원리나 분권화, 민주적 다원주의 원칙 등 연방주의의 이론적 원리들이 법률안에 실질적으로 반영되었다(Hine 1996, 113-120).

권 분립 문제나 중앙정부와 주정부의 '수직적' 권한 배분이 비교적 오랫동안 잘 지켜진 국가라는 측면에서 보면 넓은 의미의 연방주의 제도화는 법률에 의한 성문화가 되었다고 볼 수 있다.

이탈리아의 정치적 환경과 조건의 변화는 1990년대 집중적으로 발생하였다. 특히 이는 앞서 서술한 권력구조의 변화 문제와 관련하여 몇 가지 중요한 논쟁점을 제시해주고 있다.

첫째, 분리주의와 연방주의의 구분 문제이다. 이는 북부동맹(Lega Nord)의 등장 이후 더욱 불거진 문제로 몇 가지 변수와 함께 묶어서 고려해야 한다. 가장 중요한 것은 이탈리아의 가장 큰 행정단위로 규정하고 있는 20개 주 중에서 헌법에서 그 지위와 성격을 보장하고 있는 5개 특별주의 존재이다(Giorgio 1996, 3-4). 이탈리아의 20개 주 중에는 지방자치의 독립성과 자치성의 기준에 따라 헌법에서 부여한 일반 주(삐에몬떼, 롬바르디아, 베네또, 리구리아, 에밀리아 로마냐, 또스까나, 움브리아, 마르께, 몰리제, 아브루쪼, 라찌오, 깜빠냐, 깔라브리아, 바실리까따, 뿔리아)의 성격을 갖는 15개 주와 5개 특별주(발레 다오스따, 뜨렌띠노 알또 아디제, 프리울리 줄리아 베네찌아, 시칠리아, 사르데냐)가 있다.

보통 일반주는 중앙정부나 상위체계의 국가기관에 덜 독립적이라 할 수 있으며, 특별주는 헌법에서 지위를 보장할 정도로 입법권이나 조세권에서 일반주에 비해 특별한 지위를 갖는 주를 의미한다. 위에서 언급한 5개 특별주는 국가의 기본 법률에 의해 구속적인 다른 15개의 일반 주들과는 달리 비교적 그 구속력이 크지 않으며, 오히려 자유롭다고 말하는 편이 나을 정도로 중앙정부에 대한 종속 정도가 미미하다. 국가의 상위 법률에 대한 구속력이 약하는 의미는 주의회나 주정부의 결정에 따른 주령이나 주법률에 따라 새로운 사업이나 재원 마련의 방안이 더욱 용이하다는 의미이기에 이탈리아에서 지방자치의 정도와 수준이 가장 높은 지역은 이 5개 특별주라고 할 수 있다. 충분한 자율성과 자치를 헌법에서 보장하고 있음에도 북부동맹과 같은 분리주의를 지향하는 정당이 정치활동을 전개하고 북부 지역을 중심으로 선거 시 10~20% 사이의 지지율을 획득하고 있다는 사실은 이탈리아 연방주의 성격이나 특이성을 설명할 수 있는 변수인 것이다.

두 번째로 고려해야 할 요소는 흔히 남부문제로 일컬어지는 지역문제가 통일이 된 지 60여 년이 지났음에도 여전히 존재하고 있다는 사실이다. 이는 자치(self-rule) 협치(shared-rule)의 기준이 통합과 상충하는 문제를 어떻게 해결할 것인가의 갈등을 유발하였다.

세 번째 요소로는 유럽통합과 관련된 넓은 의미의 연방주의와 이탈리아라는 지리적 경계를 대상으로 하는 연방주의와의 관계설정이다. 이탈리아의 경우 전후 첫 내각수반이었던 데 가스페리(De Gasperi)나 스피넬리(Spinelli) 같은 유럽과의 연방주의를 주창했던 정치가들이 있었으며, 이들은 정책적으로 연방주의가 실효성을 거둘 수 있도록 많은 노력을 기울였다. 그러나 마셜 플랜과 나토(NATO)의 창설 및 슈망 플랜 등이 작동하면서 이탈리아 내부에서 연방주의로의 지향과 실천은 국내정치의 복잡성으로 인해 약화되었다. 이러한 상황에서 최근에 정치적 주역으로 등장한 프로디(Prodi)와 그의 유럽주의라는 정책적 지향은 새롭게 부상하고 있는 요소이다.

이탈리아 정가에서 연방제로의 전환문제가 베를루스코니 정부에 들어서서 처음 시도된 것은 아니었다. 베를루스코니의 등장 이후 지속적으로 포르차 이탈리아(Forza Italia) 정당은 연방제의 가능성에 대해 준비와 헌법 개정까지를 염두에 둔 정치적 의도를 공공연하게 밝혔다. 특히 1994년 연방제로의 전환 준비 작업은 베를루스코니의 정치적 의도와 연정 안에 소속되어 있던 북부동맹의 정치적 이해가 일치되면서 더욱 구체적인 내용들이 발표되었다.

연방제로의 전환 문제가 단순히 베를루스코니나 북부동맹만의 문제로 그친 것은 아니었다. 1996년 총선에서 탄생한 중도좌파 연정의 제2기에 해당하는 시기인 지난 1999년부터 이탈리아는 새로운 의미에서 미국식 모델을 기초로 하는 상하양원의 연방제로 가기 위한 작업들을 지속적으로 해 왔다. 이를 위해 몇 년간 준비를 하고 합의하여 제출된 연방제 법안이 2001년 4월 정부에 의해 임시법안의 초안으로 마련되었다. 이후 정권이 바뀌면서 베를루스코니에 의해 다시 한 번 개악을 거쳐 2004년 10월 15일에 개정안이 상원과 하원 양원을 모두 통과하였다.

이탈리아 연방주의에 대한 이론화 작업은 또 다른 접근과 분석을 필요로 하는 것으로 추후 다른 논문을 통해 좀더 분석적이고 이론적인 공고화를 모색할 것이기에, 여기서는 그 이론적 토대를 밝히는 수준에서 글을 전개할 것이다. 지금까지 수많은 학자들이 연방주의에 대한 국가별 사례를 통해 이론화 작업을 꾸준히 전개해 왔다. 도이치(Deutsch *et al.* 1957), 웨어(Wheare 1963), 라이커(Riker 1964), 버치(Birch 1966), 왓츠(Watts 1996) 등이 주장하고 있는 연방주의의 여러 요소들을 통합해 보면 연방주의를 현실화하고 이론적으로 주장하기 위해서는 최소한 다음과 같은 요소들을 두 가지 영역에서 공통적으로 검토해야 한다.[13]

이탈리아의 경우 아래 〈표 1〉에서 구할 수 있는 요소들은 두 영역에서 모두 찾아볼 수 있다. 공동의 이해요소 항에서는 1)번부터 12)번까지의 요소 모두 발견할 수 있다. 1)의 경우 이미 오래전부터 정치적 유대성과 사회적 가치에 대한 공유가 이루어진 상태이고, 2)나 3)의 경우 역시 동일한 수준에서 각 지역에서 전개되고 있으며, 4)의 경우 북부동맹

13 Deutsch *et al.* 1957; Wheare 1963; Birch 1966; Riker 1964; Watts 1996 참조.

표 1. 연방주의의 기반이 될 수 있는 두 개 영역과 내용들

공동의 이해요소	대내 혹은 대외적인 위협요소들
1) 정치적 가치의 공유	a) 실제적이든 이미지상이든 군사적 불안정성이 존재한다는 느낌
2) 강력한 경제적 유대와 사회적 이익에 대한 기대	b) 실제적이든 이미지상이든 경제적 불안정성이 존재한다는 느낌
3) 커뮤니케이션과 정보처리 영역의 다양성	c) 실제적이든 이미지상이든 문화적 불안정성이 존재한다는 느낌
4) 정치적 독립에 대한 열망	d) 현존하는 정치적 질서의 안정성에 대해 감지할 수 있는 위협의 존재
5) 이전의 정치적 결합의 경험	
6) 전략적(영토적) 고려	
7) 지정학적 유사성	
8) 민족주의, 종교, 계승된 전통과 관습 등 공통의 문화적-이데올로기적 요소	
9) 정치적 리더십과 정치적 엘리트의 확산	
10) 사회적/정치적 유사성	
11) 연방 모델에 대한 호소	
12) 이전의 정치적 참가에 기초한 역사적 과정의 축적	

출처: Michael Burgess 2006

의 독립주장이나 알토 아디제 주의 이탈리아 공화국에서의 분리주장 등은 오래전부터 전개되고 있다. 5)의 경우 역시 통일 이전과 이후의 정치적 상황에서 보면 정치적 결합의 수많은 경험들이 존재하고 있으며, 6)의 경우에도 헌법상에 존재하는 5개 특별주는 영토적 고려의 대상이고, 7)의 경우는 이탈리아 반도라는 지정학적 유사성을 말해 주고 있으며, 8)의 경우는 로마 제국과 르네상스라는 문화적이고 이데올로기적 유사성이 존재하고, 9)의 경우에도 좌우 정당을 중심으로 강력한 리더십과 정치 엘리트가 존재하고 있다. 10)의 경우 역사적 경험을 통한 유사성이 존재하고, 11)의 경우 헌법상의 특별주 다섯 개와 북부동맹 연방주의 주

장이나 베를루스코니의 연방주의에 대한 정치적 시도 등이 충분한 사회적 합의를 일정 부분 공유함을 알 수 있으며, 12)의 경우를 보면 15세기에 가까운 분열의 역사를 통해 통합과 민주적 통합운동에 참가했던 경험이 풍부하다.

또한 두 번째 영역에서도 c)와 d)의 경우는 이미 통일 시기부터 존재해 오던 위협과 감정이라고 볼 수 있다. 더군다나 인종적으로나 문화적으로 이질적인 외국인들의 유입과 이레덴티즈모(실지회복운동) 당시 유입된 영토 등에서는 이러한 문화적 이질성에 기초한 갈등과 충돌의 가능성이 상존하고 있다. 또한 남부뿐만 아니라 북부동맹을 비롯한 정당이나 정치적 결사체들이 헌법 질서를 깨뜨리는 수준에서의 독립 혹은 자치를 정책과 이념으로 표현하고 있다는 점 등은 이탈리아의 연방주의적 요소를 분명하게 밝히고 있는 것이다.

III. 이레덴티즈모와 분리를 넘어선 분리주의 운동

1. 개요

이탈리아는 삼면이 지중해에 맞닿아 있는 반도라는 지정학적 위치 때문에 역사적으로 주변 국가와의 분쟁이나 영토를 둘러싼 갈등 관계가 오랫동안 유지되었다. 실제로 이탈리아 역사는 주변 국가들과의 끊임없는 투쟁, 패권을 둘러싼 과정과 사건의 연속이었고, 르네상스 이후 이탈리아의 통일을 상정하고 추진하기 위해 저술된 마키아벨리의 『군주론』 역시 외세의 침입을 물리치고 이탈리아 반도를 어떻게 통일할 것인가의 문제를 다루고 있다. 이탈리아와 국경을 맞대고 있는 프랑스, 스위스, 오스트리아, 슬로베니아 등의 국가 사이에서 벌어진 영토분쟁의 역사는 지역에 따라 오래전부터 형성되어 온 것이었다. 특히 이탈리아 통일운동을 둘러싸고 벌어진 영토분쟁을 중심으로 유럽외교계에 본격적인 논쟁과 갈등을 불러일으켰던 제1차 세계대전을 거치면서 형성된 이레덴티즈모를 주로 다룰 것이다.

삼면이 바다로 둘러싸이고, 위로 알프스 산맥을 따라 수많은 국가들과 국경을 맞대고 있던 이탈리아가 뒤늦게 민족국가의 통일을 이룩하는 과정에서 본격적으로 불거지기 시작한 잃어버린 땅(혹은 미수복영토 귀속) 문제는 이탈리아의 정체성과 맞물리면서 이후 제1차 세계대전까지 이탈리아 국민들 사이에서 끊임없는 논란을 불러일으켰고, 전쟁이 끝난 뒤에도 이 문제가 국제외교상에서 여전히 해결해야 할 난제로 작용했다.

그러나 베르사유강화조약에서 결정된 사항들은 이탈리아의 입장에서 보면 문제의 해결책이 아닌 새로운 문제의 시작이었고, 이탈리아의 민족주의가 보다 극우적이고 파시즘적인 성향으로 흐르는 데 결정적인 역할을 하였다. 더군다나 제2차 세계대전이 끝나고 난 뒤에도 이러한 잃어버린 땅 문제는 해결되지 않은 채로 이탈리아 공화국이 수립되었다.

결국 실질적으로 회복되었던 영토는 이탈리아가 원하였던 수준은 아니었고, 국토의 면적 역시 이탈리아 통일왕국 당시보다 약 21,000km^2 정도나 줄어들게 되었다. 이는 통일 이후에도 이탈리아 국민들의 영토수복운동과 수많은 단체, 조직들이 생기는 원인이 되었다. 이는 1989년 베를린장벽의 해체 이후 국가적으로 이들 미수복영토 귀속에 대한 새로운 관심을 고조시킴과 동시에 최근 불거지고 있는 분리주의 운동이나 연방주의의 주창과 같은 정치적 운동들과도 밀접한 관련성을 가진 것으로 볼 수 있다.

따라서 이 글에서는 이탈리아라는 민족적·언어적·인종적 정체성의 규명과 영토수복이라는 국제적 갈등의 요소가 21세기에도 어떠한 정치적·사회적 의미를 가질 것인가에 대하여 간략하게 논의하고자 한다. 이탈리아 민족주의, 제국주의, 통일운동, 지역주의 등의 역사적 경험으로서 이레덴티즈모의 의미를 되새김으로써 현대 이탈리아의 역사를 이해하는 중요한 단초를 제공할 것이다.

2. 이레덴티즈모의 개념과 의미

이레덴티즈모란 용어와 개념이 등장하게 된 것은 1866년 롬바르디아와 베네토 지방을 통합시켰음에도 불구하고 베네치아 줄리아와 이스트라, 카르나로(Carnaro), 트렌티노, 알토 아디제 등 여전히 외국(오스트리아-헝가리 제국)의 지배 아래에 있는 '잃어버린 땅'에 대한 수복 움직임이 본격적으로 거론되면서부터이다. 통일 이탈리아 왕국이 이탈리아 반도로 국한되면서 반도 이외의 이탈리아 문화나 이탈리아인들이 거주하고 있던 지역을 이레덴티스타(Irredentista)라 명명하고 본격적으로 회복운동을 시작하였다.

이런 이유로 이레덴티즈모를 '실지회복운동' 혹은 '미수복영토 귀속운동' 등으로 해석할 수 있다.[14] 여전히 해결되지 않은 논란이 진행형이

14 용어 해석에 대한 문제가 그리 쉽지만은 않은 이유는 이탈리아 내부의 학자들 사이에도 이 시기와 내용을 두고 많은 논란이 끊이지 않고 있기 때문이다. 마찌니의 공화주의적 전통에 의하여 해석하는 입장은 이 운동의 시기를 1848년에 두고 있으며, 이는 만텔니(Mantelli)나 코르도바(Cordova)와 같은 학자들의 입장이다. 그러나 1866년 롬바르디아와 베네치아를 합병하는 과정에서 영토가 축소되면서 이스트라, 카르나로, 트렌티노, 알토 아디제 등의 지역이 여전히 해결해야 할 잃어버린 영토가 되었고, 이를 이레덴티즈모의 기원으로 삼는 경우이다. 이런 입장을 가지고 있는 학자들은 살바토렐리(Salvatorelli), 산도나(Sandonà), 차보드(Chabod) 등이다. 이에 대하여는 다음의 책들을 참고하시오. Mantelli 1994; Salvatorelli 1969; Chabod 1951; Sandona 1932 등.

라는 점 때문에 그 기원에 대한 여러 학설을 종합하는 것은 그리 쉬운 작업이 아니다. 따라서 이 용어를 굳이 한국어로 옮겨야 하는 것인가의 문제는 또 다른 논의를 거쳐야 하는 부분이고, 내용에 중점을 두고 해석한다면 가장 많이 사용하는 '실지회복운동'이나 '미수복영토 귀속운동' 정도의 해석이 가능할 것이다. 그러나 본 논문에서는 이레덴티즈모의 원어적 의미를 충분히 살리는 것이 바람직하다는 판단에서 용어를 원어 그대로 사용하겠다.

이러한 이레덴티즈모의 가장 대표적인 지역으로는 남티롤, 트리에스테, 게르츠, 이스트라(오스트리아-헝가리 제국령), 테시노(스위스령), 발레 다오스타(Valle d'Aosta, 이탈리아 영토), 달마찌아(Dalmazia, 슬로베니아 영토), 이스트라(Istra, 슬로베니아 영토), 니스(프랑스 영토), 몰타, 코르시카(프랑스 영토) 등이었다. 물론 이 지역 중에서 몇몇 지역은 이탈리아의 거의 일방적인 주장에 근거한 지역이지만, 역사적인 맥락에서 보자면 어째서 해당 지역을 거론하는지에 대한 어느 정도의 설득력은 있다고 볼 수 있다.

이탈리아에서 이와 같은 미수복영토 귀속문제가 본격적으로 불거진 때는 18세기와 19세기를 거치면서 발생했던 유럽 민족주의의 발흥기였다. 당시는 시대적으로 민족주의와 민족에 바탕을 둔 민족국가의 등장이 전 유럽을 휩쓸던 시대였다. 이탈리아 반도에 인접해 있던 국가들 역시 이러한 영향 아래 제각기 민족적 정체성을 강조하면서 조금이라도 영토를 늘리려는 유무형의 노력을 전개하고 있었다. 이는 기존 강대국에게도 해당되었고, 프랑스나 독일, 오스트리아, 영국 역시 마찬가지였다.

이탈리아와 국경을 맞대거나 간접적으로 영토적 이해관계가 걸린 국가들이 바로 그런 국가들이었고, 이탈리아의 통일은 영토분쟁의 단초를 제공했다. 1768년 프랑스에 양도된 코르시카나 1860년에 프랑스에 양도된 니스, 1866년 롬바르디아와 베네토 지방을 통합시켰음에도 불구하고 베네치아 줄리아와 이스트라, 카르나로, 트렌티노, 알토 아디제 등의 지역은 여전히 외국(오스트리아-헝가리 제국)의 지배 아래 놓이게 되었다.

이와 같은 정치적 상황에서 당대 이탈리아의 정치적 지도권을 쥐고 있던 피에몬테 왕국에게는 그다지 주요한 문제가 되지 않았다. 피에몬테 주변의 지역적 이해가 걸린 문제도 아니었고, 갓 태어난 통일왕국의 번영보다는 여전히 피에몬테 왕국의 발전이라는 연장선에서 국가를 경영하고 있던 온건파 자유주의 정치지도자들에겐 그러한 점유가 그다지 주요한 관심사가 아니었다. 오히려 각 지역을 중심으로 이들 점령된 지역의 반환과 수복을 요청하는 목소리들이 발생하기 시작했고, 1877년 마테오 레나토 임브리아니(Matteo Renato Imbriani)가 미수복된 영토를 되찾겠다는 선서와 함께 이레덴티즈모를 사용하면서 본격적으로 국민적인 관심사와 개념으로 발전했다.

이후 이탈리아 반도 통일과정에서 이들 이외의 지역까지 확장된 개념으로 미수복영토를 통칭해서 이레덴티즈모라 불렀고, 보다 국민적인 운동과 관심의 대상으로 반환운동이 펼쳐지게 된 것은 제1차 세계대전이 끝난 뒤 승전국임에도 불구하고 이탈리아가 요구했던 이들 미수복영토들에 대한 반환요구가 일부분에 그치면서, 이레덴티즈모가 민족주의와 식민지주의 등이 결합한 '다양한 민족주의'의 한 형태로 발전하면서부터이다.[15]

15 다양한 민족주의를 어떻게 해석해야 하는가의 문제에서는 먼저 이탈리아에서 사용되는 '민족'의 개념에 대한 명확한 정의가 필요하다. 혼동의 난해함의 기준은 민족과 함께 사용되는 국민이라는 용어 때문이다. 국민국가를 제대로 거치지 못한 이탈리아에서 국민이라는 용어의 존재를 인정할 것인가 아니면 민족국가의 의미 역시 근대에 와서 본격적으로 논의되었다는 점에서 어떤 것을 선택해야 할 것인가의 문제가 있다. 역사적 사건에 근거하면 이탈리아 민족 또는 이탈리아 민족주의는 고대 로마 제국에서 르네상스 시기까지는 어느 정

3. 이레덴티즈모의 전개 과정

가장 먼저 이레덴티즈모를 조직적인 사회운동이자 지식인들의 정치적 지향점을 갖춘 조직으로 발전시킨 것은 앞 장에서 거론한 임브리아니와 그의 주장에 동조하는 가리발디, 사피(Saffi), 카르두치(Carducci) 등이 중심이 된 일군의 지식인들이었다. 이들은 1878년 2월에 창간된 〈이탈리아인들의 이탈리아*L'Italia degli italiani*〉라는 이레덴티즈모를 지지하는 이들의 소식지를 통해서 해당 지역들을 본격적으로 거론하고 이들에 대한 수복을 주장하면서, 이 소식지를 중심으로 일종의 결사체를 만들었다.

이들 이레덴티즈모 동조자들의 민족적 감정에의 호소와 트리에스테와 트렌티노 등에 대한 직접적인 공격에 대한 주장은 결국 중앙정부를 움직이게 되었고, 처음으로 정부 차원에서 이들 지역에 대한 정치적 관심과 정책적 배려를 약속받는 성과를 내기도 하였다. 그러나 삼국동맹을 체결하면서 더 이상 오스트리아 왕국과의 갈등을 피해야만 했던 이탈리아 정부는 이들 이레덴티즈모 운동과 점차 멀어지게 되었다.

이후 1882년 12월에 이레덴티즈모 지도자 중 한 사람인 굴리엠모 오베르단(Guliemo Oberdan)이 교수형에 처해진 사건과 이레덴티즈모

도 개념적으로 허용될 수 있는 부분이 있지만, 근대 특히 리소르지멘또 이후 시기의 이탈리아 역사에서 'nazione'란 단어를 '민족'으로 'nazionalismo'를 '민족주의'로 보기에는 다소 무리가 있다. 첫째는 무엇보다 이탈리아가 다민족으로 구성된 다민족국가라는 사실에 있고, 역사적으로 민족이라는 개념에 의해 통합된 적은 한 번도 없다는 사실이다. 지역별로 민족에 근거한 지방정부나 왕정은 존재했지만, 이탈리아 전체를 민족에 의해 통일된 민족국가가 나타났던 적은 한 번도 없다고 할 수 있기 때문이다. 물론 그 의미상의 사용에서 어느 때에는 nazione나 nazionalismo를 민족이나 민족주의로 사용할 수도 있지만, 이 경우 역시 명확한 조건이 제시되지 않는다면 사용상의 오류가능성을 피하기 어렵다. 그러나 본서에서는 가능한 '민족'이라는 단어를 사용하도록 하겠다. 이는 이레덴티즈모가 갖는 내용상의 의미 때문이며, 주로 보수주의적이고 우파적인 관점에서 사용하는 민족의 개념을 사용하겠다.

와 관련하여 수감되었던 프란체스코 쥐세페(Francesco Giuseppe)가 왕의 사면을 거부했던 사건들은 당시 이레덴티즈모의 전개 과정이 얼마나 치열했는지를 알 수 있게 한다. 이에 정부는 직접적으로 이들 이레덴티즈모를 탄압하는 반이레덴티즈모 정책을 수립하여 해당 지역을 중심으로 관련자에 대한 체포와 와해에 나서게 되었다.

그러나 1889년 다시 한 번 이레덴티즈모를 주창하는 이들은 '단테 알리게리 협회(Dante Aligheri Società)'를 창설하였다. 이 조직은 크리스피 수상의 집권 기간인 1889-1891년 사이에 자행되었던 탄압적인 국면에도 불구하고 해당 지역의 수준을 넘어서는 보다 확장된 규모의 전국적 운동으로 발돋움하려고 노력하였다. 이러한 운동의 효과에 대해 다양한 주장이 있을 수 있겠지만, 당시 국가주의자들은 프랑스와 적절한 긴장감을 유지하고, 공세적 방향에서 오스트리아 왕국의 지지를 받는 선에서 이들 지역에 대한 연방주의적 병합의 가능성을 주장하기도 하는 등의 가시적 성과를 냈던 것도 사실이다.

또한 이러한 간접적인 시위나 주장의 개진 이외에도 해당 지역에서 직접적인 행사와 교류들을 조직해 내었다. 특히 1894년 트리에스테와 이스트라에서 이탈리아의 정체성 전시회를 개최한 일이나, 1898년 트렌토에서 단테 기념관의 설립을 '단테협회'가 주도한 사건 등은 이탈리아 문화를 해당 수복 지역에서 직접적으로 보여준 노력이었다.

비교적 수세에 몰렸던 이들 이레덴티스트들이 국면 전환을 꾀할 수 있었던 것은 20세기가 시작되면서였다. 특히 이 시기에는 이탈리아 전체적으로 수많은 민족주의 잡지와 지도자들이 등장하였는데, 이는 이레덴티즈모가 국민적 각광을 받는 데 결정적인 계기로 작용하게 되었다. 이 과정에서 주도적인 역할을 했던 주요 사상가들을 거론하면 다음과 같다.

첫 번째로 거론할 수 있는 인물은 꼬라디니(Corradini, 1865-1931)

일 것이다. 그는 19세기 후반부터 이탈리아에서 민족주의의 필요성을 주장하면서, 민족주의 전파를 위해 노력하였다. 꼬라디니가 이러한 자신의 생각을 구체화시킨 것은 〈왕국 *Il Regno*〉이다. 1903년에 창간한 이 잡지를 통해 이탈리아 민족주의의 보급에 힘썼으며, 이탈리아의 우파 지식인들을 민족주의 우산 아래 끌어 모을 수 있었다. 이를 기반으로 꼬라디니는 1910년에 이탈리아 민족주의 연합(Associazione Nazionalista Italiana)을 창립하였고, 이 단체를 통하여 본격적인 민족주의를 표방하였다. 결국 이 단체는 1923년 파시스트가 정권을 잡게 되면서 파시스트당으로 흡수되었다. 또한 1911년에는 보다 많은 국내외의 지식인들을 끌어들이기 위하여 〈민족사상 *Idea nazionale*〉이라는 잡지를 창간하였다.

그가 주장하는 민족주의는 다소 기이한 형태를 띠었는데, 먼저 그는 이탈리아인만으로 구성된 인민대중을 기반으로 하여 생산자들을 결합시키고, 이를 조합이라는 형태로 구체화시킨 뒤 부르주아 중심이 아닌 무산자 계급, 즉 프롤레타리아 계급에 입각한 조합주의적 국가 건설을 주장했다. 이러한 국가의 완성과 성립을 위해서는 아프리카로의 식민지 확장과 정복전쟁을 통하여 국력을 강화하고, 국내의 실업자와 농민들의 식민지 이주정책을 활용하여 이탈리아의 전체적인 경제력을 강화하려고 했다. 19세기 이전까지 다소 분열적이던 이탈리아에 민족이라는 개념을 통하여 통일국가를 이룩하고자 했던 그의 의도는 유감스럽게도 파시즘과 결합하면서 전체주의적이고 전쟁 지향적인 파시즘 국가 등장에 상당한 이론적 기여를 했다.

꼬라디니와 함께 거론할 수 있는 또 다른 이탈리아 민족주의자로 쁘레쫄리니(Prezzolini, 1882-1982)가 있다. 그는 다른 사상가들이나 학자들과는 여러 가지 면에서 다른 점들이 있는 인물이었다. 정규 과정의 교육을 받지 못하고 독학으로 공부를 했던 그는 20세기 초 민족주의와 파시즘을 연결하는 매개체 역할을 하였다고 평가받을 정도로 당대의 민족주의를 파시즘으로 전환시키는 데 상당한 기여를 했던 인물이다. 당대 가장 커다란 영향을 미치고 있던 크로체의 영향을 받았고, 다소 비타협적 입장을 보였던 학자이자 문인이었다. 그는 미래주의 운동의 이론가였던 빠삐니(Papini, 1881-1956)의 친구이자 동료로 빠삐니와 함께 〈레오나르도*Leonardo*〉라는 비평지를 1903년에 창간하여 1905년까지 활동했다.

그러나 쁘레쫄리니가 가장 중요한 역할을 했던 것은 그 이후인 1908년부터였다. 1908년에 그는 생디칼리즘과 전투적 크로체주의 그리고 민족주의를 한데 모아서 당대 가장 영향력 있는 비평지 〈라 보체(소리) *La Voce*〉를 창간했다. 〈라 보체〉는 1914년까지 활동하면서 당대의 주요한 사상가들과 문화론자들을 집필진에 포진시켜, 민족주의에서 파시즘으로 나아갈 수 있는 사상적이고 문화적인 토대를 제공하였다. 1914년 발발했던 제1차 세계대전에 참전할 것을 주장했던 참전론자로서, 지원병으로 전쟁에 참가하기도 했던 그는 자신의 논지를 보다 적극적으로 펼치기 위해 〈일 뽀뽈로 디딸리아*Il popolo d'Italia*〉에 참여하여 소렐적인 생디칼리즘과 초기 파시즘을 연결하는 중개 역할을 하였다.

이후에는 무솔리니와의 개인적으로 친분을 유지하면서 파시즘이 정권을 잡을 때까지 파시즘에 우호적인 입장을 보였다. 그러나 1925년 이후에는 파시즘의 반자유주의적 성격과 전체주의적 특징이 두드러지면서 이탈리아를 등지고 파리에서 살았다. 다시 1930년에 미국으로 건너가 뉴욕에서 거주하였고, 콜롬비아 대학의 이탈리아어과 학과장으로 재직하면서 파시즘과 결별하는 입장을 보였다.

세 번째로 거론할 수 있는 문학가에는 단눈치오(D'Annunzio, 1863-1938)가 있다. 그는 특이한 문학적 성향과 입장을 가졌던 이탈리아 데카덴티즈모(Decadentismo)[16]의 대표적인 시인이자 소설가였고, 모험가이자 급진적인 민족주의자였다. 그는 19세기 말부터 유럽에 불기 시작한 세기말 사상과 자본주의 발전에 따른 혼란한 사회, 불안정한 정치 등을 지켜보면서 인간 이성에 대한 회의와 신비스럽고 이상적인 삶을 동경하였다. 이러한 그의 문학적 성향은 사회에 대한 반동과 질서의 이탈, 쾌락의 추구, 전쟁을 통한 새로운 시대를 열망하게 되는 원인이 되었다.

결국 그는 이와 같은 자신의 성향을 니체의 초인사상과 연결시켰고, 이는 곧 이탈리아 민족을 이끌 만한 새로운 초인을 고대하고 동경하는 문학 소재가 되었다. 이러한 이유로 그는 이탈리아의 제1차 세계대전 참전에 적극적인 찬성 의사를 보였고, 실제로 1915년부터 1918년까지 자원하여 전쟁에 뛰어들었다. 그러나 앞서 보았듯이 제1차 세계대전의 승전국이었지만 연합국으로부터 약속한 땅을 되돌려받지 못하자 퇴역 군인들, 생디칼리스트, 민족주의자들로 구성된 의용군을 이끌고 피우메(Fiume)를 점령하기도 하였다. 이와 같은 그의 사상은 제국주의에 대한 옹호와 힘, 폭력에 대한 예찬으로 이어졌고, 이탈리아 역시 이를 실현시킬 새로운 지도자를 원하고 있다고 보았다. 또한 그 지도자는 부르주아 지배체제를 연장하기 위한 인물이 아닌 인민과 대중을 이끌 영웅이어야 한다는 것이었다. 바로 이러한 단눈치오의 사상은 무솔리니의 등장을 용인하고, 제국이라는 이미지를 고양시키는 경례와 의식 등을 찬양하게 했던 이유가 되었다.

이와 같은 사상가들은 모두 민족주의 우파 입장들을 대변하면서 폭

16 데카덴티즈모를 하나의 주의나 용어로 정리하긴 어렵지만, 일반적으로 19세기 유럽에 나타났던 세기말 사상과 결합한 낭만주의와 퇴폐주의 등이 혼합된 부정적 의미의 사조로 정의할 수 있다. 특히 이탈리아에서는 이를 하나의 주의와 경향으로 정리했으며, 이러한 데카덴티즈모를 문학적으로 표현한 대표적인 문학가가 바로 단눈치오였다.

력이나 힘 철학 등을 결합하는 과정을 통해 파시즘의 철학적 기반을 제공했다는 공통점이 있다. 그러나 이들의 사상적 측면의 노력과 행동은 이레덴티즈모의 빈약했던 공간과 사고들을 채워주면서, 이레덴티즈모의 성격이 제국주의적 팽창과 잃어버린 땅에 대한 전쟁 형식을 띤 회복운동의 성격을 갖는 데 결정적인 역할을 하였다.

이와 같은 사상적 기반을 통하여 신생 이탈리아 왕국의 대외팽창정책 일환으로 추진된 여러 노력들은 수세적이던 이탈리아에게 공세적인 입장을 취할 수 있는 여지를 제공했다. 특히 삼국동맹을 주축으로 하는 이탈리아 외교정책노선 역시 변화하기 시작하면서 이레덴티스트들에게 좀 더 유리한 국면이 조성되고 있었다.

관련 조직들 역시 보다 체계적이고 수가 확장되었다. '우리의 이탈리아(Italia Nostra)'나 '형제자매 망(Corda Frates)'과 같은 단체들이 조직되었다. 또한 지역의 주민들이나 학생들까지 이러한 움직임에 동조하는 시위나 사건들을 일으킴으로써 이들의 주장이 단지 지식인이나 특정 단체의 전유물만이 아니라는 것을 보여주었다. 결국 이러한 국면들은 다가올 제1차 세계대전에서 이들 지역에 대한 수복 의지를 보다 분명하게 유럽의 주요 국가들에게 과시한 것이었으며, 이는 전쟁 종결을 위한 베르사유강화조약에서 이탈리아의 입장을 어느 정도 반영할 수 있었던 주요한 기준이었다.

IV. 이탈리아 분리-통합 문제의 현대적 의미와 시사점

유럽 대부분의 국가들이 겪는 지역문제라는 것은 이미 오래된 역사의 쳇바퀴와 같은 것일 수도 있다. 이탈리아 역시 이러한 흐름에서 벗어나지 않고 있으며, 이는 남부문제와 이레덴티즈모라는 문제 등으로 현재까지 지속되고 있다는 사실로 증명될 수 있는 것이다. 그러나 더욱 중요한 것은 이탈리아의 남부문제나 이레덴티즈모가 갖는 지역문제의 다중성이다. 특히 이 문제는 분리가 강조되는 지역문제의 일반적인 특징과 통일이나 통합이 갖는 정치사회적인 성격이 혼합되어 현재까지 이어지고 있다는 점에서 그렇다.

이탈리아의 경우 1861년 통일 이후 본격적으로 불거진 지역문제로 인하여 '통합이 갖는 분리의 역설'이라는 의미 때문에 오랫동안 국가사회 전반에 걸쳐 파생되는 분리 혹은 통합의 정치사회적인 움직임들이 존재하였다. 이탈리아공화국의 건국(1948년) 이후 중앙정부는 남부문제를 다양한 정책과 기금 등으로 해결하고자 했지만, 오히려 남부문제가 부정적인 측면에서(마피아의 양성화, 지역에 기반을 둔 정치가와 지역 유지의 세력 확장, 후견인제도와 같은 후진적인 정치문화의 고착화 등등) 사회문제화되었고, 오히려 이에 반발하는 북부의 특정 지역에서는 분리를 주장하는 사회적 세력이 증가되어 정치정당화에 성공하는 일까지 발생하였다.

이러한 상황은 현재 이탈리아 지역문제의 복잡성을 더하고 있으며, 분리와 통합의 역설 현상이 지역적인 특성이 더해지면서 각기 다른 양상과 모습으로 나타나고 있다. 1861년 근대 이탈리아가 통일된 이후 150년이 흐른 지금도 통일이라는 통합 현상이 오히려 남부문제, 북부분리주의, 자치주, 독립이나 다른 국가로의 합병 등 복잡하고 다양한 형태의 분리 현상으로 나타나고 있는 것은 이탈리아의 독특한 국가성을 잘 설명해주고 있다. 이러한 다양성과 지역성은 그 문제의 성격이나 현상의 양태가 일반적으로 통합과 분리의 정도에 따라 다소 다르다. 이를 정리하면 다음과 같은 문제와 지역들이라고 할 수 있다.

북부와 남부의 경제적이고 문화적인 격차로 인해 오랜 시간 형성되어 왔던 '남부문제'와 이러한 남부문제에 대한 역차별과 분리를 지역적으로 결합시킨 '북부분리주의운동', 역사적으로 통일 이전부터 발생하였던 국가들 간의 전쟁 및 협상 등에 의해 발생한 지역별 '분리자치운동', 상당한 자율성에 기반하여 느슨한 형태의 연방제를 주창하는 '연방주의운동', 사르데냐의 일부 지역 등에서 진행하고 있는 다른 나라로의 '귀속운동(특히 스페인 바르셀로나 지방으로의 귀속을 주장하는 카탈로니아 지방으로의 귀속운동 등)' 등이 대표적이다. 이외에도 동일한 지역 안에서 역사적이거나 문화적 요인 혹은 인종적인 요인 등으로 전혀 다른 이질성을 갖고 살아가는 지역 등이 이탈리아에는 상당히 많은 편이다.

결국 이와 같은 지역적인 이질성은 통합의 가장 중요한 기준임과 동시에 분리의 척도라는 점에서 현대 이탈리아의 분리-통합 문제가 갖는 딜레마를 잘 보여주고 있다. 이를 해결해야 할 것인지, 혹은 이와 같은 현상을 유지하는 것이 더 바람직한 것인지에 대해서는 각각의 입장에 따라 치열한 논쟁과 수많은 방향성이 등장하고 있다. 그러나 분명한 사실은 완전한 해결은 절대 불가능하다는 점과 통합이 최상의 가치가 아닐 수도 있다는 점이다. 이는 분리와 통합의 정도를 지역과 문제의 특징에 따라 잘 분석하고 적용함으로써 오히려 때에 따라서는 분리에 강조를 두거나 통합에 중점을 두는 정책과 해결책을 각기 다르게 활용하고 적용해야 한다는 점이다.

이탈리아 사례가 갖는 가장 중요한 시사점은 아마도 이와 같은 통합만이 절대적인 가치나 기준이 아니고, 분리와 통합을 적절하게 탄력적으로 활용할 수 있는 다양한 사례와 그 실제가 존재한다는 점일 것이다. 이러한 점은 남과 북의 분단 이후 대한민국이 주로 지향했던 통일에 대한 논의의 기준과 축이 '통일'이라는 고정된 가치에 있어야 하는가에 대한 문제를 진지하게 돌아볼 수 있는 사례, 의미를 제시하는 동기, 출발점 등을 제공할 수 있을 것이다. '통일'이 대한민국의 입장에서는 꼭, 그리고 당연히 완수해야 할 민족적인 과제라고 인식하고 추진하고 있지만, 이로 인해 발생될 분리의 문제가 더 큰 사회적 문제로 등장할 수도 있다는 역사적인 교훈을 이탈리아의 남부문제와 이레덴티즈모를 통해 알 수 있다. 다가올 한반도의 미래가 통일—그것도 대부분이 이야기하는 '흡수통일론'에 의한—이라는 현상으로 귀결될지에 대해서는 여전히 불투명한 요인들이 존재한다. 비록 그러한 요인들을 제거하고 통일을 달성한다고 해도 그것이 대한민국의 미래를 담보할 장밋빛 청사진이 될 수 있을 것인가에 대해서는 여전히 의문이 남는다.

따라서 대한민국 통일 논의의 전환점과 새로운 담론을 제시하기 위해서는 '분리'와 '통합'이라는 현상이 갖는 의미를 보다 정확하고 적합하게 선택하고, 이에 의미를 부여함으로써 향후 대한민국의 발전과 미래가 '통일' 혹은 '분단'이라는 단순하고 일방적인 방향이나 가치에 의해 결정되지 않기를 간절히 바란다. 그러한 바람의 첫 출발은 바로 이러한 분리-통합 현상의 다양성과 공존의 가능성을 함께 제시하는 것이다. 이러한 점에서 이탈리아의 분리-통합 사례와 그 특징들은 충분한 시의성과 적용가능성을 제시하고 있다고 할 것이다.

영국의 분리와 통합: 북아일랜드, 스코틀랜드, 웨일스의 지역주의

정병기(영남대학교)

I. 들어가는 말

영국의 정식 명칭은 '그레이트브리튼 북아일랜드 연합왕국(United Kingdom of Great Britain and Northern Ireland)'이며 흔히 '연합왕국(United Kingdom)'이라고 한다. 국토는 그레이트브리튼 섬과 북아일랜드 및 그 주위에 분포되어 있는 몇 개의 섬들과 해외령을 포함한다. 행정 구역은 연합왕국을 이룬 역사를 반영해 각 종족 집단(ethny, 민속 집단)이 거주하던 지역으로 구분되어 잉글랜드(England), 스코틀랜드(Scotland), 북아일랜드(North Ireland), 웨일스(Wales)의 네 개로 구성된다.

이와 같이 연합왕국의 행정 구역이 과거 종족 거주 지역별로 구성된다는 것은 아직까지 영국이 하나의 민족 공동체로 통합되지 못했다는 것을 방증한다. 최근까지 지속되고 있는 영국의 분권화 정책은 종족 집단별 차이를 인정하면서 분권화를 통한 느슨한 통합을 추진하려는 노력의 일환이다. 게다가 아일랜드공화국이 분리해 나갔고, 북아일랜드와 스코틀랜드의 분리 움직임은 지금도 진행 중이다. 영국의 역사는 독립적으로 수립되어 발전해 오던 각 왕국들이 통합되고 이 통합이 다시 분리의 위협에 처하는 통합과 분리의 역사라고 할 수 있다.

이 장에서는 영국의 통합과 분리의 역사를 살펴본다. 우선 잉글랜드를 중심으로 전개된 웨일스, 스코틀랜드, 북아일랜드의 통합사와 영국의 지역 정책을 간략히 살펴보는 것으로 시작한다. 그 다음에 웨일스, 스코틀랜드, 북아일랜드의 합병 혹은 통합의 과정을 통합의 역사적 시간 순에 따라 고찰한 후, 연합왕국 영국에서 전개되는 각 지역 지역주의 운동의 과정과 특징을 알아본다.

II. 브리튼 제도(British Isles)의 통합-분리사와 영국의 지역 정책

그레이트브리튼 섬의 원주민은 브리튼족으로 알려졌다. 기원전 55년부터 시작된 로마 제국의 원정이 약 1세기에 걸쳐 지속되었고, 이후 4세기에 걸쳐 잉글랜드 전체에 해당하는 지역은 로마 제국의 지배를 받았다. 그러나 4세기 후반까지 간헐적으로 지속된 픽트족, 스코트족 등 북방계 켈트인의 침입과 함께 게르만인의 침입도 시작되어 로마인의 지배가 위협받기 시작했고, 이윽고 5세기에 로마 제국의 브리튼 지배는 종식되었다.

게르만인의 일파인 앵글족, 색슨족, 주트족들이 원주민인 브리튼족을 정복하여 나누어 지배하던 잉글랜드 지역에서는 이 종족들이 모두 앵글로색슨족으로 통합되면서 단일 왕국을 건설했다. 반면 픽트족과 스코트족 등 켈트인들은 웨일스, 스코틀랜드, 아일랜드 지역에서 별도의 왕국을 건설해 오랜 기간 독립국가를 유지했다.

단일 왕국 잉글랜드는 9세기 전반에 일곱 개 왕국의 통일로 성립되었다. 이후 왕위 계승 다툼 등 다시 분열의 조짐을 보이기도 했으나 1066년 정복왕 윌리엄 1세가 이른바 노르만 정복(Norman conquest)을 통해 노르만 왕조를 열고 내륙식 중앙집권적 봉건국가의 기초를 다졌다. 이후 잉글랜드 왕국은 왕위를 둘러싼 다툼이 왕위 계승 전쟁으로까지 악화되기도 했으나, 내적 통합을 심화시키면서 다른 지역의 통합으로 세력을 확대해 갔다. 이 잉글랜드 왕국의 확장을 통해 웨일스, 스코틀랜드, 북아일랜드가 각각 1536년, 1707년, 1920년 잉글랜드에 합병 혹은 통합되면서 현재의 '그레이트브리튼 북아일랜드 연합왕국'이라는 명칭의 연합왕국이 탄생했다(호광석 1997, 150-151).

그러나 이 연합왕국은 대부분 왕조적 통합을 통하거나(웨일스와 스코틀랜드) 분할을 통해(아일랜드 공화국과 분리된 북아일랜드) 이루어졌다는 점에서 다시 분리의 씨앗을 잉태했다. 특히 근대가 도래함에 따라 국가(state)와 민족(nation)을 동일시하는 근대적 정치체제의 등장으로

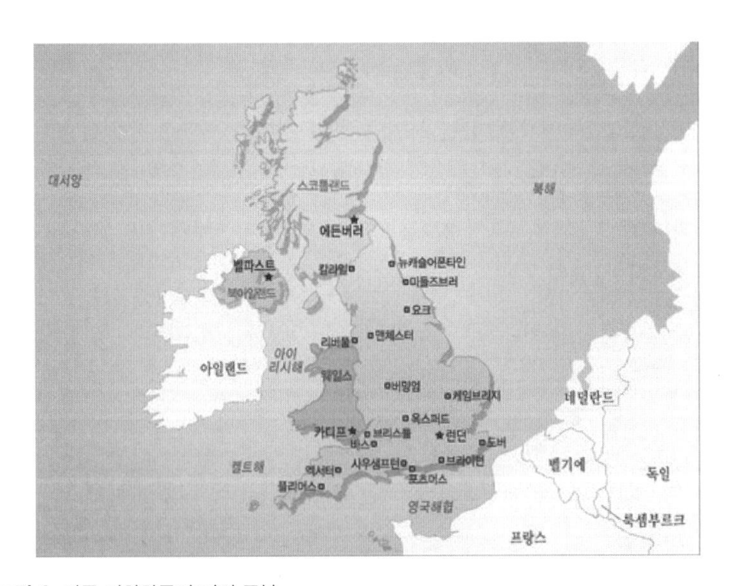

그림 1. 영국 연합왕국의 지역 구분

연합왕국의 정당성은 점차 상실되어 갔다(안영진 2003, 109). 이때 민족은 오랜 기간 공동체로 살아오면서 동일한 특질을 보유하게 된 집단을 의미하는 인류학적 · 역사적 개념인 종족(ethny)이 정치적으로 독립된 주체임을 자각하게 됨으로써 성립되는 대자적 종족 집단으로 이해된다(Connor 1977; Smith 1969; Smith 1986 참조). 다시 말해 근대 이후 활발하게 전개된 민족국가 이념의 영향을 받아 웨일스, 스코틀랜드, 북아일랜드에 거주하는 종족들이 비록 정도의 차이는 있지만 즉자적 종족 집단에서 대자적 종족 집단으로 전환해 가면서 민족의식을 갖게 되었다는 것이다. 그에 따라 이 세 지역은 지방분권이나 자치 혹은 더 나아가서는 분리독립까지 주장하는 강력한 지역주의 운동을 벌이게 되었다. 물론 이 운동은 종족-문화적 차이에 따른 종족적 정체성의 유지 정도와 헤게모니 지역인 잉글랜드 지역으로부터 받는 상대적인 정치 · 경제적 차별 정도에 따라 강도를 달리하고 있다(정병기 2000 참조).

이와 같은 강력한 지역주의 운동에 직면해 영국 중앙정부는 10여 년 전부터 자치까지 허용하는 광범위한 분권화 정책을 통해 네 개의 초광역지방정부(잉글랜드, 웨일스, 스코틀랜드, 북아일랜드)에 큰 폭으로 권한을 이양했다(〈표 1〉 참조). 그 분권화의 정도는 지역주의 운동의 강도에 따라 달리 결정되었다.

표 1. 권한 이양 정도에 따른 초광역지방정부의 성격

구분	1단계	2단계	3단계
내용	권한 분산 또는 행정적 권한 이양	집행부의 정책결정 권한 이양	입법적 권한 이양
예시 및 지역	잉글랜드 지역: 9개 지역에 정부사무소 설치, 중앙정부의 행정기능을 지역에 이양	웨일스: 부처의 기능을 지역에 이양	스코틀랜드 및 북아일랜드: 완전한 입법 권한 이양

출처: 최영출 2009, 126

우선 1999년 이전에 이루어진 1단계 분권화는 권역별로 나뉜 아홉 개 지역에 중앙부처사무소(Government Offices for the Regions)를 설치하는 방식이다. 이것은 중앙부처의 권한과 책임을 중앙부처의 지역사무소에 이양하는 방식으로서 주로 잉글랜드 지역에 적용되고 있다. 블레어(Tony Blair) 노동당 정부 이후 이루어진 2단계 분권화는 중앙정부의 일정한 특권적 권한을 지방정부 수장에게 성문화된 법적 토대하에서 이양하는 방식이다. 이 분권화는 지역주의 운동이 존재하기는 하지만 그 강도가 상대적으로 약한 웨일스 지역에서 이루어지고 있다. 그리고 마지막 3단계 분권화는 입법적 권한 이양 단계로서 중앙정부의 법률 제정 권한을 지방정부의 입법부(지역의회)에 이양하는 방식이다. 이 분권화는 지역주의가 매우 강력한 스코틀랜드와 북아일랜드에 적용되기 시작했다.

여기에서 주의해야 할 점은 각 단계들이 상호 배타적이 아니라는 것이다. 단계가 높아질수록 앞 단계의 분권화를 토대로 더 많은 권한 이양이 이루어진다. 다시 말해 잉글랜드 지역은 1단계 지방자치에 머물러 있는 반면, 웨일스는 두 단계의 권한(행정적 권한과 집행부의 정책 결정 권한)을 가지고 있으며, 스코틀랜드와 북아일랜드는 세 단계의 권한(행정적 권한과 집행부의 정책 결정 권한 및 입법적 권한)을 모두 가지고 있다(최영출 2009, 127).

III. 웨일스의 통합과 지역주의

1. 잉글랜드의 웨일스 합병과 통합

웨일스는 세 지역들 중 잉글랜드에 가장 먼저 통합되었다. 통합과정은 다른 왕조 국가들의 분리 통합 역사들과 다르지 않게 전쟁을 통한 지배 이후 왕조 통합을 거쳐 법에 의한 통합으로 이어졌다(호광석 1997 참조). 1066년 노르만 정복 시기에 잉글랜드의 지배 아래 들어간 것이 그 시작이었다. 이후 1485년 웨일스 혈통을 가진 헨리 7세가 잉글랜드 왕이 됨으로써 웨일스는 튜더 왕국에 속하게 되었고, 1536년 통합법에 의해 완전히 영국에 복속되어 현 연합왕국의 일부가 되었다.

그러나 웨일스는 통행이 불편했던 산악 지대를 중심으로 켈트계 토착 군주의 통치를 받아왔으며, 16세기까지 잉글랜드 왕조에게는 안보 문제와 직결된 외환 거리였다(안영진 2003, 107). 정복왕 윌리엄 1세의 노르만 정복 이후 일종의 공국이 된 웨일스는 변경 영주(Marcher Lord)인 잉글랜드 귀족들에 의해 통치되었다. 그러나 영주들은 영국령과 켈트계의 전통 관습법을 모두 받아들였고, 사실상 잉글랜드의 지배력이 직접 행사된 경우는 드물었다.

웨일스에서 잉글랜드의 지배력을 확립한 인물은 튜더가의 헨리 8세(1509-1547년 재위)였다(안영진 2003, 107). 웨일스 출신인 헨리 8세는 웨일스와의 유대 관계를 정치적으로 활용해 웨일스 귀족 계층에게 잉글랜드 궁중 내 일정한 역할을 보장했고 웨일스 지방 행정 기구인 '웨일스 및 변경지역 회의(Council of Wales and Marches)'를 활성화했다. 결국 1536년에 행정적 측면에서 잉글랜드와 동등한 위상을 부여하는 방식으로 웨일스를 연합령(Act of Union)을 통해 병합했다. 그에 따라 웨일스도 잉글랜드처럼 12개 행정구역으로 나뉘고 웨일스의 셔(shire)와 버러(borough)도 영국 의회인 웨스트민스터(Westminster)에 대표단을 파견하게 되었다. 이후 웨일스는 점차 잉글랜드에 동화되기 시작해 17세기를 거치면서 웨일스 및 변경지역 회의라는 마지막 행정 고권도 소멸되었다.

이와 같이 잉글랜드의 웨일스 통합은 전형적인 정복으로 시작되었지만, 이후 왕조 통합을 통해 평화로운 합병 과정을 거쳤으며, 최종적으로는 양 지역이 인정하는 합법적인 방법으로 통합되었다. 그리고 이 통합은 평화로운 합병을 통해 이루어진 만큼 자치권을 부여받는 방식이 아니라 잉글랜드와 단일한 지역으로 동화되는 경로를 밟았다.

그러나 그 동화도 다른 두 지역에 비해 상대적인 것으로 볼 수 있다. 통합된 역사가 가장 오래되었음에도[1] 웨일스인들은 여전히 자신들의 언어(Cymric)와 문화에 대한 강한 우월감이 있어 문화공동체로서의 동질성을 보유하고 있다. 특히 웨일스어에 대한 우월 의식은 지금까지 전해 내려오는 영국 왕실 전통으로 남아 있다. 곧, 영국에서 황태자는 웨일스공(Prince of Wales)으로도 불리고, 황태자로 책봉되는 작위 수여식에서 웨일스어로 쓰인 연설문을 읽는다(호광석 1997, 154).

하지만 다른 한편으로 웨일스어에 대한 자부심은 문화적 다양성의 측면에서 인정되고 보장됨으로써 차별의 대상이 되지 않았기 때문에 실제 웨일스인들이 사용하는 일상 언어는 잉글랜드 영어로 빠르게 통합되어 갔다. 실제 19세기 중반까지만 해도 웨일스어를 사용하는 웨일스인의 비율이 90%에 달했으나 20세기 말경 그 수치는 20%에 불과하게 된다. 곧 연합왕국 내에서 웨일스인들의 대부분은 "비배타적인 문화적 정체성"을 가졌다고 할 수 있다(Haesly 2005, 257).

반면 경제적 통합은 경제 사정이 악화됨에 따라 새로운 지역주의의 발흥으로 전환해가는 추세다. 그 직접적 계기는 방대한 석탄 매장지였던 남부 웨일스 탄광의 수익성이 1960, 70년대에 사라진 것이었다(호광석 1997, 155-156 참조). 수익성이 사라진 탄광들이 폐쇄되자 남부 웨일스는 실업률이 높아져 1980년대에 다른 지역보다 3%p 더 높은 17%

1 통합의 최종 단계를 1536년으로 볼 때, 웨일스의 통합은 스코틀랜드보다 약 150년이나 이른 것이었다.

를 기록하는 등 경제 사정이 악화되었다. 그에 따라 통합 정도가 가장 높았던 웨일스에서도 웨일스 지역주의 정당인 웨일스당(플레드 킴루[Plaid Cymru]: 1925년 창당)의 지지율이 높아지기 시작했다.

2. 영국의 웨일스 정책과 웨일스의 분권 운동

웨일스당은 1925년 아일랜드를 전례로 삼아 분리독립을 목표로 창당되었다. 이후 문화 민족주의로 전환함에 따라 분리독립 주장은 약화되었지만 포기하지는 않았으며 현재 유럽연합 내 독립국가로 인정받는 것을 강령적 목표로 제시하고 있다. 웨일스당은 특히 양차 대전 사이 기간에 경제 위기로 인해 발흥한 지역주의 운동의 결과로서 생겨난 것이었다. 하지만 웨일스당 같은 강력한 지역주의 정당 외에도 웨일스 지역의 문화적 정체성에 입각한 분권화 주장은 앞서 말한 것처럼 근대 이후 점차 강화되었다.

그에 따라 1956년에는 카디프(Cardiff)가 웨일스의 공식 수도가 되고 1964년 웨일스 장관직이 신설되었다. 그리고 이러한 분위기는 웨일스당의 세력 강화로도 연결되어 웨일스당은 1966년에 비록 보궐선거를 통해서였으나 처음으로 영국 의회에 진출할 수 있었다. 이러한 추세에 힘입어 1970년에 웨일스당은 이전의 약 세 배 가까운 득표율을 올려 영국 전체에서 0.6%를 얻고 웨일스 지역에서 11.5%를 얻는 놀라운 결과를 보였다(〈표 2〉 참조).

그에 따라 웨일스 지역은 1970년대 초 집권 노동당과 연대해 웨일스 자치정부 수립의 기회를 잡아 주민투표가 실시되었다. 그러나 이 주민투표에서 웨일스 주민들은 20.3%만 지역의회 수립에 찬성해 자치정부 수립은 실패로 돌아갔다. 하지만 웨일스 지역주의의 강화는 보수당조차 외면할 수 없어 1982년에는 1979년 총선 공약대로 웨일스어로 운영되는 독자 TV채널인 S4C가 창설되는 성과를 거두었다(안영진 2003, 113).

〈표 2〉와 〈표 3〉에서 보듯이 웨일스에서 지역주의가 성장하고 있음에도 웨일스당이 지역의회에서 다수를 획득하지 못한 것은 노동당이 지역 분권화를 주요 공약으로 수용했고 1997년 집권 후 실제로 분권화를 실현했기 때문이다(안영진 2003, 105-106). 1997년 노동당이 총 659석 중 419석을 차지한 것은 역사상 처음으로 한 정당이 400석 이상을 차지한 것이었으며, 2001년 총선에서 노동당이 재집권한 것도 노동당 1백년 사상 최초의 일이었을 뿐만 아니라 2005년의 연속 집권으로 이어졌다(Parties and Elections in Europe). 그런데 이 놀라운 승리는 비(非)잉글랜드 지역의 견인차 역할에 힘입은 것이었다. 곧, 스코틀랜드와 웨일스에서 분권화를 거부한 보수당은 한 선거구에서도 승리하지 못했던 반면, 노동당은 스코틀랜드, 웨일스, 북아일랜드에 자치정부를 수립한다는 지방 분권화 공약을 통해 승리를 거머쥘 수 있었다.[2]

게다가 웨일스 지역의회에서 노동당은 항상 제1당의 지위를 유지하고 있다. 웨일스당은 첫 지역의회선거인 1999년 선거에서만 14%p라는 압도적인 표차와 8석의 큰 의석수 차로 보수당을 능가해 제2당이 되었으나(30.5%, 17석), 곧 다음 선거에서 보수당을 불과 0.5%p와 1석 차이로 이겼을 뿐(19.7%, 12석), 2007년부터는 제3당의 위치로 떨어졌다(〈표 3〉 참조). 이러한 결과는 비단 노동당 분권화 정책의 효과뿐만 아니라 웨일

2 1997년 총선을 통해 출범한 노동당 정권은 지방분권화 사안을 '지방정부 현대화'라는 당면 과제로 설정하고 구체적으로 다음 목표들을 추구하였다. ① 민주적 쇄신을 통한 지방정부와 지역사회 간 관계 재설정, ② 최상의 가치를 지닌 서비스 제공, ③ 지방의원 및 공무원에 대한 새로운 윤리체계 마련, ④ 지역과 중앙정부 간 연계를 강화하는 재정체계 수립 등. 윤익중(2003, 194) 참조.

스 지역주의의 상대적 온건성에서 비롯된 온건한 목표 설정(자치보다 약한 형태의 지방 분권)에 기인하는 것이기도 하다.

표 2. 웨일스당의 영국 총선 득표 결과

연도	영국 전체 득표율	웨일스 지역 득표율	의석 수
1929	0.0	0.0	0
1931	0.0	0.2	0
1935	0.0	0.3	0
1945	0.0	1.2	0
1950	0.0	1.2	0
1951	0.0	0.7	0
1955	0.0	3.1	0
1959	0.3	5.2	0
1964	0.3	4.8	0
1966	0.2	4.3	0
1970	0.6	11.5	0
1974(2월)	0.6	10.8	2
1974(10월)	0.6	10.8	3
1979	0.4	8.1	2
1983	0.4	7.8	2
1987	0.3	7.3	3
1992	0.4	9.0	4
1997	0.5	9.9	4
2001	0.7	14.3	4
2005	0.6	12.6	3
2010	0.6	11.3	3

출처: Electoral Commisssion of UK, Parties and Elections in Europe, Wikipedia(en) 자료 종합

표 3. 웨일스 의회선거 결과

	1999		2003		2007		2011	
	득표율	의석수	득표율	의석수	득표율	의석수	득표율	의석수
LAB	35.4	28	36.6	30	29.6	26	36.9	30
CON	16.5	9	19.2	11	21.4	12	22.5	14
PC	30.5	17	19.7	12	21.0	15	17.9	11
LD	12.5	6	12.7	6	11.7	6	8.0	5
UKIP	-	-	3.5	-	4.0	-	4.6	-
GP	2.5	-	3.5	-	3.5	-	3.4	-
JMIP	-	-	1.3	1	-	-	-	-
무소속	0.3	-	-	-	1.0	1	0.1	-
기타	2.3	-	3.5	-	7.8	-	6.6	-
투표참여율/총의석	46.3	60	38.2	60	43.7	60	42.2	60

LAB: 웨일스노동당(Welsh Labour Party)
CON: 웨일스보수통합당(Welsh Conservative and Unionist Party)
PC: 웨일스당(Plaid Cymru: Party of Wales)
LD: 웨일스자유민주당(Welsh Liberal Democrats)
UKIP: 연합왕국독립당(United Kingdom Independence Party)
GP: 잉글랜드웨일스녹색당(Green Party of England and Wales)
JMIP: 존마렉독립당(John Marek Independent Party)
출처: Parties and Elections in Europe

공약에 따라 1997년 9월에 실시된 분권화 법안 주민투표에서 웨일스 주민들은 50.5%의 찬성으로 분권화를 지지했다(안영진 2003, 115). 이것은 약 80%가 반대했던 1979년의 결과와는 상반되는 현상으로 그동안 웨일스 지역주의 운동이 대중성을 획득한 결과라고 할 수 있다. 이어 1998년 제정된 웨일스 정부법(The Government of Wales Act)에 따라 웨일스는 어업, 문화, 경제개발, 교육 및 훈련, 환경, 보건, 고속도로, 주택, 산업, 지방정부, 사회복지 서비스, 스포츠, 관광, 타운 계획 및 농촌계획, 교통, 상수도, 웨일스 언어 등에 관해 자치권을 이양 받았다(최영출 2009, 134-135).

그러나 분리독립 주장이 강화되고는 있지만 분권 주장에 비해 다수 대중의 지지를 얻지 못하고 있는 웨일스의 특수성이 반영되어 분권화의 정도도 다른 지역에 비해 상대적으로 광범위하게 이루어지지는 못했다. 웨일스는 스코틀랜드에 이양된 법률 제정, 사법, 경찰, 소방 등의 권한을 갖지 못했을 뿐만 아니라, 북아일랜드에 비해서도 낮은 권한을 이양 받았을 뿐이다. 웨일스 의회도 징세 조정권, 입법권, 대유럽연합 대표권 등이 없는 제한적 권한만 위임 받아 명칭도 웨스트민스터와 동일한 수준인 의회(parliament)가 아니라 한 단계 낮은 회의(assembly)로 불린다.

IV. 스코틀랜드의 통합과 지역주의

1. 잉글랜드와 스코틀랜드의 대립과 통합

웨일스에 이어 두 번째로 통합된 스코틀랜드는 웨일스에 비해 통합의 시기도 한 세기 반이나 늦었고 종족적 정체성도 훨씬 강해서 무력 저항을 비롯해 오랜 기간 잉글랜드에 저항해 왔다. 그러나 최종적 통합은 웨일스와 마찬가지로 왕조 통합과 이후 합법적 통합을 통해 평화로운 방법으로 이루어졌다.

스코틀랜드와 잉글랜드는 1284년까지 왕가의 결혼 관계를 통해 평화적으로 맺어졌다. 그러나 1284년 잉글랜드의 에드워드 1세가 스코틀랜드 왕위 계승 문제에 개입해 봉신왕(vassal king)으로서 스코틀랜드에 군림하면서부터 두 왕국의 갈등이 시작되었다(홍성표 2007). 그에 따라 1286년부터 1371년까지 잉글랜드에 대한 이른바 스코틀랜드의 '독립 전쟁'이 전개되었으며, 이 전쟁은 1363년 잉글랜드가 스코틀랜드의 독립국가성을 인정하고 이어 1371년에 스코틀랜드 왕 에드워드 3세가 후사 없이 사망하자 두 왕국의 협정에 따라 로버트 스튜어트가 로버트 2세로 즉위하면서 종결되었다(홍성표 2008).

이 전쟁은 스코틀랜드의 자기 결정권 확보를 위한 민족의식이 형성된 결과로 간주되기도 한다(Hearn 2000, xiii-xvi). 그러나 이 시기 스코틀랜드인의 저항은 민족의식을 바탕으로 한 독립운동이라기보다는 잉글랜드 왕의 압제에 대한 저항 속에서 공동체의 구성원들에게 투쟁 의식이 형성되고, 이것이 이후 스코틀랜드인들의 분리독립운동으로 발전했다고 해석하는 것이 더 타당하다(홍성표 2010, 12-13). 실제 이 전쟁 후에도 약 150여 년간 큰 전쟁은 없었으나 잉글랜드는 대브리튼 제국을 건설하려 할 때마다 스코틀랜드의 저항에 부딪혔다.

이러한 왕국 간 갈등은 1603년 잉글랜드 왕 엘리자베스 1세가 후사 없이 사망한 후 1606년 스코틀랜드 왕 제임스 6세가 잉글랜드 왕 제임스 1세로 즉위해 스튜어트 왕조를 개창함으로써 봉합되었다. 웨일스의 경우와 마찬가지로 잉글랜드 왕실과 스코틀랜드 왕실이 통합함으로써 왕국 통합을 이룬 것이었다. 이어 1707년 메리 여왕 때 통합법(Act of Union)에 따라 대브리튼 연합왕국이 성립되어, 역시 웨일스와 같이 평화적인 합법적 절차와 과정을 거쳤다.

그러나 법에 따른 통합은 웨일스의 경우와 달리 잉글랜드와 스코틀랜드의 경제력 차이에 따른 갈등으로 인해 양국 의회의 비준이 어려움을 겪었을 뿐만 아니라, 스코틀랜드 내부에서도 저지대와 고지대 간 차이에 따른 갈등을 겪어야 했다. 물론 다른 한편으로 보면 일정한 저항을 포함한 이 갈등은 비록 폭력적인 저항으로 연결되지는 않았지만, 웨일스에 비해서는 대등한 조건으로 통합할 수 있도록 하는 데 크게 기여했다. 하지만 이 통합법도 스코틀랜드 추밀원 존속, 법 · 교육 · 도시와 도시민 권리 보호 등을 규정하고 1/12의 지분으로 의회를 통합한다는 조건을 규정함으로써 스코틀랜드가 정치적으로는 자치권을 갖지만 경제적으로는 잉글랜드 체제에 흡수되어 종속됨을 의미했다(홍성표 2010, 300-302).

잉글랜드와의 통합에서 스코틀랜드 내부의 갈등은 역사적으로뿐 아니라 지금도 여전히 중요하다. 이미 16세기에도 스코틀랜드는 고지대와 저지대가 종족-문화적으로나 정치 · 경제적으로 완전히 다른 사회를 이루었다(김중락 1998; 2011; 2012 참조). 저지대인은 주로 영어를 사용하는 앵글로색슨족이었던 반면, 고지대인은 주로 게일어(Gaelic)를 사용하는 켈트인이었다(이영석 2002). 종교적으로 저지대인은 종교개혁과 장로교를 수용한 반면, 고지대인은 가톨릭을 신봉하고 있었다. 경제적으로도 비옥한 토지를 가진 저지대는 상대적으로 풍요로웠으나, 고지대는 높은 산과 골짜기, 호수로 이루어져 농사에 부적합하고 목축만 가능할 정도로 험하고 낙후되어, 두 지역은 커다란 경제력 차이를 보였다.

이러한 차이는 잉글랜드에 대한 태도에서도 다르게 나타났는데, 저지대는 잉글랜드의 봉건제를 수용해 내륙 유럽식 봉건 질서가 어느 정도 자리 잡은 것과 달리, 고지대는 오랫동안 친족제도(Clan system)가 지배적이었다(김중락 2012). 물론 고지대 내에서도 친족들 간의 다툼으로 저지대 및 잉글랜드에 대한 태도가 더 복잡한 양상을 보이기도 했지만, 전반적으로 잉글랜드에 대한 저항은 저지대보다는 고지대에서 더 강하게 나타났다. 종교개혁과 관련해서도 고지대는 영국 왕실이 가톨릭을 고수할 때에는 영국 왕실과 가까워지는 등 동맹의 분포가 달라졌지만, 결국 종교개혁이 성공하면서 고지대의 저항은 다시 강화되었다.

특히 19세기 말이나 20세기 초부터 대영제국이 쇠퇴하기 시작하자 이전까지 잉글랜드와 차별이 거의 없었던 스코틀랜드의 정치적 지위조차 경제적 위기에 따라 위협에 노출되었다. 스코틀랜드는 그동안 부의 원천이었던 해외 식민지의 상실을 만회하려는 잉글랜드의 새로운 공략 대상지인 내부 식민지로 변하게 되었기 때문이다(Hechter 1975). 잉글랜드가 스코틀랜드 현지의 기업들을 차츰 소유하기 시작함으로써 스코틀랜드의 상공 자본가들이 사라져 갔으며, 1960년대 말과 1974년의 불황에 직면해서 잉글랜드의 모회사들은 우선적으로 스코틀랜드 지사들을 폐업시켰다(호광석 1997, 153). 이처럼 철저하게 잉글랜드의 부를 위해 스코틀랜드를 활용한 결과 스코틀랜드의 실업률은 늘 잉글랜드보다 높고, 스코틀랜드의 인재들이 대부분 런던으로 진출하는 결과를 낳았다(Brand 1985, 290-292).

이와 같은 새로운 차별에 대항해 스코틀랜드인은 고지대와 저지대의 갈등을 극복하고 공동의 정체성을 확립해 가는 추세를 보이고 있다. 특히 1973년에 발견된 북해 유전은 스코틀랜드만 사용하면 250년가량 쓸 수 있는 훌륭한 부의 원천인데, 이 북해 유전을 영국 전체가 사용하면 불과 25년 만에 고갈된다는 사실과 그로부터 얻는 부가 런던으로 유입된다는 사실은 공동의 스코틀랜드 지역주의를 강화시키는 계기가 되었다(호광석 1997, 153). 이후 이러한 분위기는 1934년 창당된 스코틀랜드 지역주의 정당인 스코틀랜드민족당(SNP: the Scottish National Party)의 지지율 상승으로 표출되고 있다.

2. 영국의 스코틀랜드 정책과 스코틀랜드의 자치 및 분리운동

대영제국이 부흥하던 시절 스코틀랜드의 통합은 자연스러운 것으로 보였다. 특히 18, 19세기 산업사회 이행 과정에서 나타난 스코틀랜드 지식인들의 역할은 그 통합을 잘 대변했다(이영석 2002, 60-68 참조). 역사학과 사회과학 분야에서 세계적으로 주목을 받는 윌리엄 로버트슨(William Robertson), 애덤 퍼거슨(Adam Ferguson), 애덤 스미스(Adam Smith), 문학 분야에서 저명한 월터 스콧(Walter Scott), 로버트 번즈(Robert Burns), 조지 톰슨(George Thompson), 그리고 공학 분야에서 두각을 나타낸 토머스 탤포드(Thomas Telford) 등은 학술 활동을 통해 직간접적으로 대영제국의 부흥에 기여한 대표적인 스코틀랜드 학자들이다.[3]

이 스코틀랜드 지식인들은 '스코틀랜드 계몽운동(Scottish Enlightenment)'이라고 불리는 학술 활동을 통해 영국 문화의 주류를 이루면서 빅토리아 시대의 문화 일반을 주도하게 되었다. 그리고 이 지적 흐름은 스코틀랜드 에든버러에 런던, 파리, 비엔나에 못지않은 학문적 명성을 안겨주었다. 이것은 스코틀랜드적인 것이 곧 브리튼적인 것으로 발전하고 인정되는 현상을 대변함으로써 두 왕국의 통합이 당시의 통합적 자유주의의 원리 속에서 순조롭게 진행되었음을 의미했다.

그러나 19세기에 민족주의가 등장하면서부터 스코틀랜드의 민족의식도 되살아났다(홍성표 2010, 17-18). 실제로 민족주의가 주요 이데올로기로 등장하면서 스코틀랜드의 분리독립 목소리도 커져 갔고, 20세기 양차 세계대전을 겪으면서 분리독립운동은 본격화되기 시작했다.[4] 특히 상술한 바와 같이 1970년대에 시작된 석유 파동과 함께 북해 유전의 본격적인 개발로 스코틀랜드가 중앙정부의 경제적 지원으로부터 벗어나

3 1830-40년대에 일어난 영국 노동자계급의 참정권 운동인 차티스트 운동도 스코틀랜드의 노동자들이 전국적인 운동에 주체적으로 참여함으로써 통합의 한 사례로 거론될 수 있다. 남철호(2012a, 277; 2012b) 참조.

4 1950년대 일단의 스코틀랜드 민족주의자들이 웨스트민스터 사원에 보관된 '스콘(Scone)의 돌(운명의 돌: 스코틀랜드 왕의 대관식에 사용되었던 돌로, 1296년 잉글랜드 왕 에드워드 1세가 잉글랜드로 가져가 웨스트민스터 사원에 두었다)'을 훔친 사건은 그 상징적인 사례로 회자된다. 이 돌은 다시 웨스트민스터로 돌아갔지만, 분리주의를 다시 각인시켜 주었고, 40여 년이 지난 후 스코틀랜드 자치의회 여부를 묻는 국민투표를 앞두고 스코틀랜드인들을 달래기 위해 1996년 스코틀랜드로 반환되었다(이영석 2002, 71).

자립할 수 있다는 자신감을 얻었고, 이에 바탕을 두어 스코틀랜드민족당이 분리독립운동을 선도해 나갔다.

비록 1979년에 실시된 자치권 부여 국민투표에서는 실패했지만, 이것은 결과적으로 지역 자치권 획득에 대한 스코틀랜드인의 열망을 격렬한 저항으로 분출시키는 계기가 되었다(윤익중 2003, 197-198). 그 후 약 20여 년 동안 대처주의(Thatcherism)에 입각한 강력한 중앙집권화 정책을 추구했던 영국 보수당의 정책에 따라 스코틀랜드 지역도 다른 지역과 마찬가지로 중앙집권화가 추진되었기 때문이다. 그러나 이 기간 중에도 지역주의 저항은 1987년 총선 후 스코틀랜드 지역에서 '스코틀랜드 헌법회의(Scottish Constitution Convention)'의 결성으로 표출되었다. 스코틀랜드 지역의 정당, 지방정부, 교회 그리고 각종 시민단체 등이 참여한 이 회의는 스코틀랜드 지역의 자치권 확대를 위해 지속적으로 노력하였다. 이 활동을 통해 1995년에는 자치에 대한 구체적 내용을 포함한 『스코틀랜드 의회, 스코틀랜드 권리*Scotland's Parliament, Scotland's Right*』라는 백서가 발간되었고, 이후 이 백서는 스코틀랜드 법의 근간이 되었다.

이러한 흐름은 스코틀랜드민족당의 지지율에 잘 반영되어 있다(〈표 4〉 참조). 1970년 선거에서 스코틀랜드민족당은 이전 선거에 비해 두 배로 득표율을 제고하면서 스코틀랜드 지역에서 처음으로 두 자리 수를 차지했으며 1974년에는 30.4%라는 높은 득표율을 획득했다. 1980년대에는 지지율이 다시 하락하기도 했지만, 1990년대의 지역주의 활동 강화에 힘입어 다시 20%대를 넘은 후 지속적으로 이 지지율을 넘나들고 있다.

스코틀랜드민족당은 1928년 창당돼 독립을 추구한 민족스코틀랜드당(NPS)과 1930년대 초에 창당돼 자치를 추구한 스코틀랜드당(SP)이 1934년 통합해 재창당된 정당으로서 강건파와 온건파를 모두 포괄했었다(안영진 2003, 111). 그러나 1942년 온건파가 스코틀랜드연합(SU)으로 분당해 나감으로써 분리독립을 강력하게 추구하는 정당으로 전환했다. 스코틀랜드연합은 곧 스코틀랜드총회(SC)로 개칭해 1940년대 자치를 위한 주민서명운동을 전개하여 큰 성공을 거두기도 했으나 스코틀랜드민족당에 비해 대중적 지지를 얻지는 못하고 있다.

스코틀랜드 지역주의 운동의 최근 결실은 1997년 노동당 정부가 실

표 4. 스코틀랜드민족당의 영국 총선 득표 결과

연도	영국 전체 득표율	스코틀랜드 지역 득표율	의석 수
1935	0.0	1.1	0
1945	0.0	1.2	0
1950	0.0	0.4	0
1951	0.0	0.3	0
1955	0.0	0.5	0
1959	0.1	0.5	0
1964	0.2	2.4	0
1966	0.2	5.0	0
1970	1.1	11.4	1
1974(2월)	2.0	21.9	7
1974(10월)	2.9	30.4	11
1979	1.6	17.3	2
1983	1.1	11.7	2
1987	1.2	14.0	3
1992	1.8	21.5	3
1997	2.0	22.1	6
2001	1.8	20.1	5
2005	1.5	17.7	6
2010	1.7	19.9	6

출처: Electoral Commisssion of UK, Parties and Elections in Europe, Wikipedia(en) 자료 종합

시한 스코틀랜드 주민투표(74.3% 찬성)를 거쳐 국방과 외교를 제외한 나머지 분야에서 자치권을 허용하는 스코틀랜드법(The Scotland Act)이 의회에 제출되어 이듬해 통과된 것이다(안영진 2003, 115; 윤익중 2003, 198-199). 그에 따라 스코틀랜드 헌법회의는 1998년과 1999년에 각각 『현대 지방정부: 주민과 함께 하며*Modern Local Government: In Touch with People*』와 『지역의 리더십, 지역의 선택*Local Leadership, Local Choice*』이라는 백서를 발표해 개혁 정책의 방향과 내용을 스코틀랜드 주민에게 고지하였으며, 이 의견들도 스코틀랜드 의회 설립에 대부분 반영되었다.

이 법에서 인정된 스코틀랜드 자치권 중 가장 특징적인 것은 스코틀랜드만 예외적으로 소득세의 표준율을 변경시킬 권한을 가진다는 것이다(최영출 2009, 128, 131-137). 이제 영국 중앙정부는 스코틀랜드에 대하여 유보사안(reserved matters)이라는 용어를 사용하여 일정한 범위 내에서 다양한 방식의 수단을 통하여 느슨하게 관여하고 있다. 영국 중앙정부가 유보사안을 통해 보유하고 있는 유보권한(reserved authorities)은 헌법, 외교, 국방, 국제개발, 중앙공무원, 재정 및 경제, 국가안전, 이민 및 국적, 마약남용, 통상 및 산업, 에너지규제(전기, 석탄, 석유 및 가스, 핵), 사회보장, 고용, 낙태 · 유전공학 · 대리모제도 · 의약, 방송, 기회균등 등에 한정되었다. 그밖에 스코틀랜드 의회에 이양된 권한은 〈표 5〉와 같다.

스코틀랜드 자치는 비록 노동당 정부에서 강력하게 추진되었으나 이미 자치에 대한 스코틀랜드인의 열망이 매우 커져 보수당도 이 흐름을 거부할 수 없었다. 2012년 보수당의 캐머런(David Cameron) 영국 수상이 앨릭스 샐먼드(Alex Salmond) 스코틀랜드 총리와 스코틀랜드 분리 독립을 위한 국민투표를 실시하기로 합의한 것은 그 대표적 결과다(허진석 2012).

표 5. 스코틀랜드 의회에 이양된 권한

권한 유형	권한 내용 예시
보건 관련 권한	스코틀랜드의 NHS(국민보건서비스기능), 공공보건, 정신보건서비스, 보건전문가 교육 및 훈련, NHS 직원 및 일반 의사(GP)
사회복지 및 주택 관련 권한	어린이 복지, 자원 봉사, 주택, 기업지구(enterprise zone) 설정 및 지역재생, 토지이용계획 및 건축통제
교육과 훈련 관련 권한	5세 이전 교육, 초등 및 중등 교육, 학교감독 기능, 교사충원, 교육서비스 조건, 스코틀랜드 고등 및 대학 교육의 정책 및 재정, 과학 및 연구 재정, 훈련책임, 직업교육, 직업 자문 및 지침
지방정부 관련 권한	지방정부의 재정, 지방세, 비거주레이트세, 도시 계획
사법 관련 권한	형법 및 절차, 민법, 지방선거관련법, 형사사법 및 기소제도, 사법직원 임명, 형사 및 민사 법원, 이양사항 관련 재판, 법률지원, 가석방과 종신죄인 석방 및 오심, 교도소
농업·임업·어업 관련 권한	농장, 시품표준, 임업지원, 어업지원
환경 관련 권한	환경보호, 토지 및 수질 오염, 동물원허가, 야생동물 통제 및 개 관리, 홍수예방과 해안선보호 및 저수지안전
경찰과 소방 관련 권한	경찰 및 소방 기능, 민방위 및 긴급구조, 국제적 사법공조체제 관련 기능(어린이 유괴 등)
스포츠·관광·문화유산 관련 권한	스포츠지원, 관광진흥, 문화유산관리, 예술지원
경제개발 및 교통 관련 권한	지방기업지원, 산업진흥, 투자유치, 교역과 수출 증진
통계 및 기록 관련 권한	통계관리, 공공등록, 기록물관리

출처: 최영출 2009, 129-130

한편, 스코틀랜드법에 따라 1999년 5월 6일에 스코틀랜드 지역의회 선거가 처음 실시되어 첫 번째 회의가 같은 해 5월 12일에 개최되었다. 이 선거에서 스코틀랜드민족당은 27.3%의 득표와 35석을 얻어 33.6%의 득표와 56석을 얻은 노동당에 이어 제2당에 머물렀다(〈표 6〉 참조). 차기 선거인 2003년 선거에서도 스코틀랜드민족당은 20.9%와 27석으로 여전히 노동당에 비해 8.4%p와 23석이 적은 제2당의 위치를 벗어나지 못했다. 1990년대 말 노동당 분권화 정책의 효과가 지속된 까닭이라고

표 6. 스코틀랜드 의회선거 결과

	1999		2003		2007		2011	
	득표율	의석수	득표율	의석수	득표율	의석수	득표율	의석수
SNP	27.3	35	20.9	27	31.0	47	44.0	69
LAB	33.6	56	29.3	50	29.2	46	26.3	37
CON	15.4	18	15.5	18	13.9	17	12.4	15
LD	12,4	17	11.8	17	11.3	16	5.2	5
SGP	3.6	1	6.7	7	4.0	2	4.4	2
SSCUP	-	-	1.5	1	1.9	-	1.7	-
SSP	2.0	1	6.9	6	0,6	-	0.4	-
무소속	1.2	1	1.4	3	1.0	1	1.1	1
기타	4.4	-	7.5	-	8.6	-	4.5	-
투표참여율/총의석	59.1	129	49.4	129	51.8	129	50.0	129

SNP: 스코틀랜드민족당(Scottish National Party)
LAB: 스코틀랜드노동당(Scottish Labour Party)
CON: 스코틀랜드보수통합당(Scottish Conservative and Unionist Party)
LD: 스코틀랜드 자유민주당(Scottish Liberal Democrats)
SGP: 스코틀랜드녹색당(Scottish Green Party)
SSCUP: 스코틀랜드시니어시민통합당(Scottish Senior Citizens Unity Party)
SSP: 스코틀랜드사회당(Scottish Socialist Party)
출처: Parties and Elections in Europe

할 수 있다.

그러나 2007년 지역의회선거에서는 스코틀랜드민족당이 노동당을 근소한 차이로 추월했으며, 2011년 선거에서는 노동당의 두 배에 가까운 44.0%의 득표와 69석을 차지해 제1당으로 등장했다. 뿐만 아니라 스코틀랜드민족당의 의석은 총의석 129석 중 53.5%를 석권해 단독 집권이 가능해졌다. 자치에 대한 스코틀랜드인의 강한 의지가 반영된 결과라고 할 수 있다. 그러나 〈표 4〉에서 보듯이 영국 의회선거에서는 아직 스코틀랜드민족당의 득표율이 충분히 높지는 않아서 스코틀랜드인의 의지는 분리독립에 대한 지지보다는 자치에 대한 지지에 가까운 것으로 보인다.

2014년 10월 19일에 실시된 주민투표에서 독립 찬성 비율이 박빙의 승부를 예상할 정도로 크게 상승했지만(2012년 여론조사에서 독립 찬성 비율은 28%에 불과했다. 허진석 2012; Thomsen 2010), 결국 44.6%에 그친 것은 이러한 경향을 잘 보여준다. 스코틀랜드의 지역주의가 분리 독립을 주장하는 정치적 민족주의에서 자치주의로 완화되었다는 판단이 힘을 받는 투표 결과였다. 물론 50%에 근접하는 독립 의지가 확인되었고, 비록 독립은 무산되었지만 자치를 한층 더 확대하는 것이 주요 과제로 남게 되었다. 또한 분리 독립 여부를 두고 주민들의 의사를 직접 물어 결정했다는 사실 자체가 영국 내 다른 두 지역뿐만 아니라 유럽 전체의 지역주의 운동에도 커다란 영향을 미칠 것으로 보인다.

V. 북아일랜드의 통합과 지역주의

1. 잉글랜드의 아일랜드 합병과 북아일랜드 분할 통합

북아일랜드가 아일랜드공화국과 분리(1921년 아일랜드공화국 수립)되어 1920년 법에 의해 연합왕국에 남게 된 것은 '아일랜드평의회(Council of Ireland)'의 중개를 통해 이루어진 합법적 절차를 밟은 것이었다. 그러나 남북 아일랜드의 분리라는 점에서 북아일랜드 문제는 웨일스 및 스코틀랜드와는 또 다른 갈등의 씨앗을 잉태했다. 게다가 이 법도 아일랜드 민족주의자들로부터 '분할 법(Partition Act)'으로 비난받듯이 영국의 분할 통치의 산물이었다(Walker 1998, 23 참조).

영국에서 북아일랜드 문제는 다른 지역과 달리 불평등과 강압적 복속의 역사가 더욱 깊다. 아일랜드에 잉글랜드가 관심을 갖기 시작한 것은 11세기 무렵 '브리튼 섬 정비'를 통해 강제 복속을 시작하면서부터였다(신혜수 1998, 371-372). 이후 아일랜드는 잉글랜드의 지배 아래 14세기까지 반자치 상태로 유지되었다. 그러나 이때까지도 남북 아일랜드의 분리는 문제되지 않았다. 이 분리는 1579-1583년 스페인의 도움을 받은 아일랜드 귀족들의 반란이 계기가 되었는데, 반란에 실패한 귀족들이 해외로 도피하고 잉글랜드 왕실이 그들의 토지를 몰수해 잉글랜드와 스코틀랜드 주민을 이주시킨 것이 그 시작이었다. 이른바 '얼스터(Ulster) 식민화'[5]로 불리는 이 식민정책으로 북아일랜드에는 토착민 외에 새로운 정주민 사회가 구성되었다.

북아일랜드의 정주민은 주로 개신교도였고 토착민인 아일랜드인은 가톨릭교도였으며, 이로 인해 북아일랜드에는 이후 지속적인 종교갈등이 발생하게 되었다. 1641년에는 가톨릭 원주민이 개신교 정주민들에게 '1641년 대학살'이라 불리는 학살을 감행했고, 이후 식민화는 전 아일랜드로 확산되었다. 여기에 크롬웰(Oliver Cromwell) 집권 후 아일랜드 평정이 감행되어 종교갈등은 본격적으로 심화되었다.

더욱이 북아일랜드에서 토착민인 하층계급은 주로 가톨릭교도였고 새 정주민인 지배계급은 개신교도여서 종교갈등은 정치 · 경제적 갈등과 중첩되어 민족의식으로 발전해 갔다. 아일랜드 전체 주민의 20%에도 미치지 않는 개신교도의 토지확보율은 식민화 초기 41%에서 1703년에는 86%에 이르렀으며, 잉글랜드 개신교도 지배층은 가톨릭교도의 정계 진출을 금지하고 가톨릭 사제 육성을 철폐하는가 하면, 장로교인 스코틀랜드인들까지 차별해 국교도의 지배를 공고히 하고자 했다(신혜수 1998, 373-374).

그에 따라 잉글랜드의 차별 정책에 불만을 품은 급진적 장로교도

5 얼스터는 주로 북아일랜드 지역에 해당한다.

(스코틀랜드 이주민)와 가톨릭교도 사이에 '아일랜드인 연합(the United Irishmen)'이 1791년 형성되어 1798년 봉기를 주도했다. 그러나 이 봉기는 실패했고, 아일랜드 합방을 단행하는 계기로 작용해 차별 정책은 더욱 심화되었다. 이후 법 · 평화 · 헌법 유지를 목적으로 하는 온건파인 '오렌지 오더(Orange Order)'가 결성되었고, 19세기에 아일랜드인은 영국에 영원히 귀속되기를 소망하는 통합주의자(unionist)와 아일랜드 독립을 추구하는 민족주의자(nationalist)로 분열되었다.

그러나 비록 분열되기는 했지만 아일랜드 민족주의자들의 분리독립 운동은 강도를 더해 가며 1845-52년 대기근을 계기로 대중적 지지를 획득해 감으로써 영국의 양보를 이끌어낼 수 있었다. 이 기근으로 약 100만 명이 해외로 이주하고 약 150만 명이 기아 상태에 놓였으며 남북 아일랜드 간 불균형이 더욱 심화되자 잉글랜드는 아일랜드 민심의 급격한 이반을 두려워했다(신혜수 1998, 375-376). 그에 따라 1868년 글래드스턴(William Ewart Gladstone) 수상은 자치에서 해법을 찾았고, 실제 1885년 선거에서 아일랜드자치당이 아일랜드에 할당된 의석을 모두 차지해 자치에 대한 아일랜드인의 열망은 확실히 드러났다.

하지만 통합주의자들의 반대도 만만치 않아 1893년 글래드스턴의 제2차 자치안도 부결되고 곧 이은 제1차 세계대전 발발로 자치는 더욱 지체되었다. 1916년에는 독일의 협조를 기대하는 '부활절 봉기'가 일어났으나 독일의 사정에 따라 협조가 지연됨으로써 또다시 실패했다. 그에 따라 특히 남아일랜드의 영국 증오와 분리 열망은 더욱 커져갔고, 분리독립을 주장하는 신페인(Sinn Féin,우리당)의 정치적 역량이 더욱 커졌다. 1920년 영국 의회가 아일랜드 관련법을 통과시켜 아일랜드를 남과 북으로 분단하기로 한 것은 이러한 흐름의 결과였다.

그에 따라 남아일랜드는 아일랜드공화국으로 분리독립했지만, 개신교도와 가톨릭교도의 싸움이 첨예하고 통합주의자들이 더 많이 포진한 북아일랜드는 분할 통치 전략에 따라 연합왕국에 잔존하게 되었다. 이 분할 통치 전략은 북아일랜드를 남아일랜드와 분할해 통치하는 것뿐만 아니라 북아일랜드 내 종족 및 종교갈등을 이용해 통치하는 것도 포함하는 것이었다.

2. 영국의 북아일랜드 정책과 북아일랜드의 자치 및 분리운동

다른 지역들과 달리 북아일랜드의 20세기 지역주의 운동은 무장 투쟁이라는 강력한 형태를 띠고 전개되었다. 상대적으로 역시 강력한 스코틀랜드 지역주의가 내부의 정치 · 경제적 차이와 종교적 차이에도 불구하고 이것이 종족 갈등에 기인하는 것이 아니라는 점에서 북아일랜드에 비해서는 덜 강력한 반면, 북아일랜드는 종족 갈등과 중첩된 심각한 종교 갈등에 정치 · 경제적 차별이 결합되어 있어 훨씬 강력한 지역주의 운동이 일어난 것으로 볼 수 있다.

아일랜드는 18세기에 이미 다른 지역과 달리 대영제국의 성장으로부터 전혀 혜택을 받지 못한 채 값싼 식량 공급 식민지로 전락했다. 곧 스코틀랜드가 대영제국의 번영에 참여하고 웨일스가 산업혁명의 핵심지역으로 발전했다면, 아일랜드는 처음부터 전형적인 내부 식민지로서 주변부에 머물렀다(안영진 2003, 109). 게다가 북아일랜드 지역에서는 내부 갈등으로 인해 1960년대 말까지 개신교도와 가톨릭교도의 다수가 각각 영국인의 정체성과 아일랜드인의 정체성을 가지고 있어 결혼이 거의 이루어지지 않았다. 또한 개신교도 사업가는 개신교도를 주로 고용하고 가톨릭교도 사업가는 가톨릭교도를 주로 고용하는 철저히 이분된 고용구조가 형성되기도 했다(황익주 2003, 4-5; 신혜수 1998, 377).

1921년 남아일랜드가 독립한 후 북아일랜드도 스토몬트(Stormont)[6]라는 독자 의회를 가지게 되었으나, 민족주의 경향의 가톨릭 소수파는 그 후에도 지속적으로 억압을 받았다. 이러한 차별에 대항해 1967년에는 젊은층을 중심으로 '시민권협회'가 결성되어 각종 시위를 주도했는데, 이들의 시위는 폭력으로 치닫기 일쑤였다. 1968년 이래 1994년까지 유혈 갈등으로 사망한 사람은 약 3,200명이었는데, 북아일랜드 전체 인구가 약 150만 명임을 감안할 때, 이것은 결코 적지 않은 숫자였다(황익주 2003, 5). 사실 북아일랜드 종족 및 종교갈등은 제2차 세계대전 이후 서유럽 지역에서 가장 심각한 유혈 갈등으로 알려졌다.

이러한 갈등 속에서 스토몬트 정부와 의회가 종식되고 웨스트민스터의 직접 통치가 시작된 1972년부터 성금요일 협정(GFA: Good Friday Agreement)을 통해 자치가 다시 시작된 1998년까지 북아일랜드의 역사는 다섯 단계로 나눌 수 있다(모종린 2000, 116).[7] ① 1970년대에 해당하는 첫 번째 시기에는 1960년대 말부터 시작된 폭력의 악순환이 지속되었고, ② 1980년대에서 1993년 4월에 이르는 두 번째 시기에는 아일랜드공화군(IRA)[8]이 새로운 전략을 모색함으로써 민족주의 진영의 강경파가 무력 투쟁의 한계를 인식하기 시작했으며(1980년대), 아일랜드인의 자결권을 선포한 흄 · 애덤스선언[9]이 발표되었다(1993년 4월). ③ 주변

6 스토몬트는 벨파스트(Belfast) 동쪽 교외 지역의 명칭이지만 이 지역에 북아일랜드의 의회와 정부가 설립되었기 때문에 웨스트민스터가 영국 혹은 잉글랜드 의회를 의미하듯이 스코틀랜드 의회 자체를 지칭하는 말로도 사용된다.

7 모종린은 1993-1994년의 국제적 자결권 인정 기간과 미국과의 협상 기간을 별도로 구분했으나 여기서는 이 두 기간을 통합한다. 두 기간 모두 국제적 해결을 모색하는 기간으로 볼 수 있기 때문이다.

8 영국령 북아일랜드와 아일랜드공화국의 통일을 요구하면서 1919년에 창설된 반(半)군사조직으로 2001년에 최종적으로 무장 해제했다.

9 신페인 당수 게리 애덤스(Gerry Adams)와 아일랜드사회민주노동당(SDLP) 당수 존 흄(John Hume)이 북아일랜드 내부에 국한하여 문제를 해결하는 데 반대하고 모든 아일랜

국이 아일랜드인의 자결권을 인정하고 미국과 협상을 통해 국제적 해결을 모색하는 시기인 세 번째 시기는 1993년 4월부터 1994년 8월까지에 해당하는 기간인데, 특히 이 기간 중에는 영국이 아일랜드 분리를 유지시키는 '이기적인 경제 · 군사적 관여를 하지 않겠다'고 약속한 다우닝가(Downing Street)선언이 발표되었다(1993년 12월 15일). ④ 이어 1994년 8월부터 시작되어 1997년에 이르는 네 번째 시기는 IRA의 휴전 선언으로 상호 신뢰 구축이 모색되어 공식 협상이 재개되는 과정을 밟았으며, ⑤ 북아일랜드에서 휴전이 어느 정도 안정되는 기미를 보이는 1997년에 시작되는 마지막 시기는 분쟁의 당사자들이 공식 협상에 들어감으로써 해결의 실마리를 찾는 단계이다.

마지막 시기의 협상은 1998년 4월 10일 북아일랜드, 아일랜드공화국, 영국이 조인하고 같은 해 5월 국민투표를 통해 비준된 성금요일 협정으로 결실을 보았는데, 이를 통해 1968년부터 지속된 가톨릭교도와 개신교도 간 유혈 갈등을 종식시키고 북아일랜드의 민주적 자치정부를 구성할 수 있게 되었다(황익주 2003, 3). 더 나아가 북아일랜드의 미래(연합왕국 잔류, 아일랜드공화국과 합병, 제3의 길)를 장차 적절한 시기에 국민투표를 통해 결정하는 데에도 합의했다. 이 합의는 1998년 제정된 웨일스정부법에 따라 갖게 된 분권 수준[10]을 훨씬 넘어 자치뿐 아니라 분리 독립까지도 아일랜드인 스스로 결정할 수 있다는 것을 의미했다.

현재 북아일랜드 정부는 2016년에 국민투표를 실시할 것을 주장하고 있다(강지원 2012). 그러나 신페인 의원들조차 투표 성사 여부에 회의

드 국민이 국민투표로 결정해야 한다고 주장하며 합의에 도달했다.

10 이 법에 따라 북아일랜드는 재정, 인사, 사회복지, 보건, 공공안전, 교육, 농업 및 농촌개발, 기업, 무역, 투자, 환경, 문화 · 예술 및 레저, 학습과 고용, 지역개발, 사회개발 등에 관한 권한을 갖지만, 스코틀랜드에 이양된 법률 제정, 사법, 경찰, 소방 등의 권한은 갖지 못한다. 최영출(2009, 134-135).

적인 전망을 가지고 있는 것으로 알려졌다. 게다가 2001년 인구조사에 따르면 북아일랜드 인구 중 개신교도는 46%에 이르지만 가톨릭교도는 40%에 불과해 투표를 실시하더라도 분리독립이나 아일랜드공화국 합병으로 결정될 가능성은 희박하다.

그러나 영국 의회와 북아일랜드 의회의 선거 결과를 보면, 분리독립 주장이 점차 지지를 얻어가고 있음을 알 수 있다. 〈표 7〉에서 보는 것처럼 1905년에 창당해 1970년에 현재의 모습을 갖춘 신페인이 1983년에 북아일랜드에서 13.4%의 득표를 한 후 2001년에는 20%를 넘었고 최근

표 7. 신페인의 영국 총선 득표 결과

연도	영국 전체 득표율	북아일랜드 지역 득표율	의석 수
1950	0.1	?	0
1951	-	?	0
1955	0.6	-	-
1959	0.2	?	0
1964	-	-	-
1966	-	-	-
1970	-	-	-
1974(2월)	-	-	-
1974(10월)	-	-	-
1979	-	-	-
1983	0.3	13.4	1
1987	0.3	11.4	1
1992	0.2	10.0	0
1997	0.4	16.1	2
2001	0.7	21.7	4
2005	0.6	24.3	5
2010	0.6	25.5	5

출처: Electoral Commisssion of UK, Parties and Elections in Europe, Wikipedia(en) 자료 종합

선거인 2010년에는 총 5명의 의원을 배출하고 25.5%에 달하는 득표율을 올렸다. 비록 분권화 정책의 효과로 인해 신페인이 노동당을 능가할 수는 없었지만, 급상승하는 신페인 지지율은 북아일랜드인의 독립 의지가 성장하고 있음을 잘 반영하고 있다.

노동당의 분권화 효과는 북아일랜드 의회선거에서도 나타났다. 〈표 8〉에서 보듯이 1998년에 부활한 북아일랜드 자치의회에서는 이 지역 노

표 8. 북아일랜드 의회선거 결과

	1998		2003		2007		2011	
	득표율	의석수	득표율	의석수	득표율	의석수	득표율	의석수
DUP	18.0	20	25.7	30	30.1	36	30.3	38
SF	17.7	18	23.5	24	26.2	28	26.9	29
UUP	21.3	28	22.7	27	14.9	18	13.2	16
SDLP	22.0	24	17.0	18	15.2	16	14.2	14
APNI	6.5	6	3.7	6	5.2	7	7.7	8
PUP	2.6	2	1.2	1	0.6	1	0.2	0
NIWC	1.6	2	0.8	0	-	-	-	-
UKUP	4.5	5	0.8	1	-	-	-	-
TUV	-	-	-	-	-	-	2.5	1
GP	-	-	-	-	1.7	1	0.9	1
기타	5.8	3	4.6	1	6.1	1	4.1	1
투표참여율/총의석	69.9	108	63.1	108	63.5	108	54.5	108

DUP: 민주통합당(Democratic Unionist Party)
SF: 신페인(Sinn Fein)
UUP: 얼스터통합당(Ulster Unionist Party)
SDLP: 사민주의노동당(Social Democratic and Labour Party)
APNI: 북아일랜드연합당(Alliance Party of Northern Ireland)
PUP: 진보통합당(Progressive Unionist Party)
NIWC: 북아일랜드여성연합(Northern Ireland Womens' Coalition)
UKUP: 연합왕국통합당(United Kingdom Unionist Party)
TUV: 전통통합주장(Traditional Unionist Voice)
GP: 녹색당(Green Party)
출처: Parties and Elections in Europe

동당으로서 성금요일 협정을 주도한 정당인 사민주의노동당(SDLP, 가톨릭 온건파)이 22.0%를 얻어 제1당을 차지했고, 역시 성금요일 협정을 주도한 다른 정당으로 통합주의 정당인 개신교 온건파 얼스터통합당(UUP)이 21.3%를 얻어 제2당을 차지했다. 반면 신페인은 다른 통합주의 정당인 민주통합당(DUP)보다도 적은 17.7%를 얻어 제4당에 머물렀다.

그러나 2003년 선거부터 신페인은 득표율을 제고해 23.5%를 얻고 2007년과 2010년에도 각각 26.2%와 26.9%를 얻어 대중적 지지를 확대해 갔다. 하지만 성금요일 협정을 반대하는 통합주의 정당인 민주통합당이 신페인에 근소하게 앞서는 가운데 제1당의 위치를 지속적으로 유지해 북아일랜드의 내부 갈등이 심각하다는 사실을 잘 보여준다. 또한 이 두 정당 외에도 여러 다른 민족주의 혹은 통합주의 정당들이 의회에 진출하고 있어 어느 정당도 과반수를 장악하지 못해 북아일랜드의 위상에 관한 관점들이 다양하게 난립하고 있음을 알 수 있다.

VI. 나오는 말

다종족-다문화 국가인 영국 연합왕국은 오랜 지역갈등 속에서 유지되어 왔다. 그 갈등은 대영제국 부흥기에 일정하게 순조로운 통합의 과정을 밟는 것처럼 보였으나 근대 이후 민족주의의 발흥을 계기로 새로운 지역주의 갈등으로 등장했으며 제2차 세계대전 이후에는 더욱 가시적으로 표출되었다. 이 지역주의 운동의 표출 양상은 대영제국 및 연합왕국의 성립 과정과도 무관하지 않다.

헤게모니 지역인 잉글랜드가 웨일스와 스코틀랜드, 아일랜드를 통합해 가는 과정은 지역마다 달랐다. 왕국들이 공식적으로 독립국가의 성격을 유지하면서 다투던 시기를 제외하면, 군사적 강제를 포함한 강압적 복속이나 합병을 거치는 한편 평화로운 통합의 수순을 밟기도 했다. 웨일스는 왕조 통합 후 평화적 과정을 통해 행정적 통합으로 진행되었고, 스코틀랜드도 왕조 통합 후 합의를 통해 역시 평화로운 합법적 통합과정을 거쳤다. 물론 이 과정들이 민족주의자들의 관점에서 문제가 없지는 않았으며 그에 따른 갈등도 일정하게 나타났다. 그러나 이 두 지역의 통합은 적어도 19세기가 무르익기 전에는 심각한 갈등으로 발전하지 않았다. 반면 북아일랜드는 강압적 병합과 식민화를 통해 복속된 후 가장 늦게 합법적 통합을 거쳤으나 그 통합도 영국의 분할 통치 전략에 따라 진행됨으로써 오랜 기간 동안 심각한 지역주의 갈등을 겪었다.

표 9. 영국 지역 통합과 지역주의의 성격

	웨일스	스코틀랜드	북아일랜드
통합과정	왕조 통합 후 행정 과정상 합법적 통합	왕조 통합 후 합의에 의한 합법적 통합	강압적 병합 후 합법적 통합
20세기 이후 지역주의의 원인	종족-문화적 차이와 경제적 차별의 약한 중첩	종족-문화적 차이와 경제적 차별의 심각한 중첩	종족-문화적 차이와 정치적·경제적 차별의 심각한 중첩
표출 양상	평화적인 문화 정체성 표출	평화적인 정치적 대변 강조(약한 내부 갈등)	폭력적인 정치적 동원(심각한 내부 갈등)
영국 분권 정책과 지역주의 주장	지방 분권	광범위한 자치(상대적으로 약한 분리독립 추구)	분리독립 혹은 아일랜드공화국 합병을 주장하는 민족주의와 영국 연합왕국 잔존을 주장하는 통합주의의 극단적 대립(약한 자치 주장)

이러한 차이에 더하여 19세기 민족주의의 발흥과 대영제국의 몰락 이후 전개된 새로운 경제 위기의 도래에 따라 20세기에는 영국 중앙정부의 차별적 정책에 저항해 새로운 형태의 지역주의가 등장하게 되었다.

종족-문화적 차이가 경제적 차별과 약한 정도로 중첩되었을 뿐 정치적 차별과 연결되지 않은 웨일스에서는 가장 온건한 방식의 지역주의 동원이 일어났으며, 웨일스에 비해 종족-문화적 차이가 심각한 경제적 차별로 연결된 스코틀랜드에서는 정치적 자치 운동이 강화되어 갔다. 그리고 종족-문화적 차이가 경제적 차별뿐만 아니라 정치적 차별과도 심각하게 중첩된 북아일랜드에서는 분리독립을 주장하는 지역주의 갈등이 더욱 힘을 받게 되었다.

웨일스에서 지역주의 운동은 평화적으로 문화적 정체성을 표출하고 지방 분권에 만족하는 수준인 것과 달리, 스코틀랜드에서 지역주의 운동은 평화적인 정치적 대변을 주장하지만 약한 형태로나마 독립국가 건설을 추구하는 세력이 점차 힘을 얻어가고 있다. 반면 북아일랜드에서는 폭력적인 지역주의 동원이 자주 발생했으며, 독립하거나 아일랜드공화국으로 분리 합병하려는 민족주의 세력이 강력하게 존재해 왔다.

그러나 지역 내부 갈등이 존재하지 않는 웨일스와 달리 스코틀랜드와 북아일랜드에는 지역 내부 갈등이 존재해 갈등 양상은 더욱 복잡하게 전개되어 왔다. 스코틀랜드에서는 전통적으로 저지대와 고지대가 경제적 · 문화적 차이로 인해 영국에 대한 대응 방식이 달랐으나, 제2차 세계대전 이후에는 이러한 차이가 줄어듦에 따라 공동 대응 양상으로 전환했다. 그러나 북아일랜드에서는 남아일랜드가 독립해 나간 후 개신교 앵글로색슨족과 가톨릭 켈트족의 세력 분포가 더 비슷해짐에 따라 종족적 · 종교적 내부 갈등이 더욱 심각해져 영국 연합왕국에 잔존하고자 하는 통합주의자들과 분리독립을 주장하는 민족주의자들이 엇비슷하게 지역의회에 진출해 갈등 해결의 전망은 밝지 않아 보인다.

스코틀랜드와 북아일랜드는 분리 독립 의사를 묻는 주민투표를 최근 실시했거나 앞두고 있다. 이것은 민족의식을 자각한 두 지역의 지역주의 운동이 이룬 결실이라고 할 수 있다. 그러나 스코틀랜드의 투표 결과는 영국 연합 잔류로 결정되었고, 북아일랜드의 투표 결과도 분리 독립으로 결정될 가능성은 높지 않은 것으로 알려져 있다. 특히 투표 결과 분리독립이 선택될 경우 EU 및 NATO에 대한 관계가 커다란 이슈로 떠오르게 될 것이며(McLean *et al.* 2013, xi), 그중 EU에 대한 관계는 분리독립 여부와 상관없이 이 지역들이 매우 중요하게 간주하는 이슈다. EU 테두리 내에서 독립국가로 인정받지 못하더라도 최소한 EU 내 자치지역으로서 갖는 특별한 위상으로 인정받고자 하기 때문이다. 이러한 현상은 이른바 분합(fragmentegration: Rosenau 2002 참조)으로 불리는 현대사회의 변화 경향을 닮아 있다. 따라서 이 지역들은 영국으로부터 분권, 자치, 독립의 과정을 선택해 분리의 다양한 양상으로 나아가면서도 유럽 차원에서 다시 재통합되는 형태를 띠어 갈 가능성이 높다.

독일: 분리와 통합의 역사적 발전과정의 재구성

이호근(전북대학교)

I. 들어가는 말

1. 문제제기

독일에서 어떤 주체와 세력들이 어떤 이유나 계기로 분리와 통합을 추진하게 되었는가를 역사적으로 살펴보면 그 자체가 매우 복잡한 과정을 거쳐 왔음을 알 수 있다. 주지하다시피 우리가 오늘날 하나로 인식하는 독일에 대해 근대에 이르러서도 과연 독일이 무엇이고 독일인이 누구인가 그리고 독일이란 나라가 존재하는가를 두고 논쟁이 지속되어 왔음을 상기할 필요가 있다. 즉, 독일의 분리와 통합은 종교적 이유(개신교와 가톨릭), 오랜 기간 분권화되어 발전해 온 세력이나 집단들의 정체성(소독일주의와 대독일주의 등)이나, 정치적 이유(분권화와 연방주의 등), 이념적 이유(시민혁명을 겪지 못한 실패한 자유주의와 보수주의, 사회주의 등), 인종 및 민족적 이유(게르만과 비게르만), 경제적 이유(후발공업화, 북부의 관세동맹 등), 문화적 이유(프로이센 중심의 게르만문화와 합스부르크제국의 다문화주의), 기타 국제정치적 이유(양차 세계대전의 결과와 냉전체제 등) 같은 다양한 계기들이 포함되어 역사적 순환을 반복해 온 것을 알 수 있다. 독일의 분리와 통합 과정에서 특별히 누가 주도적 역할을 하는지를 중심으로 살펴보면 그 구성국가, 지역정부와 중앙정부, 계층, 정당, 종교세력, 인종 및 민족 등 다양한 부류의 행위자들이 해당될 수 있다. 이러한 다양한 잠재적 행위자들 중에서 어떤 행위자가 주요 추진세력으로 등장하게 되었는지 그들의 주관적 노력과 객관적 환경 사이의 관계를 살펴본다.

독일의 사례를 긴 역사적 관점에서 바라볼 때 분리와 통합의 움직임은 계속 반복되어 왔음을 알 수 있다. 최근 제2차 세계대전 후 냉전체제하 '분단'상태에서도 분리와 통합의 주도권 다툼은 계속되어 왔고 정치적 · 사회적 통합이 상당 정도 이루어진 뒤에도 분리 움직임은 지속되고 있으며 경우에 따라서는 통합 이후 분리 움직임이 매우 거세질 수도 있음을 보여주고 있다. 이 점이 독일의 사례가 '과정으로서의 통일'에만 초점을 두어서는 안 되며 '과정으로서의 분리'를 주목해야 하는 이유이다. 독일 사례에서 분리와 통합은 대독일주의와 소독일주의의 경쟁에서 보듯이 서로 상이한 종류의 주도권 경쟁일 수 있다. 김학노(2013b)는 이러

표 1. 분리와 통합의 유형

	분리	통합
일방적 관계	(A) 적대관계 주종관계	(C) 배제의 정치 흡수통일
쌍방적 관계	(B) 우호관계 평화공존	(D) 차이의 정치 동등통일

출처: 김학노(2013b, 21) 관련 〈표 4〉를 필자가 '분리와 통합'의 관점에서 수정 변용한 것임

한 분리와 통합이 서로 배타적이 아닐 수도 있다고 본다.

1990년 통일 이후의 독일 사례는 위 표에서 분류하듯이 일방적 통합의 사례에 해당된다. 이러한 독일의 분리와 통합의 역사적 과정은 개략적으로 어떠한 발전단계를 거쳐 왔으며, 주요 시기마다 그 주요한 동력과 특징은 무엇이었는가를 살펴보고, 분리와 통합의 관점에서 보다 긴 역사적 발전과정을 추적하며 독일의 사례를 재평가해보는 것이 본 연구의 목적이다.

2. 독일사례에서 분리와 통합의 개요

독일의 경우 분리와 통합은 역사적으로 세 단계를 거쳐 발생하였다. 먼저 독일의 제1시기 통합은 중세 신성로마제국이라 할 수 있다. 이 시기의 통합은 영토나 민족보다는 종교를 중심으로 이루어진 경우였다. 그러나 이후에는 보다 오랜 기간 서서히 국민국가의 형성 및 발전과 더불어 장기간에 걸친 분리의 시기를 거치며 '근대로 이행'한다. 독일의 제2시기 통합은 근대 이후 현대로 이행하는 19세기 말 비스마르크에 의한 소독일주의로의 통합이라 할 수 있다. 소독일주의를 주장한 독일과 대독일주의 입장을 견지한 오스트리아가 대립하며 독일은 이후 20세기 들어 제1, 2차 세계대전을 거치며 다시 소독일주의보다도 더 작은 단위로 분리되었다. 독일의 제3시기 통합은 이후 히틀러에 의한 강압적 통합의 시기라 할 수 있다. 이후 제2차 세계대전의 패전과 냉전시기의 분리과정을 거치며 독일은 1990년 독일통일과 함께 서독에 의한 동독의 흡수통일로 제4의 새로운 통합 시기를 맞고 있는 것으로 볼 수 있다. 제4시기는 1945년 제2차 세계대전 이후 패전의 결과에 따른 분리, 즉 냉전시기 외부적 조건에 따라 규정되어 이데올로기적 지형의 재편에 따른 분리의 고착화가 지속되어 오다가 이후 1990년 독일의 재통합은 '일방적 통합'이 진행된 시기로 볼 수 있다. 즉, 독일이 일방에 의해 통일이 되었으나, 이것을 분리와 통합의 새로운 접근법으로 보고자 하는 것은 이 과정이 오랜 역사적 과정에 비추어 볼 때 통합주체 간의 완전한 통일로 보기 어렵고 정치, 경제, 사회, 문화적 통일은 여전히 역동적 과제로 남아 있기 때문이다.

3. 독일에서 분리와 통합의 시기구분과 경로

독일의 분리와 통합에는 특히 전후 과정에서 다음 두 가지 특성이 있다. 먼저, 제2차 세계대전의 패전과 냉전 심화의 결과로써 분리가 강제되었다는 점이다. 제2차 세계대전 이후 냉전 속에서 이루어진 이러한 독일의 분리와 통합은 내재적 조건과 주체 간의 대립, 갈등 외에 분리와 통합 시기마다 환경요인의 중요성이 역시 주목된다. 즉, 전후 분리와 통합의 과정은 전승국에 의한 '지배(Herrschaft)'와 전후 미국과 소련 중심의 군사·경제·이념적 '패권(Hegemonie)'체제로 전체주의 이후 체제가 자유민주주의(Liberal Democracy)와 시장경제적(Market Economy) 질서(J. Ruggie, Embedded Liberalism), 사회주의와 계획경제체제 속에 분리 편입되어 '체제경쟁(F. Deppe, Systemwettbewerb)'과 그로 인한 '반사효과'의 측면이 컸던 것으로 평가된다(E. Hobsbawm).

분리-통합의 경로와 관련하여 독일 사례의 또 다른 특징은, 상대적으로 강대국인 서독이 동독 지역을 독립국가로 인정하지 않고 각기 독립된 '정권'이 유지하는 지역의 관계(Klessman 1988 참조)로 유지하려 한 반면(1959년 'Hallenstein 원칙'과 이 원칙의 수정인 1970년 동서독 기본조약인 'Grundvertrag'에서도 서독은 동독을 독립적인 주권국가로 인정하나, 동독이 독일연방공화국에 속한다는 점은 결코 포기하지 않았다), 약소국인 동독은 그들의 입장에서 통합보다는 독립적인 정체성(동독사회주의공화국으로서의 분리독립 요구)을 지속적으로 강조하여 왔다는 점이다(1961년 베를린장벽의 구축과 1961년대 '사회주의적 시장경제' 노선에 대한 논쟁). 즉, 1960년대 냉전 속 체제대결의 과정에서 서독이 '사회적 시장경제(Soziale Marktwirtschaft)'로 성과를 거두자 동독은 이에 맞서 '사회주의적 시장경제(Sozialistische Marktwirtschaft)'를 주장하며 체제경쟁을 가속화하는 등 동독으로서는 독립과 정체성 확보 시도가 지속적인 과제였다.

1990년 통합 과정은 탈냉전과 독일 분단 극복이라는 점에서 1944년 얄타체제를 변화시키는 것으로, 이른바 2+4(Zwei+Vier)체제를 통해 1970년 기본조약 이후 20년 만에 국가조약 형태(Staatsvertrag zur Wirtschaftlichen, Finanziellen, und Sozialen Einigung)로 현재의 통합에 이르게 되었다. 그러나 이러한 형태의 통합은 기존의 분단과 통일의 관점보다는 독일의 역사적 발전과정에서 수없이 반복되어 온 분리와 통합의 과정으로 새롭게 바라볼 수 있다. 독일은 이 과정에서 경제, 재정 그리고 사회 통합에 관한 국가조약에 이어 장기적인 경제체제의 편입전략으로 유럽통합과정을 심화시키는 전략을 선택하였다(Schoch 1992). 이 글은 이러한 분단과 통일의 대표적 사례로 여겨지는 독일 사례를 보다 긴 역사적 경험을 추적하며, 이것이 어떻게 분단과 통일이라는 관점보다는 분리와 통합의 관점으로 새롭게 조망될 필요가 있는지를 검토하고자 한다. 분리와 통합이라는 접근방식의 특성과 장점은 체제의 통합과정을 매우 역동적이고 지속적인 주체 간의 대립과 갈등 과정으로 이해하며, 이 과정에 따라 체제 간의 통합을 하나의 최종적이고 완결된 상태로 인식하지 않고 주체들 간의 이해와 인식, 전략 및 그 대응방향 그리고 수시로 변화하는 외부적 환경요인 등 대내외 여건이 결합되어 분리와 통합이 수시로 생성, 변화, 발전하는 것으로 볼 수 있다는 점이다. 이러한 수많은 사례가 지구상에 존재하며 독일의 역사적 경험은 그러한 사례 중 가장 대표적인 것으로 평가된다.

II. 독일의 역사적 기원: 제1제국, 신성로마제국 성립과 발전

1. 신성로마제국의 성립과 해체

독일이라는 말이 역사에서 최초로 등장한 것은 영국에 있던 교황의 특사가 813년 투르 공의회에서 테오티스카(theotisca)라고 말한 것으로, 그 후 10세기 말엽에야 비로소 '독일인의 땅(terra teutonica)'이라는 말과 독일 왕국이라는 표현이 사용되기 시작하면서부터로 알려져 있다(마틴 키친 2002, 18). 제국은 다시 1157년부터 '신성제국'으로 불리기 시작했고, 1512년 막시밀리안 1세 치하에서 '신성로마독일제국'으로 불렸다. 그러나 그것이 정확히 무엇인지는 모호한 상태였다.

먼저 독일의 역사적 어원인 '게르마니아(germanus or german에서 연원함)'는 지리적으로 매우 복잡한 성격을 갖고 있다. 서구 세계가 로마를 기준으로 형성되어 있던 1세기 말쯤 로마의 작가 타키투스(2012)는 독일을 남북으로는 북해와 다뉴브 강 사이, 동서로는 라인 강에서부터 비스툴라초 호까지로 규정한 바 있다(마틴 키친 2002, 18). 이것은 오늘날로 말하면 라인 강을 중심으로 한 중동부 유럽을 통칭하는 범위에 해당하는 것이다. 오늘날까지도 동쪽의 슬라브계와 서쪽의 라틴계 가운데에서 이곳은 언어, 역사, 문화적으로 상대적 동질성을 갖고 있는 영역이라 할 수 있을 것이다. 그럼에도 이 범위는 매우 다양하고 넓어서 독일이라는 것이 역사적으로 과연 통일성을 갖는 주체인지 그리고 그것이 과연 무엇인지에 대한 정의는 쉽지 않다.

어쨌든 초기의 이러한 독일 역사는 로마제국과의 투쟁을 통해 발전하였다. 로마시대 율리우스 카이사르는 게르마니아를 갈리아처럼 식민지화하지 않은 이유에 대해 "이곳은 야만인이 살고 있는 울창한 숲으로 둘러싸인 곳으로, 이런 지역은 절대 식민지로 만들 수 없기 때문에 그냥 무시하는 것이 좋다"는 기록을 남긴 바 있다(마틴 키친 2002, 18). 이후 4세기에 다양한 게르만족들과 로마군대 사이에 끊임없는 충돌이 일어났다. 동양사에서 중원을 통치하던 중국과 변방에서 이에 도전하던 북방민족의 관계에 비유할 수 있는 것이 서양에서 로마와 게르만의 관계라 할 수 있을 듯하다. 동양의 북방민족이 중원을 직접 통치하거나 지배하면서 중국에 동화되어 간 것처럼 서양에서도 로마군대에 용병으로 고용된 많은 게르만족 전사들은 점차 로마문화에 동화되어 갔다. 이들은 아울러 기독교로 개종하거나 혹은 유대교를 받아들이며 게르만족의 부족신앙과 사회제도는 점차 약화되었다. 게르만족 중 가장 먼저 기독교가 전파된 지역은 다뉴브 강의 고트족이었는데, 이들은 기독교로 개종한 종족과 그렇지 않은 종족이 대립하다가 동쪽 훈족의 위협이 증가하기 시작하자, 이들이 대거 로마제국으로 이주하면서 4세기 후반 로마제국에 큰 변동을 초래하게 되었다. 주지하다시피 375년경 아시아계통인 훈족이 남부러시아에 거주하던 고트족을 정복하며 게르만족의 연쇄적인 대이동이 촉발된다. 훈족은 크림반도와 우크라이나에서 동고트족을 몰아내고, 동고트족은 서고트족을 로마제국 다뉴브 강 국경 안으로 밀어 넣었다. 또한 서고트족은 아드리아노플에서 로마제국을 패배시킨 뒤 그리스를 점령한 후 이탈리아 반도로 이동하였고, 이어 이들은 로마를 침공한 이후 스페인까지 진출하게 되었던 것이다. 444-445년에는 훈족의 최고지도자가 된 아틸라가 흑해와 지중해 지역을 지배하며 로마황제로부터 조공을 받았다. 이후 로마의 마르키아누스(Marcianus) 황제가 훈족에게 조공하는 것을 중단하자 훈족은 다뉴브 강 서쪽으로 진군하여 게르만군과 동맹을 맺고 로마와 전쟁을 한 후 452년 밀라노의 로마황제 궁전을 장악하게 되었다. 그러나 훈족은 이후 아틸라의 사망과 함께 세력이 약화된 반면, 이를 대신하여 서유럽에서는 470-485년 사이에 서고트족이 스페인과 프로방스 지역을 중심으로 지배적 위치를 차지하게 되었다(박래식 2006, 25-31).

그러나 이들은 프로방스의 수준 높은 로마문화를 수용하며 로마에 동화되어 갔다. 이후 프랑크족 클로비스가 서고트의 알리리크 2세를 제압하고 갈리아 지역 대부분을 실질적으로 지배하며 메로빙거 왕조를 열게 된다. 그는 게르만족으로 이제 유럽인이 되었다. 프랑크족은 실용적인 갈로 로만 문화를 받아들였다. 몰론 아직 수준 높은 그리스 로마의 고전문화를 받아들이기에는 매우 부족하였으나, 이들은 빵을 굽고, 포도주를 만들고, 과일과 야채를 기르며, 벽돌을 만들고 쌓으며, 유리를 만들고, 철로 농기구를 만드는 법을 받아들이는 한편, 행정과 경제 그리고 사법 분야의 업무를 수행하는 법을 익히게 되었다. 이후 메로빙거 왕조 후반에 내분이 일어나고 왕권이 급속도로 약화되는 과정에 동부 지역의 마스와 모젤 강 지역에 기반을 둔 귀족들은 그들의 통치 지역을 카롤링거 왕조라 하고 세력을 확대해 나갔다. 궁재 카알 마르텔의 아들로 프랑크의 공작이자 제후였던 피핀은 687년 테르트리 전투에서 승리한 후 메로빙거 왕조를 종식시키고 카롤링거 왕조를 탄생시켰다. 과도기에 카롤링거 왕조는 7세기 중반부터 국가체제를 정비하여 왕조국가를 탄생시키려 했지만 순조롭지 않아 687년부터 751년까지 궁재들이 통치하면서 메로빙거 왕조의 전통을 계속 답습하고 있었다(박래식 2006, 37).

그러나 이어 샤를마뉴 대제(768-814)가 프랑크 왕국을 완성하여 유럽에 민족국가를 탄생시키는 등 유럽역사를 형성하는 데 크게 기여하게 되었다. 샤를마뉴 대제는 로마제국 시기의 영광을 되찾기 위하여 노력하며 유럽의 많은 지역을 통합하였다. 샤를마뉴 대제는 문화활동을 진작하여 카롤링거 왕조의 르네상스를 주도하는 한편, 히브리어, 라틴어, 그리스어와 동등한 수준으로 독일어 문법을 정리하였다. 프랑크족은 언어적으로나 인종적으로 게르만적인 요소가 강했음에도 자신들을 로마인들의 후계자로 자처하였다. 동시에 기독교를 수호하기 위해 50여 차례의 정복전쟁을 치르며 '정복과 개종'을 통해 유럽지역을 통합해 나갔다. 이후 강력히 저항하던 색슨족까지 정복하여 기독교로 복속시키고 잉글랜드와 스페인 그리고 북동부를 제외한 범유럽을 통합시킨 강력한 군주가 되었다. 그러나 샤를마뉴의 통치 후반기 프랑크 왕국도 약화되기 시작하여 북으로는 덴마크, 노르만 왕국, 동으로는 슬라브 민족, 남동으로는 사라센 제국이 프랑크 왕국의 강력한 상대로 부상하게 된다. 이후 프랑크 왕국은 840년에 프롬에 루드비히 왕이 사망하며 장자인 로타르에게 프랑크 왕국을 물려주었으나 형제들은 843년에 베르덩조약을 체결하여 큰아들 로타르는 제국의 중부와 북이탈리아, 둘째 아들 루드비히 2세는 라인 강을 경계로 오늘의 독일 지역인 제국의 동부를, 막내 카알은 오늘의 프랑스인 제국의 서쪽을 차지하게 되어 이후부터 이들 지역의 국민국가화의 기초가 만들어지게 되었다. 즉, 843년부터 오늘날 우리가 이해하는 국경과 국민국가로서 독일의 대체적인 윤곽이 만들어지기 시작했다고 할 수 있다.

이후 911년 네 부류의 동프랑크인, 즉 프랑크인, 슈바베인, 바바리아인, 그리고 색슨인이 독일 왕국을 세웠다. 이들 중 작센의 하인리히 1세가 왕으로 추대되어 안으로는 슈바벤, 바바리아, 그리고 로트링겐을 평정하고 동프랑크 왕국을 통합하였다. 929년에 둘째 아들인 오토를 유일한 왕으로 지명하며 프랑크족 전통이었던 분할상속을 깨고 왕국은 분할할 수 없다는 원칙을 세웠다. 대외적으로는 동으로 슬라브 민족을 공격해 방어요새를 구축하고 종전협상을 체결했던 마자르족을 제압하며 기독교도의 찬사와 지지를 받게 되었다. 그 아들 오토 대제가 936년 왕으로 즉위하고 선왕의 교서에 따라 왕위를 이어받을 것을 천명하며 오토제국이 탄생하였다. 이렇게 형성된 신성로마제국은 1806년 나폴레옹에 의하여 라인동맹이 결성되어 해체될 때까지 지속되었다. 오토 1세는 962년 2월 2일 교황 요하네스 2세로부터 황제칭호를 수여받으며 대관식을 거행하고 독일과 이탈리아에까지 영향력을 행사하였다. 그 아들인 오토 2세는 남부 이탈리아까지 영역을 확보하기 위해 982년 시칠리아를 지배하던 사라센과 전쟁을 하였으나 패하여 국력이 약화되었다. 이후 북과 동에서 덴마크와 슬라브 민족이 저항하여 오토제국은 이들 지역에 대한 지배권을 상실하게 되었다. 오토 3세는 어린 나이에 즉위하였으나 높은 교육열과 어머니의 정성 어린 보살핌으로 신중한 통치자가 되었는데, 로마제국을 부활하려는 야심으로 카롤링거 왕조와 오토 왕조의 전통을 로마제국의 통치제도와 융합하려고 시도하였다. 그는 스스로가 통치하는 제국을 왕조가 아닌 기독교 황제국가로 칭하고 자신이 통치하는 국가를 교황국가(신의 국가)라 하였다. 그는 996년에 폰 케른텐이란 독일인을 교황에 임명하여 최초로 독일 출신 교황이 탄생하였다. 그러나 로마 시민과 귀족들은 이러한 오토 3세의 영향력을 인정하지 않았고 황제와 폰 케른텐에 의해 후임 교황에 임명되었던 실베스터 2세는 로마를 떠나지 않을 수 없었다. 젊은 나이에 기독교왕국의 꿈을 실현하지 못하고 세상을 떠난 오토 3세의 뒤를 이어 바이에른 가문의 하인리히 2세가 즉위하였다. 하인리히 역시 동으로 폴란드와 보헤미아에 대한 영향권을 유지하며 전임 왕처럼 이탈리아 정책을 지속적으로 수행하여 이탈리아 지역에 대한 세력을 확보하고 황제의 권위를 인정받았다(마틴 키친 2002, 41).

그러나 제국의 중심은 이제 이탈리아가 아니라 독일이며 로마제국을 부활시키려는 시도는 반드시 실패한다는 것을 깨닫고 독일을 중심으로 왕권을 강화시켜 나갔다. 하인리히 2세가 아들이 없이 죽자 잘리어 왕가 출신의 콘라트 2세와 하인리히 3세가 계승하여 잘리어 왕조(1024-1137)로 계승되었다. 콘라트 2세와 하인리히 2세, 3세는 독일 외에 이탈리아와 부르군드를 편입하여 통치하며 황제의 권위를 높였다. 1046년 로마로 가서 대관식을 거행한 하인리히 3세는 모두 집안의 강력한 후원을 받고 있던 베네딕투스 9세, 실베스테르 3세 그리고 그레고리우스 6세 등 무려 3명의 교황이 그를 기다리는 상황을 맞았다. 그레고리우스 6세를 물러나게 하고 밤베르크의 주교인 클레멘스 2세가 교황에 취임했다. 이 시기 교황의 임명은 추기경단과 황제 그리고 로마 귀족들 간의 경쟁과 대립 그리고 매관매직의 결과로 이어지고 있었다. 그러나 하인리히 사후, 주교 임명권을 놓고 위기가 나타나기 시작했다. 대표적인 것이 이후 어린 나이에 즉위한 하인리히 4세와 야심에 찬 교황 그레고리우스 7세 간의 분쟁이다. 작센에서 저항하던 농민군대를 제압하고 황제의 권위가 절정에 달한 하인리히 4세는, 그러나 역사상 가장 치욕스러운 '카노사의 굴욕'을 당하게 되었다. 하인리히가 밀라노, 페르모, 스폴레토의 주교를 임명할 때 교황과 상의하지 않은 것을 비난하고 그레고리우스 7세는 하인리히 4세를 파문하였다. 교황은 성베드로의 권한을 이어 받았으므로 왕일지라도 자신의 명령에 복종해야 한다고 강조하였다. 하인리히 4세는 1077년 자신을 파문한 교황을 카노사에서 고행자의 옷을 걸친 채 맨발로 알현하여 3일 후 파문은 철회되었다. 이 사건은 교회가 세속의 통치자인 황제를 굴복시킨 것으로 제국의 기반이 무너지는 계기가 되었다.[1] 그러나 이후 하인리히 4세와 그레고리우스 7세는 계속 대립하였고 결국 그레고리우스 7세가 망명지에서 죽음으로써 하인리히 4세는 복수하게 되었으나, '카노사의 굴욕'을 통해 땅에 떨어진 황제의 권위는 상당한 타격을 입게 되었다. 이후 하인리히 5세와 갈릭투스 2세는 '보름스화약'을 통해 황제는 새로 임명된 주교에게 세속 권력의 상징인 홀만을 주는 대신 종교적인 상징물인 홀장은 교황이 부여하게 됨으로써 종교와 세속의 권력을 분리시키는 데 합의하였다(마틴 키친 2002, 64). 이후 하인리히 5세는 아들이 없이 죽어 잘리어 왕조의 마지막 왕이 되었고 작센의 로타르가 왕으로 추대되어 호헨슈타우펜 왕조(1138-1254)가 열리게 되었다.

로타르가 죽자 호헨슈타우펜가의 콘라트 3세가 왕으로 선출되어 국제문제로 관심을 돌리게 되었는데, 이것이 프랑스 루이 7세와 독일 귀족들이 연합하여 '십자군 원정'에 오르게 된 것이었다. 그러나 제2차 십자군전쟁은 완전히 실패로 끝났고, 독일에 돌아온 콘라트는 로마에서 거행되려던 황제 대관식에도 참여하지 못한 채 1152년 세상을 떠나, 962년 이후 왕으로서 황제의 관을 쓰지 못한 최초의 독일 왕이 되었다. 이후 8세의 어린 아들 하인리히를 대신하여 조카인 슈바벤의 공작 '프리드리히 바바로사(Barbarosa, 붉은 수염)'가 즉위하여 계속되는 호헨슈타인가와 벨프가의 두 집안 간 분쟁을 종식시킬 수 있었다. 프리드리히 바바로사는 교황 하드리아누스 4세로부터 황제의 관을 받았으나 대관식에 반대하는 로마 시민들의 반대로 독일로 돌아와야 했다. 이후 교황과의 계속된 분쟁을 겪으며 다시 십자군전쟁을 주도한 프리드리히 바바로사는 사고로

1 가톨릭교회와의 문화투쟁(Kulturkampf)이 절정에 달했을 때 비스마르크는 독일을 다시 통일한 후 1872년 5월 의회에서 자신은 절대로 카노사에는 가지 않겠다고 선언하여 이 역사적 사건을 상기시켰다.

소아시아의 살레프 강에서 익사하고 만다. 계속되는 세속 황제와 교황권의 대립 속에 교황 클레멘스 4세는 호헨슈타인가의 기반을 무너뜨리고자 하였다. 1265년 호헨슈타인가의 만프레드가 시칠리아의 왕을 자처하자 교황이 프랑스 왕의 동생인 앙주 백작 샤를에게 시칠리아를 봉토로 하사하였다. 처음에는 샤를과 만프레드가, 그리고 만프레드가 전사하자 콘라트 4세의 뒤를 이은 그의 아들 콘라트가 계속 대립하였으나, 1268년 샤를에게 콘라트가 패하여 호헨슈타인 왕조는 막을 내리게 되었다(마틴 키친 2002, 77).

콘라트 4세의 사망 후 홀란드의 빌렘과 급속히 70개 도시로 세력을 확대한 라인동맹이 서로 독일의 통치를 주장하게 되었다. 빌렘이 전사하자 1257년부터 훗날 '선제후'로 알려진 사람들이 모여 왕을 선출하게 되었다. 선제후에는 마인츠 대주교, 쾰른 대주교, 트리어 대주교, 보헤미아 왕, 라인 변경 백작(후에 필라틴 변경 백작), 작센 공작, 브란데부르크 변경 백작 등으로 구성되었다. 영국 존 왕의 둘째 아들이자 호헨슈타인가 프리드리히 2세의 매제인 콘월의 리처드가 왕으로 추대되었으나, 그의 형 헨리 4세가 귀족들의 반란으로 곤경에 처하자 영국으로 돌아간 직후 세상을 떠나면서 독일은 황제가 없는 시대가 되었다. 이후 남서독일의 가장 강력한 제후였던 루돌프가 보헤미아의 왕 오토카르를 제거하고 그가 지배하고 있던 오스트리아를 그의 아들에게 하사함으로써 합스부르크제국이 시작되었다. 1273년 선제후들은 루돌프를 독일의 왕으로 선출하였다. 이후 루돌프의 아들인 알브레히트는 교황 보니파키우스 8세가 교회에 세금을 부여한 프랑스 왕 필리프 4세를 파문하고 대신에 알브레히트를 황제로 임명하게 되었다. 이로써 독일의 왕과 황제가 오랫동안 교황과 벌인 대립은 교황의 일시적인 우세로 다시 기울게 되었다. 그러나 프랑스 왕의 심복인 기용 드노가레와 강력한 로마인 집안 출신의 시아나 콜로나가 교황을 감금하였고, 그 결과로 교황이 죽자 교황청은 이제 프랑스로 넘어가게 되었다. 이후 1309년 교황 클레멘스 5세가 교황청을 남부프랑스 아비뇽으로 옮기면서 교황의 '바빌론의 유폐'는 1417년까지 100여 년에 걸쳐 계속되었고, 이는 교황청의 통제를 잃은 독일에게 불행한 시기가 되었다. 이어 선제후가 선출한 룩셈부르크가의 하인리히 7세 시기를 거쳐 1314년 9월 19일에야 오스트리아 공작 프리드리히가 왕으로 선출되었으나 바바리아의 루드비히도 함께 왕으로 선출되었다. 두 왕의 전쟁과 타협에서 결국 루드비히가 승리하였으나, 양자는 공동으로 통치하기로 하였다. 그러나 로마에서는 고령의 요하네스 22세가 교황으로 선출되어 루드비히와 갈등을 빚게 되었다. 교황은 루드비히를 파문하였지만, 루드비히는 교황의 결정을 무시하고 로마로 가서 황제로 즉위함과 동시에 니콜라우스 5세를 교황으로 내세웠다. 그러나 루드비히가 로마를 떠나자 니콜라우스 5세의 존재는 무의미해졌으며, 요하네스도 세상을 뜨자 후임자인 베네딕투스 12세가 교황이 되어 독일 교회에 영향을 미치려 하였다.

1346년 선제후들은 보헤미아 왕의 아들 카알을 왕으로 선출하였다. 그러나 1315년부터 시작된 기근은 3년간이나 지속되었고, 1351년부터 창궐하기 시작한 '흑사병'[2]이 독일에 퍼져 전체 인구의 3분의 1이 목숨을 잃게 되었다. 이어 기근과 흉작으로 인구는 계속 줄어들다 16세기 초

2 이 흑사병의 원인은 알려져 있지 않다가 인도에서 시작되어 쥐벼룩에 의해 옮겨지며 흑해를 왕래하던 상선을 통해 유럽에 들어왔다는 주장이 설득력이 있다. 그러나 속죄양 만들기로 유대인들의 소행이라는 주장에 따라, 독일과 유럽의 전 영역에서 유대인들이 쇠와 불로, 가장 잔인한 방법으로 처형되었다. 유대인들이 우물에 독을 타 흑사병을 돌게 했다는 말은 관동대지진 당시 일본인이 조선인을 대량 학살했을 때 동원한 논리를 연상시킨다. 당시 유럽에서 그들은 유대인의 부를 시기했고, 채무자들이 채권자를 제거할 절호의 기회로 이를 이용하였다. 20세기 나치는 흑사병이 떠돌이 유대인들에 의한 소행이라는 설을 적극 받아들여 유대인 제거의 근거로 다시 이용하였다.

가 되어서야 이전 수준을 회복하게 되었다. 카알 4세가 어려움 속에서도 서서히 독일과 보헤미아 지방을 중심으로 입지를 구축해 나갔고 드디어 1355년 로마로 내려가 황제의 관을 받았다. 이때 1356년 중세 독일의 헌법 통치구조에 해당하는 '금인칙서'가 제정되어 선제후가 왕을 선출하는 경우 선제후 7명 가운데 4명이 출석하여야 하며 과반수 이상의 지지를 받으면 왕으로 선출되도록 하였다. 왕이 서거하면 마인츠 대주교는 3개월 이내에 선제후를 소집하도록 하고, 선제후들은 기사 200명을 대동하되 50명만 무장하도록 하며, 프랑크푸르트의 시민이 선제후들의 모든 체제 비용을 제공하고, 마인츠 주교는 맨 마지막에 투표하여 캐스팅 보트 역할을 하도록 하는 등의 내용이 규정되었다. 이 금인칙서가 발표될 때 독일은 아직 민족국가가 아닌 느슨한 연합체로서 선제후들이 거의 독자적인 통치권자였다.

교회는 로마와 아비뇽으로 분열되어 교황청과 성직자들의 권위가 크게 위축되어 갔다. 이 시기 보헤미아의 개혁가인 얀 후스는 1370년 탱나의 뛰어난 설교자이자 프라하 대학의 교수로 활동하였다. 그는 1412년 로마로 소환되었으나 이를 거부하고 교회의 머리는 교황이 아니라 예수님이라고 선언하며 뒷날 종교개혁을 예고하였다. 지기스문트는 라인지역 선제후들의 영향력을 견제하기 위하여 뉘른베르크 백작 호헨쫄레른에게 브란덴부르크를 하사하였다. 주지하다시피 호헨쫄레른가는 뒷날 1870년부터 1988년까지 전 독일을 다스리는 집안이 되었다. 1438년 선제후들은 합스부르크가의 알브레히트를 왕으로 선출하였다. 그러나 그는 헝가리와 보헤미아의 왕으로 독일의 왕위에 오르는 것을 꺼려하였고, 왕으로 선출된 직후 그다음 해 터키와의 전투에서 이질에 걸려 세상을 떠나 결국 알브레히트는 왕관을 받지 못하였다. 이후 합스부르크가의 프리드리히 3세가 24세에 만장일치로 왕으로 선출되어 이후 무려 53년간

다스리게 된다. 알브레히트 왕 이후 합스부르크가는 1806년까지 독일의 황제를 배출했으며 1918년까지 오스트리아를 통치하게 된다. 한편 독일 동쪽에서는 1190년 아크레에서 종교 기사군단인 '튜튼 기사단'이 결성되었고, 프로이센, 동부 포메라니아, 발트 해 등을 점령하여 다스리고 있었는데 1440년부터 프로이센의 신분대표들이 성장하여 폴란드 왕의 지원을 받으며 이 튜튼 기사단과의 13년에 걸친 치열한 내전을 통해 영토의 대부분을 점령하게 된다. 이 과정에서도 황제는 별다른 중재역할을 하지 못하는, 사실상 분권화된 체제였다. 이후 헝가리 왕 마티야슈 1세가 후사 없이 죽게 되자 프레스부르크조약을 서명하였는데, 이로써 빈을 점령하고 황제 프리드리히 3세를 그라츠로 몰아냈던 보헤미아와 헝가리의 왕인 루드비히가 1526년 전사하자 그 조약에 따라 오스트리아와 보헤미아, 헝가리가 합스부르크가에 주어졌고, 이 세 왕국이 1919년까지 하나로 통합된 합스부르크가를 형성하게 되었다(마틴 키친 2002, 89). 이처럼 유럽에서 왕국이 '분단과 통일'보다는 '분리와 통합'으로 형성되고 변화하는 좋은 사례는 바로 이 합스부르크 왕조라 할 수 있다.

한편 서쪽에서는 프리드리히 3세의 강력한 적수로 당시 그 지역의 부가 영국과 프랑스 왕을 능가했던 부르고뉴의 샤를 공작이 있었다. 샤를 공작의 쾰른 지역 공격이 실패하자 프리드리히 3세는 제국 군대를 소집하여 대대적인 반격을 가하고 부르고뉴 군대가 점령했던 지역을 차지하게 되는데, 이 전투로 독일인의 민족감정이 한층 고취되었다. 이후 프리드리히 3세의 아들 막시밀리안이 부르고뉴 샤를 공작의 딸 마리아와 혼인하여 부르고뉴의 지배권을 이어받게 되자, 프리드리히 3세와 샤를 공작은 동맹을 맺고 프랑스에 맞선다. 불안정한 막시밀리안을 위해 프리드리히 3세는 다시 한 번 제국 군대를 소집하여 네덜란드와 프랑스를 제압하고 1493년 평화조약을 체결하게 된다. 그러나 마지막 기사로 알려진 막시밀리안은 이탈리아 원정에 실패하고 트렌트에서 대관식을 거행하게 되는데 이로써 교황으로부터 황제의 관을 받던 관습이 깨지게 되고, 그 후계자들은 왕과 황제의 관을 동시에 받게 되었다. 막시밀리안의 합스부르크가는 1516년 프랑수아 1세와 평화조약을 체결하고 이탈리아 내에 있던 독일 점령지를 모두 포기하였으나, 그 후 자손들이 성공적인 결혼을 통하여 잃은 것보다 더 넓은 영토를 획득하게 되었다. 이것은 합스부르크 왕조가 '전쟁보다는 혼인을 통하여 제국을 확대'하였다는 유명한 말이 되었다. 즉, 막시밀리안의 아들 펠리페 1세와 아라곤 왕국 페르난도 2세의 딸 후아나가 결혼하고, 막시밀리안의 딸 마르가르테는 스페인의 왕위계승자인 아라곤의 페르난도와 카스티야의 이사벨 여왕의 아들인 후안과 결혼을 하게 되었다. 그런데 스페인 왕위상속자 3명이 모두 사망하자 펠리페 2세와 마리아의 아들인 카를로스는 그의 어머니와 함께 스페인, 나폴리, 스페인령 아메리카를, 아버지로부터 부르고뉴와 저지대 지방을 물려받고 황제로 선출되면서, 합스부르크가는 드디어 대제국으로 성장하게 되었다(마틴 키친 2002, 95).

유럽에서 16세기와 17세기를 거치며 드디어 근대적인 국민국가가 크게 성장하게 된다. 즉, 높은 문화와 막강한 해군력을 갖춘 영국의 튜더 왕조, 광대한 해외 식민지를 보유한 스페인과 포르투갈, 베르사유 루이 14세의 프랑스, 강력한 군대를 갖춘 스웨덴 등이 이들 국민국가의 전형이었다. 반면 독일의 경우 신성로마제국은 쇠퇴하고 있었으며, 제국 내 각 지역은 오히려 독자적으로 각축하고 있었다. 이것은 독일이 하나의 통일된 국가가 아닌 여러 이질적인 요소들의 통합된 체제가 분리되어 발전한 것임을 알 수 있게 하는 것이다. 18세기에 이르러 독일은 신성로마제국의 대표적 국가인 오스트리아와 프로이센의 부상을 통해 인접 국가들에 대항할 수 있게 되었다. 그런데 독일은 제국 내의 분열로 정치는 약한 상태였지만, 북부 한자동맹 등을 중심으로 한 상업과 광업, 수공업 등의 산업이 가장 발전한 지역이었다. 16세기 중반 스페인이 신대륙에서 다량의 은을 들여오기 전까지 독일은 유럽에서 은을 가장 많이 생산하는 나라로 유럽 자본시장의 중심이 되었다. 특히 푸거가는 14세기부터 직물생산과 무역업 그리고 자본 대부업 등으로 돈을 벌었고, 이후 금속업에 진출하여 합스부르크제국 내 광산채굴권을 통해 은, 구리, 수은 등과 같은 금속을 독점하며 엄청난 부를 축적하게 되었으며, 황제 선출을 좌우하기까지 하였다. 세속의 정치권력이 자본의 힘에 통제되는 상황이 전개되었던 것이다. 이처럼 16세기 독일 경제는 눈부시게 발전하였고, 귀족들의 사회적 지위는 아직은 안정적이었지만, 점차 경제와 문화를 주도하며 정치 분야에도 중요한 역할을 한 부르주아의 지배가 커져갔던 시기였다.

한편 이 시기에 종교개혁을 주도하였던 마틴 루터는, 아버지가 원래 농민이자 광부였으나 부유한 상인의 딸과 결혼하고 구리제련소를 운영하여 많은 돈을 벌었던 가문의 아들로 태어났다. 그는 에어푸르트 대학에서 법학을 공부하다 아우구스티누스 교단에 입단하여 수도승의 길을 가게 되는데, 1512년 비텐베르크 대학의 성서학 교수로 임명되었다. 루터는 학자들의 주석을 읽지 않고 성서 원본을 심도 있게 연구하여 구원에 관한 당시의 믿음을 거부하게 되었다. 즉, 루터는 로마서 1장 16절과 17절에 근거하여 구원이 선행이나 고행을 통해서보다는 '믿음'을 통해서 얻어진다고 보고, 1517년 11월에 면죄부를 파는 관행 등 당시 가톨릭 교회의 부패를 비판하고 '95개 조항(Lateinische Thesen gegen den Missbrauch des Ablass)'을 마인츠 대주교와 브란덴부르크 주교에게 보냈다(김장수 2010, 24). 그러나 루터의 비판이 종교의 기반을 허무는 것으로 여긴 마인츠 대주교는 루터를 파문하고 이단이라고 선언하며 종교재판이 1518년에 소집되었다. 그러나 교황의 새로운 황제 선출이 지연되어 재판이 지연되는 사이, 루터는 로마교회는 사이비 기독교이며 교황은 예수의 적이라고 하며 교회를 개혁하고자 하는 혁명가가 되었다. 그리고 이러한 종교의 자유를 외치고 교회를 공격하는 루터의 목소리는 많은 독일인에게 정치적 자유와 정치개혁을 요구하는 신호탄이 되었다.[3] 황제에 즉위한 카알 5세는 아헨에서 어색하게 대관식을 치르고 난 뒤, 루터를 대면하여 주장 철회를 요구하였으나 루터는 하느님의 말씀에 매어 있는 양심을 거스를 수 없다며 이를 거절하였고 이에 대중은 열광하였다. 그러나 황제는 제국의 칙령을 발표하고 1521년 1월 3일 루터의 파문을 단행하였고, 루터는 작센 선제후의 도움으로 아이제나하에 있는 바트부르크 성에 보호되었다. 이 시기에 루터의 종교개혁은 제국 기사들과 하급 귀족을 중심으로 지지를 받았고, 기사단은 반란을 일으키지만 영방군주(Landesherr)의 연합으로 제압된다. 그러나 황제는 영방군주들을 견제하기 위해 몰락해 가던 기사단을 보호해 주었고, 기사들의 난이 진압된 후에는 농민의 난이 일어났다. 농민의 난은 마을이나 교회에서 그들의 자결권을 계속 유지하고 기존의 권한을 보호하기 위한 것이었다. 처음에는 열렬한 루터 지지자였던 토머스 뮌처는 루터가 하늘의 나라와 지상의 나라를 구분하며 신학과 정치를 구분하는 것에 반대하여, 루터를 광신도로 비판하고 '천년왕국의 도래'를 주장하며 농민전쟁을 일으켰다. 그러나 뮌처는 프랑켄하우젠 전투에서 패배하며 1525년 처형당하

3 특히 종교개혁 70년 전에 구텐베르크가 발명한 인쇄기로 인해 빠르게 확산된 루터의 1520년 출판된 『기독교도의 자유에 대하여*Von der Freiheit eines Christenmenschen*』라는 책은 독일인에게 정치적 자유를 요구하고 현 정치 체제를 공격하라는 신호탄으로 받아들여졌다. 특히 루터의 저서는 모두 불태우라는 1521년 제국 의회의 결정에도 불구하고 1521년 프랑크푸르트의 서적 시장을 통해 전 유럽으로 팔려나간 책이 50만 부에 이르렀다. 루터는 1522년에 독일어로 『신약성서』를, 그리고 1534년에는 『구약성서』를 번역 출간하였다. 그가 세상을 떠난 1546년까지 성경은 모두 100만 부 가량이 팔린 것으로 추정되고 있는데 당시 종교개혁에 대한 루터의 영향력이 어느 정도였는지를 짐작케 한다.

게 된다. 루터는 『살육과 약탈을 일삼는 농민 무리에 대항하여*Wider die raeuberischen und moerderischen Rotten der anderen Bauern*』라는 소책자를 통해 농민반란을 비판하였다. 이 농민전쟁은 뮌처가 농민들의 '정치적 요구'와 '경제적 목표'를 잘못 이해하고 농민들은 그의 호전적인 천년왕국의 신비주의를 잘못 이해하여 일어난 재앙이었다. 사악한 이들을 처벌하고 지상에 신의 왕국을 건설하려던 그의 계획은 유토피아 사상처럼 실현되기 어려운 것이었다. 루터는 군주들 편에서 수천 명의 농민들이 처형되는 것을 반대하지 않았고 토머스 뮌처의 죽음과 농민전쟁의 종결로 종교개혁은 사실상 막을 내리고 말았다(김장수 2010, 41).

그러나 종교개혁은 도시를 중심으로 대내적으로 환영받았다. 농촌 인구의 95%가 문맹인 반면 도시 주민의 30%가 글을 읽을 수 있게 된 여건에서 루터의 사상은 도시를 중심으로 확산되었고, 이후 독일을 중심으로 정치성을 띤 프로테스탄티즘 시대가 도래하였으며, 제국 도시들과 달리 그보다 규모가 작은 수백 개의 일반 도시들이 공화주의 사상의 중심이 되었는데, 그들은 영주들에 맞서 도시의 자치를 지키기 위해 노력하는 과정에서 점차 폐쇄적인 특권 집단이 되어 갔다. 이처럼 종교개혁의 메시지는 도시민들의 정치적, 사회적, 경제적 투쟁을 합리화시켜주고 여러 도시에서 적극적으로 받아들여지게 되었는데, 그 가운데 하나가 독일의 뮌스터였다. 그러나 재세례파의 극단적인 개신교가 실패한 이후 뮌스터는 종교개혁이 뿌리를 내리지 못하고 전통적인 가톨릭으로 회귀하며 오늘날까지도 정통 가톨릭 도시로 남게 되었다. 한편 1529년 이탈리아에서 승리를 거둔 황제가 보름스칙령을 다시 발표하며 영주들을 제압하려 하자 다섯 명의 개신교 영주들과 14개 도시 대표들은 황제의 권위 강화 시도에 '항의(Protest)'함으로써 새로운 종교에 프로테스탄트란 이름이 붙게 되었다.

1555년의 '아우구스부르크 종교회의'는 독일을 통치하던 페르디난드의 작품으로, 황제 카알 5세가 원하던 가톨릭 제국을 대신하여 '영토가 속하는 자(영주)에게 종교도 속한다(Cuis regio, eius religio)'라는 원칙하에 백성들은 자신들의 종교가 허용되는 지역으로 자유롭게 이주할 수 있는 권리를 인정받게 되었다(신앙속지주의). 이 아우구스부르크 종교회의는 각 지역 영주의 통치권을 허용하고 제국이란 중앙집권적인 연방국가라기보다 개별 지역들이 모여 이루어진 정치적 결합체임을 공식적으로 선언하였다. 조세권과 군대징집권은 더 이상 황제가 아닌 제국의 의회와 행정기구에서 각 지역을 대표하는 영주들의 권한이 되었다. 이후 250년 동안 느슨한 연방제 구조를 정착시킴으로써 각 지역은 독자적이고 다양한 방식으로 근대사회로 발전해 나가게 되었다(김장수 2010, 43). 이 회의로 루터나 카알 5세 모두 패자가 되었는데 기존의 교회는 개혁되었다기보다는 기독교 세계가 가톨릭파, 루터파, 칼뱅파로 나뉘어 발전하게 되었던 것이다. 중세 유럽의 종교적 보편성은 상실되고 이제 근대사회의 특수성으로 발전하게 되었다.

2. 근대로의 이행: 베스트팔렌체제의 성립과 변화

정치적으로 근대 서양 세계의 질서는 종교개혁을 둘러싼 1618-1648년의 30년 전쟁 결과 1648년 뮌스터와 오스나브리크에서 체결된 조약과 이에 근거하여 수립된 '베스트팔렌 평화(Westphalian Peace)' 체제의 구축에 의해 근대 국민국가와 '주권(sovereignity)'의 개념이 확립되며 본격화되었다. 베스트팔렌체제의 성립으로 신성로마제국 내 30년 전쟁, 그리고 1568-1648년까지 지속된 스페인과 네덜란드의 80년 전쟁이 최종적으로 종결되었다. 스페인은 1648년 1월 30일에 독자적인 독립국가가 된 네덜란드와 평화조약을 체결하였다. 사실 30년 전쟁이 로마 가톨릭과 개신교라는 종교적 명분으로 개시되었지만, 그 전개과정에서는 왕조와 국익을 내세워 장기화된 전쟁의 성격을 띠었다. 특히 종교가 명분에 불과했다는 것은 로마 가톨릭인 부르봉 왕가의 프랑스가 개신교인 네덜란드를 지원하고 나중에는 직접 합스부르크 왕가의 오스트리아 및 스페인과 전쟁을 하였다는 점에서 나타난다. 이 전쟁은 유럽의 근대화와 절대주의 국가 성립에 강력한 자극제가 되었다. 이 평화협상은 1643년부터 1649년까지 중단되었다가 다시 개시되는 등 정확한 시작이나 끝도 없이 모두 109개 조약주체들이 참여하여 이루어졌다. 이 협상의 결과 네덜란드와 스위스가 독립을 하고 프로이센이 처음 등장하게 되었다.[4] 한편 이 조약으로 영토를 확장한 프랑스는 이후 11년간을 스페인과 더 대립하다 1659년 피레네조약을 통해 전쟁을 종식시켰다.

4 베스트팔렌조약(독일어: Westfälischer Friede, 영어: Peace of Westphalia)이란 오스나브뤼크와 뮌스터(각각 1648년 5월 15일과 10월 24일)에서 체결되어 프랑스어로 조문이 쓰인 평화조약을 일컫는다. 웨스트팔리아조약이라고도 한다. 웨스트팔리아 평화회의를 '국제법의 출발점'이라고 말한다. 이 조약의 원인이었던 30년 전쟁을 '최초의 국제전쟁'이라고 부른다. '국제법의 아버지' 네덜란드 그로티우스가 사망한 지 3년 후의 시점이다. 이로써 신성로마제국에서 일어난 30년 전쟁(1618-1648년)과 스페인과 네덜란드 공화국 간의 80년 전쟁이 끝났다. 이 조약에는 스페인, 프랑스, 스웨덴, 네덜란드의 신성로마제국 황제 페르디난트 3세(합스부르크가)와 각 동맹국 제후들 및 신성로마제국 내 자유도시(Freie Reichsstadt)들이 참여했다. 베스트팔렌조약은 최초의 근대적인 외교 회의를 통해 나온 것으로, 국가 주권 개념에 기반을 둔 새로운 질서를 중부 유럽에 세웠다. 1806년까지 이 규정은 신성로마제국 헌법의 일부였다. 프랑스와 스페인의 전쟁을 종식한 1659년 피레네조약도 종종 여기에 포함하기도 한다.

III. 분리에서 통합으로: 제2제국, 비스마르크 시기

1. 비스마르크의 소독일주의로의 통합

결국 유럽에서 이러한 베스트팔렌체제의 탄생은 근대 국민국가와 국제법적 질서를 최초로 확립한 국제조약이라 할 수 있다. '주권' 개념이 확립되었고 이후 유럽의 중세 신성로마제국의 형식적 질서는 근대 국민국가체제로 전환되었고 19세기까지 국민국가 시대가 이어졌다. 프랑스 대혁명 이후 나폴레옹은 1805년 12월 2일 아우스터리츠 전투에서 오스트리아에 대승을 거두었다. 패배한 오스트리아는 치욕적인 프레스부르크 평화조약에 서명했다. 바바리아의 뷔템베르크는 독립왕국이 되었고 바덴도 상당한 영토를 차지하며 독립국가가 되었으며 합스부르크 왕가와 신성로마제국은 축소되어 갔다. 반면 남부 독일의 국가들은 독립적인 주권을 이용해 재빨리 제국 기사령과 자유 도시들을 병합하였다. 1806년 나폴레옹에 의한 '라인동맹(Rheinbund)'[5]의 설치와 함께 사실상 1806년에 형해화된 신성로마제국은 최종적으로 붕괴되었다. 그러나 이후 나폴레옹 전쟁의 종결과 그 사후 처리 협상인 1815년 빈 회의를 거쳐 프러시아, 오스트리아, 룩셈부르크를 포함한 '독일연맹(Deutscher Bund)'이 수립되었지만 1866년 프로이센과 오스트리아 전쟁으로 독일연맹은 다시 붕괴되고 독일연맹 대신 프로이센을 중심으로 한 최초의 진정한 연방

5 라인동맹(프랑스어: Confédération du Rhin, 독일어: Rheinbund)은 프랑스의 속국으로 프로이센 및 러시아와 프랑스 사이의 완충 지대 역할을 수행할 목적으로 1806년 나폴레옹이 독일의 중소 영방국가들을 부추겨서 결성한 동맹체제이지만, 시간이 흘러 오스트리아제국과 프로이센 왕국, 헤센 다름슈타트 대공국을 제외한 모든 독일 영방국가가 가맹하였다. 나폴레옹의 꼭두각시였으며, 1815년 빈 회의 체결 이후 해체되었다.

이라 할 수 있는 '북독일연맹(Norddeutscher Bund)'[6]이 수립되었다. 이 시기 독일은 북독일연맹, 오스트리아-헝가리 제국, 뷔템베르크 공국, 바덴 공국, 헤센 대공국, 룩셈부르크 대공국으로 분리되었다. 이후 프로이센 중심의 북독일연맹은 1870년 프로이센-프랑스 전쟁 이후 남부 독일 공국을 편입하면서 독일연맹 구성국 중 오스트리아, 룩셈부르크, 리히텐슈타인을 제외하고 나머지 국가를 포괄하였고, 이렇게 비스마르크에 의한 독일 제2제국이 수립되었다.

아무튼 이 시기 유럽에 등장한 프로이센과 북독일연맹 가입국들을 중심으로 한 독일 '관세동맹(Deutsche Zollverein)'[7]은 근대 이래 새로운 주권국가 간 부분적인 최초의 재통합시도의 한 형태라 할 수 있다. 독일 관세동맹은 관세와 무역부문에 걸친 독일연맹국가들의 결합체였다. 관세의 통일협약은 1834년 1월 1일에 발효되었으며 프로이센이 주도하였다. 독일 관세동맹 체결은 이미 그 이전에 존재하고 있었던 프로이센 및 헤센 대공국, 중동부무역동맹(1828), 그리고 남독일과 체결되었던 관세 및 무역동맹을 대체하였다. 참여 국가는 프로이센, 헤센 대공국, 헤센 선제후, 바이에른, 뷔템베르크, 작센, 그리고 튀링겐 등 개별국가들을 시

6 1866년 프로이센-오스트리아 전쟁의 결과, 독일연맹은 와해되었다. 와해 직후 프로이센을 중심으로 하는 새로운 북독일연맹이 세워졌다. 그간 독일 지역에서 연방이라 칭한 것들의 실체와는 달리 북독일연맹은 최초의 진정한 연방국가였다. 그 경계는 서쪽과 남쪽으로는 마인 강 이북까지, 동쪽으로는 프로이센 왕국의 동프로이센까지, 북쪽으로는 슐레스비히까지였다. 1870년 프랑스-프로이센 전쟁의 결과, 북독일연맹이 남아 있던 남독일 국가들을 흡수했다. 1871년 1월 18일 독일 제국이 성립하여 연방은 소멸하였다.

7 애초 F. List가 옹호한 '관세장벽'은 경제적 목표만이 아니라 정치적 목표를 추구하였다. 즉, 대외적으로 높은 관세장벽을 통해 '경제적으로 통일된 국민국가'를 그리고 대내적으로는 상호 간 자유로운 무역이 독일연맹을 대체하도록 하는 것이 그것이었다. 이러한 이니셔티브는 크게 성공을 거두지 못했지만 자유주의적 입장을 촉진하였고 간접적으로 국가의 조처 특히 남부독일에 그 영향력을 미치게 되었고, 이후 관세동맹 협상에 영향을 미치게 되었다. Wikipedia 참조.

작으로, 1836년에는 바덴, 나사우, 그리고 프랑크푸르트, 1842년에는 룩셈부르크, 브라운슈바이크, 리페로 확대되었고 1854년에 하노버, 올덴부르크를 포괄하며 결국 그 이후에 성립될 북독일연맹을 포괄하는 형태로 발전하였다.

관세동맹(customs union)이란 통상 두 나라 이상이 결합하여 해당 국가 간 공동관세를 설정하거나 공동으로 대외무역정책을 수립하는 것을 말하는데, 그 목적은 경제적 효율을 높이고 정치적이며 문화적 유대를 더욱 밀접하게 하는 것이라 할 수 있다. 역사적으로 1834년 프로이센을 중심으로 결합된 관세동맹이 가장 오래된 것인데 이것은 산업국가의 무역구조가 동질적인 경우 그 효과가 더욱 큰 것으로 알려져 있다.[8] 이후 1948년 벨기에, 네덜란드 그리고 룩셈부르크 등 베네룩스 3개국이 관세동맹을 설립하였고 유럽공동체는 1968년에 관세동맹을 먼저 이루게 되었다. 사실 19세기 중반에 프러시아를 중심으로 설립된 관세동맹은 가장 강력한 통합의 모델이었다. 그러나 사실 관세동맹은 가입국들에게 제3당사자와의 관계에서 중요한 수단을 주지는 않았다. 즉, 1839년 네덜란드, 1841년 영국 그리고 1844년 벨기에와의 조약은 지나친 양보를 한 것으로 비판되기도 하였다. 아무튼 그 당시 독일 민족주의자들은 관세동맹이 단계적으로 통화협조체제를 구축하고, 통화연합 및 궁극적으로 정치적 연합으로 이어질 것이라 기대하였다. 후에 이러한 관세동맹은 주권국가들이 중대한 정치적 희생 없이 조정된 자유주의 시장경제를 추구할 수 있을 것이라는 기대를 갖도록 하였다. 이미 통합된 독일 주도의 중부유럽에서 관세동맹은 해군력 등 그 어떤 군사력보다도 더 중대한 도전으

8 Dinan(2006, 12)에 따르면 정치적 통합이 경제적 통합을 앞선다고 전제하면서 관세동맹(Zollverein)을 현대 통합의 모델로서 인용하는 것이 얼마나 기묘한 것인가를 지적했던 것은 독일 정치경제학자인 G. Schmoller였음을 상기시키고 있다.

로 이해되었다. 그러나 폴라니(Polanyi)가 지적하듯 '국민국가의 시대'로 특징지어지는 19세기의 관세동맹이나 기타 경제적 협력체제의 특징은 그것이 주로 '양자 간 성격(bilateral nature)'의 조약을 핵심으로 하고 있다는 것이었다.

한편 본격적인 산업화와 프랑스 대혁명으로 전개된 독일의 정치지형은 대내적으로 자유주의와 민족주의가 불분명하게 결합하며 19세기 중반이 경과하였다. 1847년 프로이센의 자유주의자들이 소집한 프랑크푸르트 국민회의는 '헌정개혁' 논의로 소집되었다가 해산되었는데, 1848년 2월 프랑스 대혁명으로 왕이 실각했다는 소식과 함께 3월 독일 농민과 수공업자들은 전국적인 폭동을 일으켰고, 자유주의자들은 1년 전의 실패를 만회하고자 군주에 대한 압력을 강화하였다. 그러나 독일의 3월 혁명은 길드, 자유주의자, 노동계급 등이 혼재하며 길드는 복고를, 자유주의자는 헌법과 경제적 자유를, 그리고 민족주의자는 민족주의적 통일을, 그리고 아직 미약했던 노동계급은 노동조건의 개선 등을 서로 혼란스럽게 요구하였다. 혼란 속에 해를 넘기며 혁명의 열기는 식어 갔고 민중과 국민의회 간 간극은 커져갔다. 프로이센의 프리드리히 빌헬름 4세는 1849년 3월 프랑크푸르트 국민의회가 부여한 독일 황제를 거부하고 군사력을 동원하였고, 구세력에 의해 국민의회는 결국 분쇄되면서 독일 최초의 자유주의 혁명은 실패하고 말았다. 그러나 실패한 혁명 이후 1850년대 독일 경제는 눈부시게 발전하였다. 그런데 1860년 초반 군제개혁을 둘러싼 빌헬름 1세와 의회와의 '헌법분쟁(Verfassungskonflikt)'(김승렬 2004, 28)을 계기로 빌헬름 1세가 의회를 해산하고 다시 선거를 치르게 되었는데 빌헬름 1세의 예측과 달리 진보당이 더 많은 세력을 차지하게 되자 황제는 보수주의자이며 초프로이센주의자인 비스마르크를 재상으로 임명하였다.

비스마르크는 '피와 강철'을 통해 독일의 어려움을 극복할 수 있다며 군대예산을 집행하였고, 국내의 정치적 어려움을 외국에서 해결하고자 하였다. 그는 오스트리아와의 전쟁에서 승리하며 자유와 통일 중에서 선택하도록 하고 의회에 자유보다 통일을 지지하는 자가 늘어나며 헌법 분쟁은 다시 자유주의자들의 실패로 이어졌다. 이로써 독일은 '약한 시민사회'와 '강한 국가'의 관계가 성립되었다. 독일은 다시 1870년 프로이센-프랑스 전쟁에서 승리하며 연방구성국 내에서 프로이센 중심의 입지를 강화시키며 오스트리아를 제외한 모든 독일연방구성국들이 제2제국의 일원이 되었다. 동시에 베르사유 궁전에서 제2제국 대관식을 거행하였다. 통일 이후 비스마르크는 융커 등의 보수 세력과 민족자유당의 지지를 받으며 강력한 산업화전략과 외교정책을 추진하였다. 다른 한편 그는 1873년부터 불황이 닥치자 보호관세를 도입하고 자본 집중을 용이하게 함으로써 독일 특유의 콘체른이 형성될 수 있는 기반을 마련하여 독일 부르주아들은 권위주의 정권의 핵심적 지지기반이 되었다. 한편 비스마르크는 가톨릭 정당(중앙당)과는 '문화투쟁(Kulturkampf)'을 통해 자유주의자들과 결합하고, 사회민주당에 대한 탄압을 강화하며 가톨릭 세력, 자유주의자들과 연합하는 방식으로 자유주의자들을 분할 통치하였다. 또한 노동계급을 순치하기 위하여 사회보장제도를 유럽에서 최초로 도입하며 노동계급과 사회민주당을 분할 통치하였다. 1888년 빌헬름 2세가 제2제국 황제로 등극하자 비스마르크는 사임하였다. 한편 1890년과 1914년 사이에 괄목할 만한 변화는 독일 노동계와 사회민주당의 놀라운 성장이었다. 이는 당시 전기, 자동차, 화학을 중심으로 산업이 크게 발전한 결과이자 1878년 비스마르크가 사회주의자법(Sozialistengesetz)을 제정하여 사회주의의 성장을 억압하고자 하였음에도, 베벨이나 리프크네히트 같은 사회민주주의자들이 노동계급과 일반시민의 도덕적 지지를 얻은 결과였다. 사회민주당은 1903년에 원내 제2당으로, 그리고 1912년에 원내 최대다수당으로 성장하였다. 반면 이러한 노동계급의 성장에 맞서 대부르주아지와 지주세력들 역시 연합하였으며, 1890년 창설된 전독일연맹(Alldeutscher Verband) 같은 단체는 강한 독일민족의식과 제국주의적 팽창을 요구하며 반유대주의를 선전하였고, 독일 시민사회에는 서서히 인종주의적이고 반유대주의적인 경향이 확대되기 시작하였다. 특히 제2제국 시기 독일은 '경제성장'과 '통일' 논리로 자유주의(시민사회)가 희생되었으며 반대로 강한 국가가 형성되었다. 이는 1815년 이후 독일의 과제였던 경제발전, 통일, 자유를 동시에 추구하는 과정에서 영국이나 프랑스와는 다른 '독일의 특수한 길(Sonderweg)'(김승렬 2004, 33)로 불리는 과정이 발전하였던 것이다. 이후 독일은 제국주의적 팽창을 승인하며 제1차 세계대전을 비롯하여 '유럽의 제2차 30년전쟁(Europe's second 'thirty years war', 1914-1945)'이라 불리는 양차 세계대전 시기로 나아가게 된다.

IV. 통합에서 분리로: 제3제국, 전체주의의 등장과 해체

앞서 보았듯이 독일은 19세기 말 비스마르크의 제2제국 시기를 거치며 20세기를 맞았다. 그러나 제1차 세계대전의 패전으로 제2제국은 몰락하고, 과도기에 독일은 제정을 대신하여 등장한 민주공화정인 바이마르공화국 시기를 맞았다. 독일은 제1차 세계대전 발발 초기 군사적으로 우위에 있었으나 전선의 확대와 함께 갑작스러운 패배를 선언하게 되고 연합국과 패전협상을 하게 된다. 그에 앞서 1917년 볼셰비키 혁명이 발발하여 레닌은 소련을 수립하고 1918년 3월 15일 독일과 '브레스트-리토

프스크 강화조약'을 체결하여 소련은 혁명 후 국내문제에 치중하게 되고 독일은 동부전선을 대신하여 서쪽으로 집중하게 된다. 그러나 전쟁 말기에 전선이 길어지며 보급이 어려워지고, 1918년 8월 솜 전투부터 영국과 프랑스가 우위를 잡기 시작하며, 미국이 참전을 선언하자 독일은 연합국에게 패퇴하기 시작했다. 독일은 연합국과 종전협상이 불가피해졌고, 1918년 11월 9일 제국주의적 패권을 추구해 왔던 빌헬름 2세가 황제에서 퇴위하며 네덜란드로 망명하자 결국 패전과 함께 독일 제2제국은 종말을 고하게 되었다.

1919년 제정이 끝나고 민주공화정인 바이마르공화국이 들어섰으나 바이마르공화국은 처음부터 안팎으로 위기 속에 출범하였다. 즉, 밖으로는 패전으로 인한 베르사유조약 체결과 전쟁배상금 부담으로 국가존립의 어려움을 안게 되었다. 한편 안으로는 바이마르공화국 초기 프리드리히 에버트 대통령하에서 불안정한 정치체제와 악화된 경제여건으로 사회적 혼돈과 위기 상황이 지속되었다. 1920년 총선에서는 연립내각인 독일사민당, 독일민주당은 패배하고 극좌파인 독일공산당, 독일독립사회당과 극우파인 독일국가인민당, 독일인민당이 각각 50%를 육박하며 초기 바이마르 연립내각은 과반을 밑돌게 되었다. 그런가 하면 바이마르 정부는 전쟁배상금을 갚기 위해 세금보다 은행에서 거액의 융자를 받았는데, 이것이 천문학적인 인플레이션으로 이어지며 경제를 크게 압박하였다. 이런 혼돈스러운 상황에서 제1차 세계대전에 참전했던 히틀러가 1923년 반유대주의와 민족주의 극우노선을 표방하며 '국가사회주의독일노동자당(NSDAP)'을 창당하고 1923년 11월 9일 뮌헨에서 폭동을 일으켰다. 이 폭동은 경찰에 진압당하는데, 히틀러의 『나의 투쟁*Mein Kampf*』은 이때 투옥되어 짧은 수감 기간 동안 쓴 것이다.

이후 1920년대 중반 바이마르공화국은 정치경제적으로 다소 완화된다. 여전히 천문학적인 배상금을 '도스안(Dawes Plan)'을 통해 재조정하고, 프랑스, 벨기에 등과 상호안보조약인 로카르노조약을 체결하며 '국가연합'의 일원이 되면서 상대적으로 안정적인 환경이 전개된 것이다. 이후 1929년 '영안(Young Plan)'을 체결하며 배상금 지불을 다시 조정하였고, 비록 독일은 번영하지 않았으나 유럽은 안팎으로 평화적인 분위기 속에 문화를 꽃피우면서, 히틀러의 극우파는 그 입지가 다소 위축되는 듯했다. 그러나 1929년 세계대공황은 바이마르공화국의 기저를 다시 흔들었다. 경제적 환경이 점차 악화되면서 1929년 1월 이후 실업자가 180만 명에서 280만 명으로 급증하였고, 루르에서 파업이 일어나 독일사회민주당이 흔들렸으며, 베를린에서는 1929년 5월 1일 좌파공산당의 폭동이 발발하여 19명이 목숨을 잃었다. 이 같은 상황에서 연정은 붕괴되고 1930년 우파의 지지 속에 제1차 세계대전의 영웅인 힌덴부르크 장군이 대통령에 당선되었다. 힌덴부르크 대통령은 중앙당 브뤼닝의 소수정권이 불신임 위기에 처하자 헌법 제48조 조항에 근거하여 '대통령의 비상대권'을 발동하고 의회를 해산하였다.

1930년 9월 혼란스러운 선거가 전개되었는데, 국가사회주의노동자당은 정쟁과 계급을 초월하여 민족단결을 이루는 사회를 강조하는 히틀러의 선동적인 언변에 힘입어 선거전을 주도하였고, 18.3%를 득표하며 의석을 17석에서 107석으로 증가시켰다. 1930년 말이 되자 실업자 수는 500만 명으로 급증하여 독일의 실업률은 세계 최고를 기록하게 되었다. 이에 독일은 배상금 지급불능을 선언하며 위기에 처하게 되었다. 더욱이 브뤼닝의 긴축정책으로 국민들의 고통은 갈수록 커져갔고, 이런 상황에서 히틀러의 우파는 더욱 성장하였다. 1932년 선거에서 좌우파의 지지를 받은 힌덴부르크가 대통령에 선출되고, 다시 히틀러는 제2차 선거에서 36.8%의 지지를 받았다. 놀라운 변화였다. 그러나 나치당은 1932

년 11월 정치폭력과 파업이 확산되는 등의 혼란 속에서 다시 진행된 선거에서 200만 표를 잃었고, 독일공산당이 약진했다. 나치당이 다소 후퇴하는 듯한 상황에서 우파의 분열 속에 힌덴부르크 대통령은 내전과 쿠데타를 우려하며 내키지 않았으나 1933년 1월 30일 히틀러를 수상으로 임명하고 새 정부를 구성토록 하였다. 히틀러는 1933년 2월 1일 의회해산을 힌덴부르크에 요구하고, 7주 동안 대통령 긴급명령권에 의거해 나라를 다스리며 제2의 쿠데타를 주도해 나갔다. 이때 2월 27일 국회의사당에 원인이 밝혀지지 않은 화재가 발생하여 의사당 건물이 불타버리자 히틀러는 방화범으로 친공산주의자였던 네덜란드 출신 석공을 체포하고, 이 화재가 공산주의자의 소행이라며 공산당을 체포하고 언론사 등을 폐쇄하며 대대적인 공산주의 탄압을 강화해 나갔다.[9] 선거는 다시 1933년 3월 5일에 실시되었는데 조직적으로 동원된 이 선거에서 국가사회주의자들은 43.9%의 지지를 얻었다. 히틀러는 1871년 이래 처음으로 다시 제국의회를 소집하고 조직적으로 정당과 노동조합 등 사회단체 해산을 야기한 '수권법(Ermaechtigungsgesetz)'[10]을 제정함으로써 바이마르 공화국은 종식되고 나치체제가 시작되었다. 공산당과 노동조합은 해체되고, 독일사회민주당 역시 1933년 6월 22일 법으로 금지되었으며, 우파정당인 중앙당도 역시 7월 5일 자진해산하고 만다. 7월 8일 독일정부는 반정부 세력의 구심점 역할을 해오던 가톨릭 교회와 '바티칸협약'을 체결하면서 교회 역시 극우 테러에 침묵하였고, 나치당은 독일의 유일한 합법 정당으로 선포되었다. 히틀러의 나치당은 1933년 4월 7일 '공무원

9 이 국회의사당 화재사건과 관련하여 이것이 나치가 구실을 만들기 위하여 저지른 사건인지 아니면 석공인 마리누스 반 데어 루베가 단독으로 저지른 방화인지에 대해 현재까지도 어떤 합의에 도달하지 못하고 있다.

10 이 수권법은 행정부에 법률을 정립할 수 있는 권한을 위임하는 법률로 의회 내 공산주의자를 몰아내기 위한 방안으로 확보되었다.

재임용법'을 필두로 점차 유대인을 모든 공직, 학교, 군대에서 쫓아냈다. 1934년 힌덴부르크 대통령이 죽자 히틀러는 수상직과 대통령직을 통합해 스스로 수상이자 대통령이 되었다. 1935년 9월 개최된 나치당의 뉘른베르크 전당대회는 히틀러의 지배를 확실하고 강고하게 만드는 계기가 되었으며, 여기서 히틀러는 '유대인 처리를 위한 법적 근거'를 요구하였다(마틴 키친 2002, 305).

이러한 나치 국가사회주의 정권이 인기가 올라간 것은 경제와 외교 분야에서의 성과 때문이었다. 히틀러는 1933년 2월 1일 라디오 연설을 통해 4년 안에 실업문제를 완전히 해결하겠다고 선언하고, 집권 초 2년 동안 바이마르공화국의 전임인 파펜과 슐라이어 정부가 추진한 케인즈식 경제정책을 더욱 강력하게 추진하였다. 기간산업을 육성하고, 주택자금을 지원하며, 군수물자생산을 증가시키고, 고속도로를 건설하는 등의 정책을 통해 실업문제를 완전히 해결하였다. 1936년 미국이 여전히 20%의 실업률로 고통을 받고 있던 것과 비교하면 이것은 놀라운 성과였다. 이를 바탕으로 히틀러는 1940년까지 독일경제를 완전한 '전시경제'로 전환시킬 것을 목표로 하였다. 여기에 1936년 베를린 올림픽은 나치의 성공적인 선전무대가 되었다. 독일은 이 대회에서 미국을 제치고 1위를 하였고 나치 독일의 국제 이미지를 크게 제고시켰다. 그러나 사회문화적으로 나치당은 노동조합을 해체하고 억압통치를 하는 동시에, 노동자들에게 다양한 여가프로그램을 통해 의식을 통제하며 이념교육을 강화하고 휴일을 늘렸다. 노동자들 또한 관광을 즐길 수 있도록 하는 등 '계급을 뛰어넘어 순수한 인종사회를 건설'하겠다며 노동자들의 지지를 유도하였다. 반면 '스윙' 등 미국 유대인이나 흑인의 문화를 멸시하였다. 1939년부터 노동자들의 태업이나 무단결근 등을 마르크스주의자들의 조종이라며 탄압하였다.

외교적으로 1935년 자르주의 주민 91%가 독일과의 합병을 찬성하였고, 스페인내전에 대한 지원을 계기로 히틀러는 무솔리니와 가까워졌다. 1938년에 히틀러는 나치의 국내적인 준동으로 오스트리아를 혼돈에 빠지게 한 후 오스트리아를 침공하였는데, 3월에 오스트리아 국민들의 열렬한 환영을 받으며 빈에 입성하였다. 이에 고무된 히틀러는 오스트리아가 독일의 일부가 되었음을 선언하고 4월에 독일 국민의 99%가 통합을 찬성하며 비스마르크의 제2제국에 이어 오스트리아를 병합하며 대독일주의의 제3제국이 성립되었다.

분리와 통합이라는 우리의 관점에서 볼 때 이렇게 출범한 제3제국은 양자가 대등한 통합이 아닌 양자의 비대칭적인 관계 속에 어느 한쪽에 의해 일방적으로 합쳐진 가장 전형적인 흡수통합에 해당하는 것이라 할 수 있다. 히틀러는 오스트리아 합병 2주 후에는 주데텐을 합병하기로 하고 체코슬로바키아에 수용하기 어려운 요구를 내걸고 체코슬로바키아를 침공하려 하였다. 이에 우선 영국은 국경선을 변경하려는 독일의 요구는 정당한 것이라며 개입하려 하지 않았고, 국내문제로 어려움을 겪고 있던 프랑스도 개입하려 하지 않았다. 이러한 국제적 환경 속에 히틀러는 곧이어 다시 1938년 9월 27일 체코슬로바키아 공격을 준비하였다. 이에 무솔리니의 중재로 영국의 체임벌린, 프랑스의 달라디에와 뮌헨회담을 통해 주데텐란트를 양도받고 체코슬로바키아의 영유권을 인정해주는 내용의 뮌헨협상을 체결하였다. 그러나 영국과 프랑스의 그와 같은 '유화정책(Appeasement Policy)'이 기대한 바와는 정반대로 이 뮌헨회담은 히틀러에게는 1차 성공이었으며 그는 곧이어 단계적인 야욕을 계속 추진하여 나갔다. 즉, 히틀러의 지원으로 슬로바키아는 체코에서 분리독립을 요구하며 독립을 선언하였고, 체코슬로바키아는 히틀러의 협박하에 결국 독일의 위성국으로 전락하게 된 것이었다. 히틀러는 다시 소련과의 완충역할을 하던 폴란드 침공 준비를 마치고 1939년 9월 1일 선전포고도 없이 폴란드를 침공하였다. 결국 9월 3일 영국과 프랑스가 독일에 전쟁을 선언함으로써 제2차 세계대전이 발발하게 되었다. 이처럼 히틀러는 동유럽 제국을 건설하려는 야욕을 실현하고자 하였다. 1940년에는 스웨덴을 침공하여 전략자원인 철광석을 확보하고, 영국에 유리한 위치를 점하기 위해 덴마크와 노르웨이를 공격하였고, 단 5일 만에 네덜란드를 함락시켰다. 6월 14일에는 독일군이 파리에 입성하였고, 1918년 제1차 세계대전 휴전협상이 진행된 바로 그 기차에서 이번에는 프랑스로 하여금 항복문서에 서명하도록 하였다. 이어 히틀러는 1940년 7월 16일 처칠의 영국을 침공하였고, 이에 7월 19일 미국의 루스벨트는 영국의 패배를 두고 보지 않겠다고 선언하였다. 히틀러는 1941년 봄에 소련을 침공하였고, 미국과 맞서기 위해 북아프리카와 중동지역으로 침략을 확대하였다. 독일 병사들은 이 전쟁의 목적이 '아시아적 야만주의로부터 서구문명을 보호하는 것이며 유대인들의 사주를 받은 볼셰비즘을 완전히 궤멸시키는 것'이라 교육받았다(마틴 키친 2002, 325). 이후 1942년 나치는 소련 남동부에 대한 대대적인 공격을 감행하였으나 소련의 붉은 군대를 포위하는 데 실패하였고, 스탈린그라드에서 완패하며 전세가 서서히 기울기 시작하였다.

이런 와중에 1941년 아우슈비츠, 켈름노, 트레블링카, 벨체크, 마다네크, 소비보르 등의 수용소에서 유대인 대학살이 자행되기 시작, 1942년부터는 아우슈비츠 가스실이 가동되기 시작하였고, 인류역사상 최대 범죄이자 비극이 전개되었다. 이들은 600만 명에 이르는 유대인에 대한 이른바 '최종해결책'을 조직적으로 주도하였다. 독일은 1944년 동부전선에서 크게 패하며 전선이 붕괴되기 시작하였고, 1944년 여름 노르망디에 연합국이 상륙하며 붕괴는 가속화되었다. 1945년 1월 12일 붉은 군대는 동쪽 오데르 강에 이르렀고, 히틀러는 1월 16일부터 베를린의 지하벙커로 옮겨 저항하다가 4월 30일 자살하였다. 6월 5일 연합군은 독일의 통치권을 공식적으로 인수하면서 나치 독일은 완전히 패망하게 되었다.

1945년 8월 15일 일본의 항복과 더불어 종결된 제2차 세계대전의 결과 전후 질서는 다시 크게 변모하였다. 즉, 파시즘에 대항하였던 볼셰비즘과 자유주의 진영의 동맹(Hobsbawm 1994)은 서서히 해체되고 다시 이들 간의 경쟁과 대립은 동서 냉전으로 변하기 시작하였다. 독일은 제2차 세계대전의 패망과 함께 미국, 영국, 프랑스, 소련 연합군이 분할 점령하게 되었으며 인위적으로 강제 통합되었던 제3제국은 다시 분리되었다. 이러한 독일의 역사를 돌아보면 1990년 동서독 통일에 의한 '분단과 통일'의 과정은 오히려 역사적으로 매우 짧은 순간의 '에피소드'에 불과하며 독일은 제국이 끊임없이 '통합과 분리'를 거듭해 온 것이 오히려 자연스러운 현상이었음을 인식할 수 있게 된다.

V. 분리에서 재통합으로: 제2차 세계대전 이후 분리와 독일의 재통합[11]

1. 세계대전 종결, 냉전체제 성립과 '독일문제(German Problem)'의 해결방안

'독일문제는 유럽의 문제이며, 유럽의 문제는 세계정치의 문제이다.' 이 간단한 명제에서 시작된 독일문제는 유럽에서 이 문제를 해결하는 것이

11 이 부분(제V장)은 유럽의 위기에 관한 연세대학교 동서문제연구소-SERI의 지원으로 연구과제(미발표)로 집필된 부분을 수정 보완한 것임.

얼마나 중요한 역사적 의의를 갖는지를 알 수 있게 해 준다. 제2차 세계대전 종결과 함께 종래 유럽에서 영국이나 러시아 제국에 맞서는 독일 주도의 '중부유럽(Mitteleuropa)' 문제는 잠정적으로 와해되었으나 이제 그 독일을 어떻게 할 것인가 하는 '독일문제'는 제2차 세계대전 이후 매우 핵심적인 국제정치적 과제가 되었다. 전후 독일문제는 독일이 다시 영구히 군사, 정치적으로 복권할 수 없도록 하고 군사적, 산업적 자원을 장악하며 경제력을 무력화시키는 방안이 모색되었다. 이것이 바로 종전 직후 1940년대 중반 독일의 근원적 무력화 계획인 이른바 '모겐소안(Morgenthau Plan)'이었다. 그런데 유럽경제에서 큰 비중을 차지하는 중심축인 독일경제의 부흥이 유럽경제의 부흥에 결정적인 문제라는 점과, 점증하는 서방에 대한 동쪽으로부터의 소련의 위협으로 인해 독일 무력화 계획은 재검토가 필요하게 되었다.

2. '마셜 플랜(Marshall Plan)'과 냉전체제 도래에 대한 대응, 그리고 독일의 분리

먼저 미국은 전후 변화하는 대내외적인 환경에 즈음하여 자국의 안보이익을 확보하고 유럽 동맹국들의 신속한 복구와 안보체제 구축을 달성하기 위한 '마셜 플랜'을 수립하고 유럽의 복구를 대대적으로 추진하게 되었다. 국무장관이었던 마셜은 1947년 6월 하버드대 연설을 통해 이러한 계획을 발표하였고,[12] 전후 독일을 적극적인 복구 지원에서 배제하려는 모겐소안과 달리 이제 적극적인 복구를 지원하는 방향으로 유럽의 복구 계획이 추진되어 전후 체제의 성립에 결정적인 기초가 되었다. 마셜

12 1947년 6월에 미국 국무장관인 마셜은 독일을 포함한 유럽의 대대적인 경제 부흥계획을 발표하였다.

플랜의 중요한 목적은 첫째, 세계의 안정을 위해 서유럽경제를 조속히 재건하는 것이었다. 둘째, 유럽에서 민족주의, 특히 독일민족주의의 재활성화를 분산하려는 것이었다. 셋째, 서유럽으로 소련이 팽창하는 것을 봉쇄시키고자 하였다(Messenger 2006, 37-38). 애초 미국은 1947년 '유럽경제협력기구(OEEC)'를 중심으로 유럽의 전후 복구계획을 논의하였으나 미국의 기대와 달리 유럽 국가들은 아직 독일의 역할에 대하여 의견이 통일되지 않았고, 여전히 개별적인 국가이익의 관점에서 미국의 지원을 기대하였다. 특히 프랑스는 유럽의 경제적 파국으로부터 서유럽을 구출하기 위해 독일의 회복이 중요하다는 생각에 반대하였고, 철강 등 중요 산업을 프랑스가 대체한다는 계획을 갖고 있었다. 최소한 1948-1949년까지 프랑스는 독일경제를 영구적으로 불능화하고 프랑스의 재건을 위해 루르의 석탄 같은 자원을 직접 관리하고자 하는 것이 중요한 정책목표였다. 그러나 미국은 서서히 가시화되는 냉전의 그림자 속에서 유럽을 전체로서 재건시키고자 하는 보다 큰 목적이 있어 독일문제에 대한 접근방안에서 점차 차이가 커졌고, 1949년 말까지 독일을 배제하고자 하는 초기 안을 넘어 서유럽의 통합이 유럽재건의 유일한 길이라는 점을 점차 인식해 가고 있었다. 특히 이에 앞서 그리스와 터키 사태를 겪으며 '트루먼 독트린(Truman Doctrine)'이 발표되었고, 이어 조지 케난의 소련 영향권하의 동유럽 '봉쇄정책(policy of containment)' 전환이 이어지게 되었으며, 소련과 동유럽권은 이에 맞서 1947년에 '코민포럼(Cominform)'을 결성하여 냉전체제는 점차 가시화되고 있었다. 이에 따라 전후 유럽의 질서도 미국, 소련, 영국의 이른바 '3강국체제(Big Three)'에서, 서유럽을 중심으로 하는 미국, 프랑스, 서유럽의 제도화로 그 무게중심이 서서히 변하게 되었다. 궁극적으로 한국전쟁의 발발을 전후하여 프랑스는 미국의 서유럽 모델을 수용하기로 하는 한편, 이

제 오히려 이것을 더욱 주도하고자 하였다. 그것이 1951년 '슈망 플랜(Schmann Plan)'으로 이어지게 되었다.

즉, 1948-1949년 베를린 봉쇄와 그 뒤를 이은 1950년 한국전쟁 발발과 함께 이제 독일의 무력화 안보다 오히려 서부 독일의 신속한 복구와 서방과의 경제적, 군사적 통합 문제가 중요한 과제가 되었다. 프랑스는 이런 변화에 대하여 처음에는 재무장화하는 독일을 우려한 나머지 전략적 변화에 반대하는 입장이었으나, 점증하는 미국의 압력과 변화하는 유럽의 환경 속에 오히려 공세적으로 독일과 프랑스를 중심으로 한 유럽석탄철강공동체(ECSC)를 제안하게 된다. '슈망 플랜'으로 알려진 이 제안은 당시 군사적이자 경제적인 주요 산업자원인 철강의 생산과 판매를 유럽공동체의 공동관리하에 둔다는 계획이었다. 막후에서 프랑스 금융가 출신인 '모네(Monnet)'가 마련한 이 슈망 플랜은 산업자원이자 군사적인 자원을 프랑스와 공동체의 통제하에 둠으로써 전후 독일문제를 평화적으로 해결하고 경제적 공동 부흥의 계기로 삼고자 한 것이었다. 서독 입장에서도 가시화되는 냉전체제하에서 '아데나워(Adenauer)'에게는 독일의 전후복구를 조속히 실현시키는 동시에, 동독을 중심으로 점차 가시화되는 동유럽 공산권의 영향력을 차단하고, 독일을 조속히 국제사회에 편입시키는 목표로서 유럽석탄철강공동체의 성공을 기반으로 하는 (서)유럽통합전략이 중요한 선택사항이 되었다. 이는 사실상 서방의 점령하에 있던 서독과 소련 점령하에 있던 동독 간의 전후 잠정적인 '분리'를 통한 독일의 장기적인 또 다른 '통합' 전략이었다고 평가된다. 1950년대에는 무엇보다 세계 지정학적으로 중국과 한반도 그리고 인도차이나반도의 연쇄적인 공산화와 가시화되는 동서 냉전구도 속에 중동부 유럽에서 증대하는 소련의 영향력으로부터 서독을 분리하여 서방화를 통한 궁극적인 통합전략을 추구하게 된 것이었다. 애초에 아데나워는 안보 면에서도 프랑스와 공동으로 '유럽방위공동체(EDC)'를 우선 수립하고자 하였다. 그러나 이 안이 1954년 프랑스 '국민의회'에서 민족주의적인 보수우파와 프랑스 공산당 간의 좌우연합에 의해 부결되자 아데나워는 노선을 수정하여 1955년 독일의 나토(NATO) 가입을 추진하게 되었다. 동서독은 전후 제2차 세계대전 결과, 외부의 영향에 의해 분리되었으나 이제 서독은 경제적으로는 유럽석탄철강공동체와 1957년 로마에서 결성된 '유럽경제공동체(EEC)'를 중심으로 (서)유럽통합 전략을 통해서, 그리고 안보와 군사적인 측면에서는 미국 중심의 서방집단안보체제에 편입함으로써 독일의 서방으로의 통합이 진전되었다. 이에 맞서 동독에서도 경제적으로는 동유럽경제공동체인 '코메콘(Comecon)의 설립'과 군사적으로는 소련 중심의 '바르샤바 조약기구(Warschaba Pact)'에 가입함으로써 양방에서 분리가 촉진되었다. 이처럼 전후 독일문제의 핵심은 유럽의 경제와 번영을 위해 독일이 필수적인 상황에서 '경제적 번영'과 '정치적 평화'를 어떻게 달성할 수 있을 것인가 하는 문제였는데, 결국 독일문제에 대한 유럽의 답은 유럽적 차원의 통합전략이었다고 할 수 있다. 1960년대 동독은 서독으로의 고급 숙련인력의 유출을 막고 체제의 안전과 유지를 도모하고자 1960년 8월 베를린장벽을 쌓게 되었다. 이후 서독은 '사회적 시장경제(Soziale Marktwirtschaft)'하에 눈부신 경제발전으로 전후복구를 넘어 이제 서유럽 경제의 중심축으로 부상하게 된다. 동시에 동독의 울브리히트는 서독의 패권에 맞서 체제를 유지하고자 하며 서독과 체제경쟁 차원에서 '사회주의적 시장경제(Sozialistische Marktwirtschaft)'를 표방하고 대대적인 현대화를 모색하게 된다(이호근 2004, 67). 이러한 냉전기간에 독일은 쌍방 간의 분리상태에서 독자적인 발전을 모색한 시기라 할 수 있다. 그러나 서독 지역이 세계경제의 중심축으로 떠오르는 사이 동독 지역은 국가적 부채를 지며 모색한 현대화

전략이 사회주의적 생산방식의 효율성 저하와 투하자본이나 기술에도 불구하고 이것의 시장화에 실패함으로써 국가 모라토리움 상태에 빠지며 서독 자본의 도움 없이는 위기를 극복할 수 없는 상태에 이르게 된다. 이러한 두 체제의 대결은 동서 냉전 대결의 축소판이자 핵심으로 전개되었는데, 소련 고르바초프의 개방정책으로 전개된 동유럽의 변화는 마침내 동독의 해체로 이어지게 되었으며 1990년 10월 3일 전후 분리되었던 독일은 재통합되었다. 1990년 동서독은 동독 지역에서 실시된 국민투표와 동서독 간의 재정, 경제 그리고 사회적 통합에 관한 국가조약을 체결하면서 국가적인 재통합과정을 단계적으로 밟아 1990년 10월 3일 역사적인 통일에 이르게 된다. 특히 독일은 서독의 기본법을 통한 두 가지 통일 가능성을 논의하였는데, 그것은 독일 기본법(Grundgesetz) 제146조에 의한 방안으로, 이것은 제헌국민의회를 통한 방안으로서 통일이 사회 전체가 재구성되는 과정이라고 인식하는 것이다. 반면 기본법 제23조에 따른 통합은 기본법의 효력을 단순히 동독 지역으로 확대함으로써 이루어지는 것인데 독일의 재통합과정은 바로 이러한 흡수통합의 과정을 통해 이루어지게 되었다. 우리의 관점에서 볼 때 분단국가적 시각에서 바라 본 통일보다는 독일의 긴 역사적 과정 속에서 새로운 체제의 재통합 과정으로 정의될 수 있을 것이다. 그러나 이러한 통합은 동서독 간의 비대칭적이며 역사적인 일회적 사건 속에 전개되었다는 점에서 일방적인 통합의 과정이라고 정의할 수 있다. 독일의 사회적 통합은 여전히 미완인 채로 남아 분리와 통합과정이 지속되고 있다고 할 수 있다.

3. 제2차 세계대전 이후의 유럽통합과정 속의 독일의 재통합

독일의 통합과정에서 나타난 민족국가적 분단과 통일의 접근은 이중적인 의미에서 불충분하다. 즉, 전후 독일의 동서독으로의 분리는 스스로가 초래한 패전의 결과로 인한 외연적 힘의 결과였다는 점이다. 동시에 독일의 분리와 통합 그리고 재통합의 과정은 냉전체제 속에서 독일문제를 해결하고자 하는 시도의 통합전략적 차원에서 유럽통합과정과 이중적인 차원에서 전개되었음을 주목할 필요가 있다. 이것은 민족국가의 분단과 통일보다는 국민국가적 정체가 유럽통합을 통해 부분적으로 재통합되는 형태를 보여주고 있기 때문이다. 이러한 독일의 분리통합과 유럽의 통합과정은 각각이 독자적인 과정으로서보다는 상호 밀접한 관련 속에 전개되고 있는 분리와 통합의 복합적인 관점에서 바라보아야만 한다.

이처럼 유럽이 제2차 세계대전 이후 전례 없는 통합과정을 발전시켜 온 지 반세기, 정확히는 60년이 넘었다. 이런 유럽연합과 유럽통합의 과정에서도 위기가 장기화되고 있다. 유럽공동체는 전후 1950년 슈망플랜 직후, 1951년 유럽석탄철강공동체의 발족, 1957년 유럽경제공동체 출범, 이후 프랑스의 각료회의 철수로 비롯된 이른바 '빈자리의 정치'로 인한 1965-1966년 유럽통합의 위기, 그리고 1967년 유럽공동체(EC)로의 재도약, 이후 1970년대 침체기로의 후퇴, 1980년대 1986년 단일의정서(SEA)와 역내공동시장의 완성인 1992 마스트리흐트(Maastricht) 조약, 이어 냉전체제 종결 후 초래된 1993년 외환위기와 1999년 '유로화(Euro)'의 도입, 2000년 리스본협약과 2004-2007년 동유럽으로의 확대, 2008-2009년 세계금융위기, 2012년 유럽연합 재정안정화 위기 등 지난 60여 년에 이르는 통합과정은 '상시적인 위기와 재추동'의 시기를 반복하여 왔다.

독일은 1990년 다시 통합되었고 재통합과정은 유럽의 통합과정과 단계적으로 연계되었다. 즉, 1990년 7월 1일 동서독 간의 통화통합이 바로 유로화를 도입하기로 한 그 1단계의 국가 간 통합과정으로 여겨졌던 것이다. 이 통화통합과정은 10년 만인 1999년 12월 31일 유로존에 참여하는 각국의 환율을 항구적으로 불변하는 것으로 합의하며 유로화 도입으로 완성되었다. 이처럼 독일과 유럽의 관계는 밀접한 관계 속에 재편되었다. 그것은 민족국가로서의 통일만은 아니며, 오히려 탈민족국가적 통합과정으로 이해할 수 있을 것이다. 향후 미래에 그러한 유럽이 과연 '어떤 유럽(What kind of Europe?, Tsoukalis 2005)'으로 발전할 것이냐에 대한 합의 없이 독일의 국가적 재통합과정은 이러한 유럽의 통합과정 속에서 '주기적'인 위기과정뿐만 아니라 정치 · 제도적 '진화'와 함께 '반복'되고 있다. 유럽의 통합과정은 진화이지만, 위기의 반복은 위기의 '요소'가 해소된 것이 아니라 항시 수면 아래 잠복한 채 '위기-재도약-재위기'의 과정 속에서 그 표출형태와 대응방식이 그때마다 변하여 온 것이다.

유럽적 차원에서 통합과 관련한 수많은 이론 중 '신기능주의적 접근(neofunctionalism, W. Sandholtz/A. S. Sweet 1998; 2001; 2009)'이든 '정부 간 교섭(intergovernmentalism, S. Hoffmann/R. O. Keohane 1991; R. O. Keohane/S. Hoffmann/J. Nye 1993)'이든 '자유주의적 정부 간 교섭 이론(liberal intergovernmentalism, A. Moravcsik 1999; 2009)'이든 또는 초국가적 제도화에 비교되는 국민국가중심의 통합이든 통합의 구조적 위기와 특성은 '반복'되며 그 과정은 '실험적인 거버넌스(experimentalist governanace, Sabel & Zeitlin 2010)'로 또 '성찰적인 거버넌스(reflexive governance, De Schutter & Lenoble 2010)'로 '진화'하여 왔다. 그럼에도 초유의 거버넌스로 유럽통합과정이 오늘날 '탈국민국가적 문명화된 정체(post-national civilized form of governance)'로 또는 새로운 '초국가적 정체(Pax Europea)'의 공고화로 발전할지 아니면 상호불신과 대립이 다시 반복되며 종전 국민국가적 경쟁이 강화되는 방향으로 후퇴할지는 아직 두고볼 문제이다. 그러나 오늘의 유럽에서 전통적인 국민국가적 '세력균형(balance of power)'의 정치가 단순 반복되며 지속된다고 보기는 힘들 것이다. 그런 의미에서 독일의 형식적 재통합과 대내외적 통합은 '이중적인 통합'의 과정으로 주목되고 있다. 특히 오늘의 유럽통합의 위기와 향후 발전 전망을 가늠해보는 데에서 시장경제의 장기적 발전과정을 추적하는 역사적 · 철학적 접근(Braudel 1986)이나 통합을 내재적으로 추동하며 상호 간의 관계를 지속적으로 재설정시키는 '법의 역할(Blanpain 2014)'에 주목하는 것은 중요한 문제라 할 수 있다. 한편 독일의 분리, 재통합과 최근 증폭되고 있는 유럽통합과정의 위기에 즈음하여 통합이 '주기적인 위기'가 아니고 '본질적인 위기(substantial crisis)'에 처해 있는 것인지에 대하여 다양한 전망이 존재하고 있다. 위기와 재통합이 반복되고 있지만 그중에서도 특히 주목되는 두 번의 큰 도전이 있었다고 할 수 있다. 첫 번째는 1990년대 냉전의 종말과 함께 도래한 탈냉전체제하에서의 통합유럽의 형태와 체제 재편이 그것이다. 유럽연합은 이 시험대를 통일독일의 편입과 유로화의 도입으로 통과했다(Lee 2000). 두 번째가 2000년대 동서남북 유럽의 외연적인 지리적 확대과정이 대략 완료된 이후 현재 진행되고 있는 재정과 경제적 위기과정 및 내부적인 통합의 위기가 그것이라 할 수 있다. 양적 확대와 함께 이제는 28개 국가 간 통합의 심화가 한계에 봉착한 듯한 '제도적 통합의 한계', '정치적 리더십의 부재', 금융 · 재정 등 '대내외적 경제 환경의 불안정성의 심화' 등이 종래의 주기적인 통합의 부침을 넘어 이제 그 위기가 본질적인 것이냐는 질문을 던지기도 한다. 유럽연합은 통합을 심화시키자니 내부분열이 심화되고, 통합을 완화하자니 외부 원심력이 커질 듯한 상황에서 예의 통합과 위기의 그 고전적 '딜레마(Majone 2005)'에 빠져 있는 듯하다. 그러나 과연 이것이 전통적인 민족국가 시기로의 복귀로 이어질 것인가? 필자는 그것 역시 매우 어려울 것으로 전망한다. 그러나 동시에 90년대 냉전의 종결과 함께 중동부유럽(Mittelost Europa)에 다시 돌아온 통합된 독일은 유럽의 미래에 더욱 큰 새로운 변수가 될 전망이다.

VI. 나오는 말

역사적으로 살펴본 독일의 분리와 통합 사례는 다음과 같이 정리할 수 있다.

첫째, 우선 분리와 통합의 접근방식에 따라 장기간에 걸친 독일의 역사적 과정을 볼 때 최근 1990년대 이후 전개된 독일의 사례는 일회적 사건으로서의 통일보다는 장기적 '과정으로서 분리와 통합'이 더 보편적인 형태였음을 보여주고 있다. 독일은 초기 통합의 경우에도 중세 이전 게르만과 로마의 관계 속에서 정체성이 통일된 적이 없었다. 그리고 중세에는 기독교와 영방군주국과의 관계 속에 역시 단일한 통일적 주체가 없는 추상적 제국으로 신성로마제국이 외형적 형태를 유지하며 지속되어 왔다. 근대에 이르러 이것은 합스부르크제국을 중심으로 한 대독일주의와 프로이센을 중심으로 한 소독일주의의 경쟁으로 다시 쌍방적 분리와 소통합을 반복하였다고 할 수 있다. 비스마르크에 의한 제2제국의 형성은 합스부르크 왕조의 느슨한 연방체인 대독일주의를 대신하여 소독일주의의 승리였으며 이때 독일 민족주의가 강조되기 시작하였다. 제2제국은 제1차 세계대전의 패전과 바이마르공화국으로의 이행과 함께 해체되었다. 이후 히틀러의 제3제국은 배타적 우익민족주의와 전체주의화에 의한 강압적 통합으로 귀결되었으나 이것은 바로 제2차 세계대전과 함께 새로운 분리의 길을 걷게 된다. 패전의 결과 동서독으로 분리되어 냉전체제로 전환된 속에 독일의 체제경쟁은 다시 쌍방 분리의 과정이었다. 냉전의 종결과 동유럽 사회주의권의 해체는 독일의 국민국가적 재통합으로 이어졌으나, 동시에 독일의 재통합과정에서 유럽의 답은 독일의 국민국가적 통합을 유럽통합과정에 연계시킴으로써 유럽지역의 경제적, 정치적, 군사적 문제에 대한 장기적 해결을 모색한 것이라 할 수 있다. 이는 아직도 대내외적으로 진행되고 있는 과정이며, 사건으로서의 독일의 민족국가적 통일을 넘어 '과정으로서의 통합'이 독일과 유럽에 이중적으로 진행되고 있음을 나타내고 있다고 할 수 있다.

둘째, 독일의 사례는 장기적이며 역사적인 발전과정에서 독일에 동질적인 통일이 아니라 차이를 인정한 분리와 통합이 지속적으로 반복되어 왔음을 잘 보여주고 있다. 즉, 국민국가적 통일이건 국가와 국제체제 내의 통일이건 그것이 차이를 없애며 동질적인 것을 추구하는 획일화된 과정이 아니라 사회문화적인 통합의 과정이라는 차원에서 바라볼 때, 독일의 사례는 통일보다는 통합의 사례에 더 가깝다고 할 수 있다. 즉, 역사적으로 바라보면 독일은 민족적으로 통일적인 상태를 이루어 온 적이 거의 없으며 오히려 역사적으로 과연 '독일적인 것이 무엇을 의미하느냐'의 물음에 답하기가 어려웠다고 할 수 있다. 냉전 종결 이후 전개되고 있는 독일의 국가적 통합은 이처럼 오랫동안의 독일 형성과정을 돌아볼 때 오히려 부분적인 시간에 불과하며 그만큼 독일은 역사적으로 다양한 정체성, 다양한 세력 그리고 끊임없이 변화하는 영토적, 공간적인 확대와 축소를 반복하며 동질화보다는 분산된 주체 간의 이합집산을 거듭해 온 과정이었다. 그 때문에 독일의 사례는 통일적 정체성보다는 차이가 공존하는 통합과 분리 그리고 재통합의 과정이 오히려 더 지배적인 것이었다고 할 수 있다. 1990년 독일의 국민국가적 통일 이후에도 계속되고 있는 사회문화적 분리와 통합은 그것을 말해주고 있는 한 사례라고 할 수 있다.

셋째, 독일의 사례는 근대적인 민족국가 형성론이 주장하는 바와 달리 근대국가(state-building)의 수립이 먼저 이루어지고, 이어서 국민형성(nation-building)이 이후에 이루어진 사례에 속한다(김학노 2013b 참조). 즉, 이런 의미에서 독일의 사례는 근대국가의 수립이 민족국가의 수립이라는 '분단과 통일'의 등식에 오히려 맞지 않는 사례라 할 수 있다. 즉, 독일은 역사적으로 그것이 신성로마제국이 되었든 중세와 근대로 이어지는 합스부르크제국하의 대독일주의가 되었든 또는 비스마르크에 의한 제2제국과 히틀러에 의한 제3제국이었든 이들 모두는 민족국가적 통일이라 할 수 없고 오히려 그것들은 그 형성된 영역 내 국가에서 분리와 통합이 지속적으로 이루어져 온 과정이었다고 할 수 있다. 다시 말해 독일의 사례는 민족과 국가가 일치되어 온 역사적인 국가라 할 수 없고, 형성된 국가적 기반 위에 민족적 정체성을 강조하다 일정한 시기가 지나면 이것이 대내외적인 도전에 직면하여 다시 분리와 통합을 지속해 온 과정이었다고 할 수 있다.

이러한 관점에서 볼 때 분단국가와 근대적 민족국가의 관점을 넘어 지속적으로 변화하는 분리와 통합이 독일을 이해하는 데 더 유용한 접근 방법이라 할 수 있다. 무엇보다 일회적인 사건으로서보다는 끊임없이 변화하며 분리와 통합이 지속되고 있는 과정으로서 근대 민족국가적 관점을 넘어 탈근대의 새로운 정체로 변화 발전해 나가는 관점에서 독일과 유럽의 통합과정을 바라볼 수 있게 하는 장점이 있으며, 이것은 우리에게도 많은 시사점을 주고 있는 대표적 사례라 할 수 있다.

통합과 분리: 스웨덴-노르웨이 연합(1814-1905)의 성립과 해체

김인춘(연세대학교)

I. 들어가는 말

2014년은 노르웨이와 스웨덴 모두에게 역사적으로 매우 의미 있는 해이다. 2014년은 노르웨이의 헌법 제정 및 건국 200주년이 되는 해로, 노르웨이는 1814년 당시로서는 매우 진보적이고 민주적인 헌법 제정으로 입헌군주국이 되어 현재에 이르고 있다. 스웨덴에게 2014년은 군사적 중립정책으로 전쟁 없는 역사 200년이 되는 해이다. 1814년 이후 현재까지 스웨덴은 무장 중립노선으로 직접적으로 전쟁을 겪지 않았다. 그러나 두 나라가 특별히 기념하는 200년의 기점인 1814년은 노르웨이와 스웨덴이 연합국가체제(The Union between Sweden and Norway, Svensk-norska unionen)를 시작했던 해이다.[1] 1814년부터 1905년까지 90년 동

1 2014년 5월 17일 노르웨이 국경일인 헌법제정 및 건국 200주년 기념행사에 스웨덴 왕이 참석하지 않는다는 노르웨이 신문 기사(2014년 1월 6일자)로 두 국민 간에 논란이 발생하기도 하였다(http://theforeigner.no/pages/news/swedish-royals-drop-bicentennial-

안 두 나라는 연합관계를 유지하고 있었던 것이다. 나폴레옹 전쟁의 결과 당시 전승국이자 강국이었던 스웨덴의 헤게모니에 약소국이었던 노르웨이가 불가피하게 스웨덴과의 연합에 참여했던 것이다. 2014년은 연합 성립 200주년이기도 하지만 두 나라 모두 자국의 입장에서 지난 200년의 역사를 기록하고 있는 것이다.

스웨덴-노르웨이 연합체제는 동질적인 언어와 종교, 문화적 유사성으로 일상적 어려움이 거의 없었고, 독자적 헌법과 의회, 내각과 행정을 갖는 노르웨이의 정치적 자율성으로 1860년까지 큰 대립 없이 유지될 수 있었다. 특히 관세동맹, 통화동맹 등 경제적 통합이 심화되면서 연합체제는 발전된 모습을 보이기도 하였다. 그러나 19세기 말에 이르러 노르웨이의 정치적 민주주주의 달성, 급속한 경제 · 사회적 발전, 개혁적 자유주의 세력의 등장은 연합 탈퇴, 즉 노르웨이의 독립에 대한 민족주의적 열망으로 나타났고, 그 결과 연합 내 갈등과 긴장이 발생하게 되었다. 연합체제의 정치적 통합은 더 높은 단계로 발전하지 못하였고, 오히려 노르웨이의 국가적 발전이 연합체제를 거부하고 분리를 요구하는 결과를 가져왔다. 1880년대 이후 연합 내 갈등의 핵심은 영사서비스를 둘러싼 외교권 문제였는데, 스웨덴이 독점한 외교권을 독자적으로 갖겠다는 노르웨이의 의지가 1905년 6월 7일 일방적 연합 탈퇴 선언으로 나타났다. 8월까지 정치적 긴장과 군사적 대립의 위기 상황이 발생하였으나 연합체제는 1905년 9월 23일 칼스타드(Karlstad) 회의에서 협상을 통해 평화롭게 해체, 분리되었다.

노르웨이-스웨덴 통합은 연합(The Union) 개념의 관계였다. 공동의 군사조직은 없었지만 공동안보와 단일 외교정책이 이루어진 반면 다

norway-constitution-celebrations/).

른 모든 분야에서 자치와 자율이 인정된 독립적인 두 나라 간의 연합이었다.[2] 두 나라는 각자 독립왕국이지만 연합왕국(The United Kingdoms of Sweden and Norway)의 공동 왕(a common king)이 중앙권위체로서 두 왕국의 단일 왕(the King of Sweden and Norway)이 되고 외교권을 전담하는 방식으로 대내외적 정치통합체를 이루었다. 스웨덴 군주가 연합왕국의 단일 왕으로서 노르웨이 왕국의 군주를 겸하는 연합왕국, 즉 '동군(同君)연합(personal union)'이 이루어졌다. 물론 이러한 측면은 그 후 연합 내 갈등과 분리를 가져오는 중요한 요인이 되었다. 두 나라는 1905년에 연합체제의 해체(dissolution)로 완전한 독립국가로 분리(separation)되었다.

이 글은 90년 동안 유지된 스웨덴-노르웨이 연합체제의 성립과 해체를 검토하여 통합과 분리의 역사적 과정을 살펴보는 데 목적이 있다. 어떤 상황에서 연합이 성립되었는지, 연합이 어떻게 전개되고 지속되었는지, 그리고 왜, 어떻게 연합이 해체되었는지를 역사적으로 살펴보고 통합과 분리의 의미를 찾아보고자 한다. 1814년 성립된 스웨덴-노르웨이 연합체제는 스웨덴 측에서는 영구적 성격의 통합(합병)으로 인식되었다. 스웨덴은 노르웨이와 모든 행정 분야에서 동질화를 이루어 완전한 하나의 통일체를 이루고자 하였다. 19세기 중반까지 다수의 노르웨이인들은 스웨덴과의 연합 자체에 큰 거부감을 갖지 않았고 연합체제는 큰

2 스웨덴-노르웨이 연합은 국가연합보다 높은 단계이나 연방국가보다 낮은 단계로, 단일의 중앙권위체(연합왕국의 국왕)를 두고 스웨덴은 물론 노르웨이 또한 헌법과 자치를 확보하고 있었다. 1880년대 들어 국왕의 권한이 축소, 거부되고 중앙권위체가 상징적인 역할에 머물면서 스웨덴-노르웨이 연합은 실질적으로 국가연합과 유사한 성격의 연합관계를 유지하다가 갈등 끝에 독립국가로 분리되었다. 노르웨이는 분리를 '독립(independence)'으로 인식하고 있다. 이 글에서는 독립과 분리를 같은 의미로 사용할 것이며, 연합체제, 연합왕국, 연합국가도 같은 의미로 사용할 것이다.

갈등 없이 유지되었다. 시장개방과 화폐통합으로 두 나라는 경제적으로 깊이 통합되어 갔다. 그러나 독립에 대한 노르웨이의 국민의식이 고조되고 연합체제에 대한 정치적 갈등이 심화되면서 두 나라는 분리되었다. 1814년 스웨덴의 군사적, 정치적 헤게모니에 의한 통합(합병)과 노르웨이의 비자발적인 연합체제 참여로 두 나라는 연합체제와 통합에 대해 근본적인 인식의 격차가 있었다. 이에 누구에 의해, 어떤 요인들에 의해 통합과 분리가 이루어졌는지를 검토하고자 한다.

II. 역사적 배경과 스웨덴-노르웨이 연합의 성립

1. 스칸디나비아 반도 3국과 통합의 역사

오늘날 노르웨이, 덴마크, 스웨덴을 구성하는 스칸디나비아 반도는 언어적으로 밀접하게 연관되어 있으며 인종적으로나 종교적으로 매우 유사한 역사를 가지고 있다. 살기 힘든 기후와 지리적 고립상태는 반도로의 이주를 어렵게 만들었고 그 결과 스칸디나비아는 인종적, 문화적 동질성을 유지하게 되었다(Vikør 2002; 그리피스 2006). 공동의 역사적 유산을 공유한 스칸디나비아 반도는 역사적으로 오랜 통합과 분리의 시대를 지내 왔다. 스웨덴-노르웨이 연합 역시 이러한 통합과 분리의 역사적 변천 과정에서 이해할 수 있다.

스칸디나비아 3국은 1300년경부터 왕족 간 친인척 관계로 서로 연결되어 있었고 덴마크와 노르웨이는 1360년부터 혼인으로 통합왕국이 되었다. 그 후 당시 강국이었던 덴마크 왕국은 노르웨이, 스웨덴 3국의 칼마르 연합(Kalmar Union, Union of the Crowns, 1397-1523)을 주도적으로 구축하였다. 칼마르 연합은 현재의 노르딕 5국(덴마크, 스웨덴, 노르웨이, 핀란드, 아이슬란드)이 하나로 통합된 것이다. 하나의 공동체를 지향한 칼마르 연합은 발트 해(Baltic Sea) 교역을 지배하고 있던 북부 독일의 도시연합인 한자동맹(Hanseatic League)에 대항하여 스칸디나비아 반도가 단결한 동맹이었다. 왕국의 동맹으로 발트 해의 패권을 지키고자 했던 칼마르 연합은 덴마크와 스웨덴 간 오랜 대립과 전쟁의 결과 1523년 스웨덴이 독립하면서 분리되었다.

스웨덴 독립 후 덴마크의 지배하에 있던 노르웨이는 결국 덴마크에 병합(annexe)되어 덴마크-노르웨이 연합왕국(1536-1814)이 되었다. 중세시대에 독립왕국으로 존재했던 노르웨이는 덴마크와 스웨덴, 한자동맹에 뒤쳐지고 왕권을 둘러싼 갈등으로 국력이 쇠퇴하였다.[3] 칼마르 연합 시기까지 노르웨이는 400년 이상 덴마크의 한 지방으로 속국 같은 위치에 있었으며 그 결과 노르웨이는 오랫동안 유럽에서 관심을 받지 못한 나라가 되었다. 1665년 덴마크 절대왕정 수립 이후 경제적 피해와 정치적 탄압을 받았으며, 특히 당시 덴마크와 경쟁관계였던 스웨덴과의 전쟁에도 강제적으로 참여하여 국가적으로 큰 어려움을 겪기도 하였다. 덴마크-노르웨이 연합왕국은 언어와 종교, 문화적으로 통합되었고, 특히 노르웨이 지배층의 대다수가 덴마크 귀족들로 구성되어 오랜 기간 연합체를 유지할 수 있었다. 노르웨이는 별도의 법과 군대, 화폐를 가졌지만 덴마크와 왕위가 통합되고 국기와 재정 등 경제와 행정기구도 통합된 식민

3 노르웨이는 885년경 하랄 1세에 의해 처음으로 통일을 달성하였으나 끊임없는 내란과 덴마크의 침략으로 혼란을 겪었다. 노르웨이의 재통일은 올라브 하랄드손(Olav Haraldsson, 1016-1028)에 의해 이루어졌고 스베레 왕가(1184-1319) 시기에 아이슬란드, 그린란드 등으로 영토를 확장하여 국력이 신장되고 제도가 정비되었다. 그 후 노르웨이 호콘 6세의 미망인이자 덴마크의 여왕인 마르그레테(Margrete) 여왕의 통치를 받으며 1397년 칼마르 연합에 편입되었다(노르웨이 개황, 2012. 8, 외교부).

지배와 유사한 컴포지트국가(composite state)였다(Orfield 1953, 200). 노르웨이는 1700년대부터 상업이 번성하여 주로 목재와 생선을 수출하였으며 조선업과 해운업이 발달하였다. 1800년 전후 시기 노르웨이는 스칸디나비아에서 가장 산업화되고 상업화된 나라였다(Leira & Neumann 2007). 1814년 덴마크-노르웨이 연합왕국의 해체는 나폴레옹 전쟁의 결과 패전국이 된 덴마크가 노르웨이를 포기하였기 때문이다.

스웨덴은 주변국에 비해 통일국가 성립이 늦어 1060년이 되어서야 왕조가 성립되었다. 경제는 한자동맹 세력에 종속되어 있었고 칼마르 동맹으로 오랫동안 덴마크의 지배하에 있었으나 젊은 귀족 구스타브 바사(Gustav Vasa)의 주도하에 이루어진 독립전쟁에서 승리하여 1523년 스웨덴 왕국으로 독립하였다. 바사는 1523년 구스타브 1세로 즉위하였다. 당시 스웨덴은 지금의 핀란드를 포함한 왕국으로, 1150년부터 1809년까지 650년 이상 핀란드를 지배하였다.[4] 북구의 강국으로 경쟁관계였던 덴마크와 스웨덴은 19세기 초까지 각각 노르웨이와 핀란드를 지배하였으나 나폴레옹 전쟁으로 스웨덴은 핀란드를 잃었고 덴마크는 노르웨이를 포기하게 되었다. 당시 프랑스 편에 섰던 러시아가 반나폴레옹 동맹이었던 스웨덴을 공격하기 위해 1808년 핀란드를 침략했고, 전쟁에 패한 스웨덴은 1809년 러시아에 핀란드를 양도하게 되었다. 핀란드를 잃은 스웨덴은 노르웨이를 병합하고자 하였고, 나폴레옹 전쟁의 전승국이었던 스웨덴은 1814년 프랑스 동맹이었던 덴마크로부터 노르웨이를 양도받아 연합체제를 구성하게 되었다.

스웨덴 최고의 전성기는 1611년 구스타브 2세 즉위 이후로, 러시아 및 폴란드와의 연이은 전쟁에서 승리하고 종교전쟁(30년전쟁, 1618-

4 http://en.wikipedia.org/wiki/History_of_Sweden

1648)에서는 가톨릭 세력과의 전쟁에서 연승을 거두었다. 이 시기 스웨덴은 발트 해 지역의 에스토니아와 라트비아 일부, 핀란드와 현재의 상트페테르부르크 일대를 지배하였으며, 독일 북부 포메른 지방까지 차지한 강대국이었다(Andersson 1955). 17세기 100여 년 동안 유럽의 강대국으로 군림했던 스웨덴제국은 1700-1721년 러시아와 싸운 북방전쟁(The Northern War)의 패배로 강대국의 지위를 잃었다. 당시 북방전쟁은 러시아뿐 아니라 러시아의 동맹국인 폴란드, 덴마크-노르웨이, 프러시아, 하노버가 참여한 전쟁으로 스웨덴의 급격한 대외적 팽창에 주변국들이 강력하게 대응한 결과였다. 스웨덴은 러시아로부터 핀란드를 반환받았지만 17세기에 획득한 대부분의 영토를 동맹국들에게 잃게 되었다. 북방전쟁 시기인 1718년 스웨덴의 노르웨이 침략 패배와 국왕의 전사는 스웨덴 내부적으로 치명적인 결과를 가져와 국가 전략의 대전환이 이루어진 계기가 되었다.

오랜 전쟁과 패배로 국력이 쇠퇴함에 따라 스웨덴은 국가 재건이 급선무였다. 1720년 헌법을 제정하여 절대왕권을 축소하고 의회의 권한을 강화하였으며 언론자유 보장, 지주계급 해체와 독립자영농제도 도입 등 내부 개혁을 추진하였다. 1806년 나폴레옹 전쟁에 참여하기까지 90여 년 동안 과거 패권전쟁의 후유증을 극복하고 북방전쟁의 승리로 강대국으로 등장한 러시아의 위협을 막기 위해 노력해 왔다. 전반적으로 팽창주의와 강대국 노선을 포기하고 내실을 다지며 평화를 지향하게 되었다.[5] 19세기 초 나폴레옹 전쟁은 스웨덴이 다시 강성해지는 계기가 되었지만

5 그럼에도 1772년 왕위에 오른 구스타브 3세는 절대왕정으로 복귀하였고 칼마르 동맹 시기부터 노르웨이에 대한 지배권을 두고 덴마크와 경쟁했던 스웨덴은 노르웨이 획득을 계획하였다. 구스타브 3세는 1788년 덴마크와의 전쟁 후 노르웨이 분리주의자들과 협상을 갖기도 하였으며 1789년 헌법을 폐지하였다.

1814년 이후 지금까지 경제적 번영과 사회적 평등, 군사적 중립과 평화를 핵심 가치로 하는 스웨덴 국가발전모델을 성공적으로 발전시켜 왔다(김인춘·김욱 2008).

2. 나폴레옹 전쟁과 스칸디나비아 반도

스칸디나비아 3국은 나폴레옹 전쟁의 중요한 참여자였고 나폴레옹 전쟁으로 엄청난 정치적 격변을 겪게 되었다. 덴마크-노르웨이는 프랑스 혁명전쟁과 나폴레옹 전쟁 초기에 중립정책을 취하였다. 전쟁이 확대되면서 노르웨이는 목재 등 천연 원자재의 수출과 선박 및 해운으로 큰 이익을 얻게 되었다.

영국의 반나폴레옹 해양봉쇄에 1800년 러시아 주도로 덴마크, 스웨덴은 무장중립동맹을 결성하여 영국과의 통상마찰을 피하고자 하였으나 영국은 이를 반영국 연합으로 보고 1801년 코펜하겐을 공격하였다. 중립국이었던 스웨덴 또한 전쟁 초기에 원자재 수출과 조선 등으로 전쟁특수를 누리게 되었다. 왕권을 강화했던 스웨덴의 왕 구스타브 4세(재위 1792-1809)는 재정정책 실패, 화폐남발로 인한 인플레이션, 언론탄압 및 사회적 불만 누적 등에 직면하여 대외정책으로 돌파구를 찾고자 하였다. 이에 1805년 영국, 러시아와 동맹을 맺고 프랑스에 대항하였다. 이 세력 분쟁에서 스웨덴이 영국을 지지한 것은 스웨덴 왕의 프랑스에 대한 반감과 당시 양국 간의 무역관계가 많이 작용했다.

그러나 1806년 나폴레옹군이 오스트리아와 프러시아를 침략하고 1807년 프러시아가 나폴레옹에 패하자 러시아 황제는 1807년 6월 나폴레옹과 틸지트(Tilsit)조약을 맺게 되었다. 이 조약에서 프랑스와 러시아는 적대국에서 동맹국으로 바뀌게 되었고 덴마크로 하여금 나폴레옹 편에 서서 영국에 대항하도록 만들었다. 강대국에 의해 중립을 포기한 덴마크는 프랑스, 러시아와 동맹을 맺고 전쟁에 참여하게 되었다. 이에 반나폴레옹 전쟁의 핵심국인 영국은 덴마크 함대를 공격하여 해양봉쇄를 취하였고 그 결과 노르웨이는 무역활동을 할 수 없게 되어 경제적으로 심각한 위기에 처하게 되었다. 영국의 봉쇄로 노르웨이는 덴마크와의 관계가 사실상 단절되었고 독자적인 정부기구를 구성함으로써 준독립 상태가 되어 덴마크로부터 분리가 시작되는 계기가 되었다. 1807년 덴마크의 전쟁 참여로 노르웨이는 덴마크 지배에 회의를 갖게 되었고 공통의 덴마크 정체성이 약화되면서 분리주의적 정서가 나타나기 시작하였다. 특히 노르웨이의 부르주아 계급은 덴마크와의 분리를 선호하였다(Glenthøj & Ottosen 2014).

틸지트조약으로 스웨덴은 그때까지 동맹국이었던 영국과 러시아 중 어느 한쪽을 선택해야 하는 기로에 놓이게 되었고 또다시 영국을 선택하였다. 이에 러시아는 1808년 2월 핀란드를 공격해 들어왔고 동시에 프랑스 및 러시아와 동맹관계에 있던 덴마크도 스웨덴에 선전포고를 해 왔다. 스웨덴과 덴마크 간에 전쟁이 시작된 것이다. 러시아와의 전쟁에서 패배한 스웨덴은 1809년에 1150년부터 지배해 온 핀란드 지역을 러시아에 양도하여 스웨덴 왕국 영토의 3분의 1을 잃게 되었다. 국가적 위기 상황에서 스웨덴은 국왕을 폐위하고 프랑스의 장군이었던 베르나도트(Bernadotte)를 섭정 겸 왕세자 칼 요한(Carl Johan)으로 정하였다. 핀란드를 잃은 후 스웨덴은 자국의 안전을 위해 노르웨이 합병이 필수적이라는 판단을 하게 되었다. 북방전쟁 당시인 1718년 스웨덴의 노르웨이 공격이 실패로 끝난 이후 노르웨이 지배에 대한 스웨덴의 오랜 야망이 되살아난 것이다. 프랑스 출신으로 섭정 겸 왕세자가 된 칼 요한은 당시 유럽의 영토전쟁에서 그 어떤 승리라도 해야 했고 노르웨이 합병이 가장 중요한 목표가 되었다. 프랑스 동맹인 덴마크를 패배시키고 노르웨이를 획득하기 위해 스웨덴은 1812년 4월 러시아와 동맹을 맺었고 1812년 겨울 나폴레옹이 모스크바에서 철수하자 또다시 반나폴레옹 동맹에 참여하였다.

나폴레옹 전쟁 말기인 1813년 스웨덴은 영국, 프러시아와 차례로 동맹을 맺고 반나폴레옹 전쟁에 참가하였다. 1813년 3월 영국과 맺은 스톡홀름조약(the Treaty of Stockholm) 등 스웨덴의 동맹국들은 전쟁의 이권으로 노르웨이를 내 줄 것을 약속하게 되었다(Orfield 1953, 153; Nielsen 2012). 스웨덴은 반덴마크 입장을 분명히 하면서 노르웨이 합병 의도를 확실히 하였다. 러시아가 덴마크와의 동맹을 버리고 다시 반나폴레옹 동맹에 참여하게 되면서 덴마크와 노르웨이의 운명은 위기에 처하게 되었다. 1813년 10월 라이프찌히 전투(Battle of Leipzig)에서 반나폴레옹 동맹국들이 승리하고 1814년 3월 파리 점령으로 나폴레옹 전쟁이 끝나면서 유럽의 세력균형체제가 형성되었다. 라이프찌히 전투 직후 스웨덴은 노르웨이 양도를 압박하기 위해 외교적 압력과 함께 덴마크 공국인 슐레스비그-홀스타인(Slesvig-Holstein) 지역을 거쳐 덴마크에 대해 군사적 공격을 가했다. 덴마크 왕은 바로 협상을 요청했고 1814년 1월 킬조약(The Treaty of Kiel)[6]으로 노르웨이를 스웨덴에 양도함으로써 430여 년에 걸친 덴마크-노르웨이 연합왕국은 해체되었다. 1807년 틸지트조약으로 러시아에 의해 강제로 나폴레옹 동맹국이 된 덴마크는 1814년 전쟁이 끝날 때까지 7년 동안 동맹을 바꾸지 못했고, 불운했고 무고했던 덴마크는 결국 노르웨이를 잃게 되었다. 노르웨이의 운명은 노르웨이인들의 의사와 상관없이 스웨덴과 강대국들에 의해 강제로 결정되었다. 스웨덴은 나폴레옹 전쟁에 참여하여 핀란드를 잃는 등 많은 희생을

6 킬조약은 1814년 덴마크 · 스웨덴 · 영국 3국이 맺은 평화조약으로 노르웨이를 스웨덴에 양도하는 것이 핵심 내용이었다.

치렀으나 노르웨이를 양도받고 전승국으로서의 지위를 누렸다.[7]

III. 스웨덴-노르웨이 연합의 성립과 지속

1. 킬조약과 연합체제의 성립

킬조약은 노르웨이인들에 의해 즉각 거부되었다. 노르웨이인들은 고양된 독립의식으로 덴마크의 패배를 자신들의 주권을 요구할 기회로 삼고자 하였다. 이미 1807년부터 준독립국가 상태이기도 했다. 노르웨이 의회는 독립파와 연합파로 나뉘었는데 다수인 독립파는 당시 노르웨이 총독이었던 덴마크 국왕의 조카 크리스티안 프레데릭(Christian Frederik) 왕자를 중심으로 헌법제정과 독립을 추진하였다. 반면 연합파는 유럽 강대국들의 지지 없이 노르웨이 스스로 독립이 불가능하고, 따라서 가장 좋은 조건의 연합을 위해 스웨덴과 협상해야 한다고 주장하였다. 독립파는 바로 의회를 소집하여 1814년 5월 17일 헌법을 제정하고 왕을 선출하여 노르웨이 독립을 선포하였다(Nansen 1905). 오랜 덴마크-노르웨이 연합왕국으로 지배계층의 다수가 덴마크 출신이었던 노르웨이는 스웨덴과의 연합관계를 원하지 않았고 덴마크의 프레데릭 왕자를 노르웨이 국왕으로 선출하여 입헌군주제를 수립하였다.[8] 킬조약으로 덴마크는 노르웨이를 포기하였으나 스웨덴이 노르웨이를 바로 합병하지 못한 정치적 공백 상태에서 노르

7 1814년 5월 1차 파리강화조약에 스웨덴은 영국, 프러시아 등과 함께 전승국으로 참석하였다.

8 노르웨이는 미국과 프랑스 헌법에 기초하여 당시로서는 매우 자유주의적이고 민주적인 헌정주의를 수립하였다. 미국 다음으로 민주적 헌법으로 평가되는 노르웨이 헌법은 그 후 스웨덴 자유주의자들과 급진주의자들의 개혁운동에 큰 영향을 주었다.

웨이는 덴마크와의 연합관계를 종식하고 독립을 선언한 것이다.

그러나 노르웨이 독립은 어느 나라로부터도 인정받지 못하였다. 노르웨이는 덴마크 왕이 노르웨이에 대한 권리를 포기하였기 때문에 주권과 선택권은 노르웨이 국민에게 있다고 주장했지만 약소국 노르웨이의 독립은 불가능했다. 프레데릭 왕은 특히 영국의 태도 변화에 기대를 걸었지만 프러시아, 러시아, 오스트리아, 영국 등 4대 강대국들은 노르웨이 독립을 거부하고 원래의 약속대로 노르웨이의 스웨덴 양도를 요구했다. 더구나 킬조약의 당사자인 영국은 노르웨이에 대한 러시아의 영향력 확대를 우려하여 스웨덴 양도를 압박했다.[9] 강대국들은 노르웨이의 상선과 무역을 거부하는 제재를 가했고 노르웨이는 최악의 경제 위기에 처하며 핵심 산업이었던 목재와 선박 산업이 붕괴되었다. 덴마크와의 공동시장은 해체되었고 영국은 노르웨이 목재 수입을 금지했으며 철광석과 목재의 해외수출이 막혔기 때문이다.

노르웨이의 저항에 스웨덴은 외교적 압력에 이어 킬조약의 준수를 압박하기 위해 1814년 7월 28일 군사적으로 노르웨이를 공격했다. 두 나라는 14일간의 무력 상황 끝에 협상을 시작하게 되었다.[10] 스웨덴은 정복한 영토를 합병하는 대신 노르웨이 헌법을 존중하는 연합관계를 제안하였다. 이는 큰 전쟁을 피하고 노르웨이의 자발적 연합 참여를 이끌어내기 위한 제안으로 두 나라 모두 승자(two winners)가 되는 타협이었다. 각자의 목적대로 노르웨이는 스웨덴으로부터 독립국가로 인정받고 스웨덴은 노르웨이와 연합관계를 맺을 수 있게 되었기 때문이다. 8월 14일 오슬로 남쪽의 모스(Moss)에서 스웨덴은 노르웨이 헌법을 인정하고

9 나폴레옹 전쟁 당시 동맹국 병사들이 반나폴레옹 동맹의 핵심국가인 영국이 지불하는 전쟁보조금으로 급료를 받았던 만큼 전후 영국의 헤게모니는 강력했다(Fraser 2006).

10 이 전쟁이 스웨덴에게 마지막 전쟁이었고 그 후로 스웨덴은 군사적 중립노선을 견지하였다.

두 왕국의 연합 조항을 노르웨이 헌법에 포함시켜 개정하는 방식으로 모스평화협정을 체결하게 되었다. 1814년 10월 10일 프레데릭 국왕은 권좌를 포기하였고 노르웨이는 11월 4일 스웨덴과의 연합 내용을 헌법에 수정하여 의회(Storting)에서 통과시킴으로써 스웨덴과 새로운 연합관계를 시작하였다.[11] 스웨덴과의 연합이 불가피했던 상황에서 노르웨이는 연합의 소수 파트너(minor partner)가 되었다.

모스조약의 핵심은 스웨덴 왕이 노르웨이 헌법을 인정한다는 것으로, 노르웨이의 주권과 연합 내의 평등이 인정되었다(Nansen 1905). 노르웨이는 자신의 헌법을 가진 독립국가로 연합한 것이다. 노르웨이 헌법은 왕권을 약화시키고 왕 · 법원 · 의회의 권력 분립을 명시하였으며, 의회의 입법권과 국민투표권(당시 남성의 약 50%)을 보장하였다. 모스조약은 '노르웨이가 스웨덴과의 연합을 통해 다른 독립국가들과 나란히 한다는 것'을 명시했으며 그 후 스웨덴 국왕은 '노르웨이가 그들만의 자유로운 헌법을 제정하고, 세계무대에서 국가를 대표하고, 자치정부를 형성하며 세금징수에 대한 권한을 갖는 독립국가의 자격을 가진다는 것'을 약속했다.[12] 대외적 공동안보와 외교 외에는 노르웨이 내각이 노르웨이를 직접 통치하게 되었다. 노르웨이는 킬조약을 인정해야 할 의무가 없었으며 모스조약에 따라 연합 과정에서 독립국가와 연합 내 평등을 주장할 수 있게 되었다.

모스조약으로 연합은 성립되었지만 공동헌법은 없었다. 연합과 관련된 문서는 모스조약과 연합 조항이 포함된 노르웨이 헌법이 유일했

11 노르웨이 의회는 72대5로 연합 참여를 의결했으며 스웨덴 국왕을 노르웨이 왕으로 선출하였다(http://en.wikipedia.org/wiki/Norway_in_1814).

12 주한 노르웨이 대사관 자료(http://www.norway.or.kr/News_and_events/press/travel/2/1814-/1814-1905—/).

다. 이에 연합조약의 필요성이 제기되었고 노르웨이 주도로 연합조약을 만들게 되었다. 스웨덴-노르웨이 연합왕국은 1815년 8월 6일 연합조약(Rigsakt, The Treaty of Union)을 두 나라의 의회에서 각각 비준한 후 8월 15일 연합왕국의 왕, 즉 스웨덴 왕이 선포하면서 최종적으로 완성되었다. 연합조약은 왕의 권한, 두 나라 내각 간의 관계 등 12개 항으로 구성되었다. 핵심 내용은 두 나라의 왕은 한 명이지만 노르웨이, 스웨덴은 각각 독립적인 헌법과 의회, 정부를 가지며 완전한 평등을 보장한다는 것이었다(Nansen 1905, 23-25). 두 개의 평등한 주권국가 간 연합이었던 것이다. 연합조약에는 노르웨이 총리가 참석하는 스웨덴 내각회의에서 외교정책을 결정한다는 것과 연합관련 주요 사항을 결정하는 양국합동내각회의에 스톡홀름 주재 노르웨이 내각 장관들이 참석할 수 있다는 내용도 있었다.

스웨덴이 노르웨이를 양도받는다는 킬조약을 대신하여 노르웨이 헌법과 노르웨이의 독립국가를 인정하는 연합조약이 연합체제의 법적 기반이 되었다. 문제는 연합조약이 노르웨이에서는 헌법적 지위를 가졌지만 스웨덴에서는 헌법 아래 하위 규정의 성격을 가졌다는 점이다. 스웨덴은 노르웨이와의 통합이라는 목적으로, 노르웨이는 주권국가로서의 평등 보장이라는 서로 다른 목적으로 연합조약을 했기 때문이다. 스웨덴은 노르웨이를 전쟁의 결과 킬조약에 의해 양도받은 준독립 상태의 나라로 간주하였으며 이는 연합 시기 내내 논란과 갈등의 요인이 되었다. 킬조약 당시에는 노르웨이가 독립국가가 아니었지만 모스조약과 연합조약에서는 독립국가로 인정되었기 때문이다. 또한 이는 통합의 성격, 즉 흡수통합인지 대등통합인지를 보여주는 중요한 요인이 될 수 있기 때문이다. 더구나 두 나라의 연합은 왕위는 통합되었으나 국가는 통합되지 않은 상태의 불완전하고 불안한 타협이었다. 물론 당시 두 나라 모두 군주국으로 왕위의 통합이 정치적 통합을 의미한다고 볼 수도 있으나 더 이상의 정치적 통합의 의미는 찾기 어려웠다. 노르웨이는 두 나라의 연합관계가 외부의 직접적 개입 없이, 독립적인 두 나라가 같은 군주를 갖는 연합관계, 즉 동군연합(personal union)임을 강조하였다.[13]

2. 연합체제의 평화와 갈등 – 통합과정과 분리과정의 동시성

노르웨이-스웨덴 연합은 전쟁의 결과로 성립되었고 연합의 '만남' 방식은 흡수 또는 병합에 가까웠지만 통합의 초기 과정은 국가 대 국가의 대등한 연합이었다. 노르웨이는 자신의 헌법을 갖는 독립적인 왕국이지만 왕위와 외교권은 연합왕국의 왕, 즉 스웨덴 왕이 갖는 연합체제였다. 따라서 형식적인 정치적 통일체와 대등한 연합체를 이루었지만 평등한 국가 간 연합을 완전하게 보장하지는 못하였다. 통합의 결함을 안고 시작된 연합체제는 내부적으로 충돌과 갈등의 가능성이 컸음에도 90년 동안 지속되었다. 양국 간 갈등이 나타나기도 하였지만 연합관계는 전반적으로 안정적이었다. 무엇보다 노르웨이의 독립적인 헌법과 자치 내각을 인

13 동군연합에는 물적 동군연합(real union)과 인적 동군연합(personal union)이 있다. 물적 동군연합은 조약 등의 국제적 합의에 의해 동일의 군주를 받들고 그 권능의 일부를 연합 자신에게 일임하는 경우를 가리킨다. 구체적으로 어떠한 권능이 연합 자신에게 일임되는지는 경우에 따라 다르지만 인적 동군연합과 달리 적어도 그 범위 내에서 연합 자신에게 국제법인격으로 인정된다. 1814-1905년의 스웨덴과 노르웨이, 1867-1918년의 오스트리아와 헝가리가 주요 사례라고 한다. 인적 동군연합은 상속 등 우연의 사정에 의해 동일의 군주를 받드는 경우를 가리킨다. 이 경우 각 구성국은 각각 별개의 국제법인격을 유지하면서 상속 등에 대해 새로운 사정이 발생한 경우에는 그 결합이 해소되는 경우도 있다(『21세기 정치학대사전』(2002) 참조). 그러나 노르웨이는 스스로 인적 동군연합임을 주장한 반면, 1905년 노르웨이가 일방적 독립을 선언했을 때 스웨덴은 물론 강대국들도 스웨덴의 동의가 있어야 연합분리가 가능하다는 입장을 보였던 것은 물적 동군연합으로 보았기 때문이다(http://www.kongehuset.no/artikkel.html?tid=30100&sek-27320).

정하면서 연합이 성립되어 노르웨이인들의 자존심을 살릴 수 있었기 때문이다. 또한 각 국가의 급속한 경제적 발전과 함께 세력균형 시기라는 19세기의 유럽적 특수성도 작용했다. 유럽의 정치적 안정기는 스칸디나비아 반도의 고립을 가져왔고, 그 결과 스칸디나비아 국가들은 유럽의 소국으로서 평화와 상호 선린관계를 유지하게 되었다. 1825년 스웨덴·노르웨이 관세동맹, 스칸디나비아 3국의 연대와 통일을 추구한 19세기 중반의 범스칸디나비아주의, 1875년 덴마크·스웨덴·노르웨이 3국의 스칸디나비아 통화동맹이 이를 잘 보여준다. 시기적으로 격차가 있었지만, 노르웨이, 스웨덴 모두 내부적으로 경제발전과 정치·사회개혁이 지속적으로 이루어졌다. 19세기 중반, 특히 오스카 1세 재위 기간(1844-1859)은 연합체제의 전성기였다. 1844년 연합왕국의 첫 왕이었던 칼 요한 사망 이후 스웨덴 왕들은 노르웨이인들의 감정과 불만을 달래고자 선의정책을 취하였다. 노르웨이 자체의 해군기와 주권국가를 상징하는 문장을 사용할 수 있게 하는 등 두 왕국의 위신과 이익을 위해 노력하였고 전반적으로 두 국민 간의 관계는 양호해졌다.

그럼에도 연합 이후 스웨덴과 노르웨이 관계는 연대와 동질성에 기반을 둔 통합을 구축하기에는 어려움이 있었다. 1818년에 9월 공식적으로 재위에 오른 스웨덴 왕이자 연합왕국의 왕인 칼 요한(섭정기 포함 재위 1809-1844)은 1814년 7월 노르웨이를 침략한 장본인이었고 1821년부터 왕의 권한을 강화하기 위해 노르웨이 헌법과 연합조약의 개정을 여러 번 시도했기 때문에 노르웨이인들에게 거부감이 있었다. 연합왕국의 왕은 주로 스웨덴에 거주했고 노르웨이에는 총독을 두어 노르웨이인들의 불만이 커졌다.[14] 더구나 총독직은 1829년까지 스웨덴인 차지였으

14 연합왕국의 왕이 주로 스톡홀름에 거주함에 따라 노르웨이 내각의 일부(스톡홀름주재 총리와 2명의 장관)는 스톡홀름에 주재하였고 다른 6명의 총리와 장관은 크리스티아니아

며, 5월 17일 독립 국경일 행사 반대 등 노르웨이인들의 민족적 자존심을 자극하는 문제들도 많았다. 왕의 호칭, 화폐표기, 국기, 군사 등 여러 면에서 스웨덴은 노르웨이를 대등한 관계로 인정하기보다 하위 파트너(inferior partner) 또는 이웃 식민지로 간주하는 태도를 취했다. 스웨덴 귀족층은 과거 강대국이었던 스웨덴의 옛 영화에 집착했고 자신들이 노르웨이를 덴마크로부터 해방시켰다고 인식하였다. 형식적으로는 대등한 합의통합이었지만 실질적으로는 흡수통합(병합)에 가까웠다.

노르웨이는 덴마크의 오랜 지배에도 고유의 법과 권리, 특권과 자유를 누려왔다. 넓고 험한 자연환경으로 노르웨이인들은 자율성과 자립심, 지역자치 성향이 매우 강했고, 풍부한 천연자원과 특히 영국과의 무역을 통해 경제적 풍요를 누릴 수 있었다. 더구나 나폴레옹 전쟁 초기 영국의 덴마크 봉쇄로 독자적인 정부기구가 이미 구성되어 있었다. 이러한 요인들은 노르웨이의 발전을 촉진했고 스웨덴과의 새로운 연합관계하에서도 입헌주의와 자치를 가능하게 만들었다. 따라서 연합에 대한 스웨덴의 태도와 인식은 '평등하고 독립적인 연합'에 대한 노르웨이인들의 의구심을 불러일으켰다. 권위적인 스웨덴 왕과 연합체제는 노르웨이의 민주적 발전에 장애물이 된다고 보았으며, 특히 스웨덴의 행정적 병합(통합) 시도는 당시 기득권층이자 덴마크 출신이 많았던 노르웨이 관료집단의 반발을 가져왔다. 노르웨이의 외교권은 스웨덴 왕이 행사한다는 연합조약에도 불만을 갖게 되었다. 노르웨이 의회는 1827년 노르웨이 총리가 스웨덴 내각회의(Ministrial Council)에 참석하여 외교정책에 참여하게 해 줄

(Christiania, 오슬로 옛지명)에 있었다. 총독직은 1836년 이후 노르웨이인이 임명되었으나 노르웨이 의회의 총독직 폐지 결의로 왕은 1856년부터 총독을 임명하지 못하였고 총독직은 1873년 폐지되었다(http://www.regjeringen.no/en/the-government/previous-governments/the-structure-of-the-registry/ministries-and-offices/offices/governor-1814—1873.html?id=426146).

것을 스웨덴 국왕에게 요구하였고 이에 왕은 1835년 칙령을 통해 노르웨이 외교정책 관련하여 노르웨이 총리(Statsminister, Norwegian Minister of State)로 하여금 스웨덴 내각회의에 참석하게 하였다(Nansen 1905, 53). 또한 평등권을 위해 독자적인 노르웨이 상선기 등도 제안하게 되었다. 1838년 이후 노르웨이에 대한 국왕의 호의적인 입장에 따라 스웨덴은 연합 관련 사항들을 논의하고 문제들을 해결하기 위해 1839년 스웨덴, 노르웨이 각 4명으로 연합위원회(The Union Committee)를 구성하였다. 그러나 스웨덴 의회는 1844년에 나온 연합위원회의 1차 보고서를 거부하였다.

연합체제가 지속되면서 노르웨이와 스웨덴의 상이한 이해관계가 드러나기 시작했다. 특히 외교권을 갖지 못한 노르웨이는 연합체제의 외교업무를 전담한 스웨덴 외교부가 자신들의 외교 사항을 충분히 다루지 않는다고 생각했다. 이러한 갈등에는 몇 가지 요인이 있었는데, 특히 산업화가 본격화된 19세기 후반의 경제적 요인이 중요했다. 대외무역에 의존한 노르웨이 경제는 스웨덴보다 무역규모가 거의 두 배나 컸고 자유무역을 선호하는 영국과의 무역관계가 중요했다. 조선 및 해운업은 국부에서 매우 큰 비중을 차지하였는데 19세기 말 전성기에 노르웨이는 영국 다음으로 많은 상선을 보유하기도 했다(Orfield 1953, 247). 노르웨이의 영사서비스 문제가 제기된 것도 조선과 해운업의 중요성에서 비롯됐고 해외무역과 해외 자국민을 위해 별도의 해외영사대표부가 필요했기 때문이다.

반면 스웨덴은 자국의 농업을 중시했고 19세기 후반 들어 독일과의 교류가 확대되면서 보호주의를 중시하는 독일과의 무역관계가 중요해졌다. 두 나라는 무역의 주요 품목도 상이했다. 1881-1885년 시기 스웨덴의 주요 수출품은 목재, 철광석, 곡물, 금속재 등이었으며 특히 목재(펄프 및 종이 포함) 품목이 전체 수출의 45%를 차지하였다. 노르웨이는 1875년 해운이 45.2%, 목재(펄프 및 종이 포함)는 19%를 차지했다. 1885년에도 해운은 전체 수출의 43.3%를, 목재는 19.7%를 차지했다(Salmon 1997, 5-7).

표 1. 노르웨이, 스웨덴 무역 규모(% of GNP)

연도	수출		수입	
	노르웨이	스웨덴	노르웨이	스웨덴
1865	25.5	13.6	27.1	13.2
1900	29.6	17.4	34.9	23.4
1914	35.2	20.8 (1913년)	36.2	21.6 (1913년)

출처: Salmon 1997, 5 재구성

통화동맹에도 불구하고 스웨덴과 노르웨이의 경제적 이해관계는 19세기 후반 들어 크게 달라졌다. 스웨덴은 영국에 이어 노르웨이의 제2교역 파트너였을 뿐이고 스웨덴 또한 독일이 주 교역 파트너였다. 스웨덴은 1880년대의 세계시장 곡물가 하락으로 심각한 농업위기가 오자 1888년 농업관세를 도입하였고 그 후 정치적으로 보호주의파와 자유무역파로 분열되었다. 연합체제 이후 노르웨이는 관세혜택을 통해 경제적 이익을 얻었지만 1895년 스웨덴이 공동시장을 보장한 1874년 무역협정(Mellomrikslovene, Interstate Laws)을 폐지하며 자유무역을 제한하자 연합을 지속하기 위한 경제적 동기가 크게 약화되었다. 스웨덴의 보호주의로 두 나라 간 무역규모는 크게 감소하였다.

정치적으로도 두 나라는 중요한 차이가 있었다. 노르웨이 정치는 헌법의 권력분립에 기반을 둔 의회주의와 자유주의에 의해 지배되고 있었지만 스웨덴은 보수주의와 왕권이 중요했다. 관료와 부농 등 노르웨이 지배층은 왕의 권한을 약화시키고 의회의 권한과 독립성을 강화시켜 스웨덴 왕과 갈등적인 관계를 초래했다. 노르웨이 정치에 대한 이해 부족, 노르웨이인들의 민족주의와 자유주의, 다원적 사회균열과 계급구조, 지역적 독립성과 자치주의, 농민들의 반스웨덴 정서 등으로 스웨덴 왕의 노르웨이 지배는 쉽지 않았고 수세적 상황에 처하기도 하였다. 1833년 선거에서 농민대표가 처음으로 의회 과반 의석을 차지하게 되었고 1837년에는 지방자치제(The Alderman Act of 1837) 도입으로 일반대중의 정치 참여가 확대되고 민주주의가 발전하면서 두 나라 간의 정치시스템은 크게 상이해졌다.

연합체제에서 비롯된 정치적 문제들은 갈수록 심각해졌다. 노르웨이보다 인구가 많고 부강할 뿐 아니라 영광스런 역사의 독립왕국 국민인 스웨덴인들은 자신들이 연합체제의 핵심, 즉 시니어 파트너(senior)라는 인식을 가지고 있었다. 노르웨이를 정당한 전쟁의 승리와 정복으로 획득한 나라로 보았기 때문에 스웨덴은 메이저 파트너(major)이자 시니어 파트너이고, 노르웨이는 마이너 파트너이자 주니어 파트너였던 것이다. 스웨덴은 헤게모니를 가진 통합의 주도세력이었고 노르웨이는 통합의 하위세력이었던 것이다. 노르웨이에 대한 국왕의 선의정책은 연합체제 내 스웨덴의 패권적 우위성(supremacy)을 주장하는 스웨덴 보수세력에 의해 비판받기도 하였다. 반면 노르웨이인들은 1814년 합의한 모스조약의 '동등하고 독립적 연합' 조항에 따라 스스로 연합체제의 평등한(equal) 파트너로 인식하였다. 노르웨이 헌법은 다수의 농민이 투표권을 갖는 보통선거에 의한 의회 구성을 명시하고 있었다. 따라서 노르웨이 국민을 합법적으로 대표하는 노르웨이 의회는 스웨덴의 헤게모니에 대항하는 노르웨이 대중의 감정과 생각을 정당하고 합법적으로 대변하는 역할을 할 수 있었다. 이러한 민주적 정치는 1884년 왕이 임명하는 노르웨이 내각은 노르웨이 의회의 신임을 받아야 한다는 완전한 의회주의(parliamentarism)를 제도화함으로써 노르웨이의 독립과 분리에 결정적인 역할을 하게 되었다(Strøm and Narud 2003).

19세기 중반에는 평화적인 연합관계가 지속되면서 보다 높은 수준의 통합을 위한 여건도 성숙되어 갔다. 1840년대 들어 덴마크와 스웨덴 대학생들이 주도한 스칸디나비아 3국의 연대와 통일을 주장한 범스칸디나비아주의가 일어났다. 범게르만주의와 같이 동질적인 언어와 문화, 정치적 유산을 배경으로 정체성에 기반을 둔 지역통합을 추구한 통일운동이었다(Dhondt 2011). 특히 19세기 중반 덴마크령 슐레스비히-홀슈타인 공국을 둘러싼 프러시아와 덴마크 간 갈등이 제1차 슐레스비히-홀슈타인 전쟁(1848-1851)으로 이어지면서 스웨덴 왕 오스카 1세(Oscar I, 1844-1859)는 덴마크 왕과 함께 스칸디나비아 3국 간의 연합 확대를 추진하게 되었다. 이 전쟁에서 덴마크가 이기면서 스웨덴-노르웨이와 덴마크 관계는 밀접해지게 되었다. 그러나 1864년 제2차 슐레스비히-홀슈타인 전쟁 시 스웨덴은 덴마크를 지지하며 군대를 파병했지만 프러시아의 막강한 군사력에 밀려 물러날 수밖에 없었다. 덴마크의 패배와 함께 스웨덴과 덴마크의 정치적 관계는 무너졌고 범스칸디나비아주의도 끝나게 되었다(김용구 2006, 120-121; 그리피스 2006).

덴마크의 슐레스비히-홀슈타인 지역 상실 후 스웨덴은 스칸디나비아 반도에 대한 오스트리아와 프러시아의 영향력 확대를 우려하여 노르웨이와 더욱 강력한 통합을 추진하고자 했다(Hilson 2006). 노르웨이가 평등한 관계를 요구하며 독자적 영사권을 추구하던 시기에 스웨덴은 더욱 강력한 통합을 계획했던 것이다. 스웨덴은 노르웨이와의 완전한 통합에 대해 강대국들의 지지를 얻고자 했다. 스웨덴은 당시 최강대국이자 경쟁관계였던 영국과 러시아 사이에서 전략적 중립을 유지하고 있었지만 러시아는 스웨덴을 경계하여 노르웨이와의 완전한 연합을 반대하였다. 칼 요한 왕 시기에는 친러시아 정책이 외교정책의 기조였지만 대외 팽창주의를 견지한 오스카 1세는 크림전쟁을 계기로 친러정책에서 벗어나고 있었다. 크림전쟁(1853-1856)을 계기로 서구 강대국들과 연합하여 핀란드를 재정복할 야망을 갖기도 하였던 오스카 1세는 1855년 영국 · 프랑스와 '11월 협약'을 맺어 러시아의 위협을 막고 스칸디나비아 반도의 안정을 보장받았다. 나폴레옹 전쟁 후 가장 중요한 대륙국가로 등장한 군사대국 러시아를 견제하고자 유럽대륙의 세력균형을 추구했던 영국과 러시아의 경쟁관계는 러시아의 크림전쟁 패배로 변화되었다. 러시아는 더 이상 노르웨이에 대한 스웨덴의 완전한 병합(통합) 의지를 막기 어려워졌다.[15]

칼 15세(1859-1872) 시기 노르웨이-스웨덴 국민 간의 대립이 악화되면서 연합체제 내 정치적 갈등이 심화되어 갔다. 권위적인 스웨덴 보수세력과 양국의 불평등한 관계에 좌절감을 갖게 된 노르웨이 국민들의 독립의식은 고조되어 갔다. 노르웨이 의회는 총독제 폐지를 결의하였으나 스웨덴 의회는 연합에 관한 사항을 변경할 때에는 두 나라 정부 간 합의를 통해서만 가능하다고 주장하며 이를 거부하였다. 연합 내 우위성을 주장하는 스웨덴 보수세력은 자유주의적이고 진보적인 노르웨이의 정치 환경에 거부감을 갖게 되었고 1860년 스웨덴 의회(Riksdag)는 연합 내 평등을 약화시키고자 왕에게 연합조약 개정을 청원하기도 하였다. 이

15 스웨덴은 노르웨이와의 통합으로 안보공동체를 형성할 수 있게 되었고 무장중립노선으로 강대국 사이에서 균형을 유지할 수 있었다. 19세기 전반기에는 영국과 러시아 사이에서, 19세기 후반기는 영국과 독일 사이에서 군사적 중립정책을 추구했다. 스웨덴은 1870-1871년 프로이센-프랑스 전쟁에서 중립을 지켰으나 오스카 2세(1872-1907) 시기에는 친독일의 외교정책이 수립되어 양국 간의 활발한 교류가 이루어지게 되었다. 따라서 스웨덴의 중립정책은 전시 군사적 비동맹을 의미할 뿐 완전한 정치적 중립이 이루어진 것은 아니었다. 냉전시기 스웨덴은 독립적이고 적극적인 외교정책을 추구함과 동시에 나토 국가들과의 비밀협정으로 소련의 위협에 대해 안보를 보장받았다. 따라서 냉전시기 스웨덴은 순수한 중립이라고 할 수 없을 것이다(김인춘 · 김욱 2008).

에 노르웨이 의회는 왕에게 스웨덴 의회의 행동에 반대의사를 표명해 줄 것과 연합조약에 명시된 노르웨이의 '독립국'과 '연합 내 완전한 평등'의 통합정신을 청원하였다. 그 후에도 스웨덴 지배층의 연합조약 개정 시도는 계속 나타났고 노르웨이인들은 왕권보다 권한이 큰 스웨덴 귀족세력에 배신감을 갖게 되었다. 노르웨이의 자유주의 및 민족주의 세력은 보다 강력한 통합에 반대했고 연합체제에 대한 불신이 커지면서 별도의 영사서비스라는 상징적이고 정치적인 문제를 제기하게 되었다. 이에 1865년 스웨덴, 노르웨이 각 7명으로 제2차 연합위원회가 구성되어 연합조약을 포함한 연합관련 문제들을 논의하였으나 자유주의자들이 지배한 노르웨이 의회는 1871년 연합위원회 보고서를 거부하기에 이르렀다(Knutsen 1997, 234). 노르웨이의 영사권 요구는 왕의 외교권 포기를 의미하기 때문에 왕과 스웨덴 정부는 이를 거부하였고, 노르웨이 의회는 양국의 외교업무를 스웨덴 외교장관이 전담할 것을 요구한 스웨덴 제안을 거부하고 연합조약 개정 반대를 결의하였다. 새 국왕인 오스카 2세(1872-1907)는 1873년 노르웨이 국민의 지지를 얻기 위해 총독제를 폐지하였다. 스웨덴의 보다 강력한 통합 시도는 후퇴하고 있었다.

3. 연합체제의 경제 및 정치사회적 발전

스웨덴, 노르웨이 두 나라 모두 19세기에 정치사회적 개혁과 발전이 이루어졌다. 19세기 중반부터 교육운동, 선거권 확대운동, 노동운동, 금욕운동 등의 사회운동이 나타나면서 전통적 권위를 거부하는 진보적 대중공동체가 발전하였다. 사회적으로 자영농 농민의 자조정신과 농민세력의 정치적 영향력, 낮은 문맹률은 강한 (시민)사회의 기반이 되었다. 19세기 말에는 기존의 권위에 비판적인 문화적 급진주의(cultural radicalism)가 나타나 개인주의와 자유주의를 확산시켰다. 노르웨이는 1814년 헌법 제정으로 입헌군주제를 구축하였고 1884년에 민주주의(의회주의)를 달성하였으며 1898년 남성보통선거권을 도입하였다. 강력한 지배계급이 존재하지 않았기에 1814년 민주적 헌법이 가능했으며, 약소국으로서 강제적으로 연합에 참여한 노르웨이는 연합왕국의 왕이 스웨덴 왕이었기 때문에 노르웨이 국민이 곧 주권이자 국가를 대표한다는 의식이 강했다. 자유주의 운동에 기반을 둔 노르웨이 대중운동은 자유당의 근간이 되었고, 자유당은 많은 국민운동 단체를 포괄하여 독립투쟁운동을 대표하였다. 노르웨이는 이미 19세기 말에 실업보험을 도입하는 등 사회개혁에 적극적이었고 1896년 통합국민교육으로 유럽 최초의 5년제 공교육을 실시하였다(Sejersted 2011).[16]

스웨덴은 1809년 형식상 절대군주제가 무너졌지만 강력한 군주와 귀족주의로 남성보통선거권은 1909년에, 민주주의(의회주의)는 1917년에 이루어졌다. 1720년 헌법제정으로 절대왕권을 축소하였으나 1772년 구스타브 3세에 이어 1792년 왕위에 오른 구스타브 4세는 절대군주제를 유지하였다. 1808-1809년 초의 국가적 위기 상황에서 구스타브 4세는 폐위되었고 곧바로 1809년에 신헌법을 제정하여 입헌군주국이 되었으나 노르웨이의 민주적 헌정주의와 달리 귀족주의적 헌정주의(aristocratic constitutionalism)가 등장하였다. 스웨덴에는 귀족, 관료, 지주, 산업가 등으로 이루어진 강력한 지배세력이 존재했고 이들이 의회를 지배했다(Nordstrom 2000, 165). 그러나 19세기 중반 자유주의적 개혁이 이루어지면서 의무교

16 1930년대에는 보편주의와 유사한 연금제도를 도입하는 등 현재 복지시스템의 근간을 이루는 제도들을 협상과 타협을 통해 발전시켜 왔다. 부의 재분배, 높은 수준의 사회적 평등을 가능하게 한 복지국가의 근간을 이루는 것은 노르웨이의 사회적 연대 중시, 철저한 평등사상, 인권 존중 철학이었다(이병화 "노르웨이 헌법 제정 200주년", 문화일보 2014. 1. 22).

육(1842), 민간기업(1845)이 도입되었고, 종교적 자유(1860)가 이루어지고 지방자치(1862)가 실시되었으며, 1864년에는 무역과 산업에서 기업의 완전한 자유를 허용하였다. 1866년 의회개혁으로 양원제가 도입되어 농민 세력의 정치적 대표성이 높아지고 정치발전이 이루어졌다. 스웨덴 관료제도의 효율성은 개혁과 발전의 토대가 되었다. 루터교회의 권위를 축소하고 중산층과 자유주의 발전의 기반을 만들게 되었다(Sejersted 2011).

연합체제의 경제통합과 경제발전은 양호하게 진전되었다. 스웨덴-노르웨이 연합은 1825년 양국 간 관세를 철폐하여 자유무역과 경제통합을 본격화하였다. 1830년대부터 노르웨이 경제가 호전되었고 자유무역을 통해 당시 유럽 대륙의 산업혁명과 경제발전에 참여할 수 있게 되었다. 철도, 전신, 섬유 등 인프라 및 산업발전이 이루어졌고 1850년대 이후에는 조선 및 해운 산업이 비약적으로 발전하였다. 이는 1825년 스웨덴과의 관세 철폐, 오스카 1세(1844-1859)의 자유기업과 교역 장려, 의무교육 실시 등 진보적 개혁에 힘입은 결과이기도 했다. 두 나라는 풍부한 천연자원 개발에 집중하여 산업을 발전시키고 국경횡단철도, 통신 등 인프라를 건설하며 더욱 가까워졌다.

크림전쟁 이후 영토확장 노선을 포기한 스웨덴은 19세기 후반 들어 경제발전에 집중하였으며, 국민들의 노동윤리와 기업가들의 혁신정신, 풍부한 천연자원으로 경제기적을 이루었다. 스웨덴 산업혁명은 19세기 중반 근대적 목재산업과 철도건설이 이루어지고 1870-1890년대에 이르러 금속산업 및 제조업의 성장으로 본격화되었다. 19세기 중반부터 금융시스템의 발달, 기술대학 운영, 회사법으로 기업 발전이 이루어졌으며 특히 기계 등 중공업의 발전은 국제적으로도 뛰어났다.[17] 1870년대 이후

17 1856년 설립된 Stockholms Enskilda Bank, 1829년 설립된 Chalmers University of Technology가 대표적이다. 세계 최초의 중앙은행(스웨덴은행〔Sveriges Riksbank〕,

산업화에 크게 성공한 스웨덴은 20세기 들어 산업 및 경제강국으로 부상하여 1930년대 이후 복지국가 발전의 토대가 되었다. 노르웨이에 비해 스웨덴은 산업자본주의 제도가 일찍부터 발달하여 산업부르주아(big business)의 권력이 강했던 반면, 민주주의 제도의 발전은 늦었다. 노르웨이는 산업화보다 민주화가 먼저 이루어지면서 대중의 권력이 정당성을 갖게 되었으며, 거대기업보다 민주적 쁘띠부르주아의 힘이 강했다(Sejersted 2011).

노르웨이-스웨덴 연합체제는 정치사회적 통합의 어려움에도 불구하고 산업화와 경제성장을 목표로 하면서 1880년대까지 경제정책의 조화를 이룰 수 있었다. 특히 중요한 것은 통화동맹이 성공적으로 유지되었다는 점이다. 1875년에 성립된 스칸디나비아 통화동맹은 동등가치의 은행권과 수표까지 유통됨으로써 성공적인 지역통화통합과 지역통합 가능성을 보여주었다.[18] 통화통합은 1873년 스웨덴과 덴마크의 합의로 먼저 이루어졌고 1875년 노르웨이 의회가 가입을 결정함으로써 3국 간 통화동맹이 완성되었다. 1873년 당시 노르웨이가 가입을 유보한 것은 상대적으로 경제 발전이 늦은 노르웨이가 어려움에 처할 가능성을 우려했기 때문이다. 이 사실에서 알 수 있는 것은 노르웨이의 정책적 자율성과 스웨덴-노르웨이 연합체제가 정치적 통일체를 이루지 못하였다는 점이다. 스칸디나비아 통화동맹은 연합이 해체된 후 제1차 세계대전까지 성공적으로 작동되었지만 통화동맹이 정치적 통합을 가져오지는 못했다.

1668) 등 스웨덴은 일찍부터 금융이 발전하였다.

18 유럽에서 가장 성공적인 통화통합 사례로 평가되고 있는 스칸디나비아통화통합은 제1차 세계대전이라는 외부적 요인으로 해체되었다. 스칸디나비아 경제는 해외무역과 개방성을 기반으로 빠른 성장을 이루면서 20세기 들어 유럽 핵심국가 수준이 되었다(Kærgård & Henriksen 2003).

IV. 스웨덴-노르웨이 연합의 해체와 분리

1. 노르웨이의 민주주의 발전과 연합체제에 대한 도전

노르웨이의 지속적인 경제사회적 발전과 북유럽에서 가장 앞섰던 민주주의 제도는 연합체제에 도전하는 결과를 가져왔다. 노르웨이 사회는 크게 두 계급으로 분리되어 있었는데 관료, 부농 등의 지배계급과 소작·자작농 중심의 피지배계급이 그것이다. 노르웨이는 서유럽에서 가난한 나라 중 하나였고, 계급 및 지역 격차를 비롯한 심각한 사회문제로 인해 사회적 분열구조가 심화되었다. 19세기 중반 이후 노르웨이의 급속한 산업화와 경제성장은 자본가와 노동계급을 성장시켜 새로운 계급갈등을 초래하였다. 이미 1833년 선거에서 농민대표가 의회 과반 의석을 차지하면서 민주주의와 개혁에 대한 요구가 커졌고 지배관료계층에 대한 농민 및 급진주의자들의 불만이 커져갔다.

노르웨이의 연합분리운동은 계급적 요인도 크게 작용했는데 국제적으로 성공한 해운 및 조선 기업인들이 독립투쟁을 계기로 정치적으로 부상하게 되었다. 이들은 독립투쟁을 통해 관료, 부농 등 현상유지를 원하는 구지배세력을 공격하였다. 과거 베르겐의 해운업자이자 자유당 소속으로 1891년 의회에 진출한 미켈센 의원(연합 분리 후 노르웨이 초대수상, 1905. 3-1907. 10)이 대표적이다. 현대적 정당 형성이 본격화되면서 많은 정당들이 창당되었고[19] 1872년 최초의 직종별 노동조합 설립, 1898년 보통선거권이 도입되었다(여성은 1913년). 1884년에는 기존의 농민

19 사회민주주의 정당인 노동당은 1887년에 창당되었고, 1912년 총선 이후 자유당에 이어 제2정당이 되었으며 1935년 집권 이후 노르웨이의 지배정당이 되었다. 자유당에 대해서는 http://en.wikipedia.org/wiki/Liberal_Party_(Norway) 참조.

당(Bondepartiet) 일부를 흡수하고 도시의 진보세력을 포괄한 '좌익당(Venstre, 자유당)'이라 부르는 사회적 자유주의(social liberal) 노선의 자유주의 정당이 출현하였다. 자유당은 연합 내 완전한 평등권을 추구하였고 연합체제 탈퇴까지 계획하였다. 또한 의회주의 정착을 위해 자유당 지도자 요한 스베르드룹(Johan Sverdrup)은 의회의 권한을 강화시켜 의회가 다수결로 결의한 사항은 왕과 내각이 반드시 집행하도록 하였다. 요한 스베르드룹이 주도하는 민족주의 운동 세력은 농민 지위 향상 등 사회개혁을 추진하였다. 의회 내에서 좌익당의 대항세력은 보수적인 '우익당(Høјre, 보수당)'이었다. 양당 모두 노르웨이-스웨덴 연합 내의 평등권을 주장하였지만 보수당은 연합체제에 현상유지적이었다.

1880년대 들어 노르웨이 내부적으로 의회와 내각의 상호 관계 및

표 2. 1879-1906년 노르웨이 총선 결과 정당별 의석 수

연도	자유당	보수당	온건 자유당*	Labour	노동민주당**	Coalition
1879	무소속 Independents					
1882	83	31	-	-	-	-
1885	84	30	-	-	-	-
1888	38	51	25	-	-	-
1891	63	35	16	-	-	-
1894	59	40	15	0	-	-
1897	79	25	10	0	-	-
1900	77	31	6	0	-	-
1903	48	47	10	5	2	5
1906	73	36***	-	10	4	-

* Moderate Liberal Party
** Labour Democrats
*** Edmund Harbitz Coalition(범보수당)
(1879년 총선까지 현대적 정당인 공당(公黨)은 없었고 비공식적 정치그룹과 무소속 등으로 선거 경쟁함 〔1900년까지 총의석 수 114, 1903년 총의석 수 117, 1906년 총의석 수 123임〕)
출처: http://en.wikipedia.org/wiki/Norwegian_parliamentary_election,_1879

위상 문제를 둘러싸고 자유당과 보수당, 그리고 왕과의 갈등이 나타났다. 1880년 6월 자유당 당수 요한 스베르드룹은 내각에 대한 의회의 절대적 우위를 주장하면서 의회에서 헌법개정 공포권을 담은 결의를 통과시켜 왕 및 노르웨이 보수파와 대립하게 되었다. 자유당 세력은 빠르게 세력을 확대하여 1882년 총선에서 보수당의 31명보다 훨씬 많은 83명의 의원을 선출하여 의회의 다수파로 부상하였다. 1884년 의회는 보수적인 내각에 대해 불신임 결의하고 왕으로 하여금 개혁적인 새로운 내각 구성과 자유당 당수 스베르드룹을 총리로 임명할 것을 요구하였다. 이 사건으로 1884년 7월 자유당 내각이 구성되면서 의회주의가 수립되었다. 의회는 투표권 확대와 징병제를 의결하였다. 1884년은 노르웨이 정치뿐 아니라 스웨덴-노르웨이 연합관계에 중요한 분기점이 되었다. 스웨덴이 '1884년 위기(The Crisis of 1884)'라 칭하는 1884년 사건 이후 노르웨이에 완전한 의회정치가 실시되었고 그 결과 노르웨이 의회의 결정은 그 자체로 효력을 갖게 되었기 때문이다(Nordlund 2010).[20]

19세기 말에는 연합체제에 대한 갈등이 심화되면서 외교권 문제가 핵심쟁점이 되었다. 스웨덴-노르웨이 연합체제의 핵심은 왕위와 외교권의 단일화에 있다. 단일화된 왕위와 외교권은 연합왕국의 왕, 즉 스웨덴 국왕이 갖기 때문에 노르웨이는 독립적인 왕과 외교권을 갖지 못하였다. 1815년의 연합조약은 단일 왕을 인정하고 왕에게 외교에 대한 자율권한을 부여하였다. 그러나 연합조약에 대한 인식의 차이로 연합 내 대립은 1885년 이후 심화되었다. 스웨덴은 1885년 헌법을 개정하여 외교업무를 외교장관에게 위임하도록 함으로써 연합체제의 외교업무는 연합왕국의 왕에서 스웨덴 정부의 관할로 넘어가게 되었다. 그 결과, 외교정책 논의에 노르웨

20 http://archive.spectator.co.uk/article/28th-june-1884/12/the-crisis-in-norway

이의 참여를 인정한 1835년 칙령이 중지되고 스웨덴이 외교권을 독점하게 되었다. 연합관계를 구조적으로 변화시킨 '1884년 위기'와 함께 1885년 스웨덴 헌법 개정은 연합체제의 균형을 무너뜨리고 노르웨이 민족주의 운동을 확산시켜 1905년 연합해체까지 20년 갈등의 주된 요인이 되었다.

연합체제의 외교업무는 외교부 장관(스웨덴인)이 전담한다는 스웨덴의 주장과 노르웨이 외교업무는 노르웨이인 영사가 맡아야 한다는 노르웨이의 요구가 대립되었다. 외교업무는 왕의 고유권한이라는 점은 두 나라 모두 수용한 사항이었지만 두 왕국을 대표하는 외교관은 대부분 스웨덴인이었고 외교장관도 스웨덴인이었다. 이에 1890년대 들어 노르웨이는 외교에서 동등한 대표성을 요구하였고 노르웨이 별도의 영사서비스를 위한 국민적 캠페인에 나서게 되었다.[21] 영사문제(consul affair)에 대한 두 나라의 대립에서 노르웨이는 자국의 이익이 침해되고 있다고 주장했지만(Nansen 1905; Leira & Neumann 2007; 2008), 스웨덴은 노르웨이의 상업적 이익이 침해되지 않으며 영사업무와 외교업무는 분리될 수 없다고 주장하였다(Nordlund 1905).

1890년대 들어 연합해체와 독립을 위한 노르웨이의 투쟁은 격화되었다. 중세시대의 노르웨이 민족 역사를 내세운 민족주의자들은 19세기 후반 진보적 민주주의 세력과 연계하여 의회주의와 민주주의 규범에 기반을 둔 국가건설과 근대화를 추구하였다. 자유당의 분리주의 운동은 더욱 강력해졌고, 특히 노르웨이 국민들이 갈수록 연합체제에 비판적이 되면서 보수당도 연합 내의 평등을 강하게 주장하게 되었다. 스웨덴은 노르

21 노르웨이 헌법에 별도 영사서비스가 명기되어 있었으나 노르웨이 의회는 1814년 11월 영사관을 설치하지 않기로 하였다. 그 후로도 별도 영사서비스의 필요성이 크지 않았고 또한 비용문제로 운영하지 않았으나, 19세기 후반 들어 연합문제로 대립이 심화되고 무역과 해운업이 급성장하면서 영사문제가 대두되었다.

웨이 사회가 정치적, 계급적으로 분열되어 있어 하나로 결속하지 못할 것으로 보았지만 노르웨이인들의 민족주의와 독립에 대한 의지는 연합분리에 중요한 역할을 했다. 정치적 헤게모니를 확보한 자유당의 독립의지로 현상유지적인 보수당도 노르웨이의 독립과 평등을 주장하게 된 것이다.

이러한 상황에서 자유당은 노르웨이의 독자적인 영사권 문제를 제기하는 등 보다 적극적으로 연합체제에 도전하게 되었다. 1891년 노르웨이 영사업무의 분리 실현과 남성보통선거권을 강령으로 채택한 자유당이 선거에서 승리한 후 노르웨이 의회는 1892년에 별도의 영사서비스 설립을 의결하였다. 이는 노르웨이의 독자적 외교권을 의미했으며 국왕의 통치권에 대한 도전이자 일방적 독립선언을 의미했다. 노르웨이 의회가 제출한 영사업무 관련 법안에 대해 국왕이 거부권을 행사했음에도 불구하고 정치권력을 가진 노르웨이 자유주의자들은 강경한 입장을 고수했다. 이에 스웨덴은 1895년 군사적 위협을 가하기에 이르렀고 이를 계기로 두 나라 모두 군사비 지출을 늘려 군사력을 증강하고 국경경비를 강화하는 등 급속히 무장을 하게 되었다. 스웨덴 보수파의 공세는 격화되었고 군주제와 연합체제 유지에 노르웨이의 기여가 없었다는 비난과 함께 연합 내 대등한 지위를 위해서는 연합체제의 행정과 국방에 대해 스웨덴과 같은 수준의 재정적 부담을 해야 한다고 주장했다(그리피스 2006, 93; Nordlund 1905). 또한 스웨덴은 1895년 공동시장을 보장한 무역협정을 일방적으로 중지하고 노르웨이에 유화적인 외교장관을 보수파로 교체하였다. 이에 노르웨이는 관세를 올리고 1897년 선거에서 자유당의 압승에 힘입어 1898년에는 연합의 상징물들을 철폐하고 단독으로 노르웨이 국기를 공표했다.[22]

22 http://global.britannica.com/EBchecked/topic/420178/Norway/39321/The-union-conflict-1859-1905

2. 1905년 6월 7일 '혁명'과 연합의 해체

노르웨이는 헌법을 가진 독립국가로 연합체제 내에서 자치를 누려왔지만 외교권, 특히 영사권의 제약으로 무역과 해운, 자국민의 해외활동 등에서 불편과 불이익을 겪어 왔다. 영사문제는 1891년 자유당에 의해 본격적으로 등장했고 1892년 노르웨이 의회가 별도 영사서비스 설립을 의결한 사건은 연합체제를 해체하게 되는 기폭제가 되었다. 1895년에는 폭력적 대치 상황이 발생했고 스웨덴에 의한 무력진압은 스웨덴 병력의 10% 수준이었던 노르웨이가 본격적으로 군사력을 구축하게 되는 계기가 되었다.[23] 두 나라는 1895년 제3차 연합위원회를 구성하여 1898년까지 외교사무소와 영사서비스 문제를 논의하였으나 노르웨이의 독자적 영사서비스 요구로 아무런 성과를 내지 못하였다. 1814년 5월 17일 제정된 노르웨이 헌법에 노르웨이의 영사임명 조항이 있고 1814년 8월 모스회의에서 스웨덴 왕이 노르웨이 헌법 수용을 약속했으므로 노르웨이의 영사권 요구는 주권국가의 합법적 권리임을 강조하였다. 1844년, 1865년, 1895년 세 차례 구성된 연합위원회의 협상은 타협점을 찾지 못한 채 실패로 끝나게 되었다.

90년간 지속되어 온 스웨덴-노르웨이 연합은 놀랄 만큼 빠르게 해체되었다. 1895년부터 1905년까지 연합체제는 폭력적 대결, 군사적 무장, 협상, 시위, 격화된 여론 등 혼돈 상태에 빠져 있었다. 1900년 노르웨이 총선에서 압승한 자유당은 별도의 영사서비스와 외교업무를 더욱 강력하게 요구하였고, 스웨덴은 1902년 별도의 영사서비스 설치문제 협상을 위해 스웨덴-노르웨이 간 영사위원회(Consular Committee)를 구

23 http://jjohansen.net/2013/12/29/the-war-that-never-took-place-1905/

성하였다. 1902년 스웨덴 총선에서 기업가들이 다수 당선되고 자유무역파와 자유주의자들이 승리함에 따라(Lewin 1989, 329) 연합문제가 타협을 통해 해결될 것으로 기대되었다. 스웨덴은 1903년 3월 스웨덴 외교부의 감독 조건하에 노르웨이 영사제도를 승인하고자 하였으나 노르웨이는 거부하였다. 1903년 9월 노르웨이 총선에서 타협과 협상을 주장한 우파의 승리로 스웨덴에 매우 우호적인 의회와 내각이 구성되어 양국 간 최종 합의가 이루어질 것으로 기대되었다. 그러나 스웨덴은 영사 임명은 정치적 연합의 일부이며 외교업무에서 영사업무는 분리될 수 없다는 우파세력의 입장을 고수하였다.[24]

분열의 위기가 지속되자 1905년 2월 연합왕국의 왕세자는 연합체제를 지키기 위해 양국 간 협상을 주선했지만 협상이 실패로 끝나자 노르웨이 의회는 독자 노선을 걷게 되었다. 노르웨이 보수당도 연합체제 유지를 포기하고 1905년 3월 11일 자유당의 크리스티안 미켈센(Christian Michelsen, 1905.3.11－1907.10.23)을 수상으로 하는 강경 연립내각을 구성하게 되었다. 미켈센 내각의 제안에 따라 의회는 별도의 영사업무 설치 법안을 만장일치로 의결하였다. 이에 4월 5일 왕세자는 합동내각회의를 소집하여 완전한 평등을 위한 해결방안을 호소하면서 노르웨이인을 외교장관으로 하는 합동외교부를 제안하였다. 그러나 영사문제를 계기로 연합해체를 계획한 노르웨이 의회는 스웨덴의 제안을 거부하고 독자적 영사사무소 설치를 선언하였다. 노르웨이 내각은 의회의 결의에 따라 독자적 영사서비스를 공식 발표하였다(Nansen 1905, 92-93). 이에 스웨덴 의회는 5월 2일 노르웨이에 우호적인 총리를 선출하여 위기를 해결하려 하였으나 노르웨이 의회는 5월 23일 만장일치로 연합해체

24 http://en.wikipedia.org/wiki/Norwegian_parliamentary_election,_1900

에 합의하고 내각의 별도 영사서비스 안을 의결하였다.

1905년 5월 27일 노르웨이는 연합왕국 국왕에게 별도 영사서비스 법안 승인을 요청하였으나 왕은 이를 거부하였다. 영사권은 곧 외교권을 의미했고, 독자적 외교권은 노르웨이의 독립, 즉 연합 해체를 의미했기 때문이다(Nordlund 1905, 10). 반면 노르웨이는 의회에서 의결된 법안의 승인을 거부한다는 것은 노르웨이 국민의 뜻에 반하고 노르웨이 헌법을 인정하지 않는 것으로 보았다. 연합왕국의 왕이 법안 승인을 거부하자 미켈센 내각은 총사퇴로 대응하였다. 결국 1905년 6월 7일 연합 해체를 선언하는 '혁명'이 발생했다. 왕의 법안 거부에 노르웨이 의회는 국왕을 거부하는, 즉 스웨덴과의 연합왕국체제를 해체하는 방안을 의결하게 되었다. 미켈센 총리는 6월 7일 연합왕국의 국왕이 내각 사퇴를 수용하지 않아 국왕이 새 내각을 구성할 수 없게 되었다고 발표했다. 이에 노르웨이 의회는 연합왕국의 국왕이 노르웨이 국왕의 역할을 거부하고 노르웨이의 입헌적 군주로서의 권능을 상실하였으므로 이로써 연합체제는 해체되었다고 선포하였다. 그리고 미켈센 내각에게 노르웨이 정부를 독자적으로 이끌어 나갈 것과 왕이 행사했던 권한을 대행할 것을 요청했다.[25]

왕의 퇴위와 연합왕국 해체를 결의한 노르웨이 의회에 노르웨이인들은 환호했지만 스웨덴은 노르웨이의 '반란'에 경악했다. 두 나라 간 국

25 노르웨이와 스웨덴은 '6월 7일 사건'을 서로 다르게 보고 있다. 노르웨이는 무엇보다 왕이 새 내각을 구성하지 못하여 왕권의 권능이 정지되었기 때문에 합법적 정당성이 있다고 주장하였다. 그리고 연합왕국 왕의 권능이 정지되었으므로 노르웨이와 스웨덴은 공식적 관계가 종결되고 따라서 연합체제도 종료된다는 것이다. 그러나 스웨덴은 물론 강대국들도 노르웨이의 일방적 결정에 동의하지 않았다. 노르웨이 행동이 비록 자국의 주권과 민주주의를 위한 정당성이 있다고 해도 '6월 7일 사건'은 합법적이지 않은 정치혁명이라고 보았다. 연합의 분리문제는 노르웨이 의회의 일방적인 결정만으로 해결될 수 없다는 것으로, 강대국들도 스웨덴의 동의가 있어야 연합분리가 가능하다는 입장이었다(http://www.nb.no/baser/1905/tema_7juni_e.html).

가적 자존심 문제로 비화하면서 전쟁의 위기에 빠지게 되었다. 강대국들의 지지를 얻기 위한 외교전과 정보전이 본격화되었고 전 세계의 언론을 통한 국제적 여론 형성이 중요해졌다. 외교단이 없었던 노르웨이는 북극탐험가인 난센(Fridtjof Nansen), 또 다른 유명한 세계적 탐험가 헤딘(Sven Hedin) 등 유명인들이 나서서 노르웨이 입장을 국제적으로 알리고 노르웨이에 대한 지지를 호소하였다(Nansen 1905). 노르웨이는 이미 1905년 3월 정보위원회를 구성하여 해외 각국에 노르웨이의 상황과 입장에 대한 정보를 제공하고 있었다. 노르웨이 입장에 반하는 강대국들의 개입을 막는 데 주력하였고, 특히 영국에 대한 외교적 설득에 치중하였다. 노르웨이의 외교적 노력이 평화적인 연합 분리를 가져오는 데 중요한 역할을 하였지만 1905년의 국제적 상황도 강대국들의 입장에 영향을 주어 연합분리를 지지하게 만들었다. 당시 러일전쟁으로 인해 스칸디나비아 반도에 대한 강대국들의 관심이 크지 않았고 패권경쟁과 식민지 등 복잡한 상황에서 북유럽에서 발생한 갈등을 피하고자 했다. 강대국인 영국, 독일, 프랑스, 러시아는 노르웨이의 독립을 지지하며 협상에 의한 해결을 원했고 두 나라가 합의하지 못하면 개입할 수도 있는 상황이었다.

노르웨이 의회의 연합 해체 결의 이후 스웨덴은 무력사용과 평화적 분리라는 두 가지 선택에서 스칸디나비아 반도의 평화와 안정을 위해 협력 방안을 선택하게 되었다. 물론 노르웨이의 '반란'을 비난하면서 강력하게 대응해야 한다는 우파 민족주의 세력의 주장도 있었지만 스웨덴 국내의 민주주의 발전, 자유주의자와 사회주의자들의 반대 여론이 확산되면서 무력을 동원하면서까지 연합체제를 유지시킬 필요가 없다는 여론이 확산되었다.[26] 군사적 행동은 해결방안이 될 수 없었고 강대국들도 스

26 20세기 초 스웨덴은 자유주의자들은 물론 사회주의자들과 노동계급이 부상하였고 이들은 노르웨이와의 평화로운 협력관계를 주장했다. 특히 1889년 창당된 사회민주당의 브란

웨덴에 대화를 통한 해결을 압박하였다. 결국 스웨덴으로서는 강대국에 의해 강제된 방안을 수용하기보다 스스로 해결 방안을 만드는 것이 필요했다. 스웨덴 의회는 연합체제 해체에 관한 노르웨이 의회의 결정은 법적 효력이 없으므로 이 문제는 양국 간 협의를 거쳐 최종적으로 결정해야 한다고 공식 발표하였다. 연합왕국의 왕은 무력사용 불가와 분쟁의 평화적 해결을 주문했고, 스웨덴 의회도 스칸디나비아 반도의 미래를 위해 현명하고 평화적인 방안을 강구하기로 하면서 연합의 분리문제는 현실화되었다. 강압적 방식이나 연합체제 유지는 불가능해졌다.

왕은 스웨덴 의회 내 자유주의자들의 지지로 연합에 대한 노르웨이인들의 국민투표를 제안하며 중재적 역할을 하였다. 노르웨이도 무력 충돌을 원치 않았고 1905년 8월 13일 투표결과 85.4% 투표율에 368,208명의 연합분리 지지와 184명의 연합유지 지지로 연합체제의 해체를 공식화하였다. 이어 노르웨이는 연합조약 폐지를 요구하였고 양국 정부의 대표들은 8월 31일 칼스타드(Karlstad)에서 협상을 시작하였다. 회담 결렬과 군사적 긴장 등의 어려움이 있었지만 1905년 9월 23일 평화적 분리에 합의하고 스웨덴은 노르웨이의 완전한 독립을 승인하게 되었다. 또한 향후 스웨덴과 노르웨이 간 분쟁은 헤이그중재재판소를 통해 해결하기로 합의하였다. 양국 의회는 10월 16일 칼스타드합의를 비준하고 연합조약을 폐기하였다. 10월 26일 스웨덴 왕의 노르웨이 왕위 포기 발표로 노르웨이 독립을 최종적으로 인정하였으며 이에 따라 강대국들도 노

팅(Hjalmar Branting, 1920.3-1920.10, 1921.10-1923.4 총리 역임) 당수는 적극적으로 '평화로운 결별'과 '위대한 해결'을 주장하였고, 1905년 노르웨이가 스웨덴과의 연합을 일방적으로 철회한 후 다른 사회주의자 및 자유주의자들과 함께 스웨덴인들의 보복주의적 감정을 진정시키는 데 중요한 역할을 했다(http://jjohansen.net/2013/12/29/the-war-that-never-took-place-1905/, http://preview.britannica.co.kr/spotlights/nobel/list/B10b2122a.html).

르웨이 독립을 인정하게 되었다.[27] 1905년 두 나라의 연합 해체는 매우 드문 평화적인 분리였다. 당시 노르웨이의 일방적인 연합 해체 시도에 스웨덴은 전쟁 위협으로 대응했고, 두 나라 모두 전쟁을 불사하는 소수의 극단적 세력이 있었으며, 실제로 군사적 움직임이 있을 만큼 위험한 상황이었다. 그러나 군사적 해결 방안을 반대한 스웨덴의 개혁적 자유주의 세력, 국왕의 현명한 대응, 강대국들의 협상에 의한 해결 압박이 평화적 분리에 중요한 역할을 하였다.

3. 평화적 분리와 분리 이후

통합과 분리의 긴 역사를 가진 스칸디나비아 반도는 1905년 노르웨이-스웨덴 연합의 해체로 칼마르 연합 이후 600여 년 만에 세 개의 나라로 분리되어 현재에 이르고 있다. 노르웨이-스웨덴 연합은 '19세기(1815-1914) 유럽'의 영향을 많이 받았다. 19세기는 산업화와 자본주의가 급속히 발전한 시기로 무역확대와 자본축적을 위해 국가와 자본의 역할이 커진 시기였다. 국가 간 전쟁은 거의 없었으나 국내적, 지역적 갈등은 오히려 심화되었고, 특히 19세기 중반 이후 자유주의와 민족주의의 확산과 급격한 사회경제적 변화로 계급적, 이념적, 민족적 대립이 커져 왔다. 스웨덴-노르웨이 연합체제는 이러한 내부적 요인으로 변화하고 발전하면서 분리의 과정에 이르게 되었다. 노르웨이는 영토문제가 가장 중요했던 빈 체제(The Wiener System)의 국제평화 질서에서 벨지움(네덜란드

27 노르웨이 헌법은 연합체제에 관한 조항만 삭제되고 그대로 존속되었다. 연합 분리 직후 정부 형태에 대한 국민투표를 통해 군주제를 채택하였고 덴마크 왕자 칼(Karl)을 왕으로 선출하여 호콘 7세(Hakon VII, 1905-1957)가 되었다. 당시 강대국들도 노르웨이의 군주제를 원했다.

로부터 1839년 독립) 이후 두 번째로 독립한 나라가 되었다. 연합 분리와 노르웨이 '독립'이 가능했던 요인은 노르웨이의 정치적 민주주의, 경제적 발전, 사회개혁과 민족의식의 고양 등 노르웨이의 발전이 가장 중요했다. 19세기 후반 노르웨이의 급속한 국가적 발전은 연합 내 불평등한 관계에 대한 실망과 독립에 대한 열망으로 나타났고 러일전쟁이라는 국제적인 요인이 노르웨이에 긍정적으로 작용하면서 평화적인 연합 해체를 이루는 데 중요한 역할을 했다. 러시아의 위협과 개입을 막는 것이 가장 중요했던 19세기 유럽의 세력균형체제하에서 일본에 패한 러시아는 스칸디나비아 반도에 위협이 되기 어려웠으며 따라서 노르웨이의 독립이 강대국들의 현상유지적 이해관계를 변화시키지 못할 것으로 보았기 때문이다.[28]

갈등과 대립 끝에 노르웨이가 일방적으로 연합에서 탈퇴했지만 90년간의 연합관계는 서로에게 긍정적인 영향을 준 역사적 과정이기도 했다(Stråth 2004; 2005; Barton 2002; 2005). 노르웨이의 발전된 의회주의와 민주주의는 스웨덴 진보주의자들에게 하나의 모델이 됨으로써 스웨덴 정치에 중요한 영향을 미쳤다. 노르웨이는 민주화를 이룬 후 산업화에 매진한 반면, 스웨덴은 산업화가 먼저 이루어졌다. 또한 19세기 후반의 급속한 산업발전은 1890년대 들어 노동운동과 계급투쟁을 심화시켰으며 유사한 정서를 가진 두 나라의 노동계급은 노동운동과 사회민주주의 발전을 이끌었다. 당시 스칸디나비아 국가들은 불평등과 사회적 격

28 노르웨이는 1907년 11월 2일 영국 · 프랑스 · 독일 · 러시아와 노르웨이의 주권과 안전을 보장한다는 협약을 체결하였다(The Treaty of Guarantee of the Integrity of Norway). 이 조약으로 노르웨이는 1855년 스웨덴이 영국 · 프랑스와 맺은 '11월 조약', 즉 스웨덴-노르웨이 연합체제의 안정을 보장한다는 내용을 무효화시킬 수 있게 되었다. 중요한 것은 11월 조약, 1907년 조약 모두 러시아의 개입과 침략을 막기 위한 것이었다(*The American Journal of International Law* 1908, 176-178).

차, 빈곤의 문제가 심각했고 노동운동과 좌파세력의 부상은 정치사회적 투쟁과 사회개혁을 촉진했다. 연대와 평등의 이념을 추구한 이들에게 스웨덴의 노르웨이 지배는 자유주의나 사회주의의 이상에 맞지 않는 것이었다(그리피스 2006). 20세기 들어 민주주의의 완성과 급속한 경제발전이 가능했고, 이는 두 나라에서 1930년대 이후 복지국가와 사회 코포라티즘이 발전하게 되는 기반이었다.[29] 1932년 스웨덴 사회민주주의노동당(사민당)이 집권하고 1935년 노르웨이의 사회민주주의 정당인 노동당이 집권한 후 개혁주의와 노사타협에 기반을 둔 보편적 복지국가를 발전시켜 왔으며 이러한 두 나라의 복지모델과 사회 코포라티즘은 노르딕 모델의 모범으로 세계적으로 주목받아 왔다(Kent 2008; 정병기 2012).

또 다른 중요한 통합의 영향은 대외적 중립전략이라 할 수 있다. 1814년 이후 군사적 중립을 유지해 온 스웨덴은 북유럽 국가들의 중립정책, 즉 노르딕 밸런스(Nordic balance)를 선도하는 역할을 해 왔다. 덴마크 또한 1814년 이후 기본적으로 중립을 유지해 왔다. 1883년 스웨덴 의원 아놀드손(K. P. Arnoldson)이 제안한 스칸디나비아 반도의 영구적 중립 방안이 채택되지 못했지만[30] 노르웨이는 1905년 연합 분리 이후 스웨덴과 마찬가지로 중립적 외교노선을 유지하였다. 스칸디나비아 3국은 1912년 공동의 중립노선을 선언하였고, 1914년 8월 제1차 세계대전이 발발하자 즉시 중립을 선포하고 상호 긴밀한 협력관계를 구축하였

29 1889년 사회민주당이, 1902년 전국 조직의 자유당이 창당되어 자유주의 원칙과 평등, 인권 사상이 뿌리내렸다. 사회자유주의(social liberalism) 노선을 추구한 자유당은 사회민주당과 연합하여 많은 정치·사회 개혁을 달성하였다. 스웨덴 자유주의자들은 이미 19세기 초에 조직되었고 19세 중반부터 스웨덴 사회의 개혁을 주창해 왔다. 역사적으로 농노제가 없었던 스웨덴은 자영농체제였고 그 결과 문화적으로 개인주의와 자유주의, 평등사상이 뿌리내리게 되었다.

30 http://www.nobelprize.org/nobel_prizes/peace/laureates/1908/arnoldson-bio.html

으며 그해 12월 스웨덴 말뫼에서 대외정책에서의 공동노선과 우호적인 무역관계를 결의하였다. 이 결의는 후에 북유럽협의회(Nordiska rådet, Nordic Council) 결성의 기반이 되었다. 그러나 제2차 세계대전 직후 스웨덴이 제안한 북유럽 중립동맹 구상이 좌절된 후 북유럽 국가들은 군사외교에서 상이한 노선을 택하게 되었다. 노르웨이와 덴마크는 1949년 나토에 가입하였으나 스웨덴과 핀란드는 비동맹 무장중립 노선을 택하였다. 그럼에도 노르웨이와 스웨덴은 공동의 안보공동체 의식과 관습이 이미 구축된 다원형 안보공동체(pluralistic security community)를 형성하여 부분통합을 유지하고 있다(김학노 2013b).

제2차 세계대전 후 북유럽은 경제, 사회 및 문화 분야에서 유대와 협력을 강화하려는 움직임이 있었고 그 결과로 나타난 것이 1952년에 발족한 북유럽협의회이다.[31] 핀란드(1956년 가입)는 소련의 반대로 바로 참여하지 못했고 노르웨이는 경제적 약자로 종속적 위치에 대한 불안으로 소극적이었으나 서유럽통합의 분위기 속에서 북유럽 상호 간 협력체제 구축의 필요성이 커지면서 1953년 참여하게 되었다. 스칸디나비아 반도의 긴 통합의 역사에서 북유럽협의회는 강력한 통합보다 각국의 주체성을 존중하고 이해관계가 크게 상치되지 않는 방향에서 협력을 추구하고 필요한 분야에서만 통합을 이룬다는 점에서 일종의 '실용적 통합'의 경향을 지니고 있다(변광수 2006). 따라서 스칸디나비아 반도, 더 나아가 북유럽지역은 실용적 통합과 다원형 안보공동체로 분리와 통합의 중간쯤에 위치한 부분통합의 형태를 보이고 있다.

31 북유럽협의회는 의원대표들과 의결권이 없는 정부대표들로 구성되어 있다. 북유럽협의회의 관할 분야는 5개 회원국 중 2개국 이상이 공동으로 발의하는 법률, 경제, 사회, 교통 통신, 문화 등 5개 분야에 국한하고, 군사 및 정치 문제는 제외하고 있다. 이 협의회가 의결, 채택한 사항은 각국에 대한 권고 수준이며 구속력은 없다.

V. 스웨덴-노르웨이 통합과 분리 사례의 함의

김학노(2010, 51)의 분리와 통합 유형(〈표 3〉)에 따르면 스웨덴-노르웨이 연합 사례는 스웨덴의 홀로주체적 헤게모니에 의한 흡수통합 유형과 두 나라의 서로주체적 헤게모니에 의한 합의분리의 유형이라 할 수 있다. 그러나 통합 및 분리의 과정과 결과를 함께 고려해보면 그 성격이 달라지게 된다(〈표 4〉). 스웨덴이 주도한 통합과정은 홀로주체적 무력통합이었으나 통합 결과는 홀로주체적 흡수통합과 서로주체적 대등통합의 방식을 동시에 가지고 있었다고 할 수 있다. 1814년 스웨덴이 노르웨이를 사실상 무력 합병한 것이기 때문에 '만남'의 과정은 흡수통합이었지만 1815년 노르웨이가 적극적 역할을 한 연합조약 체결 이후 두 나라의 연합, 즉 '만남'의 결과는 서로주체적 대등통합의 성격도 가지고 있었기 때문이다. 나폴레옹 전쟁의 결과 킬조약으로 노르웨이를 양도받고, 스웨덴의 노르웨이 침략에 의한 모스협약으로 통합(합병)이 강제되었다는 점에서 '만남'의 과정은 흡수통합이었지만 노르웨이 헌법과 독립국가를 인정하여 통합이 진행되었다는 점에서 대등통합이기도 했다.

연합관계가 유혈투쟁 없이 90년 동안 유지되어 안정적인 형태를 보였지만 스웨덴-노르웨이 연합이 근본적으로 불완전했던 것은 흡수통합과 대등통합이 혼재되어 있었다는 점과 두 나라가 통합의 방식을 각자 다르게 인식했다는 데 있다. 사실상 억압적 합병이었지만 연합이 불가피한 상황에서 노르웨이가 자율적으로 연합조약을 체결했기 때문이다. 같은 군주를 인정하고 외교권을 통일한 연합왕국이라는 점에서 정치적 통합을 이루었지만 연합체제의 정신과 의의에 대해 두 나라가 다르게 해석한 것이 본질적인 문제였다. 스웨덴은 연합으로 통합을 심화시키고자 했지만 노르웨이는 연합 내에서 독립적으로 살아가는 것으로 이해했다.

표 3. 분리와 통합의 유형

만남의 깊이 / 만남의 방식	분리	통합
홀로주체적 헤게모니	홀로주체적 분리 (무력분리, 적대적 대치)	홀로주체적 통합 (무력통합, 흡수통합)
서로주체적 헤게모니	서로주체적 분리 (합의분리, 평화공존)	서로주체적 통합 (합의통합, 대등통합)

출처: 김학노 2010, 51

표 4. 스웨덴-노르웨이 통합 및 분리의 과정과 결과

	과정	결과
통합(스웨덴 주도)	홀로주체적 무력통합	흡수통합/대등통합
분리(노르웨이 주도)	홀로주체적 적대적 대치	서로주체적 합의분리

표 5. 스칸디나비아 반도 통합과 분리의 역사

시기	형태	내용	의의
1397-1523	덴마크-노르웨이-스웨덴 칼마르연합	• 3국 왕가의 동맹 • 덴마크왕국 헤게모니	• 공동체를 지향한 연합왕국으로 현재의 노르딕 5국이 하나로 통합 • 1523년 스웨덴 탈퇴 및 독립
1536-1814	덴마크-노르웨이 연합왕국	• 덴마크의 노르웨이 병합 • 덴마크 왕국 헤게모니	• 통합 심화로 통일체 형성 • 1814년 나폴레옹 전쟁 결과 분리
1814-1905	스웨덴-노르웨이 연합왕국	• 스웨덴의 노르웨이병합 • 스웨덴 왕국 헤게모니	• 1814년 대등 연합체제 형성 • 1905년 평화적 연합해체 및 노르웨이 분리
1840s-60s	범스칸디나비아주의 운동	• 3국 간 연합과 통일운동 • 학생 및 국왕 주도	• 스웨덴 주도 통합시도 • 제2차 프러시아-덴마크 전쟁(1864)으로 실패함
1875-1914	스칸디나비아 통화동맹	• 3국 간 통화동맹 • 동등가치의 은행권 및 수표 거래	• 유럽에서 가장 성공적인 통화통합 사례 • 제1차 세계대전으로 해체
1952-현재	Nordic Council (북유럽협의회)	• 북유럽 5개국 간 협력기구	• 비정치적·비군사적 지역협력기구 • 성공적인 부분통합의 사례

스웨덴-노르웨이 연합 사례의 중요한 의의는 90년 동안 유지된 불편하고 불안정한 연합관계를 평화적으로 끝낸 '헤어짐'의 방식에 있다. 1905년 9월 연합체제가 평화롭게 해체되었지만 1880년대부터 시작된 20여 년의 갈등관계와 1905년에 발생한 대결적 사건들로 위기는 심각했고 군사적 분쟁 직전 상태에 처했다. 평화적 분리가 가능했던 중요한 요인은 노르웨이의 발전, 자유주의자들 및 사회주의자들의 무력반대, 스웨덴 국왕의 타협적 태도, 그리고 강대국들의 지지 등이다. 대화와 타협을 통한 평화적 분리 후 교류 및 협력 관계가 지속되면서 부분통합과 노르딕 정체성을 구축해 왔다.

스웨덴-노르웨이 사례가 주는 함의를 찾기 위해 왜 노르웨이가 분리를 요구하게 되었는지, 어떻게 분리에 이르게 되었는지를 종합적으로 검토한 후 통합과 분리 과정에서의 주요 특징과 성격을 살펴보고자 한다. 1814년 노르웨이와 연합체제를 구축한 스웨덴은 통합을 심화시켜 양국 국민 간의 통일체를 만들어 두 나라의 안녕과 안전을 보장하고 대외적인 힘을 키우고자 했다. 연합의 상징은 연합왕국의 단일 군주(스웨덴 왕)였으나 주로 스웨덴에 거주함에 따라 총독이 노르웨이에서 왕을 대표하였다. 연합체제를 대외적으로 대표하는 것은 군주가 갖는 단일 외교권이었다. 그러나 노르웨이가 총독직과 외교정책에 대해 스웨덴과 동등한 지위와 연합 내의 완전한 독립적 위치를 요구하게 되면서 갈등과 분쟁이 일어나게 되었다. 화폐통합까지 이루며 경제적 통합은 심화되었으나 노르웨이의 분리독립 의지가 분명해지면서 정치적 통합은 갈수록 약화되었다. 노르웨이는 1884년 내각탄핵 사태 이후 완전한 의회주의가 실시되어 정치적 자주권을 갖게 되었으나 연합왕국은 사실상 외부적으로 스웨덴으로 대표되었고 노르웨이 외교정책은 스웨덴 외무부가 관할하고 있었다. 이에 독자적 외교권에 대한 요구가 점차 커졌고, 1892년 독자적 영사서비스 설립에 대한 노르웨이 의회의 의결이 이루어졌다.

또한 두 나라 간 이해관계가 커지면서 연합체제의 갈등이 심화되었다. 노르웨이의 경제발전은 완전한 주권을 요구하는 배경이 되었는데, 특히 노르웨이의 해운과 상업이 전 세계로 발전하면서 이들 계급의 경제적, 정치적 이해관계가 별도 영사서비스를 요구하는 요인이 되었다. 노르웨이는 영국과 최대 교역관계로 자유무역을 선호한 반면, 스웨덴은 독일과 최대 교역관계로 보호주의를 채택하였다. 정치적 갈등으로 1895년 스웨덴이 노르웨이와의 자유무역을 제한하자 노르웨이로서는 연합을 지속하기 위한 경제적 동기가 크게 약화되었다. 노르웨이의 앞선 민주주의 제도의 발전은 연합 해체를 가져 온 또 다른 중요한 요인이었다. 자유주의적 부르주아 계급과 급진적 노동계급의 성장으로 정치적 헤게모니를 갖게 된 노르웨이 자유당은 민주주의를 제도화하고 경제 및 사회개혁을 추진하였다. 노르웨이의 발전된 의회주의와 자유주의는 스웨덴의 보수주의 및 권위적인 군주제와 맞지 않았고 연합 내 두 나라의 정치적 관계는 갈수록 불안정해졌다.

연합이 장기간 지속되었음에도 정치사회적 통합의 정도는 약화되었다. 분리의 정치를 막기 위해서는 공존과 공유의 정치가 요구되었지만 가치와 제도, 이해관계 등에서 공유된 영역은 갈수록 축소되었다. 권리 보장과 상호 인정이 결여된 상황에서 연대는 구축되기 어려웠다(호네트 2011; 김남국 2011, 197-198). 노르웨이는 연합에 의한 정치적 통합보다 자국의 주권과 국민을 중시했으며 갈수록 두 국민 간 연대감은 희박해졌다. 연합체제 내에서 서로에 대한 불신과 갈등은 해소되지 못하였고, 영사문제를 둘러싼 19세기 말과 20세기 초의 대립과 위기로 정치적 연합관계는 한계에 도달하여 결국 분리의 길로 가게 되었다. 자발적 통합이나 공유된 가치, 상호이익에 충분히 기반을 두지 않은 연합관계는 지속되기 어렵다는 것을 보여준다. 따라서 거시적으로 보면 연합이 해체된 것은 연합기간 90년 동안 노르웨이가 강해진 결과이다. 비자발적 통합을 거부하고 자신의 가치와 이익, 제도를 지키고자 한 것이다. 민주적 의회정치와 경제발전, 진보주의와 사회개혁, 1895년 이후 군사력 구축, 민족적 정체성과 자부심에 기반을 둔 국민의식의 성장 등이 연합분리와 독립을 가져오게 한 근본적인 요인이었다(Sejersted 2011; Barton 2002; Stråth 2005).

나폴레옹 전쟁의 전승국 스웨덴에 의해 노르웨이가 불가피하게 연합에 참여한 1814년 이후 90년간의 스웨덴-노르웨이 연합은 통합과 분리의 한 사례로서 다음과 같은 중요한 특징과 의미, 함의를 찾을 수 있을 것이다. 첫째, 1814년 노르웨이 독립투쟁이 일반대중의 적극적인 지지가 결여된 엘리트 계층의 기획이었다면, 1905년 독립투쟁은 일반대중의 지지와 합의, 대중을 대표하는 의회에 의해 추동되었다. 19세기 말 민주주의가 발전하고 대중의 독립의식과 민족주의가 고양되면서 연합으로부터 분리를 추구하게 되었다. 그럼에도 1814년의 특수한 국제관계에서 노르웨이 대중의 지지가 있었다 하더라도 노르웨이가 독립할 수 있었다고 보기는 어려울 것이다. 스웨덴-노르웨이 연합사례는 분리와 통합의 역학관계를 잘 보여준다. 1814년 연합으로의 통합은 노르웨이의 저항에도 불구하고 스웨덴의 주도로 이루어졌지만 1905년의 연합분리는 스웨덴의 반대와 위협에도 불구하고 노르웨이 주도로 이루어졌다. 통합의 주도세력은 스웨덴의 왕과 귀족 등 지배계급이었고, 분리의 주도세력은 노르웨이의 농민 및 부르주아 계급, 사회개혁세력과 이들의 지지를 얻은 자유당이었다.

둘째, 통합의 하위세력이었던 노르웨이가 힘을 갖게 되면서 통합을 유지하려는 스웨덴의 노력에도 불구하고 분리의 주도세력으로 헤게모니를 갖게 되었다는 점이다. 1814년 당시 노르웨이는 스칸디나비아에서 가장 상업화되고 무역이 활발했던 나라였지만 오랜 기간 덴마크에 병합되어 정치 · 군사적으로 약소국에 머물러 있었다. 그러나 노르웨이는 1814년 민주적 헌법을 제정한 후 90년 동안 연합체제 내 독립국가로 군사를 포함하여 각 부문을 발전시켜 왔으며 특히 민주주의의 발전으로 규범적 힘을 갖게 되었다. 노르웨이는 이념적, 규범적 힘에 기반을 두고 분리를 추진하였다.

셋째, 약소국의 독립문제는 강대국의 영향으로부터 자유롭지 못하였다는 점이다. 1814년 당시 영국, 러시아, 프랑스, 프러시아 등 4대 강대국은 노르웨이의 독립에 적극적으로 반대했지만 1905년에는 노르웨이의 독립을 지지하였다. 스웨덴은 1890년대 통합심화를 위해 행해진 노르웨이에 대한 억압이 러시아의 개입과 침략에 대응하기 위한 것이라는 점을 내세웠다. 그러나 러일전쟁의 결과 러시아의 한계가 드러났고 노르웨이의 독립이 강대국들 간의 이해관계에 영향을 주지 못하게 되면서 스웨덴에 대한 강대국들의 압력이 평화적 분리에 중요한 역할을 하였다.

넷째, 불완전한 연합관계의 문제이다. 노르웨이의 비자발적 연합 참여로 스웨덴-노르웨이 연합관계는 불완전했고 연합에 대한 인식의 차이는 내부적 갈등을 증폭시켜 연합과정을 분리의 길로 가게 만들었다. 무력통합이었지만 연방이나 단일국가가 되지 못하고 두 왕국 간 연합이라는 정치공동체를 구성했기 때문에 두 나라의 국민에게 자율과 권리를 보장하여 연대를 구축하는 것이 중요했다. 안정된 연합관계는 두 국민의 완전한 독립과 자유, 자발적인 연합에 의해서만 구축될 수 있지만 스웨덴-노르웨이 연합은 흡수통합과 대등통합이 혼재되어 있었고 두 나라가 통합의 방식을 서로 다르게 인식했기 때문에 근본적으로 불완전했다. 오히려 분리 이후 두 나라가 연대감을 구축하기 위해 노력해 왔다는 점은 불완전한, 홀로주체적 통합보다 서로주체적 분리가 바람직할 수 있음을 보여준다 하겠다. 그럼에도 90년 동안 연합이 유지될 수 있었던 것은 유럽의 19세기적 상황과 노르웨이의 헌법을 인정한 연합체제 내에서 노르웨이가 지속적인 발전을 할 수 있었기 때문이다.

마지막으로, 스웨덴-노르웨이 연합체제는 높은 수준의 경제통합을 이루었지만 경제통합이 정치통합을 보장하지는 못했다는 점이다. 더욱 중요한 것은 1905년 스웨덴-노르웨이 연합이라는 정치적 통합체가 해체되었지만 실질적으로 가장 높은 수준의 경제통합인 통화동맹은 1914년까지 지속되었고 제1차 세계대전이라는 외부적 요인으로 무너졌다는 점이다. 경제통합이 정치통합을 보장하지는 못하였지만 정치적 통합체의 해체가 경제통합까지 해체시키지는 않는다는 점이다. 평화적인 서로주체적 분리는 경제통합을 유지, 심화시킬 수 있음을 보여준다.

VI. 나오는 말

스웨덴-노르웨이, 노르웨이-스웨덴 연합왕국체제는 공동 군사조직은 없었지만 공동안보와 외교정책 외에는 주권국가로서 모든 분야가 자율적으로 이루어지는 독립적인 두 나라 간의 연합이었다. 스웨덴은 연합체제가 스칸디나비아 반도의 안녕과 번영을 위해 중요하다는 논리로 통합의 당위성을 강조했지만 1880년대부터 연합관계는 영사권 문제를 매개로 갈등과 대립이 심화되었다. 스웨덴 주도의 통합은 노르웨이의 헌법적 주권, 독립, 민족적 명예에 반하는 것으로 인식되면서 갈등과 마찰이 불가피했다. 노르웨이의 국가적 발전은 노르웨이 스스로 자신의 안녕과 번영을 보장하고자 하는 의지를 고양시켜 독립과 평등을 요구하게 되었다.

상호불신과 대립이 지속되면서 두 나라의 선의관계나 연합유지는 어려워졌다. 노르웨이는 스웨덴에 비해 약소국이었지만 앞선 민주주의 제도화, 주권의식, 진보적 개혁 등 정의와 규범 가치를 우선시하면서 분리를 둘러싼 헤게모니 투쟁에서 스웨덴에 앞서게 되었다. 1814년 스웨덴 주도의 통합이 군사력과 경제력의 물적 자원에 기반을 둔 헤게모니 구축이었다면, 1905년 노르웨이 주도의 분리는 민주주의, 민족주의 운동 등 이념적, 제도적 자원들에 기반을 둔 헤게모니 투쟁이었으며 합의분리를 가져왔다.

두 나라는 연합체의 분리를 둘러싸고 갈등이 최고조에 달했던 1905년 6월부터 9월까지 각자 상당한 수준의 전쟁 준비를 했었고, 긴박하고 불안했던 사건들로 전쟁으로 갈 수도 있는 상황이었다. 그러나 두 나라는 연합체제의 긴장을 야기한 구조적, 정치적 요인들은 극단적 민족주의나 군사력에 의한 방식으로 해결되기 어렵다고 보았다. 강대국들의 압력뿐 아니라 스웨덴 내부에서도 대화와 협상에 의한 비폭력적 해결을 주장하는 목소리가 컸다. 분리 후 두 나라는 평화공존으로 광범위한 교류와 접촉을 지속하여 서로주체적 부분통합을 유지하면서 국제적으로 평화증진과 분쟁 중재의 역할을 해오고 있다.

노르웨이와 스웨덴은 지난 2005년 연합 분리 100주년을 맞아 다양한 학술활동과 기념행사를 개최하였다.[32] 지난 200년 동안 서로 아무런 일도, 아무런 관계도 없었던 것처럼 서로 다른 방식으로 2014년을 기념하는 두 나라지만, 과거 연합과 분리의 의미, 분리 후 협력관계의 성과, 평화적인 분리의 의의 등을 성찰하고 되새겼다. 90년간의 연합체제에 대한 감정적 기억 대신 역사에 대한 객관적 인식, 더 나은 양국관계를 위한

32 2005년 행사에 대해서는 http://www3.hf.uio.no/1905/english.php 참조.

노력과 약속은 정치사회적으로 안정되고 경제적으로 부강한 두 선진 복지국가의 역량을 보여주었다. 코피 아난 UN 사무총장도 노르웨이-스웨덴 연합 분리 100주년을 맞아 2005년 3월 3일 스웨덴 일간지 다건스 나이터(Dagens Nyheter)에 실린 메시지에서 "두 나라의 평화로운 해결이 여전히 갈등으로 분열된 세계에 고무적인 사례"라고 말했다. "두 나라는 계속해서 좋은 이웃으로 지내고 있으며, 노르딕 지역협력의 긴밀한 파트너이고 해외원조와 평화유지 활동에 적극적인 모범적인 UN 회원국"이라고 했다.[33]

스칸디나비아 반도에서의 통합과 분리는 역사적 과정이었고 헤게모니의 작동 방식에 따라 그 형태가 변화되어 왔다. 스웨덴-노르웨이 연합 사례는 연합으로 공동안보를 구축하여 발전을 이루었고, 그 발전에 기반하여 서로주체적 분리에 이르렀다는 점에서 중요하다. 통합의 힘과 분리의 힘이 동시에 작용한 것이다. 거시적으로 볼 때 민주주의 제도, 타협과 협상, 관용의 정신이 노르웨이의 분리주의와 스웨덴의 통합주의 모두 실용적이고 평화적으로 연합 해체에 대처하고 분리 이후의 협력관계를 구축하게 만들었다. 분리 이후 스웨덴, 노르웨이뿐 아니라 현재의 노르딕 5국은 안보와 경제에서 성공적인 서로주체적 부분통합을 구축하고 노르딕 모델이라는 공통의 정체성을 발전시켜 지역협력과 지역통합, 갈등해결에 모범적인 사례가 되고 있다.

33 http://www.un.org/News/Press/docs/2005/sgsm9791.doc.htm. 북유럽 국가들은 UN 등 국제기구와 관련이 많다. 초대 UN 사무총장 트리그브 할브란 리(Trygve Halvdan Lie)와 2대 UN 사무총장 다그 함마르셸드(Dag Hammarskjöld)는 각각 노르웨이와 스웨덴 출신이다. 평화적인 연합 분리, 양차 세계대전에서의 군사적 중립, 세계평화와 갈등 중재를 위한 노력, 민주주의와 복지국가 등 두 나라가 보여준 성과와 소프트파워를 세계가 인정했기 때문이다.

근대 중국, 분리와 통합에 대한 역사적 개관: 청(淸) 말기와 중화인민공화국을 중심으로

차창훈(부산대학교)

I. 들어가는 말: 중국의 분리와 통합 시론

1949년 건립된 현대의 중국은 22개 성(省), 5개 자치구, 4개 직할시(베이징, 상하이, 톈진, 충칭)로 이루어졌다. 현재의 국경선은 청 후반기의 국경선과 거의 일치한다. 현재 중국 영토 내에 거주하는 중국의 공식 인구는 14억이다. 이 인구는 13억의 한족(漢族)과 약 1억가량의 55개 소수민족으로 구성되어 있다. 소수민족이 거주하고 있는 자치 지역의 면적은 총 616만km²로 전체 국토의 64.3%를 차지하고 있다. 분리와 통합의 관점에서 볼 때, 13억의 한족이 1억의 소수민족을 통합한 것으로 보이지만, 이것은 피상적인 평가일 뿐이다. 이 연구에서 '통합'의 개념을 '소아(小我)'에서 '대아(大我)'로의 확대로 보고, 통합 개념의 정치를 '아와 비아의 헤게모니 투쟁'으로 볼 때, 현재의 시점에서 13억의 한족은 오랜 역사적 과정을 거쳐 '한족'이라는 대아의 형성으로 귀결된 것일 뿐이다. 다른 말로 표현하면 중국의 역사는 작은 우리가 큰 우리로 통합되는 선순환 구조를 갖추었다고 할 수 있다.

어떠한 방식으로 선순환 구조를 갖추었는가는 이 연구의 중요한 주제가 된다. 한족의 기원과 뿌리는 중국의 중부와 남부에 거주했던 화하족(華夏族)이다. 화하족이라는 명칭은 춘추전국시대(春秋戰國時代)에 이르러서야 비로소 민족(民族)의 명칭으로 처음 기록된 것이다. 진(秦, 221-206 B.C.)의 진시황(秦始皇)이 춘추전국시대를 마감하고 만리장성 이남의 중국을 불완전 통일하면서 화하족은 부단히 주변의 여러 족속과 혼혈(混血) 융합하는 과정을 밟아 성장 발전하였다. 한(漢, 202 B.C.-A.D. 220)의 유방(劉邦)이 중국 대륙을 최초로 완전 통일하면서 드디어 한족이 형성되었다. 한족은 오늘날의 산시성(陝西省) 황하유역을 근거지로 기원후에도 끊임없이 사이(四夷), 즉 동이(東夷), 남만(南蠻), 북적(北狄), 서융(西戎)과 충돌 교섭하는 사이에 그들을 흡수하고 동화시켜 민족적으로 발전 · 팽창의 과정을 밟았다.

현재의 큰 우리(현대 중국)의 관점에서 보면 중국은 통합의 결과이지만, 이 과정에서 분리의 역학도 작용하였음은 물론이다. 중국의 역사에서 중심의 천자국 국력이 취약해지면 제후국이 굴기하고 분리하려는 원심력이 증대한다. 제후국들과 천자국의 물리력 충돌의 결과로 가장 강한 군사력을 보유한 제후국이 새로운 천자국을 선포하고 새로운 왕조를 건립하였다. 천자(天子)란 하늘의 아들이란 뜻으로 천자국임을 선포하는 것은 도덕적 명분을 획득하는 것을 의미했다. 맹자의 역성 혁명론은 이러한 과정을 이론적으로 합리화해 준 것에 다름 아니다. 천자-제후-경대부의 질서는 새로운 천자를 중심으로 동심원적으로 다시 수립된다.

통합의 구심력은 문화를 토양으로 작용하게 한다. 군사력에 의해서 이루어진 강제적인 통합은 유학의 교리, 관료제와 같은 정치제도, 사회경제제도, 언어(한자) 등을 매개로 공통의 정체성을 이루는 실질적인 통합으로 완성된다. 문화의 외연 확대를 통해서 통합이 이루어지는 것이다. 유학과 한자 문명 같은 문화적 요인은 중심에서 외연으로 확대되면서 주변의 이질적인 종족이나 집단들을 흡수하고 동화시키는 중요한 수단이었다. 예를 들면 당나라는 주변의 종족들에게도 과거제도를 개방하여 정치제도를 운영하기 시작하였다. 6두품의 신분질서에 좌절을 느꼈던 신라 최치원이 당나라 과거시험에 급제하여 관리생활을 했음은 주지의 사실이다.

통합의 역사적 선순환 구조의 결과는 천자 나라(한족)의 외연 확대이다. 영토적으로는 오늘날 국경선에 이르렀고, 인구적으로는 약 13억의 인구가 스스로 한족이라 믿고(동화되어) 있는 외연의 확대를 이루었다. 몽고족(원)과 만주족(청)의 경우처럼 이질적인 종족이 중국 대륙을 지배했을 경우에도 그들은 스스로 중국 문명에 동화되어 갔다. 통합의 구조적 요인은 군사적 요인과 문화적 요인으로 구분할 수 있으며, 국면적 요인은 중국 왕조 교체의 역사적 상황에 따라 상이하게 작용하였을 것으로 구분할 수 있다. 중국의 주변국에 대한 무력 사용은 중국의 전략 문화(strategic culture)와 관련된 하나의 주제이다. 이와 관련하여 중국의 유교 문화는 무력 사용보다는 평화적인 방식을 선호해왔다는 주장(Confucian pacifism)과 주변국에 무력을 사용하는 호전적인 정책을 펼쳤다는 주장(Cultural realism)이 양립해 있다. 최근의 한 연구에 따르면, 중국은 무력을 사용할 국력이 있을 경우에는 무력을 사용했지만, 그렇지 못할 때는 국력을 키우면서 일시적인 외교적 수단을 모색했다는 주장이 있다(Wang 2011).

중국의 사례가 분리 통합 연구에서 갖는 의의는 다음과 같다. 첫째, 유교 사상이 포괄하는 정치이념, 제도, 문자 등에 이르기까지 문화적 요인이 통합에 작용하는 메커니즘을 밝힐 수 있으리라 본다. 이것은 물론 장구한 시간을 대상으로 하지만, 작은 우리의 정체성이 큰 우리로 통합을 이루는 과정에서 매우 중요한 요소이다. 큰 우리로의 집단 정체성(collective identity) 형성과정에서 문화적 요인은 중국의 통합과정에 지대한 역할을 하였다. 군사적 충돌에 따른 무력에 의한 왕조 교체가 새로운 중심(천자국)이 세워짐에 따라 문화적인 단일성으로 통합을 이루고, 역사의 경로를 따라 동심원 방향으로 외연적인 확대를 이룬 것은 중국 역사에서만 찾아 볼 수 있는 독특한 사례이다. 어떠한 문화적 요인이 통합을 이루는 경로로 작용했는지를 밝힌다면 남북한의 분리 통합 경로에 시사점을 줄 수 있을 것이다. 둘째, 전체 역사과정을 보면 중국은 통합의 경로를 밟아 왔다고 판단되지만, 세부적인 개별 경로(예를 들면 청 → 근대 시기)에서는 통합의 구심력과 분리의 원심력이 상호 충돌하기도 하였다. 세부적인 경로가 어떠한 이유로 선택되고 수정되어 궁극적인 통합의 경로에 이르렀는지에 대한 경로의존적인 과정을 밝히는 것도 의미가 있을 것이다. 셋째로 분리 통합 문제에 대응하는 현대 중국의 소수민족 정책도 중국의 사례를 이해하는 데 도움을 줄 것이다. 중국은 신장과 티베트 등 민족분리주의자의 활동에 주의를 기울이고 있다. 중국 정부가 스스로 55개 소수민족에 대하여 어떠한 정책을 수행하고 있는가를 이 글의 분리 통합 분석틀에 따라서 해석하는 것도 의미 있을 것으로 보인다.

이 글은 우선 현대 중국의 건립을 기점으로 서로 다른 영토적 공간에서의 분리와 통합 문제를 역사적으로 개관하는 데 중점을 두고자 한다. 신장, 티베트의 분리주의 운동과 타이완 문제가 그 주요 대상이 된다. 이 글에서는 시기적으로 청 후반기, 반식민지 상태, 1949년 현대 중국의 건국 이후로 구분하여 서술하고자 한다. 따라서 신장과 티베트 지역의 경우는 청조의 붕괴로 분리적인 원심력이 강화되었던 시기와 현대 중국의 강제적 통합과정을 기술하고자 한다. 타이완의 경우는 청조의 붕괴로 새로운 근대국가를 수립하려는 과정에서 국민당과 공산당이라는 두 주요한 정치세력의 대립과 협력이 결국 중국과 타이완으로 분리되는 과정을 중심으로 기술할 것이다. 이 두 가지의 경우 모두 분리와 통합의 주제로 현대 중국의 역사를 고찰하는 것을 그 목적으로 한다. 따라서 분리 혹은 통합이 시도된 유의미한 역사적 사건이나 정치 사회 세력의 모색을 대상으로 시계열적인 순서에 따라 역사적으로 기술할 것이다.

II. 청 왕조의 붕괴와 분리 원심력의 증대

1840년 아편전쟁으로 영국 등 외세가 중국에 안겨 준 충격적인 패배는 중국 내의 불안을 심화시키는 원인인 동시에 결과였지만, 청 제국의 붕괴는 사실 그 내부에서 진행되고 있었다. 토지를 압박하는 인구의 증가, 은의 유출, 관직에 오르지 못한 유생(儒生)의 증가, 아편중독자의 급증, 정규 기군의 전력 감소, 관료조직의 부패, 백련교 반란군의 확산과 진압 등은 중국의 정치체제를 근본적으로 흔들기 시작하였다. 중국의 대부분 지역에서 사적인 이해집단들이 과거 정부가 관장했던 영역을 침범하였고, 제국의 정치체제는 이전의 권위를 회복할 만한 능력을 상실했다. 황허 강의 제방공사와 대운하를 관리하는 거대한 관료조직이 점점 비효율적으로 변모하였고, 정부의 방대한 소금 분배체제 역시 효율성을 잃게 되었다.

1821-1850년 동안 재위했던 도광제 말기가 되면 체제 붕괴의 징후인 민중반란이 발생하여 향후 23년 동안 지속되었다. 중국 역사상 가장 치명적이고 장기적인 반란인 태평천국의 난(太平天國, 1850-1864)과 산둥 장쑤 안후이 등 대운하에 인접한 지역에서 세를 떨쳤던 염군의 난(捻

軍, 1851-1868)은 왕조체제를 전복시킬 만한 잠재력을 지닌 것이었다. 태평천국은 유교와 황제의 가치의 핵심을 뒤흔드는 근본주의적 기독교와 평등주의 원칙에 근거하고 있었고, 염군은 청조의 군사제도 근간을 위협하고 국가의 위신을 실추시킨 새로운 유형의 역동적인 게릴라 전술을 선보였다.

청조가 이 두 위협적인 반란으로부터 생존할 수 있었던 직접적인 이유는 쩡궈판(曾國藩)이나 리훙장(李鴻章)같이 전통적 가치에 충성을 바치고 기존의 사회, 교육, 가족 체제를 옹호하는 유학으로 무장된 학자들의 뛰어난 군사활동 덕분이었다. 역설적이게도 서구의 침탈에 맞서 중국 왕조체제의 유교 정치가들은 승리를 얻기 위해 외국의 군사기술과 국제법의 일부를 받아들이기 시작하였다. 청의 자강(自强) 운동은 무기와 선박을 제조하기 위한 병기창을 새로 설립했을 뿐만 아니라 외국어를 가르치기 위한 학교를 세웠고, 공평하게 관세를 징수하도록 외국인을 고용했으며, 소규모의 서양 선박과 선원을 활용했고, 최초로 외무부에 해당하는 부서를 설립했다.

19세기 말 외세와 국내의 혼란에도 불구하고 군사적 · 산업적 필요에 따라 외국의 기술을 적용해 얻은 많은 결과들로 인해서 청 제국은 지속되는 것처럼 보였다. 그러나 1868년 프랑스와의 전쟁, 그리고 1894년 일본과의 전쟁 패배로 근대국가로 발돋움하려는 청의 개혁시도는 좌절되었다. 유교적인 가치의 회복과 함께 중체서용(中體西用)의 접근 방식으로 근대국가로 발돋움하려는 청의 마지막 시도는 정치, 군사, 경제 개혁의 효율적인 혼합이었다. 입헌정부 실험, 군대의 서양식 재무장, 중앙집중적인 철도망 건설, 해외 차관 유입 등과 같은 정부의 시도는 오히려 청의 체제 기반을 뒤흔들어 놓았고, 1911년 발생한 군사반란에 속수무책이었던 만주족은 1912년 청조의 종말을 선언하게 되었다. 청조의 몰락이 남긴 유산은 확신에 찬 신생 공화국이 아니라, 혼란과 분열 속에서 제국주의의 분할적 식민 지배 강화와 지역적으로 할거한 군벌의 등장으로 귀결되었다.

19세기 청의 정치체제가 와해되는 과정에서 대두된 이슬람교도의 반란은 청 제국의 통치하에서 잠복해 있던 분리주의 운동을 점화시켰다. 중국에 이슬람교도가 정착하기 시작한 것은 당 왕조(618-907) 때부터로, 중앙아시아 무역로의 종착지인 간쑤와 산시, 그리고 아랍 상인들이 자주 드나들던 푸젠과 광둥의 동남 해안도시에 정착지가 형성되었다. 후이(回)라 부르는 거대한 중국인 이슬람교도 공동체가 생겨났는데, 예수회 선교사인 마테오 리치는 17세기 초반에 중국에는 중국인 이슬람교도가 많다고 지적하였다. 중국인 이슬람교도는 건륭제 시기에 여러 차례 반란을 시도했고, 중국령 투르키스탄 서쪽의 코칸트 칸이 일으킨 지하드(聖戰)는 19세기 초반 동안 청의 지배영역 중 가장 외곽에 위치한 카슈가르와 야르칸드에서 끊임없이 분쟁을 일으켰다. 염군에 의해 황폐화된 북부지역 중 상대적으로 안정된 농업지역에도 상당한 규모의 이슬람 공동체들이 있었는데 거의 100만 이상의 신도가 살고 있었다. 허난과 안후이에는 호화로운 모스크가 있었고, 이슬람교도들은 직접 소금 밀매조직을 운영했다. 이들 지역에서 이슬람교도와 중국인 사이에 분쟁이 생길 경우 중국인을 보호하는 차별적인 법 때문에 종교적 분쟁과 폭동이 잦았다(스펜스 2002, 231-232).

그러나 가장 큰 이슬람교도 밀집지역은 중국의 서남부 지방, 특히 윈난성에 있었다. 이곳의 이슬람교도 정착사는 13세기 몽골의 중국 정복 시기까지 거슬러 올라가며, 이후 이 지역으로 밀려들어 온 중국인 정착자들과의 마찰은 중국의 통합과정에서 고질적인 문제를 일으켰다. 태평천국과 염국의 난으로 청조의 제국체제에 균열이 생기자 이곳에서도

1855년에 청에 대항한 세 번째 큰 반란이 발생하였다. 베이징 당국이 윈난성의 이슬람교도들에게 과중한 토지세를 부과하였고, 이 성의 이슬람교도 금광과 은광을 빼앗으려는 시도도 반란을 부추겼다. 성도인 쿤밍은 1863년 반군의 지배 아래 있기도 했고, 술탄 술레이만(Sultan Suleiman)으로 불리는 두원슈(杜文秀)는 다리(大里)에 평남국(平南國)을 세웠다. 평남국은 청의 한인 지휘관에 의하여 1873년 함락되었다. 북쪽의 산시와 간쑤 지역에서도 중앙아시아의 신비주의적 수피교(Sufism)에서 파생한 신교의 신도들이 1862년 반란을 일으켰다. 이 반란은 지역 내 중국인과 이슬람교도 사이의 갈등에서 연유되었다. 더욱이 정부군인 대부분의 기군은 태평천국이나 염군과의 전쟁에 동원되었고, 지방군인 녹영은 대부분 이슬람교도였기 때문에, 조직화된 이슬람교도들의 무장군대를 효과적으로 진압하지 못하여 반란군의 세력이 커졌다. 결국 서북부의 이슬람교도들의 반란(퉁간의 반란)은 태평천국의 난에서 군사 지도자로서 능력을 발휘했던 유학자인 쭤중탕(左宗棠)에 의해 1873년 진압되었다.

III. 근대국가 형성과정의 분리와 통합

1. 신장의 역사적 경로

1) 청의 신장성 건설과 동화정책

톈산(天山) 산맥을 기점으로 이남인 동투르키스탄 지역은 농작 지대에 속하고 톈산 남로라 불렀다. 이북은 중가르 지역으로 스텝지대에 속하고 톈산 북로라 불렀다. 1750년대 건륭제는 톈산 산맥의 남북 양면에 있는 중가르 제국을 정복함으로써 당시 내륙아시아에서 가장 다양한 민족이

사는 이 지역을 소유할 수 있게 되었다. 청의 군대는 이 두 지역을 통합해 간쑤성의 '새로운 영역'이라는 의미의 신장(新疆)이라는 이름으로 속령으로 삼았다. 이 속령에는 옥, 금, 동, 면제품, 농토, 목초지가 풍부하였지만, 베이징의 중앙정부는 인종적 및 종교적으로 이질적인 지역을 통치하기에 정치적인 난제에 직면하였다. 1762년부터 이곳에 청의 장군이 4만 병력과 함께 주둔하기 시작하였다. 역대 중국 왕조의 심각한 문제였던 중국 북부 초원으로부터의 위협은 청이 외몽골을 병합하고 신장을 정복한 이후에는 더 이상 문제가 되지 않았다. 건륭제는 관료들의 반대에도 불구하고 군사적 정복을 추진했는데, 몽골이 수도 베이징의 안보에 필수적이고, 신장은 몽골 방어에 필수적인 방패막이며, 궁극적으로 신장이 중국의 핵심적이고 떼어 낼 수 없는 일부라는 인식이 19세기부터 생겨났다.

청은 신장에 대하여 발생할 수 있는 갈등을 제한하기 위하여 의도적으로 민족 분리정책을 취했다. 19세기 중반 이전까지 이 지역의 투르크계 무슬림, 몽골족, 한족 주민들에게 서로 다른 행정 법률 체계를 시행했고, 둔전(屯田)을 개발하였으며, 1830년대 이전까지 한족 농부들이 신장의 북부와 동부로 이주하는 것을 제한하였다. 19세기 말에 이르면 중국 지식인들이 신장의 영토를 공고히 하기 위한 수단으로 이 지역을 중국의 규범에 완전히 동화시킬 것을 주장하기 시작하였는데, 청의 황제들은 돌궐의 카간이나 몽골의 칭기즈칸과 같은 대칸 가계로부터 내려오는 혈통적 정통성과 무슬림의 종교적 카리스마에서 오는 이슬람적 정당성의 원천을 자신의 것으로 만들 수는 없었다(페어뱅크 2007, 115-117).

19세기 초엽에는 신장에서 청의 지위가 심각히 약화되었는데, 신장 남부에 충분한 군사력이 배치되지 않았다는 점과 이 지역에서 거두어들이는 조세로는 신장 운영의 비용이 충분하지 않았기 때문이었다. 청은 신장과 중앙아시아의 교역에 세금을 부과하지 않았고 신장 운영비는 한족 상인들에 대한 세금과 중국 내지에서 오는 은 보조금에 의존하고 있었는데, 1853년에 이르러 청 중앙정부의 국고가 태평천국의 난으로 바닥이 났기 때문이다. 신장의 청 당국은 한족과 위구르인들에게 새로운 세금을 부과했고, 관직이 매매되었으며, 위구르의 지배계층들도 백성들을 착취하기 시작하였다. 신장의 팔기군은 노쇠해졌으며, 질병과 기아, 아편 중독으로 병력이 손실되고 사기도 떨어졌다. 이러한 상황에서 1864년 반란이 발생하였다. 이 반란은 1862년 이래 간쑤성과 산시성에서의 퉁간(후이족, 중국계 무슬림)의 반란이 신장으로 확대되면서 시작되었다. 이후 투르크계 무슬림들이 이 반란을 주도했고 무슬림 역사가들이 성전이라는 표현을 사용했지만, 이 반란은 종교적인 이해관계가 아닌 1850년대부터 시작된 경제적 빈곤과 학정에서 비롯되었다. 1871년 야쿱 벡은 카슈가르에서 투루판에 이르는 신장 전역을 지배하게 되었고, 이 지역으로 세력을 확장하던 러시아 및 영국과 통상조약을 체결하는데, 제국주의 세력과 외교관계를 맺으며 근대적 무기와 기술을 갖추려는 노력을 하였다.

청의 신장 수복은 쇠락해가는 청 제국이 감행한 최후의 군사 원정이었는데, 서구의 역사가들은 신장 재정복은 보다 중요한 해안 지역을 등한시한 낙후된 대륙적 사고의 예로 이해하였다(밀워드 2013). 그러나 1878년 청의 신장 재정복과 1884년 신장성의 건설은 한족의 동화정책을 실현하여 중국을 중앙아시아로 확장시키려는 시도의 서막으로 이해될 수 있다. 1873년 산시, 칭하이, 간쑤의 퉁간 반란을 진압한 쭤중탕은 '해방(海防)'파의 반대에도 불구하고 신장의 회복을 주장하였고, 마침내 1878년 신장 재정복을 손쉽게 달성하였다.[1] 쭤중탕은 신장 수복 후 중국

1 1874년 일본의 타이완 침공은 청 조정에게 해안의 방위가 불충분하다는 사실을 환기시켰으며, 리훙장이 주도하는 관리들은 신장 원정 연기와 해군 발전에 재원이 배분되어야 한다고 주장하기 시작하였다. 쉬(Hsu)는 이후 중국의 대 정책토론을 해방(海防) 대 새방(塞

식 행정체제의 도입을 통한 건성(建省)을 추진하였는데, 군현제도와 향촌 조직인 보갑제(保甲制), 화폐 주조, 학교 개교 등의 재건 계획은 무슬림 지역의 지방 단위 사무들을 전적으로 벡에게 맡겨 두었던 이전의 청의 정책으로부터 완전히 벗어났음을 의미한다. 상당한 규모의 비한족 인구가 거주하는 지역에 한족의 이주를 장려하고 중국식 제도를 시행하는 것을 수반하는 변경 지역에서의 건성은 모든 변경 지역에서 입지를 굳건히 하기 위한 곤경에 빠진 청조의 노력의 일환이었다. 유사한 목적으로 1887년에 타이완에서 건성을 시행하였고, 1907년 펑톈(奉天), 지린(吉林), 헤이룽장(黑龍江) 성이 동북 지역의 만리장성 너머 영토에서 건립되었다. 1884년 신장의 지위 변화는 과거의 단순한 속령 내지 보호령이 병합된 것은 아니며, 청 제국 전체의 통치 원칙에 근본적인 변화가 있었음을 의미한다. 이러한 통치 방식의 변화에는 인구학적으로 그리고 문화적으로 중국 내지(內地)와 유사해진 신장(변경 지역)은 교화와 동화를 통해 통치가 용이하고 비용도 적게 들것이라는 계산이 깔려 있었다. 새로운 성도인 우루무치에는 순무(오늘날의 성장)가 신장 주둔군을 지휘하게 되었고, 공식적인 관료조직은 만주인, 몽골인, 위구르인이 아닌 한족에서 충원하게 되었다. 군현제를 통한 행정 체제는 유교 교육 및 과거 제도와 밀접히 연관되었는데, 청 조정은 신장 전역에 유교식 학교를 설치하기 시작하였다.

1884년의 신장성 건설에서 애초의 목적을 달성하기 위해서는 상당한 초기 투자가 필요했다. 그러나 1884-1885년 청-프랑스 전쟁과 의화

防)으로 불렀다. 해방파는 신장은 비용만 많이 들 뿐이며, 일본과 서구 등 해안에서의 위협을 중시하였다. 반면 새방파는 해안 지역의 위협은 침입이나 영토정복이 아닌 교역이 목적일 뿐이며, 신장, 몽골, 베이징의 안보는 서로 연결되어 있기 때문에 영국과 러시아의 팽창 위협에 대응해야 한다고 맞섰다(밀워드 2013, 198-200).

단 사건의 배상금 지불로 청은 재정 압박에 시달렸으며, 신장으로의 재정 지원은 급격히 감소하였다. 경작 가능한 토지를 확대하고 중국인들의 이주를 장려하는 정책 또한 성과가 없었다. 결국 1949년 이후에야 한족들이 신장에 집중적으로 거주하게 되었다. 오히려 위구르인들은 청의 농경지 개간 정책과 교통 통신 시설 개선을 활용하여 타림 분지 서부의 도시들로부터 신장성 전역으로 확산되었다. 1907-1908년 이 지역 총인구는 165-200만 명 사이였는데 이들 가운데 약 90% 이상이 위구르인이었다(밀워드 2013, 232).

2) 신해혁명과 분리운동

1911-1912년의 신해혁명은 신장에서 베이징의 강력한 중앙권력 공백과 재정 보조금의 상실을 의미했다. 신장에서도 신해혁명 신군(新軍) 내부의 혁명 분자들은 이 지역의 군인과 상인, 비밀결사 단체인 가로회(哥老會) 조직원과 무슬림을 정치화하는 데 성공하였고, 청 제국의 무슬림 학살에 대항하여 한족과 연합하는 반만(反滿) 운동을 전개하였다. 결국 신장은 우루무치의 관료였던 양쩡신(揚增新)이 장악하였고, 그는 하미와 투루판 위구르인들의 봉기를 효과적으로 제압하였다. 그러나 이 지역의 투르크계 농민들의 반란은 경제적인 문제에서 출발한 것이었고 민족적 자각에 따라 중국의 지배에 대항한 것은 아니었다. 신장에서 투르크계 무슬림들 사이에서 민족주의 사고의 싹은 해외무역에 종사하는 신장의 상인들과 진보적인 무슬림 지식인들의 접촉에서 출발하였다. 위구르 상인들은 중앙아시아의 마크타프와 마드라사같이 전통적인 이슬람식 교육기관에 저항한 근대적 학교를 지지하는 자디드 운동(러시아령 중앙아시아 학교 설립 운동)을 접하게 되었다. 또한 1881년 상트페테르부르크 조약을 통해 러시아의 신장 무역이 활발해짐에 따라 들어온 크림 타타르인

들을 통해서 근대적인 새로운 사상들이 유입되기 시작하였다. 위구르어를 가르치고 이스탄불에서 제작된 투르크어 교재를 사용하는 근대식 무슬림 학교가 우루무치와 카슈가르 등지에서 세워졌으며, 이에 따라 민족의식이 싹트기 시작하였다. 그러나 이들의 '위구르 국가'는 투르크계 중앙아시아 무슬림들의 국가였는데, 러시아 혹은 중국의 백성이건 간에 자신들이 이 국가에 귀속된다고 생각하였다. 그럼에도 불구하고 포괄적인 투르크 민족주의가 중국령 신장의 경계 내에 '동투르키스탄'을 수립하고자 하는 열망으로 크게 진척된 것은 아니었다. 그러나 1930년대의 반란과 독립운동의 지도자들 중 다수는 1910년대와 1920년대 이 개혁적 교육 운동과 연관되어 있었다.

1870년대와 1940년대 사이에 신장(소위 '중국령 투르키스탄')에 들어왔던 유럽인 고고학자와 지리학자, 외교관, 선교사, 스파이 그리고 탐험가 등에 의하여 저술된 수많은 저작이 유럽과 러시아, 미국, 일본에서 출간되었다는 사실은 신장이 점점 더 국제적인 사건의 추세와 연결되어 있음을 의미했다. 철도와 전신 등 근대 통신 수단의 확장은 과거 동서 문명의 교차지역(실크로드)이었던 신장을 동쪽과 서쪽의 정치, 상업, 문화 중심지와 더욱 밀접하게 만들었다. 민족주의, 근대화 그리고 사회주의 이데올로기는 신장에서 투르크계와 한족 엘리트 모두에게 영감을 주었다. 그레이트 게임의 당사자인 영국과 러시아의 경쟁관계, 중국의 군벌과 사회주의 운동, 신생 터키공화국 및 소련의 위성국들 모두 이 지역의 정치적 운명에 영향을 주었는데, 결국 이 지역의 운명은 현지 주민의 열망과 노력보다는 중국과 러시아(이후 소련)의 관계 변화에 좌우되었다. 러시아가 신장에서 가지고 있는 교역에 대한 관심은 19세기 중반 이후 점차 커졌으며 시베리아 횡단 철도의 완공과 함께 러시아-신장 교역의 양도 증대하였다. 그러나 1914년 러시아의 정치적 상황이 악화되고 볼셰비키 혁명이 일어난 직후까지 러시아와의 교역은 축소 및 단절되었다. 그러나 1920년대 신장과 소련의 무역은 다시 번창했고, 신장의 중국 내 교역량의 거의 10배 이상에 달할 정도로 증대되어 신장은 소련 경제권으로 점차 끌려 들어갔다(밀워드 2013, 264-266).

1912-1928년 동안 신장은 양쩡신이라는 군벌에 의하여 통치되었다. 양쩡신은 겉으로는 국민당에 충성하였지만 중앙정부의 실질적인 영향력으로부터 자유로웠다. 양쩡신은 1928년 7.7사건으로 암살되었고 새로운 신장성 주석 진수런(金樹人)은 이 지역의 불만을 심화시켰다. 중국의 군벌 정부에 대한 불만, 자디드파 교육을 받은 두 세대 학생들 사이에서 배태된 투르크 민족주의, 그리고 간쑤의 후이족과 백군 및 소련의 적극적인 개입은 1930년대 신장을 반란과 민족 간 유혈 사태라는 협곡으로 밀어 넣었다. 특히 양쩡신이 세심한 정책을 통해서 비한족 엘리트들을 흡수하려 했던 반면, 진수런은 신장의 무슬림들이 성지 순례를 떠나는 것을 금지하는 등 배타적인 문화정책을 펼치고 토착 비한족 지도자들을 한족 관리로 대체하였다. 또한 하미의 칸국 지위를 박탈하였는데, 이 세 번째 움직임이 큰 반발을 야기했다.[2] 새로운 신장 정부의 정책, 중국인 군대의 부패와 착취, 곡물과 가축의 징발은 위구르인들을 실망하고 분노하게 만들었다.

1931년의 하미 반란은 간쑤에서 이주한 중국인들에게 분노한 샤오푸(小堡)라는 마을에서 시작되었다. 농민 반란은 보다 조직화되었으며,

2 하미와 투루판의 투르크 칸들은 청의 대 중가르전쟁에 조력했기 때문에 청대 이래 특전을 누려왔다. 이들은 자신들에게 매년 가축세와 노역을 바쳐야 하는 무슬림 투르크족 백성들과 자신의 영토를 사적 술탄령으로 보유했다. 하미 칸국은 19세기 대규모 반란의 와중에도 청에 대한 충성을 유지하였고, 1884년 신장의 성 건설 행정적 변화 속에서도 살아남았다. 진수런은 칸국을 폐지한 첫 해에 농업세를 이중으로 부과하였고, 위구르 농민들의 농지를 강제로 빼앗아 이 지역으로 이주한 한족 이민자들에게 주었다(밀워드 2013, 281-283).

하미 칸국의 복고를 목표 중 하나로 채택하였다. 1932년에는 투루판에서도 반란이 일어났고 신장성 전역으로 확대되었다. 초기의 반란은 우루무치 전투로 이어졌고, 성 정부에 맞서 위구르족과 후이족 이외에도 카자흐족, 키르기스족 및 중국인 지휘관들과 군대도 있었으며, 투르크계 무슬림과 중국계 무슬림 사이의 분쟁도 있었다. 신장에서 발생한 다양한 세력들 간의 갈등과 협력의 혼돈 속에서 가장 결정적인 역할을 한 것은 소련이었다. 소련은 일본의 영향력 확대를 우려하였고, 독립적 이슬람공화국이 수립되는 것을 바라지도 않았다. 소련은 1931년 일본의 중국 북동부 침공 이후 소련 영토로 도주한 동북항일의용군 2000여 명을 이 지역으로 송환시켰다. 4·12정변으로 신장성 정부의 실질적 지도자로 부상한 성스차이(盛世才)는 이 군대의 도움으로 우루무치를 지킬 수 있었다. 이어 성스차이는 우루무치 주재 소련 총영사를 통해 군사 원조를 요청하였고, 1934년 1월 소련군 2개 여단이 신장으로 들어와 후이족 군대를 진압했다. 결국 1937년 성스차이는 소련이 제공한 군대의 도움으로 후이족 군대를 진압하고 동투르키스탄 각료들을 회유함으로써 신장성 전역의 통제권을 확보했다.

1933년 위구르인들은 동투르키스탄공화국(1933-1934)을 선포하였다. 동투르키스탄공화국은 카슈가르에서 수립된 이슬람공화국으로 위구르 민족주의 발전에서 커다란 지표가 되었다. 위구르인 외에 다른 종족의 무슬림이 참여했고, 하미 칸의 전임 재상이자 신장성 군벌의 동맹자인 니야즈 호자를 총통으로 임명하였다. 그러나 동투르키스탄공화국은 마중잉(馬仲英)의 후이족 세력에 의하여 멸망했는데, 그 성격이 불명확하다는 평가를 후세에 받아 왔다. 중국의 공식적인 기록은 동투르크스탄공화국이 "20세기 초반, 소수의 광신적인 신장 분리주의자들과 극단적인 종교적 요소들이 옛 유럽의 식민주의자들에 의해 만들어진 궤변과 논리적 오류의 관점에서 '동투르키스탄'이라는 신화를 날조했다"라고 주장한다(밀워드 2013, 293-298). 그러나 이 새로운 국가의 종족-민족적 정체성은 호탄의 아미르들, 후이족 군대, 친소 성향의 성 정부 사이에서 신생 정부가 지닌 불안정한 지위를 반영하고 있다. 동투르키스탄공화국을 구성했던 지도부의 구성을 보면 1910-1920년대 위구르 근대교육 계몽운동과 관련되어 있으며, 헌법 등에서 드러난 이들의 정치적 비전은 종교적이지만은 않고 근대국가의 민주주의와 민족주의적 이데올로기를 반영하고 있다. 그러나 결국 동투르키스탄공화국은 국민당 정부와의 관계를 훼손시키지 않으려는 인도 총독부와 영국 정부의 적극적인 지원 회피, 언명만 있고 실질적인 지원이 없었던 터키 정부, 자국의 문 앞에 독립적인 이슬람공화국을 원치 않았던 소련 등의 이해관계에 따라 국제적인 승인과 해외 원조를 받는 데 실패하였다. 물론 난징의 국민당 정부도 동투르키스탄공화국의 합법성을 부인했고, 신장의 성스차이와 중국계 무슬림인 후이족 마중잉 등만을 공식적인 대표로 인정했다.

성스차이는 소련의 군사적 원조뿐만 아니라 경제적 원조까지 받았다. 차관을 받으면서 광산채굴권, 유전개발권 등을 소련에 제공했다. 성스차이는 민족주의적 성향의 투르크족 지도자들을 감시, 제거하기 위한 첩보 · 비밀경찰 조직망을 만들어 공포정치를 실행했는데 5-10만 명을 숙청하였다. 그는 또한 신장 정부의 인력 부족으로 옌안(延安)의 중국 공산당원들을 신장으로 불렀다(마오쩌둥의 동생 마오쩌민은 성스차이 신장 정부에서 재정청 부청장을 역임했다). 그러나 성스차이는 1941년 6월 독일이 소련을 침공하고, 미국이 제2차 세계대전에 참전하자 친소정책을 중단했으며, 중국 공산당원들과 친소적인 투르크계 무슬림들을 숙청하기 시작했다(마오쩌민은 그에 의해 처형되었다). 성스차이는 1942년 국민당과 협정을 통해 신장 국민당 지부를 설립했다. 1943년 미국은 우루무치에 영사관을 개설했으며, 소련의 군부대와 고문들 및 기술팀들은 철수하였다. 1943년 2월 소련이 스탈린그라드 전투에서 독일군에 승리하자 그는 다시 후견인을 바꾸려는 시도를 했다. 결국 장제스는 1944년 8월 그를 신장에서 제거했다. 신장에서 성스차이의 민족 정책은 주목할 만하다. 성스차이는 소련으로부터 스탈린적 민족 분류법을 도입하여 신장의 지역민들을 14개 범주로 구분하고 각각의 무슬림과 투르크계 주민들을 분리하여 지배하고자 하였다. 이것은 '위구르'라는 용어로 공통의 민족주의 정체성을 형성하던 투르크계 무슬림을 통치하기 위한 민족 정책이었다. 성스차이의 이 범주화 정책은 이후 중화인민공화국의 소수민족 정책의 근간이 되었다. 한편 난징의 국민당 정부는 서북 개발 프로그램을 통해서 한족들의 신장 이주를 장려했다.

1944년 10월 성스차이의 폐정에 항거한 닐카라는 작은 마을에서 시작된 카자흐족의 반란이 시발점이 되어 신장 북부 3개 지구에서 반란이 발생하였고, 11월에는 쿨자(현 중국명 이닝〔伊寧〕)에서 제2의 동투르키스탄공화국[3]이 선언되었다. 이 운동은 정치단체를 돕고 주요 지도자들에 대해 영향력을 행사하면서 군수물자와 군사훈련 및 고문들을 제공한 소련의 지원을 받았으며, 반중국 정서와 투르크 민족주의로부터 발생하였다. 장제스는 란저우의 서북 군사령관을 역임했던 장즈중(張治中)을 파견하여 상황을 해결하도록 하였다. 1945년 8월 14일 국민당 정부와 소련이 우호동맹조약을 맺기 직전 소련의 개입으로 동투르키스탄공화국과 신장 국민당 정부 간 휴전이 이루어졌다. 청렴하고 다문화적 감수성을 갖고 있던 장즈중은 동투르키스탄공화국과의 협상 끝에 연합정부를

3 오늘날 일부의 위구르 행동주의자들은 쿨자의 동투르키스탄공화국을 자신들 민족주의 열망의 직접적인 근원으로 묘사하고 있다. 그들은 이 공화국을 중국의 공산주의자들이 자신들로부터 빼앗아 간 국가로 여긴다.

수립했으며, 신장의 다양한 민족들에게 자율성과 자치를 허용하는 정책을 수립하였다. 그러나 연합정부의 시도는 실패로 끝나고 장즈중은 사임했으며, 1949년 중국 공산당이 신장 북부와 남부를 재통합할 때까지 신장 보위화평민주동맹이 동투르키스탄공화국의 핵심권력으로 국민당 신장성 정부와 함께 존재하였다(밀워드 2013, 310-328).

국공내전의 결과 국민당의 패퇴가 가시화될 무렵인 1949년 여름 펑더화이(彭德懷) 휘하의 인민해방군 제1야전군이 간쑤와 칭하이에 집결하였다. 공산당으로 전향한 장즈중은 신장의 국민당 주둔군 사령관인 타오즈웨에게 항복을 권고했고, 스탈린은 신장도 외몽골과 마찬가지로 독립공화국을 선포하도록 타오즈웨를 압박했다. 그러나 타오즈웨는 9월 하순에 중국 공산당에게 자신의 8만 군대와 함께 항복을 알렸으며, 10월 중순 왕전(王震)은 아무런 저항 없이 신장을 장악하였다. 동투르키스탄공화국의 지도자들은 여전히 신장 연합정부의 각료였는데, 과거의 반중국적 입장을 철회하고 다가오고 있는 중국 혁명의 성공을 반겼다. 8월 마오쩌둥은 이들 대표들을 베이징에서 개최된 전국인민대표대회에 초청했는데, 12월 중국 정부는 8월 27일 신장성 대표들이 탑승한 비행기가 시베리아 바이칼 호 인근에 추락하여 모두 사망했다고 발표하였다. 쿨자시 공원의 공식 기념비에는 이 지도자들을 '혁명의 순교자'로 칭송하고 있지만, 이 의심스러운 사고는 자연스럽게 음모론을 형성시켰다. 음모론은 신장의 자치를 둘러싼 동투르키스탄공화국 지도자들, 스탈린 그리고 마오쩌둥의 협상 과정에서 이들을 제거할 수단과 동기를 스탈린과 마오쩌둥 모두 가지고 있었다는 점을 강조하는데, 정확한 답을 어느 문서에서 찾을 수 있을지는 미지수이다.

2. 티베트의 역사적 경로

티베트는 중국 내에서도 소수민족 문제가 가장 심각한 지역이다. 서장(西藏)이란 명칭은 청의 강희제가 명명했으며, 옛 명칭은 번(蕃) 또는 토번(吐蕃)이었다. 티베트는 인구의 약 97%가 장족(藏族, tibetan)으로 구성되어 인구학적으로 가장 많은 독립적 동질성을 유지하고 있으며, 경제적으로 가장 낙후되어 중앙정부의 개발주의 전략의 효과가 상대적으로 가장 적게 나타나고 있는 지역이다. 더욱이 달라이 라마의 망명정부 활동으로 분리주의 운동이 가장 국제화되었으며, 종교문화적 특성이 단일화된 형태로 지속되고 있는 지역이기도 하다. 티베트와 중국 대륙 왕조의 역사적 관계는 현재까지도 그 성격을 둘러싼 다양한 견해가 양쪽 진영 모두에 존재하고 있다. 티베트가 중국으로부터 독립된 국가임을 주장하는 측은 티베트 역사의 상대적인 자율성과 독립성, 그리고 원 제국의 쿠빌라이칸 시기에 전달된 티베트 불교의 영향력, 달라이 라마 용어의 기원 등을 근거로 들고 있다. 반면 중국 측의 주장은 티베트가 7세기 통일왕국이 수립된 이후 중국의 왕조와 활발한 인적 교류를 했으며, 1253년 원나라 쿠빌라이의 서장 정벌로 원 정부의 직접적인 통치를 받았다고 주장하고 있다.

청 말 제국주의 침탈 과정에서 티베트와 중국은 서로 상이한 역사적인 기회와 조우하게 되었다. 이 시기에 중국은 역사적으로 국가적인 주권과 정체성을 가장 심각하게 훼손당했던 반면, 티베트는 독립국으로서의 국가적 정체성과 주권을 가장 높은 수준으로 회복할 수 있었다. 조공체계에 따라 티베트에는 청조 말기까지 주장대신(駐藏大臣)이 파견되었지만(티베트 측은 이를 단순한 대사로 격하한다), 청조 말기에 이르면, 특히 아편전쟁 이후 청은 티베트를 영국의 영향력으로부터 보호하지 못하였다. 따라서 티베트의 독립국가를 주장하는 측은 티베트는 내각과 국민의회를 중심으로 자율적인 정부조직을 갖춘 독자적인 기구였음을 강조한다. 영국의 티베트 개입은 중국과 티베트의 민족적 갈등과 대립이 발생한 중요한 요인이라 할 수 있다. 영국은 식민지 인도를 보호하고 러시아의 영향력을 견제하기 위해서 주변 지역에 대한 정책을 지정학적인 동심원 구조를 통해서 구별하는 정책을 수행하였다. 티베트에는 완충 지역의 개념으로 전략적인 접근을 시도했는데, 영국은 1890년과 1893년 두 차례 청과 티베트에 대한 조약을 맺고, 티베트의 전통적 번속인 시킴과 부탄을 얻어내는 한편, 남부의 관문인 야퉁을 개방시켰다. 1903년 티베트 침공을 통해서는 강제로 '라싸조약'을 체결하고 중국의 전통적 티베트 영향력을 배제시키고자 하였다(김한규 2003, 69). 청은 영국과 티베트 사이의 조약을 인정하지 않았고, 1908년 티베트에 대한 청의 주권을 국제적으로 인정받기에 이르렀다. 청은 라싸에서 자신들의 권력을 강화시켰으며, 달라이 라마를 베이징으로 불러 황제를 알현케 하였다.

1910년 청이 티베트의 지배를 강화하기 위해서 쓰촨성의 군대를 보내 라싸를 공격했을 때, 달라이 라마 13세는 인도로 망명하였다. 청은 티베트의 동부를 점령하여 시캉(西康)이라는 새로운 이름의 중국 성으로 편성하였다. 1911년 신해혁명으로 이듬해 중화민국이 설립되었을 때, 달라이 라마는 영국의 도움으로 티베트로 돌아와 1913년 독립국가를 선언하였다. 외교적 승인이 필요했던 위안스카이(袁世凱)는 내각이나 의회의 비준도 받지 않은 상태에서 영국과의 거래로 티베트의 자치를 승인했고, 러시아의 영향력 아래 있던 외몽골의 자치도 인정했다. 결국 각각 독립국가를 선포한 티베트와 몽고는 양국 간의 우호동맹조약을 체결하였다(스펜스 2002, 334).

1914년 영국과 티베트 간의 조약(Simla 조약)이 체결되었다. 제2조에 중국의 종주권이 인정되었으나, 티베트의 영토보전과 내정불간섭이 규정되었다. 티베트는 이 조약을 근거로 티베트가 중국에 귀속되지 않는 독립국임을 주장하지만 중국은 자신이 이 조약에 서명하지 않았기 때문에 어떠한 국제법적 구속력을 갖지 못한다고 주장하고 있다. 중화민국은 성립 직후 중국이 한, 만, 몽고, 회, 장 등의 민족이 합쳐진 공화국이라고 선언하였고, 형식적으로 몽장사무국과 1929년 남경 국민당 정부의 몽장위원회를 설치하였다. 그러나 신해혁명 이후 청조의 관리들은 모두 추방되었고, 1950년까지 중화민국은 티베트에 대한 통제권을 상실했다. 더욱이 1918년과 1930년 티베트와 국민당 정부 사이에는 두 차례 군사적인 충돌이 발생했다. 모두 영국의 중재로 정전협정이 체결되었는데, 영토 일부가 티베트에게 할양되는 결과가 발생했다. 국민당은 1934년 달라이 라마의 죽음을 계기로 조문 사절단 파견, 그리고 1940년 환생한 달라이 라마 14세의 좌상(座上) 의식에 파견한 경축 사절단의 의례행사를 통해서 티베트에 대한 종주권을 주장하려고 시도하였으나 모두 실패로 귀결되었다(김한규 2003, 90-115).

티베트는 국제법적으로 독립국가로 인정될 수 있는 모든 특성을 지녔다. 즉 영토, 국민, 정부가 있었고, 지도자와 정부조직, 사법조직, 세금, 화폐, 우편 체계, 외국사무소와 군대조직을 보유하고 있었다. 제2차 세계대전이 종결되고 인도가 독립할 때, 티베트도 1947년 독립을 선언하였다. 1949년 9월 중국이 건국되면서 마오쩌둥은 티베트의 독립 무효를 선언했지만, 11월 티베트는 다시 독립국임을 선언했다. 1950년 10월 인민해방군의 침공을 받은 티베트는 국제연합에 도움을 요청했지만, 당시 한국전쟁에 관심이 집중되어 있던 국제연합으로부터 거절당했다. 중화인민공화국은 그해 11월 1일 서장장족자치구를 설립했다.

3. 타이완의 역사적 경로

중국 푸젠성 맞은편에 있는 작은 섬이 오늘날 중화인민공화국으로부터 분리되어 하나의 정치체제를 이루고 있는 것은 제국주의 시기 열강의 영토 병합과 근대화 과정에서 중국 국민당과 공산당의 분열에 기인한다. 중국 대륙에서 타이완 섬으로의 중국인 이주는 1644년 만주족의 명 침입으로 본격화되었다. 청조 말기 제국주의 열강의 타이완 침탈이 계속되자 청은 1822년 타이완을 22번째 성으로 편입시켰다. 그러나 1895년 청일전쟁에서 패배한 청은 시모노세키조약에 따라 일본에 2억 냥의 전쟁배상금을 지급하고 4개 항구의 추가 개항을 약속했으며, 일본에게 타이완 전체, 펑후 제도 및 만주 남부의 랴오둥을 영구히 할양했다. 이에 따라 타이완은 1945년 일본이 패망할 때까지 일본의 식민지로서 식량공급기지와 일본 공산품의 소비기지로서의 역할을 수행하였다. 일본은 패전 후 타이완을 연합국에 양도했는데, 제2차 국공내전에서 패퇴한 국민당의 장제스가 타이완으로 도주하여 1949년 12월 7일 중화민국 정부의 이전을 선포하였다.

따라서 물리적인 영토로서 타이완은 1945년까지 일본의 식민지였으나, 중화인민공화국과 분리된 정치체제로서의 타이완은 역사적으로 국공내전에 기원을 두고 있다. 1911년 신해혁명으로 청조가 붕괴하고 난징에서 쑨원(孫文)이 공화국 중화민국의 임시대총통으로 선출되었다. 그러나 중국 제국을 부활시키고 황제의 직위를 차지하려는 야심찬 위안스카이의 실권 장악으로 중국은 전국에 걸쳐 군사지도자들이 난립하는 군벌 시대가 개막되었다. 1918년 제1차 세계대전의 전후처리를 위한 베르사유 회담에서 산둥 지역의 독일 권리에 대한 일본의 권리 요구를 수용하는 비밀협정 인준이 알려지자 베이징의 대규모 시위는 5·4운동으로 발전하였다. 5·4운동은 중국인이 민족주의와 문화적 자기 분석을 통해 근대국가 수립 운동의 이정표를 마련했는데, 이 운동을 계기로 중국 혁명의 세력화는 국민당과 공산당으로 양분되었다.

1912년 참의원과 중의원을 선출하는 총선거를 앞두고 쑨원이 명명한 국민당의 정치권력을 계승한 이는 장제스였다. 장제스는 1887년 저장성의 개항장인 닝보 근교의 소금 상인 가정에서 태어났다. 그는 일본의 군사학교에서 교육을 받았고, 쑨원의 동맹회에 가담했으며, 상하이의 군사령관이 된 천지메이의 측근이 되었다. 1922년 쑨원의 광저우 탈출을 도왔고, 국공합작에 따라 건립된 황푸군관학교의 첫 교장으로 임명되었다. 1925년 쑨원이 간암으로 숨을 거두자 장제스는 국민당의 실질적인 지도자가 되었다. 한편 5·4운동의 세례를 받은 천두슈와 리다자오 같은 일부 지식인들은 소련 코민테른 요원들의 지도를 받으면서 마르크스주의와 사회주의 이념에 몰두하게 되었다. 마르크스주의 연구회로 알려진 이들 조직이 모태가 되어 1921년 상하이에서 창당을 선언하고 첫 번째 전체회의를 열었다. 마오쩌둥도 여기에 참여하였지만 초창기 중국 공산주의 운동사에서 그의 존재감과 역할은 미미했다. 마오쩌둥은 1893년 후난성의 중농 가정에서 출생하여 창사 지역의 학생 의용군으로 복무했다. 청군이 급속히 붕괴되어 가는 것을 직접 목격하며 자신의 변발을 잘랐으며, 동맹회의 지도자들이 살해되는 것을 목격하는 경험을 하였다. 그는 중국의 사회 개혁에서 적극적인 역할을 수행하기 위한 준비로 정치와 경제 관련 서적을 읽었고, 베이징 대학의 사서로 복무하면서 마르크스주의자들의 모임을 접하게 되었다.

1923년 국공합작은 코민테른의 쑨원 지원으로 성립되었다. 국공합작으로 공산당은 국민당과 제휴하여 당적을 유지하면서 국민당에 가입할 수 있게 되었다. 황푸군관학교는 국민당과 공산당이 연합한 형태로 개교하였는데, 두 정당의 많은 군사지도자들을 배출하였다. 국민당과 공산당은 군사력과 사회 개혁세력의 합작을 통해서 국가를 통일해야 한다는 당위성에는 동의했다. 1924년 광저우의 국공합작이 성공했지만, 국민당의 북벌과 군사적 승리 그리고 사회개혁 방법에 대한 양쪽의 입장차이는 장제스로 하여금 대일 전쟁과 국공 내전을 동시에 수행하는 전략을 취하게끔 하였다. 상하이 및 우한 등 도시에서의 봉기에 실패하고 당원의 90%를 상실한 공산당은 1930년대 중반부터 국민당의 공격을 피해 대장정이라는 퇴각의 길에 올랐다. 전술적인 후퇴로 시작된 대장정은 1935년 10월 20일 공산당 군대의 잔존자들이 산시성에 도착함으로써 전략적 승리로 끝났다. 대장정 기간 370일 동안 9,600km에 달하는 위험한 거리를 가로지르는 동안 8만여 명 중에서 9천여 명만이 생존하였다. 마오쩌둥은 대장정 중 쭌이회의에서 당권을 장악했고, 공산당은 중국 내륙의 산악지대를 거쳐 옌안(延安)에 정착하였다. 여기서 공산당은 토지개혁을 비롯한 사회개혁 프로그램을 운용하였고, 민족주의에 호소하여 항일전쟁이 시급함을 선전하면서 국민당보다 더 많은 대중의 지지를 끌어낼 수 있었다. 국민당의 부패, 경제 정책의 실패 및 농민을 중심으로 하는 게릴라 혁명 전략도 공산당의 입지를 강화하는 요인으로 작용했다. 중국 공산당은 통일전선정책의 일환으로 농민들에게 체계적인 소작료 인하 계획과 등급화된 과세제도를 시행하였는데, 가난한 농민들을 공산당에 대한 충성과 항일의 기치 아래 결집할 수가 있었다. 1937년 약 4만 명에 불과했던 공산당 당원은 1940년에는 약 80만 명으로 증가하였다(스펜스 2002, 465-472).

1937년 중일 전쟁의 발발로 장제스는 강력하고 중앙집권적인 민족국가를 건설할 수 있는 기회를 상실하였다. 전쟁 발발 1년 만에 일본군은 중국의 동부를 점령하였고, 주요 산업기지를 장악했다. 장제스는 새로운 전시 거점으로 충칭을 선택하였고, 공산당은 옌안에서 고립되었다. 1941년 12월 일본의 진주만 폭격 이후 미국의 참전은 제2차 세계대전의 균형 상태를 변화시켰다. 1942년 미드웨이 해전에서 미군은 승기를 잡았는데, 중국의 가장 큰 기여는 일본 정규군의 상당수를 중국 대륙에 묶어 두었다는 데에 있었다. 1945년 연합국의 승리로 전쟁이 종결되었을 때, 국민당은 오랜 기간의 전투로 인한 사기 저하, 사적인 분쟁에 의한 정부 약화, 통치 지역의 심각한 인플레이션 등으로 와해되고 있었다. 반면 공산당은 자원은 부족했지만 중국 북부 지역에서 농민들의 굳건한 지지기반을 확보하면서 신속히 움직였다.

1945년 4월 중국 공산당이 옌안에서 제7차 전국대표대회를 소집했을 때, 중국 공산당원의 수는 140만에 달했고 팔로군과 신사군 휘하에 90만 명의 군사가 있었다. 같은 시기에 제6차 전국대회를 계획한 장제스의 국민당의 수중에는 일본군과의 전투 패배에 따른 막대한 손실에도 불구하고 290개 사단에 270만여 명의 병력을 보유하고 있었다. 만주에서 소련 군대가 만주국 푸이 황제를 퇴위시키고 일본의 항복을 접수한 후 막대한 무기와 군수품 창고를 중국 공산당에게 넘겨주었다. 린뱌오가 지휘하는 공산당군은 장제스의 병력이 동북부로 이동하기 전에 이 지역으로 신속히 진군했다. 국민당 군대와 공산당 군대가 중국 대륙의 승자를 결정짓는 동북부의 지배권을 놓고 대립하고 있을 때, 주중 미 대사였던 헐리는 장제스와 마오쩌둥의 협상을 주선했지만 실패하였다. 12월 트루먼 대통령은 합동참모본부 사령관이었던 조지 마셜 장군을 중국 특사로 파견하여 양측이 정전에 합의하고 국민대회를 소집하도록 설득하였다. 이에 따라 1946년 1월 11일 38명의 대표가 '정치협상회의'를 위해 충칭에 소집되었다. 대표들은 헌정, 군사 지휘권 통합 등 관련사항의 합의에 도달할 것처럼 보였지만, 국민당과 공산당은 여러 지역에서 군사적 충돌을 거듭했고, 국민당 중앙집행위원회는 회의의 합의사항을 결정적으로 번복했다. 이 위원회는 공산당과 민주동맹의 거부권을 제한시키고, 새로운 헌법에서 내각제가 아닌 장제스의 총통권을 확실히 하며, 지방자치 허용 계획을 백지화하기로 했다. 결국 국민당은 이들을 배제한 채 1946년 국민대회를 소집하고 헌법초안을 만들었다. 결국 마셜은 자신의 임무가 실패했음을 시인하는 고별연설을 1947년 1월에 해야 했다(스펜스 2007, 63-70).

공산당은 제2차 국공내전 기간에 장제스에게 치명적인 패배를 안긴 중국 동북부 만주 지역에서의 승리를 계기로 중국 전역의 내전에서 승리를 거둘 수 있었다. 1948년 장제스의 국민당 군대는 완패했고, 파국적인 인플레이션과 지식인, 학생, 전문가 계층, 도시 시민 등 지지기반의 이탈로 그의 권력기반도 붕괴되었다. 1949년 1월 공산당군은 베이징에 입성했고, 장제스는 상하이를 고수하지 못하고 30만여 명의 군대와 전함 26척 및 항공기의 지원을 받아 타이완으로 이동하였다. 한편 타이완에서 장제스가 임명한 군벌 출신의 행정장관 천이의 학정으로 1947년 반정부 폭동이 발생했는데, 장제스는 타이완 거주민들의 불만과 반발을 강제적으로 진압하는 강권통치에 기반하여 새로운 정부를 설계해야 했다.

IV. 중화인민공화국 성립 이후의 분리와 통합

1. 신장의 경로: 자치와 분리 사이

무슬림은 중국 전역에 산재하여 분포하고 있으며, 닝샤, 간쑤 그리고 칭하이의 많은 지역에서는 이들만이 거주하는 촌락이 형성되어 있다. 그러나 오직 신장에서만 해외와 연결된 잘 조직된 무슬림 조직이 존재하며 다수의 이슬람 인구로 구성된 국가들과 마주하고 있다. 중국의 지도부는 신장의 이슬람을 자신의 통제로 두기 위한 시도를 서서히 진행하기 시작했다. 1949년 9월과 10월에 입성한 왕전의 중국 공산당은 소규모의 산발적인 저항을 효과적으로 제압하고 통일 신장성 인민정부를 공표하였다. 새로운 신장 인민정부의 구성원은 비한족들이 다수를 차지했으나 신장성의 최고직은 한족들이 맡았다. 새로운 중국은 소련의 민족 정책을 받아들였지만, 연방 아래 '공화국'이라는 소련식 접근방법과 달리 비한족들의 지역과 지방 단위에서 이론적으로 '자치'를 유지하는 정책을 선택했다. 공산당은 국민당의 동화정책과 거리를 두고자 했으며, 주요 변경 지역에 분리주의가 조성되는 것을 막으려고 노력했다.

1949년 9월에 개최된 전국인민대표대회에서 모든 '민족'의 평등을 보장하는 공동 강령을 통과시켰으며, 비한족들이 집중적으로 거주하는 지역은 자치적 지위를 누릴 것이라고 공표되었다. 1955년 55개의 '소수민족'이 법적인 지위를 부여 받았고, 신장 위구르 자치구가 설치되었다(서정경 · 차창훈 · 원동욱 2011). 신장의 민족 검증 과정에서는 13개 집단, 즉 위구르족, 한족, 카자흐족, 후이족, 키르기스족, 몽골족, 시버족, 러시아인, 타지크족, 우즈베크족, 타타르족, 만주족, 다우르족이 소수민족으로 인정받았다.[4] 이들 가운데 카자흐족, 키르기스족, 후이족, 몽골족, 타지크족, 시버족은 자치현과 자치구, 자치주를 할당받았다. 해당 자치구역의 주석은 인구통계학적인 다수 민족에서 나왔으나 부주석은 한족 출신의 당원이었다. 신장의 당과 정부의 핵심 책임자는 한족이었고 이들은 베이징의 중앙에 직접 책임을 지게 되었기에 신장 위구르 자치구

4 이는 소련의 영향을 받은 성스차이 정권과 제2동투르키스탄공화국 치하의 범주를 벗어나지 않았는데, 그 차이는 일리의 '타란치'들을 위구르족의 범주에 공식적으로 합병시킨 것이다.

는 더욱 중앙집권화되었다. 자치 지역들은 자신들만의 경찰력을 형성하고 있으나, 군사 지휘권은 자치 지역 조직의 외부에 있는 인민해방군에게 있었다. 따라서 자치 지역의 '자치'가 실질적으로 구현되기에는 많은 제약이 따랐다.

중화인민공화국은 이슬람 기관의 세금징수를 금지하고, 이슬람의 법체계와 혼인법에 따르는 정책을 취했다. 이슬람 기관의 토지를 몰수하고 국유화하는 정책은 중국의 사회주의 정책과 맥락을 같이하는 것이었다. 삼반(三反) 운동과 같이 마오쩌둥 시기의 대중 정치 운동 기간 중 발생한 공직자 숙청 과정에서 과거 동투르키스탄공화국과 연관된 사람들 중 다수가 제거되었다. 토지개혁과 호조조(互助組) 형성과정에서 유목경제가 초래하는 장애가 발생하였으나 대약진운동을 통해서 인민공사의 집단화 과정이 가속화되었다. 류샤오치는 과거 중국의 황제들이 동부 지방의 인구 압력을 완화하고 변경의 안보를 강화하기 위해 신장에 중국인들을 정착시키는 정책을 1950년대에 부활시켰다. 역대 왕조에서 재정착 혹은 식민화 프로그램의 핵심은 변경에 군대를 주둔시키고 이들이 스스로 식량을 조달하는 농지를 개간하는 군둔(軍屯)이었다. 이에 따라 기존에 주둔하던 군인 및 퇴역 군인(국민당 군대 포함)들에 더해 1950년대부터 1970년대 중반까지 수십만 명의 한족 이주민들과 수만 명의 수형자들이 신장으로 이주했다. 신장은 특히 문화대혁명 기간 동안 마오쩌둥의 하방(下放) 프로그램의 가장 큰 목적지가 되었고 수백만 명의 한족이 신장으로 이주하였다. 반면 대약진운동의 실패 및 중소분쟁 등으로 수만 명의 비한족 난민들이 국경을 넘어 소련으로 이주했다. 특히 소련과의 유대관계가 강한 카자흐와 위구르 지식인들이 그러했는데, 중국은 텅 비어버린 서북 변경 지역에 새로운 병단을 투입함으로써 이 문제를 해결하고자 하였다. 전체적으로 보면 문화대혁명은 신장 지역에 곡물생산량의 감소 등 경제적 침체 및 비중국적인 문화에 대한 배타적인 공격을 수반하였는데, 투르크 민족들과 비한족 간부들은 소련의 앞잡이이자 수정주의자들이라는 공격을 받았다. 실제 소련은 '신장 소수민족 피난민군'이라 불리는 부대와 소련의 군대를 변경지역에서 훈련시켰으며, 이 지역에서 이들과 거의 끊임없이 소규모 교전과 충돌들이 발생하였다. 중화인민공화국 치하 신장에서의 저항은 이슬람이 아닌 카자흐의 족장들로부터, 보다 은밀하게는 소련의 영향을 받은 과거의 동투르키스탄공화국 세력으로부터 일어났다는 사실이다(밀워드 2013, 359-387).

1978년 말 제11차 공산당 중앙위원회 삼중전체회의에서 정치권력을 장악한 덩샤오핑은 문화대혁명기의 정책을 비판하면서 1950년대 초반의 비동화주의 소수민족 정책으로 회귀할 것을 주장했다. 홍위병들의 공격으로 해체되었던 민족사무위원회가 재건되었고, 1980년에는 신장이슬람협회가 다시 설립되었다. 이 시기에 당은 배타적 한족주의 및 지방 민족주의를 모두 비판하면서, 자치에 대한 권리는 자치를 시행하는 민족 인민들에게 주어져야 한다는 주장을 하였다. 1982년의 헌법은 이러한 정책을 다시 구현하였고, 1957년 이후 숙청당한 신장의 관리들과 문화계 인사들이 복권되었다. 1984년 5월 전국인민대표대회는 소수민족 지역자치에 대한 특별법을 통과시켰는데, 헌법에 기술된 지역자치 조항을 강화한 것이었다. 소수민족 간부 양성과 고용, 비한족 언어를 자치지역의 주요 행정 언어로 지정할 수 있다는 점을 명문화하였다. 개혁개방정책과 함께 신장의 경제지표는 상승했는데, 덩샤오핑 등 중국의 지도자들은 소수민족들의 삶의 질을 향상시키는 것이 분리주의를 억제하는 중요한 수단이라고 믿었다.

1980년대 후반 신장에서는 민족적 혹은 종교적 색채의 징후를 나타내는 시위가 등장하지만 독립운동 혹은 이슬람 성전이라는 일반적으로 알려진 개념과 일치한다고 평가할 수는 없다. 1979-1990년 사이 모스크와 마드라사 수가 증가하였지만, 당시 중국의 다른 지역에서 자유와 민주주의에 대한 요구가 있었던 것처럼 위구르족의 대우와 생존에 대한 관심을 반영하는 것으로 이해될 수 있다(Israeli 1997, 21-41). 신장의 무슬림 집단들, 위구르족이 주도하는 시위는 1990년대에도 계속되었고 국제적인 주목을 받게 되었다. 중국은 1991년 소련의 해체로 자국의 안보를 위협하는 소련의 개입에서 자유로워졌다. 나아가 석유와 천연가스의 매장지로 전략적 중요성이 높아진 신장, 중앙아시아의 국가들과 자국의 경제발전이 제공하는 위구르 기업가들의 사업 기회를 확장시켰다. 점차 위구르 상인들은 소련 경제력의 공백을 중국 동부의 경제권과 중앙아시아 국가들과의 무역을 확대하는 데에 기여하기 시작하였다.

1990년 신장 북부가 중국의 철도 체계와 처음 연결되었으며, 1999년이 되면 카슈가르와 타림 분지의 서부가 전국적인 철도망에 연결되었다. 1992년의 서북개발 프로그램에 이어 2000년에는 중국 영토의 60%와 인구의 25%를 차지하는 서부 성들과 지역을 대상으로 하는 포괄적인 '서부대개발'이 시작되었다. 서부대개발 기금 중 신장에 할당된 몫은 9000억 위안을 상회했고, 철도와 고속도로 건설, 원격통신, 수리시설, 환경복원, 농경의 확대 및 에너지자원 탐사 및 채취 등의 사업에 책정되었다. 총체적인 신장 개발 구호 중 하나는 '일흑일백(一黑一白)'으로, 이는 신장 경제의 양대 기둥인 면화와 석유를 나타내는 것이다. 신장은 중국의 최대 면화 생산지가 되었으며, 1955년 개발된 이래 타림 분지는 중국의 에너지 안보를 책임질 중요한 석유 매장량의 보고로 탐사되었다. 나아가 신장은 카자흐스탄의 석유가 유입되는 통로이기도 한데, 중국의 대중동 에너지 의존도 증가에 따른 신장 내부와 중앙아시아로부터의 에너지 수입은 전략적으로 매우 중요하게 되었다.

그러나 신장 경제의 혜택을 누리는 편차는 한족과 비한족 사이에 비교적 크다. 통계에 따르면 특정 지역에 투르크족 인구가 많을수록 이 지역의 1인당 국내총생산은 낮았으며, 비한족 인구가 95%인 남부 신장의 1인당 평균 소득은 신장 전체 1인당 평균 소득의 절반에 불과했다. 1990-2000년 사이 신장의 한족 인구는 32%가 증가하여 740만 명에 달했는데, 이는 신장 전체 인구의 약 40%에 해당되었다. 위구르족의 인구는 같은 기간에 719만 명에서 835만 명으로 증가하였다. 언어와 문화적 차이가 생산현장에서 위구르인들이 배제되는 상황을 만들기도 하지만, 심화되는 비한족 인구의 경제적 격차를 완화시키는 정책이 필요한 상황이다(밀워드 2013, 411-425).

1990년 4월 바런(巴仁) 향의 사건을 기점으로 발생했던 폭발 사건 그리고 1995년과 1997년 쿨자에서 발생한 대규모 시위 사건들은 신장에서 분리주의 운동이 국제적인 주목을 받게 하였다. 중국 공안 당국의 조직 색출과 강경 대응으로 1997년과 2005년 사이에 대규모의 정치 폭력 시위가 발생하지 않았지만, 중국 정부는 신장 분리주의자의 배후에 외국의 이슬람 테러 조직과 함께 미국 정부를 의심하였다. 중국 정부는 중앙아시아의 테러 조직에 대응하기 위하여 중앙아시아의 국가들과 함께 상하이 협력기구(Shanghai Cooperation Organization)를 출범시켰다. 반테러 합동군사훈련을 실시할 뿐만 아니라 이들 국가 내에 있는 위구르인들의 정치적 집회와 공정한 법률 절차에 대한 권리를 박탈하였다. 9·11테러 발생 후 미국이 테러와의 전쟁을 수행하는 동안, 중국 정부는 동투르키스탄 테러리스트를 알카에다 같은 국제적 이슬람 테러리즘과 연결시켰다. 중국 정부는 이 테러조직들이 1990년대 발생한 200건의 테러 행위와 162명의 사망 및 440명의 부상에 책임이 있다고 비난하기 시작하였는데, 미국 정부는 공식적으로 이를 인정하는 실수를 저질렀다

(Chung 2004).

1990년대 민족분리주의 운동을 계기로 중국의 정책은 점차 동화주의적으로 변모하였다. 1980년대 초반 다양성과 독립성을 인정했던 상대적으로 관대한 정책이 변화된 것이다. 1996년 중국 공산당 중앙위원회에서 발간된 '7호 문건'으로 알려진 이 정책은 신장의 종교와 교육정책을 근본적으로 변화시켰다. 신장의 종교활동을 엄격하게 규제하기 시작하였고, 330권의 금서 목록을 공표하였다. 2002년 정부는 신장 대학의 위구르 문학을 제외한 모든 수업을 중국어로 할 것을 명령했다. 2004년부터 신장 당국은 두 개의 언어를 사용하는 5만 5천 명의 교사를 양성하겠다는 계획을 발표했는데, 21세기 초엽까지 신장의 다수 비한족인들이 중국어를 거의 이해해지 못했던 상황이 변화할 것임을 시사하고 있다(밀워드 2013, 466-474).

2. 티베트의 경로: 망명정부의 수립과 발전주의 노선

서장자치구는 중국의 다른 소수민족 자치 지역과는 달리 가장 늦은 1965년에 건립되었다. 중국은 1950년대 소수민족 자치 지역을 제정하는 정책을 추진했는데, 이때 티베트의 일부가 이미 칭하이, 쓰촨, 윈난 및 간쑤 성 등지에 자치주 혹은 자치현의 형태로 분할되어 편제되었다. 티베트는 다른 지역과 달리 1949년 이전까지 중국 대륙 정치세력의 영향력이 부재한 진공상태였고, 상대적인 독립성과 자율성을 지속했기 때문이다. 1950년 인민해방군이 '화평해방(和平解放)'의 명분으로 무력 점령했을 때 티베트의 강한 독립의식과 저항으로 공산당 지도부는 이 지역의 소수민족정책 집행을 연기하는 판단을 내렸다. 중국은 티베트와 1951년 5월 북경에서 중국 측이 작성한 '서장의 평화적 해방방법에 관한 합의(17조 협의)'를 체결하였다. 이 합의는 티베트의 정교합일(政教合一)의 정치 및 종교 제도, 달라이 라마의 지위, 사원 경제 등의 유지 및 사회주의 개혁의 강제 이행 불이행을 보전해주고, 국방 및 외교적 권한을 중국 중앙정부에 귀속하는 내용을 포함하고 있다(김재기 2006, 13-14).

1956년 라싸 서장자치구준비위원회의 동화정책과 인민해방군의 무력 진압은 티베트인들의 무력 저항을 야기하였고, 마침내 1959년 라싸 봉기가 발생하였다. 3월 10일 티베트 독립이 선포되었으나 중국의 무력 진압으로 10여 만의 사상자가 발생하였다. 달라이 라마는 10만 이상의 티베트인과 함께 인도로 망명하였다. 정치적인 구심점을 잃은 지역에서 중국 정부는 '사회주의 개조'를 본격적으로 시행했다. 토지개혁을 통해 사원의 토지와 재산을 몰수하였고 인민공사제도가 도입되었다. 1966년 문화대혁명의 발발로 티베트에 대한 억압적인 동화정책이 강화되었다. 계급투쟁의 구호 아래 티베트인들의 종교 활동이 금지되고 전통적인 문화 생활양식이 공격받았다. 사원과 승려의 감소가 두드러진 사례인데, 1958년 2,771개 사원과 114,103명의 라마승이, 1976년에는 8개 사원과 800명의 승려만이 남게 되었다(전성홍 1998, 185). 문화대혁명 기간 동안 중국 정부의 강압적 동화정책은 티베트 내에서 반중국적 정서를 악화시켰고, 해외에서 달라이 라마 망명정부의 독립 주장의 입지를 정당화시켜주는 구실로 작용하였다. 따라서 덩샤오핑의 새로운 중국 지도부는 새로운 티베트 정책을 모색하게 되었다.

개혁개방 정책을 추진하는 중국 정부는 문화혁명 시기 소수민족 정책을 강압적인 동화정책에서 자율성과 전통문화를 보장해주는 관용정책으로 조정하였다. 이 정책은 1982년의 헌법과 1984년의 '민족구역자치법'에 잘 명시되어 있다(강명상 1988; Phan 1996). 중국과 티베트 간의 문제를 해결하기 위해 달라이 라마의 사절단이 두 차례 중국을 방문했을 때 티베트인들의 열렬한 환영을 받자, 당시 티베트에 대한 정확한 파악이 되지 않았던 중앙의 지도자인 후야오방이 티베트를 방문하였다. 이에 따라 티베트에 대한 개혁정책이 추진되었고, 세제 등 경제개혁, 종교 및 교육 활동에 대한 자치 허용 등의 정책을 추진하였다. 중국 정부는 사원을 복구하면서 불교를 부흥하고, 장학연구중심(藏學研究中心)을 설립하여 티베트 문화와 언어 등에 대한 보급과 교육을 활성화하였다. 나아가 티베트족의 당정 간부 비율을 확대하기 시작하였는데, 한 연구에 따르면 1994년 현재 티베트는 중국 전체의 소수민족 간부 비율이 가장 높은 수준에 이르렀다.[5]

그러나 중국 정부의 이러한 개혁정책에도 티베트의 분리주의 운동은 지속되었다. 달라이 라마를 구심점으로 하는 해외 망명정부의 존재와 그 활동은 티베트 내 독립을 요구하는 시위를 지속하게 하였고, 국제적인 여론을 환기시켜서 미국, 유럽 등 우호적인 국가의 지원을 이끌어 냈다. 티베트에는 1987-1992년에 120여 회의 반정부 및 독립 요구 시위가 있었다. 베이징에서 천안문 사건이 있었던 해인 1989년 3월 시위로 계엄령이 선포되었고, 10월 달라이 라마의 노벨 평화상 수상으로 시위는 격화되었다. 중국은 서장자치구 내의 분리주의 운동에 대해서는 반분리주의 운동, 시위관련자의 체포 및 구금, 무력 진압 정책을 추진하면서도, 분리독립은 불가하다는 전제에서 달라이 라마의 망명정부와 대화를 추진하는 입장을 표명해 왔다. 또한 중국 정부는 장기적으로는 이 지역의 경제적 발전이 안정을 가져올 수 있다는 발전주의 전략을 추진하였다. 특히 덩샤오핑의 남순강화 이후 1995년 서장자치구 30주년을 기념하는

5 조사의 대상이 된 당정 주요 간부는 중앙당과 정부의 각 부처 책임자급, 위원회 위원, 성급 지도자, 주요 대도시 지도자 등 총 907명이었다. 이들 중 티베트는 2.2%를 차지하였고, 몽고(1.2%), 위구르(1.0%), 후이족(1.0%)의 순이다(Zhang 1998).

의미에서 티베트의 개발을 위해 총 62개 사업(大慶工程)을 농업, 수리, 에너지, 공업, 소송, 전자통신, 교육, 문화, 보건 등에 지원하기로 하였다. 이것은 소수민족 문제의 근본은 결국 빈곤 낙후가 원인이라는 인식에서 티베트 지역의 경제발전이 분리주의를 억제하는 장기적인 결과물을 가져올 것이라는 접근 방법에 따른 것이다(Dreyer 1998, 130-131).[6]

티베트 지역에 대한 중국 정부의 대대적인 기간 시설 투자는 티베트인들의 생활수준 향상에 기여하였다. 1995년 완공된 린붕 운하는 곡물 생산의 증대에 기여하였고, 딩칭 수력발전소를 포함한 기타 전력사업은 이 지역의 전력부족 현상을 해소하고 티베트인들의 TV 시청을 가능하게 하였다. 그밖에 도로와 항공 등 교통시설과 통신시설이 대폭 개편되었고, 빈곤 지역 및 가정에 생필품 등을 제공하는 구제사업이 이 지역의 생산능력을 향상시키는 자구적인 방식으로 변모하였다. 이러한 노력의 결과로 중국의 서장자치구는 1994-1997년에 전국의 평균을 상회하는 연평균 14.5%의 성장률을 기록하였다.

중국 정부의 발전주의 정책이 향후 티베트의 분리주의 운동을 완전히 억제할 것인지에 대한 평가는 유보적이다. 덩샤오핑 시대의 관용정책이 티베트인들의 종교생활 등 전통문화에 대한 자긍심과 함께 민족의식을 고취시키는 결과를 낳았고, 개혁개방 정책은 소위 '내부 식민지(internal colonialism) 현상'으로 불리는 연해지역과 내륙지역의 경제적 격차가 커지게 되었다. 따라서 티베트의 상대적 박탈감이 불만을 증폭시키는 요인으로 작용했기 때문이다. 더욱이 개방된 티베트 지역에서 외국인

6 중국 정부의 개발주의 전략은 서로 다른 소수민족의 자치 지역에서 상이한 내용의 접근방식을 갖는다. 티베트의 경우는 기간산업시설에 대한 투자에 집중한 반면, 내몽고와 신장은 자원개발, 광서자치구는 이미 개발된 연해지역과의 연계 심화, 윈난성의 경우는 담배와 차 생산을 중심으로 주도산업을 육성하는 전략을 추진하였다(Phan 1996).

과의 빈번한 접촉, 자유롭고 독립적인 사고의 증대, 한족 경제활동 인구의 유입 등은 티베트 분리주의 운동의 지속성을 예측하게 한다. 그러나 중국 정부의 발전주의 노선이 장기적인 영향력을 티베트에 확보한다면 분리주의 운동의 영향력은 점차 상대적으로 쇠퇴할 것이라는 전망도 있다. 2002년 재개된 중국과 티베트 망명정부와의 대화에서 달라이 라마는 분리독립을 철회하고 홍콩과 마카오 식의 '일국양제(一國兩制)'를 수용할 뜻을 밝혔으며, 2005년에는 종교 문화의 독립성 보장을 전제로 정치 외교적인 자치권을 포기할 수도 있다는 발언을 한 바가 있다(김재기 2006, 49). 이것은 중국의 경제발전과 국제적 위상의 증대로 인도와 미국 등 기존 국제적 지원세력이 자국의 이익에 따라 공개적인 지지를 점차 축소하는 추세와 관련이 있다. 현재 달라이 라마의 후퇴된 제안을 받아들이고 있지 않은 중국 정부의 태도는 결국 티베트가 발전주의 전략에 따라 중국 체제 안에서 장기적으로 동화될 것이라는 자신감에 근거하는 것으로 보인다.

3. 타이완의 경로: 분리된 공화국의 경제적 통합

한국전쟁의 발발로 타이완 정복이라는 마오쩌둥의 계획이 차질을 빚게 되었고, 결국 타이완에서는 장제스가 미국의 지원 아래서 국민당 정부를 수립할 수 있었다. 타이완에서 국민당 정부의 중화민국 건국과 중국 대륙에서 중화인민공화국의 수립은 하나의 중국이라는 규범적 정의를 국제사회에게 요구해 왔다. 1971년 10월 제26차 유엔총회 제2758호 결의안을 통해 중화인민공화국을 합법 정부로 승인하기 전까지는 타이완의 중화민국이 국제법상의 주권을 인정받는 국가로 자리매김해 왔기 때문이었다. 현재까지 국제법상 주권국으로서 정치적 실체를 부정당한 타이완이 분리독립을 주장하게 되면서 양안관계의 군사적 갈등과 긴장이 고조되는 결과를 빚어 왔다. 이에 따라 미국, 일본, 한국 등 주요 이해 당사국들은 소위 '전략적 모호성(strategic ambiguity)'에 기초해 '하나의 중국'이라는 규범과 '두 개의 중국'이라는 실제 사이에서 자국 이익의 극대화를 도모하면서 타이완 문제는 더욱 복잡하게 전개될 수밖에 없었다.

1979년 미중 관계가 국교 정상화되었을 때, 타이완의 인구는 1천 7백만 명으로 9억 5천만 명인 중화인민공화국 인구의 1.8%를 차지했다. 타이완의 1인당 국민소득은 중화인민공화국의 6배 정도였는데, 타이완의 경제 규모는 1952년에서 1979년 사이에 무려 416% 증가하였다. 타이완의 경제성장은 미국에 의하여 주도면밀하게 육성된 것이었다. 미국은 1950년대에 농촌재건합동위원회를 통해 타이완의 자영농을 돕기 위한 지대인하계획과 토지판매계획을 지도했다. 또한 1949년 이후 타이완의 인플레이션을 효과적으로 통제하였다. 타이완 정부는 농업생산을 효과적으로 증대시키자 일본 점령기 동안 쌀과 설탕 수출에 의존했던 경제를 공업생산에 중점을 둔 경제로 전환하기 시작했다. 1960년대에 전자산업 등 첨단기술 산업과 함께 고무, 화학제품, 섬유생산에서도 괄목할 만한 발전을 거두었다. 공산품의 수출기지로서 가오슝(高雄) 항구를 개발하였고, 1980년대 동안 아시아의 네 마리 호랑이로 신흥경제 국가로 발돋움하였다(스펜스 2007, 261-264).

타이완에 대한 미국의 영향력은 미중 국교 수립 직후 1979년 4월 미국 의회가 타이완 관계법을 통과시킴으로써 지속되었다. 미국 의회는 타이완의 미래는 평화적인 수단으로 결정될 것이며, 중화인민공화국의 타이완에 대한 어떠한 불매운동이나 통상 정지도 태평양 서안의 평화와 안전에 대한 위협으로 간주할 것임을 강조했다. 나아가 의회는 방어용 무기를 타이완에 제공할 것을 약속하고, 타이완 국민의 안전이나 사회적 · 경제적 체제를 위험에 빠뜨릴 여하한 무력행사나 어떠한 형태의 강요에도 반대할 것임을 약속했다. 양안관계를 복잡하게 하는 새로운 요인은 타이완 내부의 분리독립 시도에서 발생하였다. 1975년 장제스 사망 후 그의 총통직을 승계한 장징궈(蔣經國)의 초법적 통치가 막을 내리기 시작할 무렵, 1986년 당외 인사로 지칭되었던 타이완성 출신의 반국민당 인사들을 주축으로 창당된 민진당의 등장으로 타이완의 분리독립 문제는 정치적으로 가시화되었다. 이들은 타이완이 시모노세키조약으로 일본에 할양되기 이전에 존재했던 타이완공화국의 부활을 염원하였다. 리덩후이(李登輝) 총통은 타이완 우선 정책을 추구하면서 기존의 국민당 정책을 변경해서 1995-1996년 군사적 충돌의 타이완 위기를 맞게 되었다. 2000년과 2004년 총통선거에서 집권한 민진당의 천수이볜(陳水扁) 정부가 신헌법 제정을 위한 국민투표를 추진하자, 양안관계의 정치적 · 군사적 갈등은 증대되었다. 천수이볜은 타이완 외교부의 여권 표지에 타이완 발행(issued in Taiwan)이라는 문구를 삽입했고, 2002년 외국 대표부의 명칭을 타이뻬이에서 타이완으로 교체하였다. 하나의 중국에서 분리하여 타이완의 정체성을 가시화하려는 움직임에 대응하여, 중국은 2005년 3월에 타이완에 대한 무력 사용을 합법화하는 '반국가분열법'을 제정하였다(문홍호 2007). 그러나 타이완인들은 중국의 군사적 위협과 경제적 이익 때문에 타이완의 독립보다는 현상유지를 지지하고 있다.

중국과 타이완의 사회경제적 교류는 중국의 개혁개방정책으로 1980년대에 시작되었는데, 1990년대 중반 이후 급격하게 증가하였다. 1980년대까지 수출주도형 산업화를 통해서 고도의 경제성장을 이룬 타이완은 노동집약적 산업의 경쟁력이 임금 인상으로 약화되면서 중국이라는 새로운 시장을 개척하게 되었다. 양안관계의 경제적 교역은 타이완의 공식적인 삼통(三通: 通航, 通郵, 通商) 불허 정책을 우회한 채로 급속히 증가하여, 현재 중국은 타이완의 최대 수출 시장인 동시에 최대 해외투자 대상국이 되었다. 양안관계의 경제적 교류 증대는 타이완의 풍부한 자본 및 선진기술이 중화인민공화국의 풍부한 자원 및 저임금노동력과 상호보완적이었기 때문이다. 중국과 타이완의 경제적 교류는 2008년 마잉쥬(馬英九) 총통이 당선하면서 새로운 국면으로 들어섰다. 2011년 기준 타이완과 중화인민공화국의 교역은 약 2,799억 달러에 달하는데, 중국은 자본축적, 고용기회 창출, 선진기술 유입 확대, 산업구조 고도화 등의 효과를 거두어 왔다. 중국과 타이완은 2010년 체결한 '양안경제협력기본협정(ECFA: Economic Cooperation Framework Agreement)'에 따라 상품 및 서비스 무역 활성화, 투자 확대, 경제 협력 강화를 추진했다. 이는 양국의 경제를 사실상 통합하는 효과를 거두었는데, 타이완의 경우 2009년 -1.8%에서 2010년 10.7%의 경제성장을 달성하였다. 이러한 경제 통합의 과정이 정경 분리의 관점에서 추진되고 있지만, 장기적으로 정치적 통합의 가능성을 앞당길 것으로 예측된다.

중국은 타이완과의 통합을 위한 해결방침으로 일국양제(一國兩制)를 제시한 바가 있는데, 1993년 8월 31일 국무원이 발표한 '통일백서(統一白書)'에는 이 내용이 종합적으로 제시되어 있다(문흥호 2007, 90-94). 중국은 오직 하나이고, 타이완은 중국의 불가분한 일부분이며, 중국의 중앙정부는 베이징에 있다는 것이다. 대륙의 사회주의 제도와 타이완의 자본주의 제도가 장기간 공존할 수 있으며, 이 기간 동안 타이완으로 하여금 고도의 자치권을 향유할 수 있게 해 준다는 점이다. 이를 구체적으로 실현하기 위한 방안으로 '특별행정구' 개념을 도입하였고, 이러한 방안을 실현하기 위해서 평화적인 협상을 실현할 것을 강조한다. 반면 타이완의 리덩후이 정부는 양안 간의 확대된 교류협력에 따른 필요로 총통부 직속의 국가통일위원회를 설립하는 동시에 1991년 대륙정책 및 양안의 통일문제를 포괄적으로 명시한 국가통일강령을 공표했다. 타이완 정부의 통일 목표는 민주, 자유, 균부에 바탕을 둔 하나의 통일된 중국 건설이며, 정치민주화, 경제자유화, 사회적 다원화의 이념을 강조하고 있다. 통일의 원칙으로 중국은 오직 하나이지만 타이완과 중국 대륙은 '일국양구(一國兩區)'이기에 타이완의 독립적인 정치실체를 인정받으려는 의도가 내포되어 있다. 이에 따라 교류 호혜 단계, 상호신뢰 합작 단계, 통일협상 단계로 구분하는데, 중국의 무력 사용이나 타이완 정치 사회 제도의 대륙 공산정권에의 편입 반대 원칙을 세우고 있다.

V. 나오는 말: 중국, 큰 우리와 작은 우리들의 투쟁사

이상 근대를 기점으로 하는 중국의 분리와 통합의 역사를 살펴보았다. 중국은 청조 말기 정치, 경제, 사회, 문화 등의 영역에서 시작된 제국 체제의 균열로 '작은 우리'를 지향하는 세력들에 의한 원심력이 증대하기 시작하였다. 1840년 영국과의 아편전쟁을 시작으로 유입된 제국주의 열강의 영향력도 이러한 상황을 더욱 복잡하게 만들었다. 시간이 지날수록 중앙의 통치력은 점차 약화되었고 변경 지역에서의 통제력을 점차 상실해 갔다. 결국 청조의 붕괴와 신해혁명으로 다양한 군벌, 제국주의 열강, 정치 및 사회세력 등으로 중국 전역은 혼란과 분열의 양상이 격화되었다. 왕조의 멸망 직전 청은 다수의 이질적인 민족 집단이 거주하고 있는 변경지역에 새로운 성을 건설하는 작업을 통해서 자신의 주권이 미치는 영토를 보전하고자 하였다. 이 글에서 초점을 둔 신장과 티베트가 그 대상이었고, 만리장성 이북의 동북 3성 지역도 이러한 노력으로 현재 이 지역에 대한 국제법상의 정통성을 획득할 수 있었다. 그러나 티베트의 경우에는 제2차 세계대전 종전까지 중국의 이 지역에 대한 영향력 상실, 망명정부의 존재 등으로 티베트의 '작은 우리'로의 분리운동이 다른 지역보다 상대적으로 국제적인 주목을 많이 받게 되는 계기가 되었다.

제국주의 열강의 영향력 그리고 소수민족들의 근대적 의식의 자각으로 변경 지역에서 '작은 우리'들의 독립을 지향하는 흐름이 형성되었다. 신장의 동투르키스탄 독립운동 그리고 이 시기 상대적으로 보다 자율적인 지위를 누렸던 티베트 독립 선언이 그것이다. 중화인민공화국 정부는 민족자치에 입각한 소수민족 정책을 추진했다. 중화인민공화국의 소수민족 정책은 크게 마오쩌둥 시기의 동화정책과 덩샤오핑 시기의 관용정책으로 구분될 수 있으나, 지방 정부의 핵심 책임자는 한족이 독점하였다. 시간이 지나면서 이 지역으로의 한족 유입과 개혁개방 시기 발전주의 정책은 신장과 티베트의 인구통계학적 지도를 변화시키고 생활수준을 개선시켰다. 그러나 신장과 티베트의 분리주의 시위는 각각 다른 양상을 띤 채 지속되었고, 개발의 그늘에 가려진 이 지역의 박탈감이 작은 우리의 의식 속에 존재하는 한 큰 우리의 통합 노력은 한계가 있다.

중국 대륙 내부에서 새로운 국민국가 형성, 즉 '큰 우리'를 지향했던 두 가지 흐름, 국민당과 공산당의 대결은 결국 공산당의 승리로 귀결되었고 1949년 중화인민공화국이 설립되었다. 패전한 국민당은 타이완으로 도주했고, 큰 우리에서 갈라져 나온 작은 우리가 타이완의 정치체제를 구축했다. 중화인민공화국과 타이완의 분리는 미국 등 주변국가와 국제사회의 주요한 갈등 요인을 제공해 왔으며, 양안관계는 일국양제와 일국양구라는 상이한 접근방법의 통합정책으로 대립되어 왔다. 1990년대 중반부터 시작된 타이완의 국가 정체성 확보 시도는 양안관계를 군사적 충돌에까지 빠뜨린 주요한 분쟁 요인이었으나, 2011년부터 급격하게 진행된 경제적 통합은 타이완의 작은 우리로의 분리 시도를 약화시킬 것으로 전망된다.

현재 작은 우리를 지향하는 신장, 티베트 지역은 큰 우리인 중화인민공화국에 온전하게 통합되었다고 볼 수는 없으며, 이들 작은 우리들의 분리를 위한 투쟁은 지속될 것이다. 반면 각각의 작은 우리로 분리된 중화인민공화국과 타이완의 큰 우리로의 통합은 신장과 티베트와는 달리 민족적 · 문화적 정체성의 분리가 뚜렷하지 않아서 경제적 통합의 정치적 통합으로의 전환은 상대적으로 수월해 보인다. 신장, 티베트 지역에서 경제적 발전주의가 작은 우리들에게 가져올 기회들이 민족적 혹은 문화적 정체성을 포용할 수 있으려면, 보다 새로운 차원의 정책 접근이 큰 우리인 중화인민공화국에게 필요할 것이다.

분리와 통합의 일본 정치: 재일조선인과 오키나와 사례

김용복(경남대학교)

I. 들어가는 말: 일본 국민은 누구인가?

일본의 근대국가 수립과정에서 '국민형성'은 매우 중요한 문제였다. 누가 국민이고, 누가 국민이 아닌가? 통합과 분리를 통해 근대와 현대의 일본은 일본만의 독특한 국민정체성을 만들어 왔다. 근대에는 '대일본제국신민(일본신민, 제국신민)'에서 현대에는 '일본 국민'으로 명명되어 왔다.

막부 말 이래 긴박한 국제관계 속에서 근대 일본은 에조치(홋카이도), 류큐(琉球), 오키나와(沖縄)) 등의 주변 지역을 '내국화'하고, 아이누족과 류큐인을 포함하는 형태로 국민의 동형화를 도모했다(윤건차 1997, 144). 또한 일본은 군국주의화 과정에서 '제국신민'의 개념하에 해외식민지에서 획득한 대만, 조선 등 새로운 지역의 주민을 '외지인'으로서 제국신민에 통합하였다. 근대 메이지헌법에서는 일본 제국의 국적을 보유하는 자를 일본신민이라고 명명하였다. 일본신민에는 일본 제국이 다민족국가라는 의식하에서 조선인, 대만인 등 식민지국가의 주민들을 포함하는 개념으로 사용하였다. 다만 일본 본토의 일본인을 내지인(內地人)이라고 구분하였다. 아이누족 등과 같은 원주민들은 따로 구분하였다가, 1932년과 1943년에 내지인으로 편입되었다. 조선인과 대만인들은 1910년 한일합방과 1895년 대만합병으로 일본신민이 되었지만, 호적법의 적용을 받는 내지인들과는 달리 이들은 민적(民籍)이라는 별도의 적을 보유한 외지인의 취급을 받았다.

제2차 세계대전의 패전은 일본 국민을 새롭게 구성하게 만들었다. 일본신민이었던 대만과 조선의 외지인들은 일본 국적을 박탈당했으며, 오키나와인들은 미국의 지배하에서 새로운 정체성에 직면하게 되었다.

이 글에서는 근대 초기에 통합된 오키나와인과 아이누인의 사례 중 오키나와 사례와 식민지지배과정에서 통합된 대만과 조선 중 조선의 문제를 '재일조선인'에 초점을 두어, 통합과 분리의 과정을 통한 일본 국민의 형성과 정체성 변화를 고찰할 것이다. 이론적인 분석보다는 역사적 기술을 통해서 오키나와의 문제와 재일조선인 문제가 일본의 근대국가 형성에서 어떠한 위상을 차지하였는지, 그리고 분리와 통합을 통해 일본 국민의 정체성은 어떻게 변화하였는지 살펴볼 것이다.

II. 재일조선인의 분리와 통합

재일조선인이란 현재 본국으로 귀국하지 않고, 일본에서 반영구적으로 정주하면서 일본 국적을 취득하지 않은 채, '한국인'이나 '조선인'으로 계속 지내고자 하는 사람들을 일컫는다(윤건차 1997, 299). 그래서 '재일조선인', '재일한국인', '재일한국조선인' 등 여러 호칭이 있지만, 여기서는 재일조선인으로 통칭하고자 한다.

재일조선인은 일본이 한국을 병합한 이듬해인 1911년 2,000-3,000명 정도였다. 그러던 것이 1925년에는 약 13만 명, 이후 급속히 증가하여 1930년에는 약 30만 명, 1940년에는 약 119만 명, 그리고 일본이 패전한 1945년 8월에는 당시 조선 인구의 10%에 해당하는 약 240만 명까지 증가하였다. 패전 이후 한국에 귀환하지 않고 일본에 남은 재일조선인은 약 55만 명에 이르렀으며, 1990년대 후반에는 약 67만 명에 달하였다.

재일조선인 문제는 일본의 식민지지배와 패전, 그리고 한일수교에 따라 그 성격이 변화하여 왔다. 일본 정부는 재일조선인을 일본 국민에 편입시키기도, 추방하기도 하였으며, 일본인으로 동화하지 않으면 여러 차별을 통하여 일본인으로부터 분리시키는 정책을 추진하여 왔다. 여기서는 식민지시대, 미군정시대, 강화조약 이후, 그리고 한일수교 이후로 시기를 나누어 재일조선인의 정체성과 일본과의 관계를 고찰할 것이다.

1. 일본의 식민지지배와 통합: '일본 국적의 외지인'

1910년 한일병합조약의 체결로 인해 모든 대한제국 국민들의 국적이 일본 제국 국적으로 바뀌었다. 그리고 이후에 많은 한국인이 취업이나 유학을 위해 일본으로 이주했다. 일본의 통계를 보면, 러일전쟁이 시작된 1904년에 재일조선인은 겨우 233명 정도가 존재하였다. 1910년 한일합방으로 점차 증가하기 시작하였다. 해방을 맞이한 1945년에는 240만 명으로 당시 조선인 총 인구의 10% 정도였다(역사교과서작성위원회 2007, 34).

대체로 조선인들이 일본으로 건너간 이유는 크게 세 가지로 나누어 볼 수 있다.

표 1. 해방 전 재일조선인의 인구추이

연도	인구(명)
1911	2,527
1920	30,189
1930	298,091
1935	625,678
1940	1,190,444
1944	1,936,843

출처: 역사교과서작성위원회(2007, 35)에서 재인용

첫째, 1910년대 토지조사사업의 명목으로 토지를 빼앗긴 농민들이 많이 도일한 경우이다. 〈표 1〉에서처럼 1911년에 재일조선인이 2,527명이던 것이 1920년에는 30,189명으로 10배 이상 증가한 것을 알 수 있다. 1919년 4월 조선총독부는 '조선인여행취체건'을 발표하여 당시 조선인들이 자유롭게 한반도를 나가지 못하게 하였다. 그러다가 일본 정부는 1920년부터 1921년까지 감시를 강화한다는 조항을 붙여 한반도에서 일본으로의 도항을 어느 정도 완화하고 1922년 12월에 '조선인 여행단속에 관한 건'을 발표하여 여행제한을 철폐하였다. 1924년 오사카에서 일하고 있던 노동자 약 25만 명의 출신지를 조사한 오사카시 사회부의 보고서에 의하면, 오사카 출신 9만 4천 명, 가고시마 출신 1만 4천 명, 조선인 1만 1천 명으로 되어 있다. 이는 당시 제주도에서 건너온 조선인들이 공업노동자로 크게 활용되고 있음을 보여주는 수치이다(역사교과서작성위원회 2007, 66).

둘째가 1920년대 산미증식계획에 따라 식량수탈이 가혹하게 진행되어, 훨씬 많은 사람들이 이농하게 되었으며, 도일의 규모도 가속화되었다. 1935년에는 재일조선인의 규모가 60만을 넘어서게 되었다. 이들은 대체로 일본의 탄광이나 토목공사 등에서 일하였으며, 임금차별 등과 같은 노동조건은 매우 좋지 않았다. 도일의 규모가 늘어나자 일본 정

부는 1934년 10월 '조선인 이주대책 항목'을 발표하여, 조선인들이 우선 한반도 내에 안주하도록 하였고, 만일 이주한다면 일본이 아니라 북한 지역이나 만주에 이주하도록 유도하였다.

셋째, 1930년대 후반부터 노골화된 노동력 수탈, 강제연행, 징용, 징병에 의한 도일이다. 이들은 다수가 탄광이나 광산에서 노역하였다. 일본 정부는 1937년 중일전쟁이 발발하자, 1938년 4월 국가총동원법을 공포하였다. 1939년에는 조선인 노동자의 주요 산업에의 동원을 계획한 '노무동원계획'을 발표하였으며, 이에 일본기업은 조선인 노동자 83,000명을 집단연행할 수 있었다. 1940년에는 '조선직업소개령'이 제정되어 일본에 가는 조선인 노동자의 모집이 시작되었다. 또한 1942년 '조선징용령'과 1944년 '조선징병령'을 실시하여 조선인 노동자뿐만 아니라 군용원까지 강제연행하기 시작하였다. 공안조사청의 발표에 따르면, 해방 당시 조선인 군인은 36만 4천 명에 달하였다. 이는 일본군인의 10% 이상에 상당하였다(역사교과서작성위원회 2007, 95). 더욱이 일본은 중일전쟁을 위해 많은 남자를 징병하였기 때문에, 노동력이 매우 부족한 상황에 직면하였다. 그래서 부족한 노동력을 보충하기 위해 그때까지 일본의 내지에만 적용되었던 국민징용령을 조선 지역에도 적용하고 조선인을 알선, 징용하였다. 이때 징용된 조선인 대다수는 주로 홋카이도, 가라후토 청 등의 탄광에서 노동을 하였다. 1939년부터 1945년까지 징용, 징병된 조선인은 대략 67만 명이었으며, 가족을 포함하면 100만 명 이상의 조선인이 일본으로 건너왔다. 이러저러한 사정으로 도일한 조선인들이 많아지면서 1945년 당시 재일조선인은 거의 240만 명에 달하게 되었던 것이다.

이렇게 일본 제국은 만주사변, 중일전쟁, 태평양전쟁을 일으키는 과정에서 조선인과 대만인을 '일본신민'으로서 최대한 동원해 갔다. 그 과정에서 황민화 정책이란 이름하에 일본어사용, 창씨개명, 강제연행, 징병, 징용, 종군위안부 등 만행을 저질렀다. 일본은 이를 합법화하기 위해서 대만호적과 조선호적의 소지자에게 '(내지)호적' 소지자와 동등한 의무를 부과하였다. 이는 일본은 식민지시대 조선인의 법적 지위를 일본 제국의 신민으로 규정하였기 때문이었다. 그럼에도 불구하고 호적제도에 의하여 법적으로 일본인과 구별되고 있었다. 일본은 일본 제국의 영토를 일본 본토와 식민지로 나누어 전자를 내지, 후자를 외지라고 하였고, 각각 다른 법체계를 사용하였다. 일본 국민도 본토에 본적을 갖는 내지인과 각 외지에 본적을 갖는 외지인으로 구별하였고, 일본에 거주하는 재일조선인도 국적은 일본이지만, 외지인이었다.

2. 패전, 미군정, 그리고 어정쩡한 분리: '일본 국적의 외국인'

1945년 태평양전쟁이 끝난 당시에 조선인 200만 명이 일본 본토에 있었다. 이들은 일본의 계획수송에 의해 귀국하기도, 자력으로 귀국하기도 하였다. 1950년 11월 19일에 종료된 일본 정부의 계획수송에 의해 귀국한 조선인들은 약 104만 명 정도였으며, 자력으로 귀환한 조선인들도 37만 명이나 되었다. 약 140만 명 정도가 귀환하여, 일본에 남은 재일조선인은 약 55만 명이 되었다. 잔류한 재일조선인들은 생계나 정치적인 문제, 불안한 한반도의 정치상황 때문에 일본에 머물게 되었으며, 이들이 사실상 재일조선인 1세대를 형성하기 시작하였다. 또한 1948년 제주 4·3항쟁과 여순사건, 1950년 한국전쟁 때 많은 한국인이 일본으로 도일하면서 재일조선인의 수가 늘어나게 되었다.

일본의 패전은 재일조선인들의 법적 지위와 정체성에 큰 영향을 주었다. 패전 직후 연합국사령부는 1945년 11월 1일 GHQ의 기본지령을 발표하였는데, 그 가운데 재일조선인의 지위에 관해서는 다음과 같이 언급하고 있었다. "군사상의 안전이 허락되는 한 중국인, 대만인, 조선인을 해방인민으로 대우해야 한다. 그들은 이 지령에서 언급하고 있는 '일본인'이라는 용어에는 포함되지 않는다. 그러나 그들은 지금도 여전히 일본 국민이기 때문에 필요한 경우에는 적국인으로 대우해도 좋다(역사교과서작성위원회 2007, 118 재인용)."

이 규정에 따르면 연합국사령부는 재일조선인을 '해방인민'으로 대우하면서, 필요한 경우에는 '지금도 여전히 일본 국민'이라고 애매모호하게 표현하였다. 법적으로 재일조선인이 일본 국적을 박탈당한 것은 1952년 4월이었다. 그래서 일본 정부는 연합국사령부가 언급한 재일조선인에 대한 애매한 규정을 활용하여, 재일조선인을 때로는 '일본인'으로, 때로는 '외국인'으로 취급하였다. 대표적인 것으로 중의원 선거법과 외국인등록령에 나타난 재일조선인의 지위를 들 수 있다. 일본 정부는 1945년 11월 중의원 선거법을 개정하면서, 부칙에서 일본 국적을 가진 재일조선인의 선거권을 당분간 정지한다고 하여, 재일조선인의 선거권을 인정하지 않았다. 1947년 5월에는 외국인 등록령을 공포하였는데, 재일조선인을 일본인과 분리하기 위하여 제11조에서 '당분간 이들을 외국인으로 간주한다'라고 규정하였다. 즉 재일조선인을 '일본 국적을 가진 외국인'이란 모순되고 교묘한 개념으로 분리하고 차별하는 조치를 취하였다. 해방과 전쟁 이후를 거친 뒤로, 잔류한 재일조선인들은 일본 사회에서 각종 사회적 차별에 시달려야 했는데, 그 이유는 일본 정부 측에서 '자기 나라로 귀국하지 않고, 더군다나 일본으로 귀화할 생각도 없는 이들을 보호할 이유가 없다'고 판단했기 때문이었다.

3. 샌프란시스코 강화조약과 완전한 분리: '추방된 외국인'

패전 이후 일본은 미군정의 지배하에 있었다. 일본이 미군정에서 독립한 1952년 강화조약으로 재일조선인의 지위가 바뀌게 되었다. 일본 정부는 1952년 강화조약이 발효되기 직전인 1952년 4월에 법무부 민사국장의 통달 〈평화조약 발표에 수반하는 조선인, 대만인 등에 관한 국적 및 호적사무의 처리에 대하여〉를 공지하였는데, 조약이 발효되는 4월 28일을 기해 조선인, 대만인의 일본 국적을 일제히 박탈하도록 지시한 것이었다(윤건차 1997, 177). 이 통지를 구체적으로 살펴보면, 제1조 1항에서 "조선 및 대만은 조약의 발효일로부터 일본국의 영토에서 분리되는 것이기 때문에, 이와 함께 조선인 및 대만인은 내지에 머무르고 있는 자를 포함하여 모두 일본의 국적을 상실한다"라고 규정하였으며, 5항에서는 "조약 발효 후 조선인 및 대만인이 일본의 국적을 취득하는 데에는 일반의 외국인과 마찬가지로 오직 국적법의 규정에 의한 귀화의 수속을 따르는 것이 필요하다"고 하였다(역사교과서작성위원회 2007, 126).

이렇게 일방적인 국적 상실의 선언으로 재일조선인들은 일본에서 추방되어 외국인의 신분으로 일본에 거주하지 않으면 안 되었다. 당시 강화조약 회담장에는 한국, 북한, 재일을 불문하고 조선인 대표는 일절 참가할 수 없었다. 다시 말하면 당사자인 조선 사람들의 의향을 전혀 묻지 않은 채 국적 상실의 선언이 이뤄졌던 것이다. 식민지 시대에 한반도에서 일본으로 건너온 사람, 강제연행된 사람, 그 자손으로 일본에서 태어난 사람 등 모든 재일조선인이 한순간에 사실상 난민이 되었다. 이렇게 재일조선인은 일본에서 분리되어 '난민'이 되었다.

이러한 일방적인 조치는 재일조선인의 국적 선택권을 무시했다는 점에서도 큰 비판을 받았지만, 실질적으로는 재일조선인을 일방적으로 외국인으로 규정하여 일본국내법이 정하고 있는 여러 권리들을 빼앗는 법적 제도였다는 점이 더 큰 문제였다. 몇 가지 사례를 살펴보면 다음과 같다. 강화조약 발효 이후 일본 정부는 전쟁으로 죽은 사람과 부상당한 사람을 구제하는 〈원호법〉을 공포하였는데, 전시에 징용, 징병되었던 재일조선인의 전사자와 부상자들은 '국적조항'을 이유로 원호대상에서 제외되었다. 또한 일본 국적을 박탈하고 외국인으로 규정된 재일조선인 등을 관리하기 위해 〈외국인 등록법과 출입국 관리령〉이 만들어졌다. 외국인 등록법이기는 하지만, 1955년 재일외국인은 총 64만 명 정도인데, 이 중 재일조선인은 90%를 점하는 57만 7천 명이었기 때문에, 재일조선인 등록법이라고 할 수 있다. 이 법은 외국인등록증명서를 의무적으로 항상 가지고 다니게끔 규정하였으며, 지문을 날인하지 않으면 안 되는 인권침해적 요소가 많았다. 또한 일본의 국민연금제도는 1961년 4월에 시작되었는데, 재일조선인은 가입할 수 없었다. 1982년 1월에 이르러야 일본 정부는 국민연금법을 개정하여 국적조항을 철폐하고 거주요건에 따라 연금제도를 실시하여, 정주외국인에게도 국민연금에 가입할 수 있는 길이 열리게 되었다. 그런데 25년간 납입기간을 채우지 못한다는 것을 이유로 당시 35세를 넘은 사람은 노령연금에서 배제되었고, 마찬가지로 20세가 넘는 장애인도 장애복지연금에서 배제시켰다.

결국 일본 정부가 패전과 강화조약 이후 제정한 〈외국인등록법〉과 〈출입국관리령〉에서 일관되게 보여준 것은 '단일민족론'에 기초하여 이질적인 사람들에게는 '동화' 아니면 '추방'의 양자택일을 강요하는 외국인 관리방침이었다. 재일조선인들은 귀화하거나 '추방된 외국인'으로 차별을 받는 것을 선택해야 했다.

4. 한일수교와 재일조선인의 '분단' 그리고 통합 문제: '재일조선인의 차별적 통합'

1965년 한일수교는 재일조선인에게는 남과 북이란 하나의 선택을 강요한 것이었고, 일본사회로의 동화와 차별이라는 재통합의 문제를 부각시켰다.

먼저 재일조선인의 분단화가 진행되었다. 한반도의 분단과 냉전의 심화로 재일조선인은 대한민국과 조선민주주의인민공화국 사이에서 선택을 강요받았다. 재일조선인 사회는 북한을 지지하거나 남한을 지지하는 쪽으로 갈라서기 시작하였으며, 재일교포 양대 단체인 재일본대한민국거류민단(이하 민단)과 재일본조선인총연합회(이하 조총련)가 발족되었다. 민단은 1946년 10월 결성되었으며, 1950년대에는 한국정부가 공인하는 유일한 한국인 단체로 공식 인증을 받았다. 조총련은 1945년 10월에 발족하여 북한의 '재외공민'이라는 입장과 일본에 대한 내정 불간섭이라는 방침을 견지하였다. 1950년대 말부터는 귀환운동을 추진하여 1984년까지 약 9만 3천 명이 귀환하게 이르렀다. 1960년대에는 한일회담 진전에 반대하는 운동을 전개하여, 한일협정에 따른 '국적' 변경에 대해 민단과 대립하기도 하였다.

이러던 중 1965년의 한일조약 체결로 일본은 한국만을 상대로 국교를 맺었고, 식민지지배의 책임을 인정하지 않았다. 더욱이 재일조선인의 거주권 부분에서 '한국 국적'과 '조선 국적' 간에 부당한 차별을 두어 '조선 국적'을 유지하는 사람들에게 지극히 불안정한 법적 지위를 강요하였다. '조선 국적'에서 '한국 국적'으로의 기재 변경은 그 전제 조건으로 대한민국에 국민 등록을 할 것이 요구되었다. 그런데 재일조선인들은 다양한 이유에서 조선 국적을 지니고 있었다. 즉 자각적으로 조선민주주의인민공화국의 국민이고자 하는 사람들, '본래 조선은 하나'라는 통일지향적인 생각을 가지고 있는 사람들, 재일조선인의 역사를 지키면서 자발적으로 난민의 지위를 택한 사람들, 국적 변경을 할 기회가 없었던 사람들 등 그 이유는 다양했다. 그렇지만 한일수교는 남과 북이 성립된 분단 상황에서 대한민국의 국민으로 귀속할 것을 강요한 것이었다. 일본은 한국과는 수교하고, 북한과는 미수교 상태였다. 그러한 상황에서 재일조선인은 조선 국적과 한국 국적의 강요된 선택 사이에서 난민상태와 한국국민으로 '분단화'되지 않을 수 없었다.

또한 재일조선인은 '한국 국적'과 '조선 국적'으로 차별화되어 일본국민으로부터 분리되었다. '조선 국적'의 재일조선인은 현재도 사실상 무국적 상태다. 예외적으로 조선민주주의인민공화국의 여권을 취득한 사람도 있지만, 일반적으로 볼 때 여행, 유학, 상용 등의 목적으로 일본국외에 나갈 때는 여권이 없는 채로 일본국이 발행하는 '재입국 허가증'만을 가지고 출국하게 된다. 만약 해외에서 불의의 사고나 사건을 당해도 외교상의 보호권을 행사해 줄 나라는 존재하지 않는다. 1965년 한일회담으로 재일한국인에 대한 영주권이 인정되었다. 그 이전에는 재일조선인들은 "별도의 법률이 정하는 바에 따라… 체류자격 및 체류기간이 결정되기 전까지 계속하여 체류자격 없이 본국에 체류할 수 있다"고 되어 있을 뿐이었다(역사교과서작성위원회 2007, 141). 영주권을 부여하는 대상도 문제였는데, 결국 영주권 대상자는 재일조선인 2대까지로 하고, 3대 이후에는 25년이 경과할 때까지 한일 간에 재협의하는 것으로 하였다. 일본 정부가 재일조선인 자손들까지 영주권을 보장하는 것에 반대한 이유는 재일조선인들이 일본인으로 동화되는 데 방해가 될 것이라는 판단 때문이었다. 한일회담의 일본대표를 보좌했던 고위관리는 "재일한국인이 진실로 행복해지는 길이 무엇인지에 대해 충분히 검토한 결과 일본

정부로서는 실제로 일본에 정착하여 일본사회인이 되려고 하는 한국인에게는 언제까지나 외국 국적으로 있어서는 좋지 않고 동화, 즉 귀화하는 것이 가장 좋지 않을까 생각한다"라고 말하였다(역사교과서작성위원회 2007, 147에서 재인용).

일본은 분단된 재일조선인을 귀화 혹은 동화를 하든지 차별을 받아들이든지 선택을 강요함으로써 차별적 통합정책을 추진하여 왔다. 이러한 일본의 동화정책에 대해, 재일조선인들은 지문날인 거부운동과 지방참정권 획득운동[1] 등과 같이 차별을 개선하는 운동을 통하여, 일본사회 내 통합되지 않고 한국인의 정체성을 유지하려고 노력하여 왔다. 그 결과 1991년 1월 10일 〈재일한국인 법적 지위 향상 및 처우개선에 대한 합의사항〉에서 재일한국인 3세의 영주권 허가, 지문날인 제도 철폐, 국·공립학교 교원 임용기회 획득, 지방자치단체 공무원 임용기회 확대 등에 합의하게 되었다.

III. 오키나와의 분리와 통합

오키나와는 한반도나 대만과 달리 식민지적 통합을 통해 일본의 일부분으로 유지되고 있는 사례이다. 그렇지만 오키나와의 분리-통합의 역사를 보면, 결코 순조로웠거나 완전히 통합되어 정체성의 혼란이 없는 지역은

1 지방참정권운동은 재일조선인들이 제기한 재판에 의해 촉발되었다. 일본 지방자치법 제10조의 주민이란 "시, 정, 촌의 구역 내 살고 있는 사람은 당해 시, 정, 촌 및 이를 포괄하고 있는 도도부현의 주민으로 한다"라고 규정되어 있어 외국인일지라도 당시 시, 정, 촌에 주소를 두고 있는 사람은 모두 지방공공단체의 주민이라고 해석될 수 있었다(역사교과서작성위원회 2007, 193). 최고재판소는 "정주 외국인에게 지방참정권을 주는 것을 헌법이 금하고 있지 않다"는 판결을 내려 지방참정권 획득운동을 촉발시키는 계기가 되었다.

아니다. 오키나와는 1879년의 류큐 합병으로 일본에 강제로 병합되기 전까지 역사적으로 일본과는 별도의 독립왕국으로서, 오키나와 제도와 아마미 제도를 영역으로 하는 류큐 왕국으로 불렸다. 역사적으로 명백히 일본에 속하지 않은 독립왕국이었다. 15세기 전반에 성립된 류큐 왕국은 15-16세기에 걸쳐 조선과 중국, 일본 등 아시아 각지와 평화로운 교류를 맺으며 무역국가로서의 번영을 누리고 있었다. 그러나 1609년 사쓰마번의 류큐 침공 이후 19세기말 메이지 정부가 강제로 일본 영토로 편입한 1879년의 '류큐 합병'까지 사쓰마번의 지배하에 있으면서 중국과의 책봉관계를 유지하는 이중 종속 시대를 거쳤다. 이러한 이중 조공의 정치 형태는 근대에 들어와 일본과 중국 사이에 영토문제와 외교문제를 둘러싸고 갖가지 갈등을 야기하는 요인이 되었다. 일본의 제국주의적 정책에 의해 일본에 완전히 통합되었지만, 오키나와의 독립을 위해 헤이그 만국평화회의에 밀사를 보내기도 하고, 만주와 연해주에서 광복군, 중공군과 같이 항일 전쟁을 치르기도 하였다. 일본의 패전 이후 독립되지 못하고 미국의 지배하에 있다가 1972년 일본에 반환되어 현재에 이르고 있다. 독립국가, 일본에의 부분 편입, 완전 통합, 미국의 지배, 일본의 재통합이란 다소 힘겨운 과정을 거치면서 오키나와인의 정체성은 복합적인 모습을 보여주고 있다. 일본의 동화정책과 오키나와의 독립운동 사이에서 일본인과 외지인 사이에서 갈등하고 있는 것이 오키나와의 통합과 분리의 현 주소라고 할 수 있다.

1. 독립국가의 시작, 류큐 왕국: '조공과 해상무역'

류큐의 역사는 12세기 무렵부터 시작되었다. 그 전에는 아무 기록도 남아 있지 않아 역사에서 공백이 되고 있다. 12세기 무렵 아지(按司)라고 불리는 족장적 성격을 지닌 공동체의 수장이 등장하였으며, 이들은 14세기까지 중원 지역을 중심으로 사슴을 잡던 수렵 시기에 머물렀다. 잦은 분쟁이 반복되다가 14세기 초 류큐 본토의 중부, 남부, 북부에 세 명의 실력자가 두각을 나타내는 산잔(三山)시대가 시작되었다. 산잔은 추잔(中山), 난잔(南山), 호쿠잔(北山)을 의미하는데, 15세기 들어 하나씩 정복되다가, 1429년에 마침내 통일왕조가 탄생하였다. 슈리성을 수도로 하는 류큐 왕국이 성립된 것이다. 아지라 불리는 족장의 대두로 시작된 섬의 통합을 둘러싼 권력다툼은 산잔의 정립, 섬 전체의 통합이라는 역사적 과정을 거치면서 류큐 왕국이라는 하나의 통일왕국을 성립하는 것으로 이어졌다(호카마 슈젠 2008). 1430년 명나라 선종은 류큐를 통일한 파지에게 상(尙)을 하사하여 그를 중산국왕으로 책봉하였다.

류큐 왕국은 15-16세기 명, 조선, 일본, 동남아국가들과 중계무역으로 번성하였으며 독립국가를 유지하고 있었다. 그리고 명나라와는 조공과 책봉관계를 유지하고 있었다. 류큐 왕국은 1404년 부네이(武寧) 때 처음 중국의 책봉을 받은 이래, 1866년 마지막 국왕인 쇼우타이(尙泰)왕까지 지속되었다. 조공은 시작할 무렵에는 특별한 제한 없이 대략 1년에 1회 정도 이어지다가, 여러 가지 사정으로 2년 1회로 제한되어 지속되었다. 류큐는 명나라에 2년에 한 번씩 조공무역을 행하였는데, 조공을 바친 대가로 중국과의 무역독점권을 획득하였으며, 중국의 상품을 수입하여 조선, 일본, 동남아시아에 수출하였고, 조선, 일본, 동남아시아의 물산을 수입하여 명나라에 수출함으로써 해상중개무역의 중심지가 되며 황금시대를 구가하였다(강효백 2012, 53-54).

2. 사쓰마번의 침공과 일본에의 부분 통합(1609-1879): 중일 '양속(兩屬)체제'

류큐 왕국의 독립성에 영향을 미친 것은 일본의 내부 상황이었다. 16세기 말에서 17세기 초에 일본의 막부체제가 정비되면서 대외로 눈을 돌리게 되는데, 이에는 류큐 왕국도 예외가 아니었다. 1591년 8월 토요토미는 사쓰마번의 시마즈 다다스네를 통하여 류큐 왕 상녕에게 이듬해 조선을 침략할 터이니, 1만 5천 명분에 해당하는 군역을 부담하라고 지시하였다. 류큐는 명의 책봉국이었기 때문에 이를 거절했다. 1593년에 다시 특사를 보내어, 조선에 주둔한 일본군의 20개월분에 해당하는 군량미를 지원할 것과 류큐 군도의 북부 5개 섬을 할양해 줄 것을 요구했다(강효백 2012, 25-26). 류큐 왕은 이를 묵살하였다. 당시 류큐국에는 일본에서 협박에 가까운 문서가 계속 보내져 왔다고 한다. 1603년 토요토미에 이어 쇼군의 자리에 오른 도쿠가와 이에야스는 무례한 류큐를 정벌하기로 방침을 정하였다. 1609년 3월 사쓰마번의 시마즈 다다스네는 3천여 명의 압도적인 군대를 이끌고 류큐를 침공하였다. 전투는 쉽게 끝났고, 류큐는 사쓰마번에 정복되었다. 류큐가 쉽게 패한 이유는 류큐 왕국이 무기를 철폐하여 '비무장-평화국가'의 길을 걸어왔고, 대외전쟁의 경험 역시 전혀 없는 국가였기 때문이었다.

사쓰마번의 류큐 침공으로 류큐 왕국은 사쓰마번의 예속국화되어 공납이 의무화되었다. 사쓰마번은 무력 침입을 하였지만, 과감히 왕국을 완전 해체하지 않고, 중국과의 책봉·교역관계를 인정하였다. 그 점에서 류큐 왕국은 외견상 독립권을 가지면서 정치는 사쓰마번과 막부의 통제를 받았다. 이후 류큐는 사쓰마번의 지배하에 있으면서 명나라와의 책봉관계를 유지하는 이른바 '양속(兩屬)체제', 즉 이중조공의 정치체제를 유지하였다.

이러한 류큐의 양속체제는 근현대에 들어와서 일본과 중국 사이에 영토문제를 둘러싼 갈등의 원인이기도 하였다. 최근 센카쿠를 둘러싼 중국과 일본의 영유권 분쟁도 일본의 류큐 편입에서 비롯된 문제이기 때문이다. 일본의 주장에 의하면, 19세기 말까지 무주공산이었던 센카쿠를 일본이 먼저 발견하고 1895년 오키나와현에 정식 편입하였다. 제2차 세계대전 이후 대일강화조약에 의거하여 미군 관할하에 있었고 1972년 오키나와 반환으로 당연히 일본 영토가 되었다는 입장이다. 그렇지만 중국은 센카쿠는 명나라 시대에 중국이 처음 발견한 중국 고유 영토였으며, 청일전쟁 이후 대만의 부속도서 중 하나로 일본에 강제 할양되었고, 제2차 세계대전 후 중국의 고유영토를 일본이 불법적으로 미국에 이양했으며, 미국의 센카쿠를 포함한 오키나와 반환은 중국 영토에 대한 미일 간 불법적인 밀실 거래였다는 것이다(강효백 2012, 44). 이러한 영토분쟁은 결국 일본의 류큐 편입과정에서 비롯된 것임을 알 수 있다.

류큐의 역사서 『구양(球陽)』에 의하면, 사쓰마번은 류큐에 재번봉행(在番奉行)이라는 감독관을 슈리성에 주재하게끔 하여 내정을 간섭하였다. 농지를 측량하여 감독관 휘하에 분배해주고, 사쓰마번에 막대한 세금과 공물을 바칠 것과 사쓰마의 허가 없이는 제3국과의 무역을 금하도록 하였다고 기록되어 있다고 한다(강효백 2012, 58). 또한 사쓰마번은 류큐 지배를 정당화하기 위해 관변학자를 내세워 류큐와 일본이 고대부터 밀접한 관계를 맺어왔으며, 류큐인은 일본인과 동일한 대화민족이라는 논조, 즉 일본과 류큐는 조상이 같다는 일유동조론(日琉同祖論)에 근거한 류큐 역사서인 『중산세감(中山世鑑)』을 편찬하게 하였다.

이렇게 일본은 류큐를 동화시키려는 노력을 하면서도 대외적으로는 애매모호한 입장을 견지하였다. 1854년 3월 미국의 페리(Matthew C.

Perry) 제독은 에도막부와 '미일화친조약'을 체결하는 과정에서 류큐의 나하항을 개방하라고 요구하였다. 그러나 이때 막부는 류큐는 아주 멀리 떨어진 독립국가로서 일본은 나하항의 개방권을 가지고 있지 않다고 답하였다. 그러자 페리 제독은 나하항으로 직접 와서 압력을 넣어 류큐 정부는 나하항을 개방한다는 국제조약인 '미류화친조약'을 영문과 중문으로 체결하였다. 이는 독립국가의 자격으로 체결한 것으로 이후 1855년 프랑스, 1859년 네덜란드, 1860년 이탈리아와의 수호조약 체결로 이어졌다.

3. 류큐의 소멸과 오키나와의 등장(1879-1945): 통합과 동화정책

메이지 정부는 근대국민국가 형성을 위한 문명개화정책을 실시하였고, 외부적으로는 주변국가들과 영토분계선을 명확히 하였는데, 북으로 홋카이도, 남으로 류큐까지 영토분계선을 확정하고자 하였다. 1871년 메이지 유신 이후 폐번치현(廢藩置縣) 정책으로 류큐를 가고시마현의 행정구역으로 예속시켜 명목상의 통치권만 남겨놓았다. 같은 해 대만에서 류큐인 살해사건이 일어나자, 일본은 청나라에 배상을 요구하면서, 류큐인은 일본인이고, 류큐는 일본 영토라고 공언하였다. 1872년에는 류큐 왕국을 류큐번으로 재편하고, 류큐 국왕을 류큐번왕으로 칭하였다. 이후 류큐 국왕을 일본 귀족과 같이 화족(華族)으로 봉하였고, 류큐를 일본 외무성 관할에 둔다고 발표하였다. 1875년 초 오쿠보 도시미치는 류큐의 정승격인 삼사관들을 도쿄로 소환하여 류큐에 대한 천황의 처분을 받아들이라고 하였다. 주요 내용은 류큐의 정치제도를 메이지 유신의 폐번치현 식으로 개선할 것과 청나라에 조공을 금하고 청의 연호를 쓰지 말 것 등이었다. 류큐는 최대한 시일을 끌면서 청나라에 도움을 청하였다.

1875년 7월 일본은 내무대신 마쓰다 미츠유키(松田道之)를 류큐에 파견하여 '마쓰다 10개조항'을 반포하게 하였다. 그 주요 내용을 보면, ① 2년에 1회 청에 조공을 바치는 것과 청 황제 즉위식에 경축 사절을 파견하는 것을 금하고, ② 류큐번왕의 즉위 시에 청의 책봉을 받는 것을 금하며, ③ 류큐는 메이지의 연호를 따라야 하고, 일본의 의례를 받아야 하며, ④ 형법은 일본이 정하는 대로 시행해야 하며, 2-3명의 전문가를 도쿄에 파견하여 학습할 것, ⑤ 류큐번의 내정을 개혁하여, 류큐번왕을 1등관으로 보임하고, 관제를 개정할 것, ⑥ 청의 연호를 금지하며, ⑦ 류큐번왕은 반드시 직접 정책을 집행하여야 하고 섭정할 수 없으며, ⑧ 중국 푸저우(福州)에 있는 류큐 영사관을 폐지하고 류큐의 상업을 일본 영사관의 관할하에 두며, ⑨ 류큐번왕 자신이 직접 도쿄로 와서 메이지 천황의 은혜에 감사를 표하고, ⑩ 일본은 류큐번 내에 일본군대를 주둔시킬 수 있다는 것이었다(강효백 2012, 61-62). 한마디로 류큐는 일본의 독점적 지배를 받아야 한다는 것이었다. 류큐의 반발에도 불구하고, 일본은 류큐주민이 청나라에 가려면 반드시 일본 정부의 여행허가를 얻어야 하며, 사사로이 청나라를 여행하는 자는 극형으로 다스린다는 규제를 내렸다. 같은 해 일본 정부는 류큐에 대한 관리를 외무성에서 내무부로 전환하는 등 류큐의 외교권과 사법권을 박탈하여 완전한 류큐 편입의 길을 열어 놓았다. 이에 류큐 왕은 1877년 4월 청나라에 3인의 밀사를 파견하여, 원조를 요청하였지만, 청나라는 이를 무시하였다.

1879년 4월 4일은 500년 류큐 왕국의 마지막 날이었다. 이날 오쿠보의 지시에 의해 마쓰다는 류큐 처분관 자격으로 500여 명을 이끌고 류큐 수도 슈리성을 점령하였다. 그리고 '류큐처분'에 의해 류큐번을 폐지하고, 오키나와현을 설치하면서 류큐는 공식으로 멸망하였으며, 류큐인은 그날 이후로 '일본인'이 되었다. 4월 30일 일본은 류큐의 마지막 왕을 동경에 유폐하고 후일 후작 작위를 하사하였다. 메이지 정부는 류큐의 구지배층을 회유하기 위해서 이들에 대한 토지와 조세체제 등 봉건적 특권을 인정하고 신분에 따라 사은금을 제공하였다.

류큐합병에 대한 오키나와인들의 저항은 일본의 압도적인 군사력에 대항할 무력이 없어서 주로 불복종이나 비협력운동 또는 청원과 청나라로의 망명이라는 비폭력저항으로 전개되었다. 류큐 국왕과 지배층은 메이지 정부의 주요 인사들에게 진정서를 제출하여 청원운동을 되풀이했으며 메이지 정부에 협력을 거부하여 마을 업무에 혼란을 유발하기도 했다. 메이지 정부는 이에 대응하여 집회의 금지를 명령하고 탄압을 강화했지만 구지배층의 저항은 의외로 강했다. 당시 구지배층 가운데 일본의 지배에 가장 강하게 저항한 과격파 집단은 '청국파(완고당)'였다. 그들의 목표는 종래의 이중조공이라는 양속체제를 기반으로 현상유지를 지향하는 것이어서 시대변화를 무시하였다는 근본적인 한계가 있었다. 이러한 저항운동의 한계는 청일전쟁 이후 오키나와인의 동화로 이어졌으며, 나아가 '일류동조론' 등의 이데올로기에서 나타났듯이 저항운동에서의 정체성은 부정의 대상이 되었다.

류큐합병 이후 일본은 오키나와인의 저항과 반감을 줄이기 위해 구래의 제도와 관습에 대한 급격한 개혁을 실시하지 않고 신세대를 '일본인'으로 육성한다는 기본 방침 아래 학교교육의 도입과 보급에 주력했다. 이는 일찍이 야마가타 아리토모가 오키나와를 '제국의 남문'이라고 불렀듯이, '일본인'이라는 자각이 없는 오키나와인을 정신적인 '일본인'으로 개조하여 충성심을 육성하고 국방의 거점으로 만드는 작업이기도 했다. 일본인으로서 동화정책, 즉 '문명화'와 '일본화' 정책은 학교교육을 통해서 고무, 침투되었다. 학교 내에서는 방언(오키나와어)을 사용하면 범죄자로 간주한다는 방언명찰을 실시하였다. 일본화와 문명화는 탈

류큐화 정책이었다. 류큐와 관련된 것은 비일본화, 비문명적인 것으로 취급되었다.

1899-1903년에 걸쳐 일본 본토의 '지조개정'에 해당하는 '토지정리'가 실시되었고 1898년에 징병령이 시행된 이후 오키나와인은 러일전쟁을 비롯하여 근대 일본의 수많은 전쟁에 동원되었다. 즉 '일본인'이 되기를 열망하는 오키나와인들은 이후 조선으로, 만주로, 사할린으로, 그리고 남양군도까지 흘러갔으며 또한 청일전쟁, 러일전쟁, 제1차 세계대전과 시베리아 출병, 만주사변, 그리고 중일전쟁에도 종군했다. 오키나와에서 일본화정책을 주도한 것은 주로 지배층이었으며, 1905년 러일전쟁 이후 일본화운동이 지식인을 중심으로 적극적, 자발적으로 일어났다. 당시 징병제 실시는 오키나와인을 일본인으로 자리매김해 준 측면이 강하였다. 일본의 민족주의가 정착되지 않은 상황에서 징병제는 오키나와인으로 하여금 본토 일본인과 같은 일본인이라는 의식을 갖게 해 주었다. 오키나와에서 자발적, 적극적 일본화운동이 전개된 것은 일본군 내의 차별, 본토인의 오키나와인에 대한 고용기피, 해외이민에까지 이어진 차별구조 때문이었다. 이들은 스스로 완벽한 일본인이 되고자 노력하였던 것이다.

그렇지만 이러한 오키나와인의 '일본인'화를 위한 자발적이고 필사적인 노력에도 불구하고 '본토'인들의 오키나와인에 대한 차별과 편견은 불식되지 않았다. 그로 인해 출생지를 숨기거나 본적을 옮기고 심지어 성을 바꾸는 오키나와인도 적지 않았다. 그것은 '일본인'이면서 '일본인'이 아니라는 애매한 위치에서 벗어나 적극적으로 완전한 '일본인'이 되려는 열망의 표현이기도 했지만, '외지인으로서 일본인'이란 한계를 보여주는 것이기도 했다.

4. 오키나와 전투와 미국의 통치(1945-1972): 미일의 '양속체제'와 정체성

오키나와 전투는 태평양전쟁이 시작된 이후 일본 영토에서 벌어진 첫 전면전이자 지상전이었다. 1945년 4월 미군이 육해공군 합동으로 오키나와 상륙작전을 감행하였고, 일본군도 연합군에 대응하여 방어전을 펼치는 형식으로 오키나와 전투가 발발하였다. 1945년 4월 필리핀, 타이완을 거쳐 18만 미군병력이 오키나와에 상륙했다. 이에 일본 군부는 본토 피해를 최소화하기 위해 오키나와 주민들을 방패로 삼았다. 전쟁 3개월 동안 오키나와는 초토화되었다. 양군의 규모는 미군이 54만 명, 일본군이 11만 명이었다. 미군의 피해는 전사 1만 2천 명, 일본군 전사자는 6만 5천 명, 오키나와인의 사망자 및 행방불명자는 12만 명에 이르는 큰 피해가 발생하였다. 이 전쟁으로 태평양전쟁의 일본군 사망자보다 많은 오키나와 주민들이 학살당했다. 이른바 '집단자결(옥쇄)'의 희생자는 전체 주민 40만여 명 중 10만여 명으로 추정되었다. 소년들은 학도단으로, 소녀들은 '히메유리'[2]로 전쟁에 동원되었다.

오키나와 전투는 오키나와인에게 참혹한 피해를 가져왔고 본토의 '내지인'과 분리됨으로써, '일본인'이 되려는 목적을 달성하지 못하였으며, 그들의 정체성에 대한 혼란을 가중시켰다. 전장에서 포로가 되는 것은 일본인으로서 수치라고 강요받아 살아남은 대다수가 집단자결하는 경우도 있었고, 수많은 오키나와인들이 일본군의 식량창고로 식량을 구하러 왔다가 미군의 스파이라는 혐의를 받아 일본군에게 죽임을 당하는 경우도 있었다.

2 히메는 공주, 유리는 백합을 의미한다.

제2차 세계대전이 미국의 승리로 끝나자 오키나와는 일본으로부터 분리되어 미군정하에 들어갔다. 당시 맥아더 연합국 최고사령관은 미국무성에 보낸 전보에서 류큐군도는 역사학적, 민족학적으로 일본의 고유 영토가 아니라는 점을 지적하면서 서태평양에서 미국의 국익을 위해서 이 섬들을 확보하는 것이 전략적으로 중요하다고 강조하였다(강효백 2012, 39).

패전과 동시에 오키나와는 미국의 보호통치 아래 놓이게 되었다. 1945년 3월 말에 오키나와의 행정권, 사법권을 전면 정지시켰고, 1946년 4월에 오키나와 민정부를 수립하였다. 일본은 패전국으로서 연합국과 종전협상에서 유리한 지위를 확보하기 위하여 오키나와를 희생양으로 삼았다. 미국이 오키나와를 일본 본토와 분리 지배하려고 했던 목적은 자유롭게 군사기지로 이용하려는 의도 때문이었다. 오키나와인은 하루아침에 자신들의 땅을 빼앗기고 강제수용당했으며 미군지배에 반대하는 인물이 납치되고 고문당하는 일이 빈번히 발생하였다.

오키나와인의 국적과 법적 지위도 애매하게 되었다. 1952년 4월에 발효된 대일강화조약 제3조에 규정된 오키나와의 법적 지위는 애매하게 규정되었는데, 오키나와의 잠재주권(residual sovereignty)은 여전히 일본에게 있으나, 미국의 군정을 받는 변칙적인 '이중종속' 지위에 있는(강효백 2012, 40), 제2의 '양속체제'가 만들어졌다. 미국은 오키나와 주민에 대해 입법, 행정, 사법의 권한을 장악하였으며, 일본은 잠재주권을 가지고 있었기 때문에, 오키나와는 미국의 영토도 일본의 영토도 아닌 애매모호한 지위였다. 그래서 오키나와 주민들은 미국의 시민권자도 아니었으며, 일본 국적자도 아니었고, 더욱이 독립국 류큐의 국적자도 아니었다. 오키나와 주민이 일본 본토에 들어가기 위해서는 일종의 여권인 도항증을 지참해야 하는데, 도항증에는 국적 표시는 없고 오키나와 거주자라는 애매모호한 법적 신분이 기재되어 있었다. 즉, 기본적으로는 일본인으로 인정되고 있지만, 미국의 시정권하에 있었기 때문에 공문서 발급 등에 문제가 발생하는 경우가 많았으며, 일본과 오키나와인에게 적용되는 법 자체가 달랐기 때문에 본토에 나가 불이익을 받은 경우도 많았다. 이러한 상황은 오키나와인으로서의 정체성 혼란을 일으키기에 충분하였다.

5. 오키나와 반환과 재통합(1972년 이후): 오키나와인의 정체성

1969년 닉슨 미국 대통령은 '아시아는 아시아인의 손으로'라는 유명한 닉슨독트린을 발표하였다. 이어 닉슨은 사토 에이사쿠 일본 총리와 한국의 안전이 일본 자체의 안전에 긴요하다는 '한국조항'과 함께 류큐의 일본반환을 협의하는 공동성명을 발표하였다. 그리고 1972년 5월 15일 오키나와가 일본에 반환되었다. 1972년 오키나와 주민투표에서도 일본통합을 지지하는 쪽이 다수였다. 오키나와 사람들은 오키나와가 1972년 미군으로부터 반환됨과 동시에 오키나와현(沖縄県)이 되면서 일본 국민으로 공식화되었다.

그러나 오키나와의 일부 사람들은 이를 받아들이지 못하고 있다. 1970년 7월 류큐 출신 다케히코(武彦)를 중심으로 한 류큐의 독립지사들은 일본 제국에 무력 점령되었던 구 류큐 왕국을 류큐공화국으로 되살려 독립국가를 수립하자는 것을 최고의 강령으로 하는 '류큐독립당'을 창당하였다. 이들은 지방선거에 후보를 내기도 하였다. 2006년에는 류큐독립당의 당명을 류큐어로 행복, 자연과의 조화를 의미하는 '가리유시클럽'으로 개칭하였다. 그리고 "미-일 제국주의의 공동지배를 철폐하고 완전 독립주권을 이루며, 일본 정부는 300억 달러의 전쟁배상금을 류큐인에게 지불하여야 한다"는 등의 3개장 23개조로 구성된 당헌을 제정하기도 하였다(강효백 2012, 204-205).

재통합 이후 오키나와인은 다수가 일본인으로서의 정체성을 유지하면서도 복잡한 심리를 보여주고 있다. 오늘날 오키나와인들은 일본어를 사용하지만, 자신들의 고유한 언어였던 우니나 구치를 포기하지는 않았다. 최근 실시된 몇 가지 여론조사의 결과도 이러한 복잡한 심리와 정체성의 혼란을 보여주고 있다.

오키나와 지역신문인 〈오키나와 타임즈〉에 2004년 2월 20일자로 발표된 자체 설문조사에 따르면, 자신이 일본인이면서 오키나와인이라고 응답한 사람이 41.8%로 가장 많았다. 일본인이라고 응답한 비율은 28.8%, 오키나와인이라는 응답은 27.5%, 모르겠다는 응답은 1.9%로, 이는 일본인과 오키나와인 사이에서 갈등하는 모습을 보여준 결과이다. 2005년부터 2007년까지의 류큐 대학 린취안퉁 교수가 실시한 '귀속의식' 설문조사 결과에 따르면, 2005년의 질문에 답한 1,029명의 오키나와 사람 중에 40.6%는 자신들이 오키나와인이며, 일본인과는 뚜렷하게 구별된다고 답했다. 21%는 그들 스스로를 일본인이라 생각하고 있다고 답했으며, 36%는 일본인과 오키나와인 양쪽 모두 다 해당된다고 답했다. 24.9%가 오키나와인들의 류큐 독립운동을 지지한다고 답했고(〈표 2〉 참조), 독립해서는 안 된다는 응답은 58.7%에서 2007년 64.7%로 증가하고 있다.

표 2. 설문조사로 본 오키나와의 독립의지

오키나와 독립	2005년	2006년	2007년
독립해야 한다	24.9%	23.9%	20.6%
독립해서는 안 된다	58.7%	65.4%	64.7%
주민들이 결정해야 한다	2.8%	1.7%	0.8%
기타	13.6%	9.1%	13.0%

오키나와인을 대상으로 한 또 다른 2006년 설문조사를 보면, 75%가 주민투표를 통한 오키나와 독립에 찬성하였으며, 독립에 반대하거나 자치의 확대를 찬성하는 응답이 25%정도였다(강효백 2012, 206).

그렇지만 최근에는 오키나와 주민들이 대부분 자신을 일본인으로 인식하고 있으며, 류큐의 독립을 지향하는 대다수가 노인층인데, 이들의 비중이 점점 줄어들고 있다고 한다. 실제로 유전자가 일본보다 동남아 유전자에 더 가까운 오키나와인 대부분은 모국어인 류큐어를 거의 하지 못하고 있다고 한다. 그래서 일본 정부에서 류큐어를 소수민족의 언어로 간주하여 보존해야 한다고 결정하기도 하였다. 따라서 오키나와인의 정체성 문제도 오키나와 독립문제도 크게 부각되지 않을 것이라고 전망하는 견해도 많다고 한다.

IV. 일본의 동화정책과 분리-통합의 정치

재일조선인의 일본신민으로의 통합은 강제력에 의한 일방적인 것이었다. 다민족국가를 지향한 일본 제국은 다민족의 다양성을 인정하지 않고 동화정책을 통해 식민지국가의 신민들을 일본인화하려고 시도하였다. 동시에 외지인과 내지인의 분리를 통해 일본 제국주의의 기득권을 유지하고 차별적인 정책을 제도화하였다. 패전은 다민족국가화와 동화정책의 허구성을 그대로 보여주었다. 패전과 동시에 재일조선인의 국적 상실과 난민 지위로의 일방적인 방기는 과거 동화정책과 다민족국가화가 결국 제국주의적 침략정책을 정당화하는 논리에 불과하였다는 것을 보여주었다. 재일조선인의 귀화정책도 그러한 입장의 연장선에서 진행된 것으로 귀화가 아니면 추방이라는 자민족중심적 패권논리를 드러낸 것이었다.

일본의 오키나와 통합은 제국주의적 팽창과 더불어 서서히 그러나 치밀하게 진행되었다. 오키나와인의 일본화정책은 외지인과 내지인의 분리를 통해서 정체성 혼란을 가중시켰고, 오키나와 전투와 미군정 지배는 중국과 일본의 양속체제에 이은 미국과 일본의 양속체제를 가져옴으로써 오키나와인의 일본에의 통합과정에서 중국, 미국이라는 요인이 정체성 형성에 큰 영향을 미치게 만들었다. 오키나와 사례를 통해 볼 때, 일본의 동화정책은 통합의 정치로서 일관되게 진행된 정책이지만, 차별과 내부적 분리를 가져옴으로써 근본적인 한계를 드러낸 것으로 보인다.

분리와 통합 과정에서 보여준 일본의 동화정책은 더 큰 통합을 위한 정체성 만들기로 이어지지 않았고, 차별과 분리를 통해 기득권 유지를 위한 정당화 논리에 그치고 말았다는 점을 극명하게 보여주었다고 할 수 있다.

미국:
복합공화국(compound republic)의 기원과 발전

이옥연(서울대학교)

I. 들어가는 말

미국의 건국 시조는 정부에 대한 불신, 특히 중앙집중적 정부에 대한 우려를 강력하게 표명하는 동시에 헌정질서의 재편을 통한 우려의 종식을 모색했다. 대표적으로 매디슨(Madison)은 『연방주의 논고*The Federalist Paper*』, No. 45에서 "연방헌법이 정부에게 위임한 권한은 소수이고 규정되어 있다(few and defined). 〔반면〕 주정부에 유보된 권한은 다수이고 불특정하다(numerous and indefinite)"라며 헌법에 근거해 해결책을 제시했다. 결국 1787년 5월 25일부터 9월 17일까지 필라델피아에서 개최된 헌정회의에서 건국 시조는 미합중국을 연방헌법체제로 전환시키는 데 성공했다. 사실 필라델피아 헌정회의가 소집된 당시만 해도 미국은 농업중심 국가로서 주정부가 주요 정치 권한의 주체이자 책임 소재지였다. 따라서 주정부가 연방헌법 인준을 위해 심의를 주도한 보상 차원에서 권리장전이 수정헌법으로 첨부되었고, 그로 인해 헌법이 명기한 통치원칙으로 연방주의가 채택되었다. 물론 분리와 통합을 포괄하는 연방적 공치주권(shared federative sovereignty)은 이보다 앞서 유럽에서 통일을 우선시하는 절대적 국가주권(absolute state sovereignty)의 대항 담론으로 탄생했다. 그러나 유럽이 국가 간 평화의 전제조건으로서 연방주의를 국제 규범으로 수용하는 데 그친 반면, 미국은 국내 통치 질서로서 제도화시키는 건국과정을 거친다. 아울러 미국 연방주의는 정치 통합뿐 아니라 정부와 시민 및 시민사회 내 통합을 제고하는 입법 통합체로서 연방국가를 구상하기에 이른다. 흥미롭게도 이러한 건국과정은 20세기에 유럽에게 표본이 되어 제2차 세계대전 이후 재건과정의 지표가 된다.

그렇다면 항구적 연방에 기반을 두는 연방헌법체제는 단순하게 주라는 집합체가 병렬된 연합헌장체제와 어떤 점에서 차별되는가? 단순한 집합체 조합인 연합체제에서는 국민을 실질적으로 대표하는 국민정부로서 중앙정부가 부재하다. 왜냐하면 국민을 대변한다고 자부하는 주정부가 불이익을 감수하면서 중앙정부에 순종하길 기대하기는 어렵기 때문이다. 즉, 명분상의 중앙정부는 주정부의 완전한 분리를 보장하는 범위에서 그 존재 가치를 지닌다. 반면 항구적 연방체제에서는 중앙정부에 준하는 연방정부가 주정부뿐 아니라 국민으로부터도 통치위임을 부여받는다. 왜냐하면 연방헌법체제는 연합헌장체제의 결함, 즉 국내외 위협으로부터 국민의 안위를 보호하지 못하는 취약점을 시정하고 국민을 대변하는 의결기구로서 정치적 권한을 제고하려는 시도로 나온 결과물이기 때문이다. 그러나 그 명분을 내세워 국민정부인 연방정부가 주정부 심지어 국민의 권한까지 제한할 수 있는 위험성도 동시에 잠재한다.[1] 그 결과 연방주의 원칙은 공통적으로 수직적 주권분립을 통해 제한된 정부

1 구체적으로 제1조 8절 1항의 재정권한, 제1조 8절 3항의 통상규제권한, 그리고 제1조 8절 10항부터 16항에 걸친 전쟁권한은 연방의 권한 확대 근거를 명시한 헌법 조항이다.

(limited government)를 구현하고자 하나, 그 수직적 주권분립 원론을 실질적으로 규정하는 운용수칙마저 시대적으로 변천했다(Walters 2013, 384). 이는 연맹을 탈피해 연방으로 통치체제의 전환을 기획한 건국 시조들에게 충격이었을 거라는 평가로 이어질 수 있다(이옥연 2008).

본 논문은 미합중국 연방정부가 신설된 이후 '주(state)'와 '국민(people)'을 동시에 대변하는 연방적 공치주권을 구현하는 과정에 초점을 맞추고 남북전쟁의 도화선이 된 1860년 대선을 분기점으로 설정해 복합공화국으로서 미합중국의 기원과 발전을 조명하고자 한다. 역사적으로 보면 제1조 8절 18항에서 연방정부에게 위임된 암시권한과 이에 대한 연방사법부의 우호적 유권해석에 의해 연방정부의 권한이 확대되었던 시절도 있다. 그러나 연방주의 원칙에 대한 유권해석이 반드시 연방정부의 일방적 권한확대 및 주정부를 경시한 통합으로 일관된 것은 아니다. 물론 건국 당시부터 일방적 권한확대 사례를 더러 발견할 수 있다. 예컨대 헌법은 영토 확장 권한의 소재지에 대해 명시하지 않았음에도 불구하고 3대 제퍼슨 대통령은 대통령의 내재권한을 근거로 프랑스로부터 루이지애나 영토를 1803년에 구입하였다. 이는 후대에 선례로 남아 연방정부가 알래스카(1867년 러시아), 하와이(1898년 의회 결의안)와 푸에르토리코 및 괌(1898년 스페인전쟁)을 합병하는 데 활용되었다.[2] 특히 국가 위기시에 대통령의 권한 확대가 자주 목격되는데, 예컨대 남북전쟁 당시 링컨 대통령의 군대 증원에 대한 연방의회의 사후 승인, 루스벨트 대통령의 경제공황 타개를 위한 뉴딜 입법안 통과, 또는 연방의회의 통상규제 권한에 근거한 존슨 대통령의 민권법 제정 등 연방의회의 사후 승인, 공조 또는 최소한 묵인 선례를 통해 결과적으로 연방정부의 권한

2 당시 합병한 필리핀은 이후 1946년 독립했다.

이 확대되었다.

결국 연방정부의 권한 확대는 최소한 연방의회와 연방행정부 간 암묵적 타협을 전제하며 이에 더해 권한확대에 대해 연방사법부가 위헌요소를 입증하지 못한다는 판결을 내릴 때 비로소 가능하다.[3] 따라서 연방사법부의 구성이나 당시 여론의 변화에 따라 연방의회와 연방행정부 간 타협이 무효가 되는 경우도 드물지 않다. 그럼에도 불구하고 역사적으로 연방정부의 권한확대로 이어지는 전반적인 추세 자체를 되돌려놓지 못한 것도 사실이다(Zimmerman 1992, 190).[4] 특히 남북전쟁 이후 가속화된 산업혁명의 여파로 제조업중심 국가로 변신한 18세기 말부터 시작해 양차 세계대전과 각종 대외전쟁을 거치면서 미국은 서비스와 정보산업 중심 국가로 탈바꿈했다. 결국 건국 후 200여 년에 걸친 경제, 사회, 정치를 망라한 변혁은 국민정부인 연방정부에게 그에 상응하는 역할 변화와 증대를 요구하였다고 볼 수 있다.

그러나 본 논문은 분리와 통합의 양면성, 즉 연속적 개념으로서 분리-통합은 특정 사회 내에서 동시에 발생한다는 시각에 입각해 미합중국의 전개 과정을 재조명하려 한다. 사실 연방주의 연구자나 이를 통치질서로 구현하려는 위정자들에게 공통된 고민은 오래전 해밀턴이 발견한 역설, 즉 "다수로 이루어진 하나(e pluribus unum)"를 가능케 하고

3 예컨대 트루먼 대통령이 한국전쟁 수행을 위해 대통령의 내재권한을 발동해 철강회사를 국유화하는 조치를 내린 데 반발해 연방의회가 위헌성을 제소하자, 연방사법부는 *Youngstown Sheet and Tube Company v. Sawyer*(1952)에서 대통령의 월권이라고 판결했다. 트루먼 대통령은 판결의 내용에 강한 불만을 표시했으나 사법심사권을 소지한 연방대법원의 판결에 승복했다. 결국 연방정부 내 입법부와 행정부 간 권한소재지를 둘러싼 마찰이 불거지는 경우, 연방사법부의 중재에 의한 타결이나 연방사법부가 헌법적 근거가 미약하다는 이유로 개입을 거부함으로써 정국경색이 타결될 수 있다는 전례로 남았다.

4 "만약 미국 연방헌법 제정자들이 환생해서 자신들이 1789년에 설립한 연방체제에 비춰 1990년대를 평가하게 된다면 연방의회의 권력집중에 경악할 것이다."

작은 정부와 큰 정부의 장점을 동시에 활용할 수 있다는 연방주의의 약속을 실현하는 묘책을 강구해야 하는 데 있다.[5] 왜냐하면 광대한 영토와 다양한 구성원을 지닌 연방국가의 국민정부는 강력한 타 중앙집권국가의 공격에 효율적으로 대처하지 못할 위험을 안고 있기 때문이다(Rodden 2006, 17).[6] 또한 연방주의 체제의 중앙정부가 지나치게 권력을 축적하면, 하위정부의 권한을 침해할 뿐 아니라 국민의 권리와 자유를 저해할 위험부담을 초래할 수 있기 때문이다(손병권 2004).[7] 이에 따라 다음 소절에서는 우선 연방과 주 간 분리-통합의 헌법적 근거를 규명한 후, 남북전쟁을 전후해 시기를 양분해서 '복합공화국(compound republic)'을 표명한 미합중국의 기원과 발전 역사를 검토할 것이다.

II. 분리-통합의 미국 연방헌법 근거[8]

공화정에 근거한 민주주의를 구현하는 다층 거버넌스로서 연방주의에 대한 판단 준거는 크게 헌법 명시, 제도적 권한분산 경로와 절차 구비, 재정적 책임 소재지의 분배 실현, 그리고 연방주의에 대한 연방대법원의 유권해석 권한 수긍 여부에서 찾아볼 수 있다. 이 중 흥미로운 점은 미국

5 이는 특히 내적 타락을 방지 또는 해소하기 위한 각종 안전장치를 구비한 연방국가의 장점을 강조하는 *Federalist Papers*, No. 9에서 잘 나타난다.

6 로든은 에머슨과 몽테스키외를 인용해 "다수로 인한 혼란(disorder from numbers)"과 "내부적 미완성(internal imperfection)"으로 세분해 연방국가의 국민정부 취약성을 규정한다.

7 예컨대 제퍼슨은 '항구적 연방'을 거부한 연합헌장을 옹호하는 반연방주의자 주장에 부분적으로 동조한다.

8 이 소절은 이옥연(2008)의 제3장 "연방제를 통한 통합과 분권: 미국" 일부를 본 논문 취지에 맞게 편집했다.

헌법이 연방정부와 주정부 간 책임분산에 대해 구체적으로 언급하지 않으며 심지어 '연방주의(federalism)'를 직접 언급하지도 않는다는 사실이다. 다만 소위 주 주권주의(state sovereignty)를 옹호하는 헌법적 근거로 수정헌법 제10조가 인용되는 반면, 소위 국가주권주의(national sovereignty)를 옹호하는 헌법적 근거로 헌법 제1조 8항의 통상 구절과 유연성 구절이 인용될 뿐이다. 이는 동일한 연방헌법이 미합중국의 기원과 발전 역사에서 상반되는 연방과 주 간 관계에 대한 관점을 옹호하는 근거를 동시에 명시하고 있다는 의미이다. 그렇다면 정부 간 관계에서 적정한 평형상태를 두고 이 두 관점은 헌법상 다른 조항을 근거로 삼는 이외에 구체적으로 어떻게 상반되는가?

첫째, 주 주권주의는 연방정부 수립의 주체로서 주정부가 제한된 범위 내에서 연방정부에게 권한을 이양해 연방정부가 창출되었다고 주장한다. 반면 국가 주권주의는 국민이 주정부와 연방정부를 동시에 창출했기 때문에 주정부는 연방정부에게 권한을 이양할 수 없다고 반박한다. 둘째, 정부 간 관계에 대해 주 주권주의는 연방정부는 주정부를 위해 운용되기 때문에 주정부를 대체하기보다 보완하는 데 그친다고 주장한다. 반면 국가 주권주의는 연방정부가 주정부에게 예속되어 있지 않다고 반박한다. 셋째, 국민 대표성에 관한 한 주 주권주의는 국민에게 보다 근접해 위치한 주정부가 국민의 요구와 필요를 보다 면밀하게 이해한다고 주장한다. 반면 국가 주권주의는 연방정부는 거주지에 제한받지 않고 국가 내 거주하는 모든 국민을 대표한다고 반박한다. 넷째, 사법심사권에 관해 주 주권주의는 헌법에 대한 엄격하고 좁은 유권해석을 지지하는 사법자제주의를 옹호한다. 반면 국가 주권주의는 헌법에 대한 유연하고 폭넓은 유권해석을 지지하는 사법 행동주의를 옹호한다. 그 결과 주정부와 지방정부가 사회, 경제, 정치 등 대부분 문제를 취급해야 한다는 주 주권주의와 연방정부가 이 모든 문제에 보다 효율적으로, 민주적으로 대처할 수 있다는 국가 주권주의자 간 팽팽한 대립은 건국부터 현재까지 지속된다.

그렇다면 왜 이러한 상충되는 관점이 유지되는지 이해하기 위해 미국 연방헌법을 세세하게 검토할 필요가 있다. 미국의 정치 권력구조를 규정하는 헌법 제1, 2, 3조는 연방의회, 대통령 및 연방대법원 순으로 연방정부 권한을 명시한다. 구체적으로 헌법 제1조는 명시권한 또는 열거권한(express powers)과 더불어 암시권한(implied powers)을 연방의회에게, 헌법 제2조는 명시권한과 더불어 내재권한(inherent powers)을 대통령에게, 그리고 헌법 제3조는 간략하게 연방대법원의 고유 사법권(original jurisdiction)과 상소 심리 사법권(appellate jurisdiction)을 명시하고 더불어 헌법 제6조 최고성 구절(supremacy clause)을 통해 사법심사를 통한 헌법의 유권해석 권한을 연방대법원에게 유추할 수 있도록 부여한다. 그러나 동시에 미국 연방헌법은 연방정부에게 금지된 부인권한(denied powers)도 상세하게 명시한다. 특히 수정헌법 제1조부터 제10조에 이르는 권리장전(bill of rights)은 연방정부에게 특정 권한을 금지해 전반적으로 강화된 연방정부의 권한을 통제한다. 나아가 수정헌법 제9조는 헌법에 열거되지 않은 권한도 국민에게 유보된다고 명시하며, 수정헌법 제10조는 연방정부에게 위임되지도 않고 주정부에게 금지되지도 않은 잔여권한(residual powers)을 모두 주정부나 국민에게 부여한다. 또한 수정헌법 제11조는 제3조 2절 1항에 명기된 연방사법부의 고유 사법권을 일부 철회하여 주의 거주민이나 외국 시민이 주를 상대로 연방사법부에 제소할 수 없도록 규정해 주 주권면책(state sovereign immunity), 즉 연방의회가 제정한 법률을 위반했다는 이유로 주정부를 제소할 수 없다는 사법 원칙의 헌법적 근거를 제공한다.

이러한 수직적 주권분립과 더불어 미국 연방헌법은 제4조에서 주정부 간 법령, 채무계약, 사법처벌 등 사법결정을 상호 존중하도록 강제한다. 이는 연맹 대신 연방으로 체제전환을 달성하려면, 주가 완벽한 독립주권국가 대신 단일한 정치 체제의 구성원 지위를 일정 영역에서 수용해야 가능하다는 이유에서다. 실제로 건국 시조들은 주 간 분쟁에 연방정부가 개입하기보다 주 간 협약을 통해 자체적으로 해결하고 분쟁을 미연에 방지하는 결사체 민주주의를 구상했다. 즉, 주 간 관계가 반드시 협조 형태를 취할 필요는 없으나 적절한 수직적 관계의 정립을 위해서 적절한 수평적 관계의 정립은 필요할 뿐 아니라 바람직하다는 근거에서다(Dye 1990; Stephens & Wikstrom 2007, 73). 이에 더해 미국 연방헌법은 제4조에서 정부 간 관계에서 상호 보장과 의무를 규정한다. 구체적으로 제4조 4절에서 주정부에도 대의민주주의에 입각한 통치를 강제하고, 주정부에 대한 외국의 침공이나 내적 봉기를 진압하는 책임과 제4조 3절에서 주 영토의 경계선을 보장할 책임을 연방정부 소관으로 분명히 명시한다. 〈표 1〉은 수직적 주권분립과 더불어 수평적 주 간 관계 및 국가와 국민 간 관계를 총괄해 분리-통합을 명시한 헌법 및 수정헌법 조문을 비교한다.

〈표 1〉을 정리해 보면, 연방정부와 주정부 간 독자적 권한이 위임되는 정부 간 관계를 가리키는 수직적 주권분립은 한편으로 연방정부의 권리를 헌법에 근거해 명시적, 암시적, 또는 내재적으로 부여한다. 다른 한편으로 연방정부와 주정부에게 금지된 권한을 명기해 국민국가의 근간을 흔들 여지가 큰 분쟁을 미연에 방지하고자 한다. 이와 대조적으로 주정부의 권리를 연방정부에 위임되지 않으면서도 주정부에 금지되지 않은 잔여권한으로 규정한다. 나아가 연방주의 원칙을 근간으로 수직적 주권분립을 표명했지만, 법령 제정 및 집행 권한과 사법부체계 수립 및 운영 권한, 나아가 조세징수 및 차관유치, 일반복지 지출 권한 등 동시권한(concurrent powers)을 연방정부와 주정부에게 위임해 주권 간 분쟁소

표 1. 정부 간 관계에 관한 헌법과 수정헌법 조항

조문	목적	수정	목적 및 발의/승인연도
제1조 8절 〔명시권한〕	• 통상(commerce) 구절: 외국과의 통상, 주 간 통상, 원주민과의 통상에 대한 규제 권한 규정 • 화폐주조, 육해군 설립 및 유지, 조약 인준, 우편제도 설립 및 유지	IX	• 권리장전의 일부(1795) • 중앙의 권한 제한: 중앙정부에게 명시되지 않은 잔여권한은 주나 국민에게 귀속한다고 규정
제1조 8절 18항	• 유연성(elastic) 구절: "필요하고 적절하다"고 판단하는 경우 의회의 법령 제정 권한 규정〔암시권한〕	X 〔보존권한〕	• 권리장전의 일부(1795) • 주 내 통상 규제, 지방정부체계 수립 및 유지, 연방선거 관리, 공공의료-복지-규범 보호
제1조 9절, 10절 〔부인권한〕	• 주 수출품 관세 징수, 주의회 동의 없이 주 영토 변경, 공직자에 대한 종교 통관시험 부과, 권리장전과 상충하는 법령 제정 금지 • 대외교역 관세 징수, 화폐주조, 외국과 조약 체결, 계약 이행 방해, 연방의회 동의 없이 주 간 협약 체결, 권리장전과 상충하는 법령 제정 금지	XI	• 주에 관한 사법권에 대해 연방사법부의 관할권 제한(1794/1798)
제3조 1절	• 연방대법원 이하 연방사법부 조직 신설	XIII	• 노예제를 포함해 사람에 대한 소유재산권 폐지(1865)
제4조 3절, 4절 → 수평 관계	• 새로운 주 영합 또는 기존 주의 영토를 분할하거나 기존 주 다수가 병합하여 새로운 주를 형성하려면, 연방의회와 주의회 승인이 모두 필요하다고 규정 • 공화국 유지, 외침이나 내란으로부터 주의 공화국 유지 보장 • 새로운 주 영합 또는 기존 주의 영토를 분할하거나 기존 주 다수가 병합하여 새로운 주를 형성하려면, 연방의회와 주의회 승인이 모두 필요하다고 규정 • 공화국 유지, 외침이나 내란으로부터 주의 공화국 유지 보장	XIV	• 권리장전을 개인뿐 아니라 주에도 적용(1866/1868)
		XVI	• 연방소득세 정립(1909/1913)
제6조	• 최고성(supremacy) 구절: 헌법, 연방법, 그리고 조약이 국가의 최고법이며 모든 주의 판사들은 이를 준수할 의무가 있다고 규정 • 2항: 국민정부 권한 행사〔내재권한〕	XXVII	• 의회가 스스로 의원 급여를 인상하는 것을 제한(1789/1992)
동시권한	• 조세 징수/차관 유치, 일반 공공복지 지출, 은행 설립, 사법부 수립, 법령 제정 및 집행		

출처: 이옥연(2008, 122; 125)의 〈표 2〉와 〈표 3〉을 합쳐 보완함.

지를 제공한다(Rodden 2006; Waltenburg and Swinford 1999). 이러한 복합 헌정체제는 건국 초기에 강력한 연방정부를 주창한 연방파와 이를 우려한 반연방파 간 정치적 타협으로 인한 역사적 산물이다. 그 결과 실질적으로는 통합을 지향하는 중앙집중화와 분리를 추구하는 탈중앙화의 압력을 자신에게 유리한 균형점에서 조합하려는 연방정부와 주정부 간 끊임없는 탐색전으로 수직적 주권분립의 정치 시장에서 나타난다. 왜냐하면 정부 단계 간 경합을 통한 이견조정 과정에서 정치시장, 즉 선거 경합을 통해 한시적 기간 동안은 최소한 수직적 관계의 적정 균형점에 합의할 수 있기 때문이다.

미국의 분리-통합을 추동하는 요인으로 연방헌법에 표명된 "제도적으로 책임소재지가 분산되어 있으면서 권력을 공유하는 체제(separated institutions sharing power)"를 손꼽을 수 있다. 비록 연방주의는 헌법이 표명하는 통치 원칙으로서 공감대를 형성했지만, "제도적으로 책임소재지가 분산되어 있으면서 권력을 공유하는 체제"를 구현하는 과정에서 미국의 분리-통합을 원하는 세력 간 투쟁이 발생하기 마련이다. 또한 이 투쟁에 참여하는 추진 세력은 한편으로 수직적 주권분립에서 팽팽하게 맞서는 주 주권주의와 국가주권주의 주창자를 들 수 있고, 다른 한편으로 수평적 주 간 관계나 수평적 권력구조에서 경합하는 다양한 행위자를 상정할 수 있다. 그렇다면 분리와 통합을 추진하려는 행위자 또는 그 집단 간 투쟁은 한편으로 권력구조를 둘러싼 체제 분리와 통합으로 표출되고, 다른 한편으로 사회 구성원과 그 집단 간 분리와 통합으로 표출된다. 더불어 분리-통합 방식은 쌍방 대등한 관계나 일방 경도된 관계로 진행될 수 있으며 분리-통합을 추진하는 세력 간 투쟁의 결과물도 마찬가지로 쌍방 대등한 관계나 일방 경도된 관계로 구축될 수 있다.

결국 분리-통합에서 양 극단의 위험은 권력이 과도하게 중앙에 집중되거나 아니면 권력이 과도하게 탈중앙화되어 분산되는 경향에 있다. 그런데 미국의 분리-통합 역사에서 특이한 점은 헌법에 대한 유권해석 권한을 소지한 연방대법원의 역할이다. 왜냐하면 연방대법원의 사법심사권은 정치통합을 가능하게 하는 법적 구속력뿐 아니라 사회통합을 제고할 수 있는 정치적 설득력도 지녀야 하기 때문이다. 연방대법원의 효율적 중재는 성공적 연방주의 유지 비결의 열쇠를 제공할 수 있다. 아울러 분리-통합이 전개되는 과정에서 수직적으로, 수평적으로 적절한 책임소재지 분산에 대한 연방대법원의 판단도 시대적으로 변한다. 그 결과 연방주의에 대한 최종 유권해석을 내려주는 연방대법원의 판결은 연방정부와 주정부 간 적정 균형점 설정뿐 아니라, 공공정책의 향방설정에도 지대한 파급효과를 불러일으킨다. 또 다른 흥미로운 사실은 헌법 제3조에 명기된 사법부 권한에서 비선출직으로 구성된 연방대법원이 선출직으로 구성된 입법부나 대통령보다 우위에 있다는 의미를 지닌 사법심사권의 근거가 마련되어 있는지에 대한 논의는 건국 당시부터 현재까지 지속된다는 점이다. 다만 헌법 제4조의 최고성(supremacy)에 의거해 연방대법원이 사법심사권을 발동해 헌법에 위배되거나 연방관할권을 침해하는 주법을 번복할 수 있다고 유추하는 데 어느 정도 공감대가 형성되어 있을 뿐이다. 그리고 이마저도 *Marbury v. Madison*(1803) 판결 이후에야 연방대법원의 사법심사권이 공고해졌다.[9]

미국 연방주의는 지난 300여 년간 지속적으로 변하면서도 기본적으로 헌정체계의 급격한 변화를 거치지 않는 행운을 누렸다. 이는 연방주

9 연방직 임명을 둘러싼 소송사건인 *Marbury v. Madison*의 판결문에서 마셜 대법원장은 "무엇이 법령에 해당하는지에 대한 판단을 내리는 일은 사법부의 고유한 관할권이고 의무이다(It is emphatically the province and duty of the judicial department to say what the law is)"라고 주장하였는데, 당시엔 그다지 큰 정치적 파문이 없었으나 후일에 사법 행동주의의 근거가 되었다.

의를 실험하여 당면한 국정문제를 해결하는 데 실패한 다수의 국가들과 대조할 때 경이적이다. 그렇다면 그 성공의 배경에 어떤 비결이 있을까? 통치형태로서 연방제는 거대하고 강력한 정부와 아담하고 기능성을 갖춘 정부의 장점을 모두 취해 활용하고자 한다. 또한 통치 거버넌스로서 연방주의는 중앙과 지역 간 공치(shared rule)와 자치(self-rule)를 균형 있게 제도화하고자 한다. 이는 앞서 강조했듯이 제도적으로 분리되어 있으면서도 권력을 공유하는(separated institutions sharing power) 체제가 헌법에 명시되고, 이에 대한 연방대법원의 사법심사권이 정치적 설득력과 법적 구속력을 동시에 지녀야 가능하다. 무엇보다 미합중국의 복합성은 영토를 확장하면서 주를 연방의 구성원으로 비준하는 과정에서 분리-통합이 따로 또 같이, 동시에 또는 순차적으로 발생하는 경로를 밟았다는 특이성을 보인다. 〈표 2〉는 미국 50개 주의 주 지위를 획득한 연도, 연방에서 탈퇴한 남부(Confederacy) 주의 1861년 전후 여부, 연방에 존속한 북부(Union) 주에서 노예제를 유지했는지 폐지했는지 여부를 보여준다. 또한 1861년 당시 영토(territory) 지위를 지닌 13개 영토의 북부 또는 남부 지지 성향을 대조한다. 이를 근간으로 다음 절에서는 건국부터 1860년 대선까지 분리-통합의 극단적 상황에 노출된 미합중국이 어떻게 연방과 주정부 간 관계를 유지했는지 검토하고자 한다.

표 2. 미국 주 지위 획득 연도와 1861년 전후 상황

주	지위 획득/1861년 전후	주	지위 획득/1861년 전후
델라웨어	1787년/노예제 존속	미시간	1837년/노예제 폐지
펜실베이니아	1787년/노예제 폐지	플로리다	1845년/이전 탈퇴
뉴저지	1787년/노예제 폐지	텍사스	1845년/이전 탈퇴
조지아	1788년/이전 탈퇴	아이오와	1846년/노예제 폐지
코네티컷	1788년/노예제 폐지	위스콘신	1848년/노예제 폐지

매사추세츠	1788년/노예제 폐지	캘리포니아	1850년/노예제 폐지
메릴랜드	1788년/노예제 존속	미네소타	1858년/노예제 폐지
사우스캐롤라이나	1788년/이전 탈퇴	오리건	1859년/노예제 폐지
뉴햄프셔	1788년/노예제 폐지	캔자스	1861년/노예제 폐지
버지니아	1788년/이후 탈퇴	웨스트버지니아	1863년/노예제 존속
뉴욕	1788년/노예제 폐지	네바다	1864년/북부 지지 영토
노스캐롤라이나	1789년/이후 탈퇴	네브래스카	1867년/북부 지지 영토
로드아일랜드	1790년/노예제 폐지	콜로라도	1876년/북부 지지 영토
버몬트	1791년/노예제 폐지	노스다코타	1889년/북부 지지 영토
켄터키	1792년/노예제 존속	사우스다코타	1889년/북부 지지 영토
테네시	1796년/이후 탈퇴	몬태나	1889년/북부 지지 영토
오하이오	1803년/노예제 폐지	워싱턴	1889년/북부 지지 영토
루이지애나	1812년/이전 탈퇴	아이다호	1890년/북부 지지 영토
인디애나	1816년/노예제 폐지	와이오밍	1890년/북부 지지 영토
미시시피	1817년/이전 탈퇴	유타	1896년/북부 지지 영토
일리노이	1818년/노예제 폐지	오클라호마	1907년/남부 지지 영토
앨라배마	1819년/이전 탈퇴	뉴멕시코	1912년/남부 지지 영토
메인	1820년/노예제 폐지	애리조나	1912년/남부 지지 영토
미주리	1821년/노예제 존속	알래스카	1959년/영토 아님
아칸소	1836년/이후 탈퇴	하와이	1959년/영토 아님

출처: 이옥연(2014, 323)의 〈부록 1〉을 종합해 편집함.

1. 1861년 링컨 대통령 취임 이전인 2월 4일에 조지아, 사우스캐롤라이나 주와 더불어 루이지애나, 미시시피, 앨라배마, 플로리다, 텍사스 주도 미합중국을 탈퇴해 미연맹국(Confederate States of America)을 창설했다.
2. 켄터키, 미주리, 웨스트버지니아 주는 북부를 지지하는 동시에 노예제가 존속한 경계 주이다. 웨스트버지니아 주는 남북전쟁 중 1863년 의회 승인하에 버지니아 주로부터 탈퇴하였으나 노예제를 존속시켰다.
3. 1861년 4월 15일 링컨행정부가 자원군 소집령을 발령하자, 버지니아와 노스캐롤라이나 주와 더불어 테네시와 아칸소 주도 미합중국을 탈퇴하고 미연맹국에 합류했다.
4. 1861년 당시 13개 영토 중 남부를 지지한 오클라호마, 뉴멕시코, 애리조나 주는 20세기 초에야 미합중국 주로 승격했다.

III. 미국의 분리-통합사: 건국부터 1860년 대선까지

미국은 영국뿐 아니라 모든 국가의 폭정이란 기본적으로 권력 집중에서 기인한다고 추론했기 때문에 독립전쟁이 종료되자 권력 분산 원칙에 입각해 건국 정부 체제를 정비했다(손병권 2006).[10] 그 결과 연합헌장에서 폭정의 온상으로 간주한 중앙행정부나 또는 이를 정당화할 수 있는 중앙사법부를 별도로 설치하지 않고, 대신 모든 주가 병렬한 체제를 통해 통치하고자 했다. 이렇게 권력 분산을 극대화한 연합의회는 각 주의 독자성을 보장하며 주 대표들의 의견을 반영하는 데 주력했다. 또한 주권(sovereignty)이 각 구성단위인 주에 소재하므로 하위단위가 느슨하게 협의체에 연결된 정부조직형태였다. 이 느슨한 연합헌장체제는 국가연합(confederation)에 준하는 형태로 독립선언부터 연방헌법이 제정되기까지 10여 년간 지속했다. 물론 연합을 구성하는 주에게 독립된 주권국가라면 당연히 누리는 권한이 부분적으로 제한되어 있긴 하다.[11] 그러나 근본적으로 헌법기관으로서 연합의회는 구체적 정부 기능을 온전하게 발휘할 수 없었다. 왜냐하면 각 주는 연합의회 의원에 대한 임명, 소환, 급여를 통제함으로써 연합의회가 명실상부한 상설 중앙정부로서 독자적으

10 비록 건국 초기부터 국가원수로서 대통령을 추대했으나 대통령직에게는 행정부 수반이나 혹은 최고 통수권자로서의 위상이 부여되지 않았고 대신 주대표로 구성된 의회가 국가의 최고 권력기관이었다.

11 구체적으로 연합헌장 제2조는 "각 주가 주권, 자유 및 독립을 보유하며, 이 연합에 의거해 별도로 연합의회에 명시적으로 이전되지 않은 권력, 관할권 및 권리를 보유한다"고 명시해 각 주의 독자성을 잘 드러낸다. 또한 연합헌장 제6조는 각 주가 연합의회를 통해 미합중국과 외국 간 체결된 조약의 규정에 반하는 관세를 부과할 수 없으며 각 주의 방위와 교역 등을 위해 필요하다고 연합의회가 인정하는 이상의 전함과 병력을 보유할 수 없으며 적으로부터 침략당한 경우 등 예외적 상황을 제외하고 연합의회의 동의 없이 전쟁을 수행할 수 없다는 등 각 주의 권한을 제한하는 내용도 담는다. 아울러 주 간 조약이나 동맹은 연합의회의 동의를 거쳐야 한다고 규정한다.

로 위정 활동을 할 수 없게 발목을 묶었기 때문이다.[12] 무엇보다 주요 권한을 행사하기까지 각 주의 자발적 동조를 반드시 확보해야 하는 연합의회에게 구성단위를 구속할 수 있는 실질적 통치를 기대하기는 어려웠다.

다시 말하자면, 정치 · 경제적 편의를 위해 제정된 연합헌장은 각 주에 대한 중앙정부, 즉 연합의회의 수직적 구속력과 각 주 간 수평적 연대가 매우 약한 느슨한 형태의 협의체를 구축했다. 따라서 주권국가 대사에 준하는 각 주 대표로 구성된 연합의회에서 제정된 법률은 각 주에 대한 강제력을 지닐 수 없었고, 연합의회는 궁극적으로 주정부의 상위기관이 아니었다. 특히 연합의회는 주를 통하지 않고는 국민에게 직접적으로 영향력을 행사할 수 없었다. 구체적으로 연합의회는 독자적으로 국민에게 세금을 징수할 수 없었을 뿐 아니라 대외통상을 규제할 수 없었다. 독자적 국고수입을 확보할 중요한 수단을 지니지 못한 중앙정부의 재정은 취약할 수밖에 없었고 심지어 병력 유지마저 주정부에 의존할 지경이었다. 즉 연합의회는 주정부의 동의를 얻지 못하면 국민에게 직접적 영향력을 행사할 수 없는 허약한 기관이었다.

이러한 연합헌장체제의 취약점을 시정하기 위해 1787년 헌정회의는 전국적 관할권을 지닌 강력한 중앙정부가 국내외적 조정비용을 감소시키고 공공재 공급을 원활하게 만든다는 주장을 제기했다.[13] 특히 매디

12 구체적으로 연합헌장 제5조는 연합의회 의원의 임명, 소환, 급여를 각 주의 입법부가 통제하도록 명시할 뿐 아니라 의원 임기는 1년 및 6년간 최대 3년 이상을 넘지 못하도록 제한한다. 또한 연합헌장 제9조는 연합의회의 주요 권한인 전쟁수행권, 나포허가장 발부권, 조약체결권, 주화제조권 등에 대해 13개 주 중 9개 이상 주의 찬성을 필요로 한다고 명시한다. 무엇보다 각 주에서 2인부터 7인까지 선출한 대표로 구성된 연합의회는 단원제를 채택했을 뿐 아니라 의사결정도 1인 1표제가 아니라 1주 1표제로 이뤄졌다. 이러한 주의 평등성 원칙과 압도적 다수 조건은 결과적으로 연합의회의 효율적 통치력을 저해했다.

13 연합의회를 대체할 연방의회는 주 간 및 미국과 외국 간 국방, 안보 및 통상 등의 문제가 발생할 경우 이를 조정하는 역할을 담당하도록 했다. 주 간 교역분쟁이 발생할 경우 공권력을 지닌 중앙정부의 중재와 조정이 필수적이었다. 또한 미국과 외국 간 안보 및 국방 문제

슨은 국가 전반에 실질적 관할권을 지닌 중앙정부가 등장하면 주정부 간 분파싸움에 의해 공공재의 공급에 차질이 생기는 문제를 해결할 수 있다고 주장했다(Beer 1998, 245). 즉, 소규모 영토에 기반을 두는 주의회는 다수분파의 폭정에 노출되기 때문에, 연방주의파는 "광활한 공화국"에서는 중립적 심판으로서 사회의 다양한 이해관계를 조정하고 나아가 분파의 해악을 통제함으로써 국민의 자유를 보장해주는 중앙정부가 통치하는 연방체제를 제시했다. 반면에 반연방주의파는 공화국이란 본질적으로 소규모의 영토에서만 가능하며 통합정부의 성격을 지닌 연방정부의 등장은 주의 권한 침해뿐 아니라 나아가 국민의 자유 침해까지 초래한다고 반박했다.[14]

그럼에도 불구하고 연방주의파와 반연방주의파 간 극적인 타협이 이뤄지며 연방의회가 출범하면서 새로운 중앙정부의 위상에 변화가 왔다(Wood 1969, 562). 연방헌법은 주의 평등성을 반영하는 지역 대표성과 유권자의 평등성을 반영하는 국민 대표성을 절충한 양원제를 채택하였다. 또한 국가의 최고 권력기관이 연방의회이고 연방의회에서 제정되는 법률이 최고권위를 지닌다고 명시해 연방정부에게 주정부에 대한 실질적 구속력을 부여했다. 나아가 연방의회의 독자적 세금 징수권을 원론적으로 부여하고 외국과의 통상 및 주 간 통상에 대한 규제 권한을 부여했다. 그 결과 독자적 재정을 확보하고 국민에 대한 직접적 영향력을 행사할 수 있는 경로가 열렸다.[15]

가 발생할 경우에도 군대 차출 및 유지 등 외국과의 전쟁을 수행할 때 중앙정부가 각 주들에게 할당금액을 신속히 결정해 줄 필요가 있었다.

14 이들 간 대립은 결국 1788년 연방헌법비준으로 결론이 나지만 오늘날까지도 연방주의의 해석을 둘러싼 상반된 의견대립은 끊이지 않고 계속된다고 볼 수 있다.

15 제1조 8절 3항과 1항에 명기된 통상규제권과 세금징수권은 제1조 1절 및 제6조 2절에 명기된 최고성과 8절에 명시된 전쟁선포권, 평화조약 체결권, 조약 및 동맹 체결권, 인디언

이렇게 연방헌법은 연방의회에게 주정부의 통제를 벗어나 독자적 권력기관으로 인정받게 할 수 있는 기반을 제공했고, 전국적으로 실질적 통치를 수행할 수 있는 명백한 주권체로 자리를 잡도록 도모했다. 그러나 이러한 연방의회의 권력 강화는 동시에 권력 비대로 인한 부정적 효과를 방지할 기제의 필요성을 다시금 일깨워 헌법 차원의 보호 장치로서 권리장전의 하나인 수정헌법 제10조가 제정되었다.[16] 아이러니는 새로운 강력한 중앙정부의 등장이 결과적으로 이중주권(dual sovereignty)의 논리를 강화시켜 주정부와 중앙정부 간 관계는 긴장 속에서 유지될 수밖에 없었다는 점이다.

앞서 〈표 2〉에서 보듯이 연합헌장체제에서 연방헌법체제로 전환하는 데 참여한 13개 주는 이후 북부에 동조한 9개 주와 남부에 동조한 4개 주로 대립했다. 그런데 북부에 동조한 9개 주 중에서도 델라웨어 주와 메릴랜드 주는 노예제를 유지한 채 남북전쟁에 북부의 일원으로 참여했다. 아울러 메릴랜드 주 헌법은 1867년 남북전쟁 종료 직후 제4차 개헌 형태로, 델라웨어 주 헌법은 이보다 훨씬 뒤 1897년에 제4차 개헌 형태로 현재까지 지속된다(이옥연 2014, 부록 2). 이러한 복합성은 건국 당시부터 국정운영 방향으로 분리와 통합 간 선택이 양자택일을 강요하는 영합적(zero-sum) 특성보다 정합적(positive-sum) 특성을 유보한 데 기인한다. 비록 이중주권에 관한 해석을 둘러싼 이견이 첨예화되어 남북전

교섭권, 계량형 표준 설정권, 화폐주조권, 차입권, 주간 분쟁해결권, 우편체계 수립권과 더불어 연방의회의 권력 강화를 가져왔다.

16 수정조항 제10조는 새로 제정된 헌법에 의해 "합중국에 위임되지 않았거나 합중국에 의해 각 주에 금지되지 않은 권한은 주에 개별적으로 혹은 인민에게 유보된다"라고 규정한다. 이는 헌법상 명시된 연방정부권한 이외의 잔여권한에 대해 주정부가 자신의 권한이라고 주장할 헌법적 근거를 제시한다. 이 조항은 결국 새로 제정된 헌법에서 주정부의 권한이 연방의회가 제정하는 최고권한의 법률에 의해서 제한되기는 하나, 헌법에 명시되지 않은 영역에서는 주정부의 재량권이 보장될 수 있는 길을 터놓았다.

쟁이 발발했지만 이 비극적 내전마저도 분리-통합의 균형점을 찾으려는 노력이 수포로 돌아간 부산물이었다고 볼 수 있다.[17]

오히려 이중주권의 헌법 근거 논쟁으로 점철된 분리-통합의 정치발전과정은 비록 연방정부와 주정부 간 갈등을 초래해 수많은 희생을 강요한 유혈 내전의 단초를 제공했음에도 불구하고 분리와 통합에 대한 선택이 정합적이며 비단선적이라는 공감대를 형성하는 데 기여했다. 사실 권력분산을 통한 자유구현이라는 이상형을 설정한 건국 시조는 명확한 로드맵을 제시하지 않았다. 따라서 1789년 사법부 법이 제정되어 연방사법부체계가 완비되자, 사법부 체계마저 연방정부와 주정부로 차별화되는 명실상부한 연방제도가 성립되었다. 또한 연방대법원이 연방주의에 대해 유권해석을 내릴 수 있다는 사법심사 기틀이 마련되었다. 무엇보다 연방주의라는 통치 원칙을 기반으로 시대적 여건과 집권행정부의 정치이념적 성향에 따라 변화무쌍하게 발전하는 계기가 성립했다.

결국 미국의 분리-통합 인식은 남북전쟁 이전까지 연방과 주가 팽팽하게 맞선 이중적 병행구조의 연방체제로 지속되었다. 심지어 대부분 주에서는 주의 주권이 완전하기 때문에 연방의회법령이 주나 주 거주민의 자유를 침해한다고 판단되면 그러한 법령을 주가 무효화시킬 수 있다는 주장이 지배적이었다(Burke 1999). 예컨대 초기에는 연방의회의 다수당이었던 연방주의파가 점차 득세하는 민주공화당(Democratic-Republican Party, 현 민주당의 모태)을 제압하려는 의도에서 정부 관료에 대한 비판을 불법화하는 연방법(Sedition Act of 1798)을 통과시키자, 이중주권을 문자 그대로 해석한 무효화 원칙(doctrine of nullification)을 주창하며 민주공화당의 주도 세력인 제퍼슨파가 표현/발언의 자유를

17 이중주권 원칙은 연방과 주가 동시에 정책분야에 대한 최종적 권한을 행사할 수 있다고 규정한다.

옹호해야 한다고 맞섰다(Cornell 1999, 230-237). 비록 연방헌법체제가 출범했음에도 불구하고, 수직적 권한분산에 대한 토론 자체가 종식된 것은 아니다. 오히려 표현의 자유를 옹호하려는 목적으로 제퍼슨은 후일 미국 내전의 논리적 근거로 활용되는 무효화 원칙을 주장하는 전례를 남겼다. 그 결과 홉스가 경고한 절대 주권(absolute sovereign)의 중요성을 역설하며 '경합하는 주권 간 전쟁'이 미국에서 실제로 발발했다고 평할 수 있다.

표 3. 19세기 연방주의에 중대한 영향을 끼친 연방대법원 판결

대법원	소송	판결내용
Marshall Court (1801-1835)	*Fletcher v. Peck* (1810)	연방사법부의 사법심사권이 주 법령에도 적용된다고 판결 → 연방법에만 적용된 사법심사권의 확대적용
	Martin v. Hunter's Lessee (1816)	민사사건에 대한 주사법부 판결을 연방사법부에 항소할 수 있다고 판결 → 연방사법부의 민사사건에 대한 항소/상고재판권을 확인
	McCulloch v. Maryland (1819)	연방의회의 암시권한이 합헌이라고 판결 → 유연성 구절에 대해 제퍼슨이 제시한 'necessary and proper = indispensable'보다 확대해석
	Cohens v. Virginia (1821)	형사사건에 대한 주사법부 판결도 연방사법부에 항소할 수 있다고 판결 → 연방사법부의 형사사건에 대한 항소/상고재판권을 확인
	Gibbons v. Ogden (1824)	연방의회의 주 간 통상규제 권한이 모든 경제활동에 적용된다고 판결 → 연방정부의 권한확대에 기여
Taney Court (1836-1864)	*Dred Scott v. Sandford* (1857)	노예제를 인정하는 주 권한에 대해 연방의회가 개입하는 것을 금지하는 보존권한이 주에 주어져 있다고 판결 → 이중연방주의의 시초; 후에 수정헌법 제13조에 의해 노예제를 폐지

출처: 미국정치연구회 편(2013, 102)의 〈표 3-3〉 일부를 재인용함

앞서 강조했듯이 연방헌법은 구체적으로 연방대법원에게 사법심사권이 부여된다고 명기하지 않는다. 다만 연방주의파인 마셜(Marshall, 1801-1835) 4대 대법원장이 1803년 *Marbury v. Madison* 판결과

1810년 *Fletcher v. Peck* 판결을 통해 연방법뿐 아니라 주법에 대해서도 연방대법원의 사법심사권을 강화한 선례를 남겼다. 그 결과 부수적으로 연방정부와 주정부 간 관계에서 연방정부의 우위도 강조했다.[18] 나아가 〈표 3〉에서 보듯이 1824년 *Gibbons v. Ogden* 판결에서 연방의회의 주 간 통상규제 권한을 모든 경제활동에 적용시켰다. 아울러 1816년 *Martin v. Hunter's Lessee* 판결에서 민사 사건과 1821년 *Cohens v. Virginia* 판결에서 형사사건에 대한 연방사법부의 항소 및 상고재판권을 확인시켰다. 이러한 일련의 판결에 더해 1819년 *McCullough v. Maryland* 판결에서 연방의회의 암시권한도 합헌이라는 근거에서 유연성 구절(elasticity clause)을 주법에도 적용시켰다. 특히 이 판결을 통해 주가 연방기관인 중앙은행을 상대로 과세할 수 없으며, 이는 곧 주정부가 필요하다고 판단하는 경우 연방정부 주권을 침해할 수 있다는 무효화 원칙을 번복하는 유권해석을 의미한다.

아울러 1819년 *McCulloch v. Maryland* 판결은 1816년에 연방의회에서 설립을 허가한 제2차 미합중국 중앙은행(Bank of the United States)에 대한 주정부의 제소를 기각했다. 구체적으로 제2차 미합중국 중앙은행의 설립 목적은 단일한 조폐를 통해 국가 전체에 획일적으로 통용되는 화폐제도를 정착시키는 금융통화정책 권한을 연방의회에 부여하는 데 있었다. 이에 메릴랜드 주를 포함한 주정부가 반발하면서 연방기관인 중앙은행에 중과세를 부과했다. 그러나 마셜 대법원장은 주가 연방기관이나 그 경제 행위에 세금을 징수하는 일은 위헌이라고 판결했다.

18 2대 대통령 애덤스(Adams)부터 7대 대통령 잭슨에 걸쳐 역임한 마셜 대법원장은 연방정부의 권한 강화에 기여했다는 평가를 받는다. 재직 중 임종을 맞은 대법원장도 마셜이 처음이며 최근 렌퀴스트 대법원장을 포함해 총 8명의 대법원장이 재직 중 사망했다. 이는 역대 17명의 대법원장 중 절반에 가까운 수치로 종신직으로 구성된 연방사법부가 정치적 압력으로부터 독립성을 보존할 수 있는 단면을 보여주기도 한다.

무엇보다 헌법 제1조 8절의 "필요하고 적절한(necessary and proper)" 구절을 인용해 헌법이 명백하게 금지한 권한이 아니라면 연방의회는 필요하고 적절하다고 판단하는 경우 권한을 행사할 수 있다고 판결했다(Cornell 1999, 279). 이는 앞서 제퍼슨 대통령이 제안한 유연성 구절에 대한 해석을 "필요불가결한(indispensable)" 경우로 제한한 데 비해 훨씬 넓게 확대해석함으로써 연방정부의 권한을 다시금 확증시켰다.

그런데 마셜 대법원장이 1819년 *McCulloch v. Maryland* 판결에서 무효화 원칙에 철퇴를 가하는 유권해석을 내렸음에도 불구하고 주권분립을 둘러싼 분쟁을 종식시킬 수 없었다는 사실에 유의해야 한다. 특히 당시 민주공화당이 분열되면서 치러진 1828년 대선에서 7대 대통령으로 잭슨(Jackson)이 당선되었음에도 불구하고 선거결과를 둘러싼 논란이 끊이지 않았다. 그 결과 통치 위임을 주장할 수 있는 정치적 자산이 부족하다고 통감한 잭슨 대통령은 연방정부와 주정부 간 관계설정에서 소극적이었다. 반면 칼훈 부통령은 주 정부권한의 우위를 강력하게 주장했다(Cornell 1999, 299). 예컨대 남부는 연방정부의 관세권한에 대해 1828년 연방관세법(Tariff Act)이 무효라고 반발했으나 뜻이 관철되지 않자 미합중국으로부터 탈퇴할 수 있다고 위협하기에 이르렀다.[19] 대선 악몽이 채 사라지지 않은 잭슨 대통령은 무력진압 대신 정치적 해법을 통해 관세를 낮춰 일단 위기를 모면했다. 그러나 보다 근본적으로 남부와 북부 간 갈등은 관세보다 노예제 유지에 있었다. 더욱이 연방주의파가 주정부의 권한을 회복하려는 정치인에게 밀려나면서 후임 대법원장은 주정부의 보존권한을 강조하는 이중연방주의를 내세운 결과, 수직적 권한분산에 대한 유권해석의 대변동이 뒤따랐다. 특히 주 권리옹호자

19 북부는 국내산업보호를 목적으로 관세설치를 선호한 반면, 남부는 북부가 주도하는 관세철폐를 요구했다.

인 잭슨 대통령이 마셜 대법원장 후임으로 임명한 태이니(Taney, 1836-1864) 5대 대법원장은 급기야 1857년 *Dred Scott v. Sandford* 판결을 통해 자유로운 흑인노예가 자유로울 수는 있어도 미국시민은 아니라는 근거에서 노예제를 금지한 연방법이 자치권과 사유재산권을 침해했다는 의견을 냈다.

표 4. 1850년 미주리 타협안 전후

타협 이전(1849-1850)	타협 이후(1850-1853)
• 금광 발견으로 캘리포니아 영토가 주 승격을 신청함 • 남부 캘리포니아를 노예제를 유지하는 영토로 나눌 것을 요구함	1850년 캘리포니아 영토를 분리하지 않고 전체를 노예제를 폐지한 주로 승격함
• 텍사스 주는 경계를 리오그란데까지 설정함 • 1850년 텍사스 주는 엘파소(El Paso)를 점유함	엘패소를 보전하는 대신, 연방에 대한 부채 탕감을 위해 텍사스 주 면적 일부를 양보해 주 경계가 조정됨
• 뉴멕시코 영토는 텍사스 주에 영입되길 거부하며 주 승격을 신청함 • 몰몬교 정착민은 데저렛(Deseret) 주로 승격시켜 달라고 탄원함	• 1912년 주로 승격되기까지 뉴멕시코는 영토로 남음 • 1896년 주로 승격되기까지 데저렛 대신 유타 영토로 남음
멕시코 전쟁 종료 후 뉴멕시코와 데저렛을 분리하지 않고 미합중국에 비편입된 영토로 합쳐 남김	• 주민투표로 미주리 타협안 분단선 북쪽에 위치한 유타 영토가 노예제를 도입하기로 의결해 논란이 됨(그러나 노예농장은 실질적으로 유타 영토에 적합하지 않아 무용지물이 됨) • 뉴멕시코 영토 남부는 노예제를 도입했으나 뉴멕시코 영토 일부로 남음

1. 1850년 연방 노예도주자법(Fugitive Slave Act)은 노예제를 폐지한 주로 도주한 노예를 생포하면 원거주지로 송환한다고 규정했다. 이는 노예제를 존속시킨 주와 폐지한 주 사이 경계 지역도 노예제를 유지하는데 조력해야 하는 의무를 부과해, 노예제 폐지론자는 이를 "노예제 지지 세력의 음모"라 비난하며 반발했다.
2. 수도인 워싱턴에서 노예 매매는 금지되었으나 노예제를 존속시켰다.

노예제를 둘러싼 갈등은 근대 미국의 분리-통합사에서 가장 중요한 안제 중 하나였다(Foner 1970/1995, XXV). 1845년 텍사스 주 합병을 계기로 발발한 멕시코 전쟁(1846-1848)은 태평양 연안까지 영토를 확장하려는 당시 집권당인 민주당과 11대 대통령 포크(Polk)에 반발하며 제국주의적 확장과 노예제에 반대하는 휘그(Whig)당과의 이견을 심화시켰다(McDonald 2000, 146).[20] 〈표 4〉에서 보듯이, 종전 이후 1850년에 노예제를 둘러싸고 체결된 미주리 타협안(Missouri Compromise)을 통해 미합중국에서 탈퇴하려는 남부의 반발을 한시적으로 지연시켰다. 그러나 동시에 뉴멕시코와 유타 영토에서 주민투표를 통해 노예제 도입 여부를 결정하게 하는 조치를 취해, 앞서 1820년에 채택된 미주리 타협선 북쪽에서도 노예제를 허용하는 근거를 제공했다. 더욱이 1854년 캔자스-네브래스카 법(Kansas-Nebraska Act)이 캔자스와 네브래스카 영토를 설립하고 주민투표를 통해 노예제 허용을 결정하도록 규정했다. 특히 노예제 폐지 주와 노예제 존속 주 사이 동서 중간에 위치한 캔자스 영토에는 노예제 확장을 기도하는 노예제 지지 세력이 결집했다(McDonald 2000, 166).[21] 이에 대항해 자유무역을 주창하던 북부와 중서부는 캔자스-네브래스카 법을 폐기하고 노예제의 확산을 저지하겠다는 공약을 내세운 신생정당 공화당을 지지하기에 이르렀다. 이처럼 미국은 건국 이후 연합헌장체제에서 연방헌법체제로 전환하면서 통합에 대한 반발을 무마하고 그 명분을 정립하는 데 주력한 결과, 미국의 초기 분리-통합사는 분리가 아니면 통합이라는 양자택일을 강요하는 격돌로 점철되었다. 다음 절에서는 1860년 대선 이후에 어떤 점이 지속되었고 어떤 면에서 변

20 멕시코는 1821년에 스페인으로부터 독립한 후 내분된 상태였으나, 1836년에 선포된 텍사스 공화국의 독립을 인정하지 않겠다는 자국 내 공감대를 기반으로 미합중국의 합병을 선전포고로 간주하겠다고 위협했다.

21 역사가는 1854년 제정된 캔자스-네브래스카 법을 '1854년의 대실책'이라고 평한다. 왜냐하면 이전에는 반목하는 세력 규모가 지엽적이고 작았으나, 이 법이 통과되면서 미국 내 모든 세력이 연방정부를 통제하는 데 혈안이 되어 충돌한 결과 국가 내분이 걷잡을 수 없게 번졌기 때문이다.

모했는지 검토하고자 한다.

IV. 미국의 분리-통합사: 1860년부터 1980년대까지

마침내 1860년 대선에서 4명의 대통령 후보가 난립한 가운데 노예제 철폐를 정당 강령으로 채택한 신생 공화당의 대통령 후보가 당선되었다.[22] 남부는 노예제 폐지를 공약으로 내세운 링컨이 16대 대통령으로 당선되자, 노예제 존속을 위협하는 연방정부에 반기를 들고 무효화 원칙을 근거로 탈퇴하기 시작했다. 1861년 당시 대통령 취임일인 3월 4일보다 한 달 앞서 조지아, 사우스캐롤라이나, 루이지애나, 미시시피, 앨라배마, 플로리다, 텍사스 등 7개 주는 탈퇴 후 미연맹국(Confederate States of America)을 창설했다.[23] 이어 대통령 취임 한 달여 후인 4월 15일에 자원군 소집령이 내리자 버지니아, 노스캐롤라이나, 테네시, 아칸소 등 4개 주가 탈퇴 후 미연맹국에 합류했다.[24] 이로써 1861년 당시 총 33개 주 중

22 총 303개의 선거인표 중 180표를 얻은 공화당의 링컨(Lincoln), 12표를 얻은 민주당의 더글러스(Douglas), 72표를 얻은 남부 민주당의 브레켄리지(Breckinridge) 그리고 39표를 얻은 헌법연합(Constitutional Union)의 벨(Bell) 후보가 경합했다. 더글러스는 1850년 미주리 타협안의 기초를 마련했고 이어 1854년 캔자스-네브래스카 법을 고안했으며 1858년 일리노이 주 소속 상원의원 선거에서는 링컨의 도전을 물리치기도 했다. 그러나 결국 민주당으로부터 분리해 노예제 지지 세력을 주축으로 창당한 남부 민주당은 브레켄리지를 후보로 지명했다. 심지어 더글러스가 연방 상원의원으로 14년간 봉직한 일리노이 주의 유권자마저 민주당의 더글러스 대신 공화당의 링컨을 선택했다. 그 패인으로 바로 자신이 고안한 타협안에 대한 유권자의 불만이 작동했다고 평가할 수 있다.

23 조지아와 사우스캐롤라이나 주는 독립 후 미합중국을 이룬 13개 주 중 일원이며, 루이지애나, 미시시피, 앨라배마 주는 19세기 초 4대 매디슨(Madison) 대통령과 5대 먼로(Monroe) 대통령 재임 시절에 의회 수권법에 의해 편입되었다. 반면 플로리다와 텍사스 주는 1845년에 편입된 지 불과 16년 후에 탈퇴했다.

24 버지니아와 노스캐롤라이나 주는 독립 후 미합중국을 이룬 13개 주 중 일원이며, 테네시

11개 주, 즉 주 전체의 3분의 1이 미합중국을 탈퇴해 미연맹국으로 분리되었고, 결국 1864년 대선에 불참하기에 이르렀다. 이는 정부 간 관계를 설정하는 남부와 북부 간 주도권 싸움(tug of war)에서 통합을 주창하면 분리에 반대하거나 아니면 분리를 주창하면 통합에 저항하는 상호배제적 투쟁이 전개되었음을 보여준다. 그리고 이는 충돌 발생 시 타협을 통한 해결은 생존 자체를 위협하기 때문에 타협보다 정면대결로 치달을 가능성이 현실화된 역사적 사례로 남았다.

연방과 주정부 간 수직적 권한분산을 규정하는 연방주의 원칙에 대한 해석은 역설적으로 대타협으로 인해 연방정부 통제를 탈환하지 못하면 탈퇴해서라도 분리를 보존하고 필요하다면 유혈투쟁도 불사하겠다는 저항으로 이어졌다. 결국 남북전쟁에서 남부가 패배하면서 무효화 원칙은 더 이상 공식적으로 수용되지 않았으나 패전 자체와 무관하게 무효화 원칙에 대한 해석을 둘러싼 분쟁은 지속되었다. 사실 건국 이후 연방대법원에 회부된 사건은 대체로 연방과 주정부 간 이권다툼에 대한 유권해석을 요구했고 이러한 형상은 남북전쟁 직후에도 지속되었다. 예컨대 1862년 통용화폐법(Tender Act)은 남북전쟁 직후 화폐통용의 독점권에 대한 연방과 주정부 간 논쟁을 다시 불붙였다. 특히 남북전쟁 비용으로 인한 부담이 증폭되면서 금이나 은 보유량이 극심하게 줄어들자, 금 또는 은 같은 경화 대신 합법적 지폐(greenback)로 물품 지불을 해도 된다는 1862년 법령이 전후에도 유지되었다. 즉, 비상사태에 국한된 지폐법이 전시가 아닌 평시까지 확대 시행되었다. 그 결과 연방정부가 발행하고 유통하는 유일한 국가화폐와 중앙은행의 역할에 대한 합법성도 아울러 확립되었다. 이는 일련의 입법 노력을 통해 금융통화정책에 관한

주는 2대 대통령인 애덤스 재임 시 1796년 의회 제정안에 따라, 아칸소 주는 8대 대통령 반뷰렌(van Buren) 재임 시 1836년 의회 수권법에 따라 편입되었다.

연방정부의 유일한 권한을 확증시킨 계기를 마련했다.

또 다른 사례로 연방소득세를 둘러싼 일련의 사건을 들 수 있다. 연방헌법 제1조 8항 1절은 연방의회의 세금징수 권한을 명시했지만, 국민에게 부과하는 직접세는 주 거주민에 비례해 징수하도록 제한했다. 특히 해밀턴은 『연방주의 논고*The Federalist Papers*』 No. 33에서 유연성 구절을 조세권한에 연계해 전쟁 비용을 충당하기 위한 과세 권한을 연방의회에 부여하는 정당성에 대해 역설했다(Hamilton *et al.* 1787/1982, 206-208). 재산세의 경우 직접세로 명확하게 분류되었지만, 소득세의 경우 초기에는 직접세인지 간접세인지 합의가 이뤄지지 않았다. 1812년 영국의 미국 침공을 계기로 연방소득세 설치에 대한 논의가 있었으나 1815년 종전과 더불어 연방소득세 논의 필요성도 소멸되었다. 그리고 1861년 남북전쟁 비용의 재원을 확보하기 위해 연방소득세를 최초로 법령화했으며, 일률세(flat tax) 대신 누진세(progressive tax)로 교체한 1862년 조세법도 재원 부족으로 1864년 조세법으로 대체했으나 이도 1873년에 재정 적자가 커지며 폐지했다.[25] 이후 1895년 경기침체로 인해 재산에서 발생하는 이자소득이나 부동산 임대료에 과세하려는 연방소득세를 부활시킨 법령이 통과되었다. 그러나 곧 대법원이 이를 직접세인 재산세로 규정하고 연방의회의 과세는 위헌이라는 *Pollock v. Farmers' Loan & Trust Co.* 판결을 내렸다.[26]

그런데 산업혁명이 가속화되면서 19세기 말부터 연방대법원은 연방정부 권한의 정당성에 반발하는 주정부 제소에 대해 연방정부의 손을

25 링컨의 대통령 당선으로 집권한 공화당은 단점정부의 동력을 활용해 조세법(Revenue Act)을 제정해 전쟁 수행의 재원을 충당한 결과, 남북전쟁에서 북부가 승리하는 데 결정적 기여를 했다고 볼 수 있다.

26 궁극적으로 1913년 헌법 제16조 수정조항이 인준되면서 연방소득세는 영구적 연방정부의 세원으로 정립되었고, 이 합헌적 세원을 기반으로 연방정부의 역할이 증대되었다.

들어주는 경우가 빈번해졌다. 예컨대 철도운송과 곡물보관을 관장하는 기업 횡포가 커지자 이에 대항한 농민공제 운동(Granger movement)이 발발했다. 그에 대한 해결책으로 중서부 주의회는 농민공제법(Granger Act)을 제정하자, 이에 반발한 기업이 연방대법원에 제소했다. 그러나 1876년 *Munn v. Illinois* 판결에서 공익을 위해 사적 재산에 대한 공적 규제, 이 경우엔 주의회의 규제가 합헌이라고 결정했다. 그리고 1887년 *Wabash, St. Louis & Pacific Railroad Company v. Illinois* 판결에서 주 간 통상(interstate commerce)에 관한 규제 권한은 오로지 연방의회에게 한정된다고 규정해 철도나 운송과 같은 주 간 통상에 대한 연방정부의 규제권한이 확립되었다. 또한 1887년 최초로 독립 규제 기관으로 주 간 통상위원회(Interstate Commerce Commission)가 설립되었다. 이러한 선례를 발판으로 삼아 26대 대통령 시어도어 루스벨트(Theodore Roosevelt)는 연방정부의 전국적 철도망 재정지원을 단행해 연방정부 규제에 대한 정치적 당위성을 부여했다. 마침내 연방정부의 국가경제 규제권한의 정점이라 할 수 있는 셔먼 반독과점법(Sherman Anti-Trust Act)을 1890년에 연방의회가 통과시켰다. 또한 8대 연방대법원장 풀러(Fuller, 1888-1910)는 독과점의 횡포에 대한 연방정부의 규제에 대해 헌법적 당위성을 부여했다.

통합을 통해 연방제를 창설한 미국에게 영원한 과제는 연방보다 선행한 주의 선점 권한을 제어해 권한 일부를 연방에게 양도하도록 유도하고, 동시에 연방으로부터 이탈하려는 원심력을 제어하고 대신 연방으로 끌어오려는 구심력을 촉진시키는 일이었다. 18세기 말 연합헌장체제로부터 연방헌법체제로의 전환을 위한 헌정회의는 이러한 역사적 맥락에서 소집되었다. 이후 중앙을 주축으로 국가조직을 재구성하는 응집성, 다시 말해 정치적으로 형성된 인위적 국가정체성에 정당성을 부여하기까지 오랜 기간이 소요되었다. 단 국가적 위기가 발생한 경우에 한해 실질적 변화가 가능하곤 했다.[27] 그 배경에는 원심력과 구심력은 서로 영합적이라는 가정이 전제되어 있기 때문이다. 따라서 통합이 분리에 반드시 상반되지 않는다는 정합적 관계가 성립되기까지 통합의 추동력에 대한 공감대를 구축할 필요가 생겼다. 산업혁명을 거치며 19세기 말부터 20세기 초에 이르기까지 연방대법원에 회부된 사건 다수는 국가경제에 대한 정부규제의 위헌성 여부가 관건이었다. 이에 대해 연방대법원은 대체로 연방 규제에 대해 우호적 판결을 내렸다. 물론 이 판결은 비록 당시에는 연방의 권한 확대로 직결되지 않았거나 연방 권한 확대로 이어졌더라도 지속되지 않았지만, 20세기, 특히 대공황 이후 위기 상황뿐 아니라 평시에도 연방정부 팽창에 기여했다.

그렇다면 어떻게 연방대법원 판결이 미국 역사의 전개 과정에서 통합과 분리의 상관관계를 설정하는 데 영향을 줄 수 있었을까? 바로 사법심사권이 법적 구속력과 정치적 설득력을 동시에 그리고 확고하게 정립시킬 수 있었기 때문이다. 우선 비선출직으로 구성된 연방대법원이 선출직으로 구성된 입법부나 대통령보다 법리적으로 우위에 있다는 의미를 지닌 사법심사권의 근거에 대한 공감대가 형성되어야 한다. 그리고 연방대법원이 연방정부의 권한확대에 대해 위헌성을 입증하지 못한다고 판결하면, 연방의회와 연방행정부는 암묵적으로 타협해 이를 활용할 수 있다. 앞서 지적했듯이 *Marbury v. Madison*(1803) 판결에서 연방법에 대한 사법심사권이 합헌이라는 근거가 마련되었다. 이후 〈표 3〉에서 보듯이 *Fletcher v. Peck*(1810) 판결에서 주법에 대해서도 사법심사권을

27 예를 들어 남북전쟁, 경제공황, 민권운동 등의 정치, 경제, 사회적 갈등이 첨예화한 위기상황에서 연방정부의 권한증대가 정치적 설득력을 얻으며 개헌이나 새로운 법률 제정을 용이하게 했다.

확대 적용했다. 물론 *Dred Scott v. Sandford*(1857) 판결에서 사법심사권을 제한했고, 그 이후에도 여러 차례 판결을 통해 사법심사권에 대한 도전이 반복되었다. 구체적으로 *Lochner v. New York*(1905) 판결은 제과업자의 건강보호를 목적으로 주당 노동시간을 제한한 뉴욕주법이 개인의 계약 권한과 자유를 비이성적이고 불필요하게 임의로 침해했다고 위헌으로 판정했다. 그 근거로 1868년에 제정된 수정헌법 제14조의 적법절차 구절(due process clause)에 자유계약권(right to free contract)이 내재되어 있다고 해석했다. 그러나 궁극적으로 사법부가 보편적 헌법해석을 경시하고 개인의 권한보다 재산권을 우선시하는 이념성향에 의해 판결을 내렸다는 비판을 받았다.[28] 또한 *Schechter Poultry Corp. v. US*(1935) 판결은 양계업을 규제하는 1933년 국가 산업회생법(National Industry Recovery Act)이 위헌이라고 판정했다. 그 근거로 행정부가 규정한 "정당한 경쟁 규율(code of fair competition)"은 입법부와 행정부 간 권한분산에 위배된다고 해석했다. 그러나 이 판결도 연방정부가 사적 영역인 경제활동을 규제한다는 데 반발하는 당시 11대 연방대법원장 휴즈(Hughes, 1930-1941)의 정치성향을 반영해 연방의회의 통상권한에 대한 좁은 해석을 내렸다는 비판을 받았다.[29]

이렇듯 간헐적으로 유권해석이 급격하게 변동했으나, 궁극적으로 연방대법원은 미국 연방주의의 수호자로서 인정되어 그 권위가 공고해졌다. 왜냐하면 사법부가 권한남용을 자제해 그 중재 역할이 일관성 있게 존중되었기 때문이다. 즉, 비록 사법심사권과 그 정책적 파급효과에

28 *Lochner v. New York*, 198 U.S. 45(1905)

29 *A.L.A. Schechter Poultry Corp. v. United States*, 295 U.S. 495(1935). 이 판결에 반발한 루스벨트 대통령은 1937년 사법절차 개혁법(Judicial Procedure Reform Bill)을 통해 연방대법관을 9명에서 최대 15명까지 증원해 뉴딜정책 프로그램을 무리하게 추진하려 도모했으나 결국 실패에 그쳤다.

대한 반발이 거셌지만 엄격한 사법심사권 발동 기준을 설정해 법적 구속력과 정치적 설득력을 동시에 구축했기 때문이다. 이는 연방대법원의 수직적 관계에 대한 유권해석이 시대에 따라 때로는 급격하게 반전한 점에 미루어 경이로운 위업이라 평할 수 있다. 그 위업이 가능한 배경에는 소송사건이 전적으로 정치적 분쟁의 성격을 띠는 경우 연방사법부가 그에 대한 사법심사 자체를 유보하고 당사자 간 정치적 타협을 통한 해결을 촉구해 다져진 연방사법부의 독립성과 권위가 있다. 결과적으로 바로 이 연방사법부의 독립성에 근거해 연방사법부의 판결은 국정 운영의 방향 설정에 중대한 영향을 끼칠 수 있는 토대를 만들었다. 무엇보다 사법심사권은 일관된 중재를 통해 미국의 영원한 과제인 구심력과 원심력 간 균형점을 찾는 과정에서 분리와 통합이 반드시 영합적이지 않으며 또한 분리-통합 관계가 영구하지 않고 유동적이라는 신뢰를 구축하는 데 기여했다.

물론 연방대법원이 모든 경우에 정치적 분쟁으로부터 완벽하게 독립성을 유지한 것은 아니다. 관세와 노예제 문제에 대해 주 주권주의자와 국가 주권주의자는 남북전쟁이라는 큰 대가를 치른 후에야 이중 연방주의를 옹호하는 남부 주의 패배로 국가 주권주의자가 잠시 득세했다. 그럼에도 불구하고 〈표 5〉에서 보듯이 9대 연방대법원장 화이트(White, 1910-1921)는 *Hammer v. Dagenhart*(1918) 판결에서 이중연방주의의 연장선에서 주의 주권을 강조했다. 심지어 그 판결을 번복해 *National Labor Relations Board v. Jones & Laughlin Steel Corp.*(1937) 판결에서 이중연방주의에 대한 지지를 철회한 11대 연방대법원장 휴즈조차 앞서 언급한 *Schechter Poultry Corp. v. US*(1935) 판결에서 사법심사권을 제어하려 했다. 사실 대공황을 타개하기 위한 뉴딜정책의 주요 법령은 초기에 관례적으로 사적 영역인 경제 활동을 강도 높게 규제해 경제 회생을 도모하려는 시도였고 이는 보수적 성향이 강한 연

표 5. 20세기 이후부터 연방주의에 중대한 영향을 끼친 연방대법원 판결

White Court (1910-1921)	*Hammer v. Dagenhart*(1918)	연방의회가 미성년노동에 의한 제품의 주 간 통상을 금지함으로써 미성년노동을 간접적으로 규제할 수 없다고 판결 → 이중연방주의의 연장선으로 후에 휴즈 대법원장이 번복
Hughes Court (1930-1941)	*National Labor Relations Board v. Jones & Laughlin Steel Corp.*(1937)	주 간 통상에 영향을 미치는 주 내 통상도 연방의회가 규제할 수 있다고 판결 → 이중연방주의에 대한 초기 지지를 철회
Stone Court (1941-1946)	*Wickard v. Filiburn* (1942)	미미한 경제활동이라도 축적되면 주 간 통상에 영향을 끼칠 수 있다고 판결 → 뉴딜 법령의 하나인 농업조정법이 합헌이라고 해석
Warren Court (1953-1969)	*Heart of Atlanta Motel v. U.S.* (1964)	공공시설의 서비스 제공 거부는 흑인들의 주 간 왕래 의지를 줄인다는 증거에 근거해 공공시설의 인종차별 금지가 연방의회의 주 간 통상규제권한에 해당한다고 판결 → 민권법이 합헌이라고 해석
Burger Court (1969-1986)	*Garcia v. San Antonio Metropolitan Transit Authority* (1985)	정부 간 면책 여부를 결정할 때 전통-비전통 기준을 일률적으로 적용하기보다 정치적 과정에 의존해 결정하라고 판결 → 공정노동기준법을 주정부에 적용하면 수정헌법 제10조를 위배하므로 위헌이라고 판결한 *National League of Cities v. Usery*(1976)를 번복
Rehnquist Court (1986-2005)	*New York v. U.S.* (1992)	연방의회는 주에게 연방교부금에 대한 조건이나 규제를 강요할 수 있으나 단순하게 주를 상대로 명령을 내릴 수 없다고 판결 → 공공정책의 주권분립을 근거로 연방정부의 월권행위를 제한
	U.S. v. Lopez (1995)	주 간 통상규제권한을 근거로 학교 근처 총기소지로 인한 지역경제의 타격을 이유로 공립학교의 1,000피트 반경 내 총기소지 및 유입을 금한 연방법을 위헌이라고 판결 → 의회의 통상규제권한 제한
	Seminole Indian Tribe v. Florida (1996)	인디언 부족이 연방사법부에 주를 상대로 소송할 수 있게 한 연방법을 위헌이라고 판결 → 주 주권 면책(state sovereign immunity)은 주를 상대로 하는 소송이 주의 승낙을 필요로 한다는 의미라고 해석
	Printz v. U.S.; Mack v. U.S. (1997)	총기구입 시 자격요건을 확인하는 절차를 의무화한 연방법(소위 브래디법)을 위헌이라고 판결 → 브래디법을 수정헌법 10조이 명기한 주 권한을 위배한 비지원 위탁(unfunded mandate)이라고 해석
	City of Boerne v. Flores (1999)	도시 구역 획정(zoning)을 규제한 연방법을 위헌이라고 판결 → 수정헌법 제14조에 의거해 의료 및 복지정책 프로그램은 민권에 대한 '구제'에 한정될 뿐 민권 확대를 목표로 하지 않는다고 해석

Rehnquist Court (1986-2005)	*Alden v. Maine* (1999)	초과근무 임금을 요구하는 근로자가 주를 상대로 소송할 수 있게 한 연방법을 위헌이라고 판결 → 주는 연방법에 의거해 주 거주 근로자들이 제기하는 소송으로부터 면제된다고 해석
	Jones v. U.S. (2000)	주택 소유자의 자택이 주 간 또는 외국과의 통상에 사용되거나 또는 이와 연관된 목적으로 사용되는 경우 의도적으로 자산에 폐해를 가하는 행위를 연방법에 저촉되는 범죄로 규정하는 연방법을 위헌이라고 판결 → 자택이 상업적 목적으로 사용되지 않았다면 연방법에 의거해 소송을 제기할 수 없다고 해석
	U.S. v. Morrison (2000)	1996년 인디언 부족 관련 판결의 연장선으로 여성이 연방사법부에 주를 제소할 수 있게 한 연방법을 위헌이라고 판결 → 연방법의 집행을 목적으로 개인이 제기한 소송으로부터 주는 면제된다고 해석
	University of Alabama v. Garrett (2001)	1990년 장애인법에 의거해 주를 연방사법부에 제소할 수 없다고 판결 → 연방법에 의거해 장애인들이 제기하는 소송으로부터 주는 면제된다고 해석
Roberts Court (2005-현재)	*Gonzales v. Oregon* (2006)	안락사 약물 투여를 허락한 오리곤 주법을 연방법무부가 연방 규제약물법 위반으로 규정하고 의사 면허를 취소 → 연방정부의 의약용 약물에 대한 접근 제한 권한을 인정하나, 이를 근거로 연방법무부에게 안락사 약물 투여를 금지할 권한이 부여된 것은 아니라고 판결
	Watters v. Wachovia Bank (2007)	연방은행의 주택자금 대출 보조를 둘러싸고 37개 주가 연방은행 대출에 대한 규제 시도 → 1864년 연방은행법에 근거해 주의 규제를 금지한 연방 조치가 합헌이라고 판결
	Cuomo v. Clearing House Association (2009)	연방재무부 통화감독국이 뉴욕 주의 대출관행에 대한 조사 방해를 근거로 1864년 연방은행법을 위반했다고 제소 → 통화감독국의 기업 업무에 대한 '현장검사권'을 인정하나, 연방의 독점적 권한을 의미하는 것은 아니라고 판결 → 주가 공정대출법을 스스로 시행할 수 있다고 해석
	Arizona v. United States(2012); *Arizona et al. v. Inter Tribal Council of Arizona, Inc.*(2013)	애리조나 이민법 일부 조항에 대해 이민은 주 권한이 아니라 연방 권한이라고 판결; 유권자 등록 시 시민권 증빙서류를 제출하라는 애리조나 법보다 연방 유권자 등록법이 이 요건을 선취했다고 판결 → 연방의 우위를 강조

출처: 미국정치연구회 편(2013, 102-104)의 〈표 3-3〉를 보완함

방대법원의 거센 반발을 자아냈다.[30] 더구나 10대 연방대법원장 태프트

30 연방대법원은 1860년부터 1935년 현 위치의 독립 건물로 이전하기까지 1810년부터 1859년까지 상원이 사용했던 회의실을 물려받아 사용했다. 이는 연방사법부의 독립성 결여를

(Taft, 1921-1930) 재임 시 판사 과반수가 휴즈 연방대법원을 구성해 정부의 역할을 최소한으로 규정하는 데 주력했다. 이는 연방정부에 제한되지 않고 주정부의 규제 권한도 최소화하려는 자유방임이나 다름없었다(Schwartz 1993, 230).

이런 맥락에서 1935년 연방대법원의 독립 공간 확보는 정치적 분쟁과 일정한 거리를 유지해 그 권위를 확보하려는 연방사법부의 의지를 표출하는 상징적 의미를 지닌다고 볼 수 있다. 실제로 비록 루스벨트 대통령이 획책한 '사법부 길들이기'는 실패했으나 1937년 이후 휴즈 연방대법원은 진보적 사회정책의 근간이 된 뉴딜 정책 프로그램을 지지하는 쪽으로 방향을 바꿨다.[31] 이는 한편으로 앞서 1937년 이전 판결이 재계의 압력에 영향을 받은 반면 이후 판결은 정계의 압력에 영향을 받은 탓으로 해석할 수 있다. 실제로 후버대통령이 연방대법원장으로 임명한 직후 휴즈 연방대법원장은 정계와 재계의 압력에 끌려 다니는 판사라는 이유로 험난한 인준과정을 거쳤다. 그러나 다른 한편으로 1937년 이후 휴즈 연방대법원의 방향 전환은 사법 심리에 충실해 시대가 요구하는 유권해석이 필요하다는 발상의 전환으로 인해 가능했기 때문에, 사법 행동주의를 통해 역설적으로 연방사법부의 독립성을 확보하는 데 기여했다고 볼 수 있다.

단적으로 드러낸다고도 볼 수 있다.

31 1935년과 1936년에는 뉴딜정책의 핵심 법안인 국가산업회생법(National Industry Recovery Act)과 농업조정법(Agricultural Adjustment Act)을 연방의 통상권을 초과했다는 이유로 위헌이라고 판결했다. 무엇보다 해당 법의 위헌성 자체에만 그치지 않고 정부의 역할 자체에 대한 사법부의 해석을 강요하는 판결 내용이 결국 루스벨트 대통령에게 '사법부 길들이기'로 몰아세우는 결과를 초래했다. 그러나 *National Labor Relations Board v. Jones & Laughlin Steel Corp.*(1937) 판결을 시작으로 제조업체도 주 간 통상에 영향을 끼친다면 사적 영역을 넘어 연방정부의 규제 대상이 된다는 해석을 내놓았다. 이는 명백하게 과거의 자유방임주의를 폐기한 사법심사 노선의 전환이다.

결국 경제공황이라는 대규모의 변혁이 미국사회 전반에 영향을 미치자, 전통적으로 주정부에 귀속된 권한 중 실업, 복지 등 사회정책에 대한 연방정부 역할이 증대해지며 연방 권한이 확대됐다(Nagel 2001, 16). 따라서 네이절은 "명확하게 규정된, 제한된(defined and limited)" 정부라는 개념의 허구성에 대해 반박한다. 아울러 12대 스톤(Stone, 1941-1946)과 13대 빈슨(Vinson, 1946-1953) 연방대법원을 거쳐 14대 워렌(Warren, 1953-1969) 연방대법원에 이르기까지, 특히 1960년대 민권운동을 거치며 역사의 추는 연방정부에게 유리하게 움직였다. 휴즈 연방대법원장의 후임인 스톤 연방대법원장과 빈슨 연방대법원장은 미국이 제2차 세계대전과 한국전쟁에 참전한 시점에서 연방정부의 역할 확대 자체보다 연방의회와 대통령을 중심으로 하는 연방 행정부 간 권력분산을 둘러싼 논쟁에 대한 유권해석을 내려야 했다. 휴즈 연방대법원장의 두 후임도 공동체의 이익 또는 공익을 명분으로 하는 정부 규제는 적법절차(due process clause)에 충실하다는 유권해석을 보전했다. 그러나 전임 휴즈 연방대법원과 달리 후임 연방대법원은 전시체제라는 구속에서 벗어나지 못했기 때문에 정부 규제를 수용한 측면이 많았다.[32] 물론 간헐적으로 대통령의 행정명령이 의회의 입법권을 초월하지 않는다는 판결을 내리긴 했지만, 연방사법부는 실질적으로 연방정부의 권한확대에 대해 대체로 우호적 판결을 내려 사법심사권의 광의해석이라는 논란이 불거지기도 했다.

32 또한 두 연방대법원에 걸쳐 재직한 블랙(Black) 연방대법원판사와 잭슨(Jackson) 연방대법원판사 간 개인적 반목이 역사상 가장 분열된 연방사법부를 초래했다는 비판을 받기도 한다(Schwartz 1993, 248).

V. 나오는 말

역사적으로 10년 단위를 비교해보면, 1790년부터 1920년 이전까지 연방법이 위헌이라고 판결한 횟수는 0-9회에 걸친 반면 1920년부터 1940년 이전까지 13-15회로 증가한다. 이후 1940년부터 1960년 이전까지 다시 예전의 수준으로 돌아가 2-5회에 그치다가 1960년 이후 2000년부터 2011년까지 16-24회로 증가한다. 주법의 경우, 1790년부터 1860년 이전까지 0-9회에 그친 반면 1860년부터 1910년 이전까지 23-46회로 증가한다. 이후 1910년부터 1940년 이전까지 93-139회로 폭증한다. 그리고 1940년부터 1960년 이전까지 58-60회로 주춤하더니 1960년 이후 1990년까지 149-163회로 3배 증가한다. 이후 2000년부터 2011년까지 62-100회에 그치며 주춤하는 양상을 보인다(Baum 2012, Table 5-2). 앞서 역사적 추이를 살펴보면, 특이한 점이 있다. 비록 연방대법원이 위헌이라고 판결한 연방법의 수가 점차 증가했으나 몇몇 예외를 제외하곤 해당 연방법은 국정운영에 큰 지장을 주지 않는 성격을 띠었다. 또한 대다수가 제정 이후 5년 또는 그 이상이 경과한 이후, 즉 법 집행의 파장효과가 소멸되는 시점에 위헌 판결이 내려졌다.

연방대법원의 사법심사권은 근본적으로 사법적 해석을 통합하기 위해 필요하다. 만약 단지 정치적 압력이나 재계의 압박 등에 굴복해 판결번복이 이루어지는 전례를 남기면, 선례를 중시하는 미국의 사법전통을 훼손시키는 결과를 초래한다. 그러나 동시에 유권해석이 보장되는 안정된 사법체계뿐 아니라 그 판결에 승복하는 사법문화가 요구된다. 이러한 맥락에서 미국은 사회기반의 계층화가 주권분립과 직접적으로 연관되어 있지 않은 천혜의 조건을 누리는 행운을 얻었다고 볼 수 있다. 왜냐하면 구심력과 원심력 간 상정되는 반비례관계에서 중앙을 중심으로 통합을 독려하는 국가정체성이 비중앙의 분리 억압으로 영합적으로 나타날 수도 있고, 아니면 분리와 통합이 정합적 관계로 재편성될 수도 있는 여지가 있기 때문이다. 역사적으로 남북전쟁을 제외하고 미국의 국가정체성에 대한 논란은 대체로 타협이 가능한 인위적으로 형성된 정치정체성 간 힘겨루기로 나타나곤 했다. 따라서 분리와 통합 간 충돌이 발생하면, 법에 호소하거나 그 판결에 대한 유권해석에 의존하는 법률적 절차에 의존하는 법문화가 정착했다. 그 결과 구심력과 원심력의 두 가지 상반된 힘이 작용하는 속에서 균형점을 찾는 다소 당혹스러운 통치체제에 기반을 두었지만 궁극적으로 미국 연방사법부의 판결은 국정운영의 방향 설정에 지대한 영향력을 미칠 수 있었다.

16대 렌퀴스트(Rehnquist, 1986-2005) 연방대법원은 1980년 중반 이후 연방과 주 간 무게중심을 다시 주로 회귀하려는 유권해석을 내렸다. 이는 〈표 5〉에서 보듯이 1960년대 이후부터 14대 워렌과 15대 버거(Burger, 1969-1986) 연방대법원에서 추진한 '진보적 성향의 사법 행동주의'에 제동을 거는 조치로 해석된다. 왜냐하면 연방대법원이 수정헌법 제14조에 근거해 연방정부의 권한확대에 공조한 결과, 국민의 자유를 잠식하며 분리를 통합의 상극으로 설정하는 반목관계를 초래해 이에 대한 시정이 필요하다고 주장하기 때문이다. 또한 이는 연방정부가 주도하는 연방-주 관계에 비선출직으로 구성된 사법부까지 한 수를 거들며 국정운영의 방향 제시에 결정적 역할을 하는 강압적 연방주의에 대한 경종이기도 하다. 이러한 맥락에서 '진보적 성향의 사법 행동주의'에 대한 도전으로 과비대한 연방정부 권한을 원상으로 복구시키기 위해 주정부 권한을 강조하려는 '보수적 성향의 사법 행동주의'가 팽배해졌다고 평하기도 한다(Barnett 2004, 131).

만약 통합 대상인 구성 단위체가 통합 시점 이전부터 독립 주권체로

존립하였다면, 제3의 상위 정부에게 일부 권한을 양도하는 중앙집권화에 대한 정당화를 요구한다. 구체적으로 통합에 의한 연방제 구축은 한편으로 상위 정부의 권한을 명기하여 권한 남용 및 오용을 방지하고 다른 한편으로 명기되지 않은 잔여권한을 하위 정부에게 위임하여 '제3의 상위 정부=국민국가'를 구현하는 데 장애요소를 제어하고자 한다. 반대로 만약 중앙정부의 권한 일부를 하위 정부에게 이전하고 그 권한 이양을 보장하는 법 · 정치제도로 전환하였다면, 탈중앙화에 대한 정당화를 수반한다. 달리 말하면, 분리에 의한 연방제 구축은 한편으로 하위 정부의 권한을 명기하여 하위 정부체계의 독자영역이 영구적으로 존속함을 보장하고 다른 한편으로 명기되지 않은 잔여권한을 상위 정부에게 위임하여 탈중앙화의 안정성을 공고하게 하고자 한다(이옥연 2008).

통상적으로 구심력과 원심력은 서로 상반되는 작용을 하므로 구심력의 강화, 즉 중앙집권화가 원심력의 약화, 즉 탈중앙화의 침식으로 이어진다고 상정할 수 있다. 그러나 구심력의 증가로 인해 탈중앙화가 감소되더라도 반드시 비중앙의 자율성 상실로 이어지지 않을 수도 있다. 더욱이 중앙집권화가 반드시 중앙의 통치력 증대를 가져오지 않을 수도 있다. 이는 정책결정권이 중앙에 집중될수록 효율적 통치를 저해하는 잠재적 문제점은 줄어들지 모르지만, 동시에 정책이 급변할 수 있는 잠재력도 커지기 때문에 정책의 일관성은 오히려 감소할 수 있기 때문이다. 따라서 과연 중앙집권화로 인해 중앙의 통치력이 실제로 나아졌는지에 대한 판단은 경우에 따라 달라질 수 있다(McIntyre 2003, 17-36).

만약 통합을 우선시하는 국가정체성이 분리를 강조하는 자율성에 상치된다고 간주할 여지를 크게 남기면, 분리의 명분에 사로잡힌 특정 주를 자극해 연방-주 간 수직적 관계뿐 아니라 주 간 수평적 관계에서도 방어막에 집착하는 결과를 초래할 수 있다. 더욱이 유사한 처지라고 인식한 다른 주도 안위에 대한 위협이 가중되며 급기야 통합을 명분으로 내세우는 국가정체성에 도전하는 빌미를 제공해 정국의 불안정마저 초래할 수 있다. 미국의 분리-통합사에서 1860년 대선과 이어진 남북전쟁은 국가 해체 직전까지 몰고 가는 위기를 몰고 왔다. 특히 20세기 초까지 지속된 영토 확장은 노예제의 존속을 둘러싼 주 주권주의와 국가 주권주의 간 대접전의 원인을 제공한 동시에 그 실마리를 풀 수 있는 기회도 제공했다. 아울러 이후 정부의 역할에 대한 분리-통합의 상이한 구현상은 사회정책의 주체를 둘러싸고 현재까지 논란이 지속된다.

미국 연방주의 체제는 규모와 자원 및 성분에서 상이한 주로 구성된 정치적 공동체이다. 그 운용 과정에서 연방-주 간 수직적 관계가 모든 주에게 대칭적으로 적용되지 않을 수도 혹은 심지어 특정 주는 대칭적 적용을 거부할 수 있다. 특히 연방과 주 간 공통 요소가 그다지 많지 않다면 연방과 주를 결집시킬 수 있는 정당성이 불충분하기 때문에 주의 일탈 가능성이 높아진다. 만약 주가 일탈하는 경우, 연방은 강압적 통제 이외 대안이 없다는 극단적 선택을 내릴 수도 있다. 다행스러운 점은 복합사회를 기반으로 하지만 미국에서 사회 · 경제 요인이나 문화 · 이념 요인이 사회기반의 계층화와 영토성과 중첩되어 있지 않다는 사실이다. 결과적으로 미국의 분리-통합사는 정국의 불안정을 제거할 수 있는 방법으로 정치과정을 통해 협상하는 사실상 절차에 더해 이를 법에 호소하거나 그 판결에 대한 유권해석에 의존하는 법률적 절차에 의존해 전개되었다. 바로 그러한 이유로 상위 정부와 하위 정부 간 혹은 하위 정부 간 법적 분쟁이 발생할 경우, 연방대법원의 사법심사권이 그 정치 · 사회적 중요성을 더해 간다고 볼 수 있다.

'분단-통일'에서 '분리-통합'으로: 남북한 관계에 대한 함의*

김학노(영남대학교)

I. 들어가는 말

이 책은 '분리-통합'의 개념으로 세계 여러 지역에서 일어났거나 일어나고 있는 나뉨과 합침의 현상을 살펴보았다. 분단-통일의 개념 대신 분리-통합의 개념을 사용한 이유는 분단-통일 개념에서 볼 수 없거나 보지 않는 다양한 사례들을 분리-통합의 개념으로 볼 수 있기 때문이다. 이 장에서는 남북한 관계 및 통일 문제에 대하여 분단-통일의 개념과 분리-통합의 개념을 사용할 경우 얻게 되는 유익한 점과 한계점을 비교·검토한다. 이를 바탕으로 남북한 관계 및 통일 문제와 관련하여 '분단-통일' 대신에 '분리-통합'의 개념을 사용할 것을 제안한다.

우리는 민족통일을 염원하는 분단민족의 입장에서 '분단-통일'의 개념을 당연하게 사용해왔다. 분단과 통일의 개념쌍은 남과 북이 '분단

* 이 글의 내용에 대해 영남대학교 정치외교학과 학부와 대학원 수업에서 많은 토론을 하였다. 건설적인 비판과 참신한 토론을 해준 학생들에게 감사한다.

국'이라는 특수한 상황에 처해 있다는 현실 인식과, 현재의 분단 상태를 극복하고 통일국가를 형성한다는 민족적 염원을 내포하고 있다. 분단-통일의 개념 대신에 분리-통합의 개념을 사용하자는 이 책의 제안은 이러한 현실 인식과 규범적 정향을 무시하거나 거부하는 것은 아니다. 남북한과 그 주민들이 분단과 통일의 개념쌍을 사회적으로 통용하고 있는 현실에는 그 개념이 담고 있는 현실 인식과 규범정향에 대한 전반적인 합의가 깔려 있다. 그러나 남북한 관계 및 통일 문제와 관련한 연구를 수행함에 있어서 분단-통일의 개념보다 분리-통합의 개념이 더 많은 분석적 이득을 가져올 수 있다는 것이 이 책의 제안이다. 이것은 순전히 분석과 연구를 위한 학술적인 제안임을 분명히 한다. 학문적 연구와 비교분석을 위해서 분리-통합의 개념쌍을 사용하자는 것일 뿐 우리 사회에서 분단과 통일의 개념이 갖고 있는 역사적, 사회적 의미를 부정하려는 뜻은 전혀 없다.

이 장의 구성은 다음과 같다. 먼저 통일 및 통합 개념과 관련한 기존의 논의를 검토한다. '통일' 대신에 '통합' 개념을 사용하자는 논의는 이미 상당히 축적되어 있다. 하지만 '분단' 대신에 '분리' 개념을 사용하자는 논의는 아직 제기되지 않았다. 통일과 통합에 대한 기존 논의를 비판적으로 검토하고, 여전히 분단 개념에 대해서는 이렇다 할 도전이 제기되지 않았다는 사실을 확인한다. 다음으로 남북한 관계 및 통일 문제를 염두에 두고 분단-통일의 개념과 분리-통합의 개념이 가지고 있는 이점과 한계를 각각 살핀다. 특히 분단-통일의 개념이 가지고 있는 한계를 체계적으로 지적하고 분리-통합의 개념이 이 한계들을 극복하는 데 도움을 줄 수 있음을 밝히는 데 중점을 둔다. 이를 통해 기존의 남북한 관계 연구에서 사용해 온 분단-통일의 개념 대신에 분리-통합의 개념으로 전환하자는 제안의 타당성을 찾는다.

II. 기존 논의 검토

구영록(1974; 2000)의 선구적인 국제통합이론 연구와 소개의 영향을 받아 우리 학계에서 통합 개념에 대한 관심이 높아지기 시작했다. 특히 1990년대 들어서 남북한 관계에 대하여 통합 개념을 사용하는 연구가 증가했다. 이런 현상은 무엇보다도 독일 통일 이후 동서독의 통합 실패에 자극을 받은 것이 큰 계기가 됐다. 분단국이었던 독일과 예멘에서 통일이 이루어졌지만 나뉘었던 사회와 체제를 통합하는 과정에서 많은 문제점이 드러나고 막상 통일 이후 통합과정이 너무 힘든 데 자극을 받은 것이다(김도종 2001, 305; 김계동 2006, 15·23). 아울러 탈냉전 시대에 접어들면서 우리 학계에서 통일 개념이 담고 있는 획일주의와 냉전적 사고방식에 대한 경계의 목소리가 높아진 것도 중요한 계기가 됐다. 획일주의를 벗어나기 위해서 '탈분단'과 같은 용어를 사용하기도 했지만(권혁범 2000), '과정으로의 통일' 개념과 그것을 한마디로 압축해서 표현하는 '통합' 개념을 많이 사용하기 시작했다.

여기에서 한 가지 중요한 문제는 남북통합 논의에서 통합 개념이 상당히 다양하게 사용되고 있다는 점이다. 김도종(2001, 307)에 따르면, (1) 통합이 통일을 이루기 위한 과정을 의미하는 경우와 반대로 통일(즉, 양 체제 병합) 이후의 통합과정을 의미하는 경우가 대립하고, (2) 거시적 체제통합으로 사용하는 경우와 각론 차원의 분야별 통합으로 사용하는 경우가 나뉘며, (3) 국제정치학적 접근에서의 국제통합(또는 지역통합)의 의미로 사용하는 경우와 사회학적 접근에서의 사회통합의 의미로 사용하는 경우가 대립한다. 여러 다양한 통합 개념이 혼용되고 있어서 혼란을 일으키고 있는 것이다. 여기에 2002년 통일연구원에서 사용한 '실질적 통합'이나 '사실상의 통일'과 같은 개념을 더하면 통합 개념

의 내용이 대단히 복잡해진다.[1]

따라서 남북한 관계에 적용할 때 통합 개념을 명확히 정리할 필요가 있다. 김도종이 제시한 세 가지 종류의 의미 혼동 중에서 앞의 두 가지는 통일과 비교하여 통합 개념이 명확하게 정의되지 못하였기 때문에 생기는 현상이고, 마지막 세 번째 것은 통합 개념 자체 내에 사회통합과 국제통합의 두 가지 다른 접근이 공존하여 생기는 문제다(김학노 2011, 41-43). 이 둘이 연관성이 있지만, 여기서는 통일 개념과 비교하여 통합 개념이 어떻게 논의되어 왔는지에 집중한다. 이를 위해 우선 기존에 통합 개념이 어떻게 사용되었는지, 특히 통일 개념과 관련하여 어떤 차이가 있는지 검토하고 정리하는 작업이 필요하다. 이와 관련하여 임채완이 이미 중요한 연구를 수행했다. 임채완은 여러 학자들이 사용하고 있는 통일과 통합 개념의 관계를 검토하고 〈표 1〉과 같이 정리했다.

〈표 1〉에서 통일과 관련하여 통합 개념이 다양하게 사용되고 있음을 잘 알 수 있다. 동시에 통일과 통합을 배타적으로 사용하기보다는 서로 보완적인 것으로 유연하게 종합하려는 경향을 볼 수 있다. 〈표 1〉처럼 기존의 논의를 정리한 임채완 스스로가 이런 경향을 보인다. 그에 따르면 통일은 하나의 주권을 가진 하나의 국가를 이루는 것으로서 두 주체 간의 정치적 합의와 실천의지가 반드시 필요한 반면, 통합은 정치적 통합인 하나의 주권을 필수적인 전제로 하지 않고 부문별, 기능별로 상호의존도를 심화시키는 과정이다. 그는 이렇게 구별되는 통일과 통합 개념을 양자선택의 문제로 보지 말고 유연하게 적용하여 적절하게 병용해서 사용할 것을 주장한다(임채완 2006, 37).

1 '실질적 통합' 개념은 배정호(2002, 26) 참고.

표 1. 통일과 통합에 관한 견해의 비교

관계	개념	학자
통일<통합	통합은 과정으로서, 이는 통일보다 넓은 의미로 쓰이는 개념	구영록
통일<통합	통일의 과정을 통하여 조건을 성취하게 되면 통합	박광기
통일<통합	통일은 통합을 이루는 행위와 과정	에치오니(Etzioni)
통일>통합	통합은 통일을 성취하는 과정에서 나타나는 결합상태	나이(Nye)
통일>통합	통합은 통일 이하의 결합 상태 vs. 통일은 전체적, 최고 수준의 상태, 정치적 주권이 융합된 결합상태(정치통합)	이종석
통일<통합	전체적인 통일(사회통일, 경제통일, 문화통일 등)은 불가능, 바람직하지 않음	김영명
통일<통합	통합은 통일을 포함, 통합은 정도의 문제 vs. 통일은 가부간의 문제	서대숙
통일<통합	통일은 남북한이 하나의 통일국가를 형성하게 되는 상태 vs. 통합은 각 영역의 체제 단일화 상태	이상우
통일	통일은 나누어진 것들을 합쳐서 하나로 만듦 vs. 통합은 관계 지어 하나로 모음(통일이 타당함)	김혁
통합	통합은 상이한 체제의 두 국가를 극복하고 하나의 또는 유사한 체제 속에서 민족공동체를 형성하는 일	선학태

출처: 임채완 2006, 36

통일과 통합 개념을 서로 보완적인 것으로 종합하려는 노력은 다른 학자들에게서도 쉽게 찾아볼 수 있다. 대표적으로 박광기(2002, 265·274-281)는 '진정한 통일'이라는 전체 틀 속에서 통일과 통합의 개념을 구분하여 사용해야 한다고 주장하면서 다음과 같이 네 단계를 구분한다. ① 비정치적 부문의 통합(좁은 의미의 '통합'), ② 제도적·정치적 통합(좁은 의미의 '재통일'), ③ 사회 전 부문의 통합(넓은 의미의 '재통합'), ④ 진정한 '통일'(넓은 의미의 '통일')이 그것이다. 박광기는 통일이란 통합을 이루는 행위와 과정이라는 에치오니(Etzioni)의 개념 정의를 따르고 있으며, 이때 통합은 통일보다 넓은 의미로서 두 개 이상의 단위체가 하나의 사회로 이전해 가는 것으로 이해된다. 반면에 통일(②)은 통합(③)을 성취시키는 행위와 과정으로 이해된다. 마지막 단계인 넓은 의미의 통일은 개념상으로는 구분할 수 있지만, 사실상 좁은 의미의 통일(②)과 넓은 의미의 통합(③)이 합쳐진 상태로서 새로운 단계로의 문턱(threshold)이 별도로 존재하지는 않는다. 요컨대, 박광기는 통일(=② 정치적 통합)을 가운데 두고 전후(①과 ③)로 통합과정을 둠으로써 통일과 통합 개념을 단계론 속에 병행하여 사용한다. 통일과 통합을 이와 같이 단계적으로 사용하는 방식은 다른 학자들에 의해서도 통용되고 있다(예컨대 홍익표 · 진시원 2004, 17-19).

한편 통일과 통합의 개념을 대조하여 그 차이점을 강조하는 경향도 강하다. 남북한 관계를 통일 대신 통합 개념으로 접근하는 시도가 많아지면서 두 개념을 정확하게 비교할 필요가 증가했다. 대표적으로 김혁은 국제통합이론에서 사용하는 통합 개념과 우리가 사용하는 통일 개념을 상세히 비교했다. 〈표 2〉는 김혁의 논의를 발췌하여 정리한 것이다. 국제통합이론에 익숙한 독자들은 〈표 2〉의 비교에 대체로 동의할 것으로 생각한다.

〈표 2〉는 통일과 통합의 개념을 대조하는 경향을 이해하는 데 도움을 준다. 〈표 2〉를 중심으로 기존 논의에서 통일과 통합의 개념을 비교하는 방식 중 몇 가지를 강조한다. 김혁의 정리에 필자가 모두 동의하는 것은 아니다. 다만 분단-통일 대신에 분리-통합 개념의 유용성을 보여주기 위해서 우리 학계가 두 개념을 이해하는 전반적 방식을 비판적으로 검토하는 출발점으로 〈표 2〉를 사용한다.

첫째, '통일=본래 하나였던 것이 나뉜 것을 다시 합침' 대 '통합=본래 다른 국가들을 하나로 모음'이라는 대조다. 김혁은 이러한 개념 구분에 입각하여 남북한이 원래 하나의 민족국가였기 때문에 "두말할 필요 없이 '통일'의 개념이 적절"하다고 주장한다. 원래 하나였던 것이 나뉘는 것을 '분단'이라고 할 때, 통일은 분단과 짝을 이루는 개념이다. 우리는

표 2. 통일과 통합의 개념 비교

통일	통합
본래 하나였던 것이 나뉜 것을 합침	본래 다른 국가로 존재하는 것을 하나로 모음
폭력적 통일 가능	폭력 사용 배제
정치적 결합이 가장 중요한 잣대	경제, 사회, 문화, 정치 등 부문별 통합 가능
민족이 분석단위(또는 주체)	국가가 분석단위(또는 주체)
국가만이 통일의 객체(또는 대상)	다양한 하위체계/기능이 대상
다수의 국민/대중이 주도	소수의 엘리트가 주도
민족적 안락(comfort)이 목표	경제적, 복리적, 안보적 이익이 목표
감성적 열정의 문제	합리적 이익의 문제
주체가 적극적으로 환경을 변화	환경의 필요성에 주체가 적응
과정보다 결과가 중요	과정 중시
총체적 접근	점진적 접근
통일 달성/실패의 '진위' 문제	통합의 '정도' 문제

출처: 김혁 1997, 65-73에서 발췌 정리

원래가 하나였다가 나뉜 '분단'국이기 때문에 다시 원래의 하나로 합치는 '통일'이 필요하다는 것이다. 이런 생각은 우리 사고의 저변에 깔려 있으며, 우리의 '분단국' 인식과 통일 지향성의 바탕이 된다.

둘째, '통일=폭력 가능' 대 '통합=비폭력'의 대조다. 이러한 대조는 국제통합이론이 출발부터 규범적 정향을 강하게 내포했던 데서 비롯한다. 신기능주의의 효시인 하스(Haas 1971, 4)가 언명한 것처럼, 지역통합을 연구하는 주된 이유가 바로 국제평화를 도모하는 규범적인 데 있었다. 기능주의를 개척한 미트라니(Mitrany 1966)가 국가 간 통합을 추구하는 궁극적인 이유도 『일하는 평화*A Working Peace System*』, 즉 살아있는 동태적인 평화체계를 구축하기 위한 것이다(구영록 2000, 108-109). 도이치(Deutsch *et al.* 1957, 5)는 아예 통합 개념에 비폭력을 필수 요소로 포함시킨다. 그는 "'통합된' 사람들의 집단"을 안보공동체(security community)로 정의한다. 여기서 통합은, 오랜 기간 동안 '평화적 변화'에 대해서 신뢰할 만한 기대를 보장할 정도로 '공동체의식'과 제도 및 관습이 강력하고 널리 수립되는 것을 의미한다. 사회적 갈등을 '평화적으로', 즉 폭력을 배제한 상태로 해결하는 것이 통합 개념에 포함돼 있다. 이런 국제통합이론의 규범적 정향이 우리 학자들이 통합 개념을 사용하는 데에도 영향을 미치고 있다. 하지만 필자는 통합이 반드시 폭력을 배제해야만 한다고 생각하지는 않는다. 폭력과 비폭력의 구분이 모호할 수도 있거니와, 폭력이나 강압적 방식에 의한 통합도 얼마든지 가능하기 때문이다.

셋째, '통일=정치 부문' 대 '통합=정치 외적 부문'의 대조다. 〈표 2〉에서 보듯이 김혁은 통일이 정치적 결합을 중시한다고 하면서 통합은 정치를 포함하여 경제, 사회, 문화 등 부문별로 일어날 수 있다고 본다. 이로써 그는 정치 부문의 통합 가능성을 살려놓았다. 그런데 기존의 다른 논의들에서는 통일 개념을 정치 중심적 개념으로 보는 반면, 통합은 정치를 제외한 사회문화 중심적 개념으로 보는 경향이 상당히 강하다. 우선 앞서 보았듯이 박광기는 정치적 부문의 통합을 통일로 대치한다. 권혁범(2000, 160-161)에 따르면, 통일론이 정치학 중심으로 이루어진 반면 이에 대한 비판적 입장에서 사회문화 중심의 통합론이 증가했다. 이종석(1998, 17-18)도 통일이 "정치적 주권의 융합이 전제되는 종합적인 결합상태"로서 근본적으로 정치적 주권공동체의 형성을 전제로 하는 반면에, 통합은 그와 상관없이 (즉, 정치적 주권의 융합과 상관없이) 분야별 또는 부분적으로 종합된 결합상태를 뜻한다고 한다. 박정란(2008, 89-90)은 한국 정부의 통일정책과 통합정책의 구분이 명확하지 않다고 비판하면서, 정치적 차원의 통일 문제뿐만 아니라 구체적인 생활세계의 통합 문제를 다루고 준비해야 한다고 주장한다. 요컨대 통일은 정치적 접근이고 통합은 사회문화적 접근이라는 시각이 널리 공유되어 있다. 이것이 정치 부문에서 통합이라는 개념을 사용하는 것을 막지는 않지만, 대체로 정치 부문의 통합을 통일로 표현함으로써, 통합 개념은 (경제와 문화를 포함한) 주로 사회 분야의 현상을 지칭하는 것으로 이해된다.

이는 곧 국가와 사회를 나누어서 국가가 합치는 것을 통일로 보고, 사회가 합치는 것을 통합으로 보는 시각과 연계된다. 가령 통일담론에서 중요한 기여를 한 「또 하나의 문화 통일 소모임」(1999, 58-70)은 제도의 통일이나 국가의 통일은 통합체계의 틀거리 내지 밑그림에 지나지 않는 조직화 작업에 불과하고, 진정한 통합을 이루기 위해서는 이 밑그림을 채울 사회구성원들이 이에 동의하고 참여하여 하나의 공동체를 이루고 문화 정서적으로 어느 정도의 통합 수준을 유지하는 것이 중요하다고 한다. 통일과 통합을 각각 국가통일과 사회통합의 개념으로 사용하는 것이다.

넷째, '통일=사건중심' 대 '통합=과정중심'의 대조다. 통일은 사건중심적인 개념인 반면 통합은 과정중심적인 개념이라는 이해가 널리 퍼져 있다. 즉, 통합 개념을 강조하는 사람들은 통일이 일회적 사건인 반면 통합은 지속적인 과정이라고 본다. 통일 개념에는 '그날이 오면' 중심적 사고가 이미 내재해 있다(권혁범 2000, 160). 즉, 통일은 어느 한 순간에 찾아오는 사건으로 이해하는 경향이 강하다. 이는 통일을 정치 중심적으로 사고하기 때문에 발생하는 문제다. 서로 이질적인 분단국가로 분리된 남북한이 하나의 국가로 재통일되기 위해 정치 영역에서 결합하는 것을 통일로 보든, 혹은 이종석(1998, 19-20)의 시각처럼 단일민족으로서 우리가 제대로 수립한 적이 없었던 근대국가를 새롭게 창조하는 것을 통일로 보든 간에, 정치적 · 제도적 통일이라는 좁은 의미의 통일은 사건중심적 시각을 갖고 있다. 반면에 통합은 분야별 통합이든 사회 전체적인 통합이든 사건중심의 시각이 아니라 과정중심의 개념이다. 따라서 〈표 2〉에서 보듯이 통일은 결과의 진위 문제이고, 통합은 과정의 정도 문제가 된다.

즉, 통일은 분단이냐 통일이냐의 이분법적인 사고가 내포된 개념이라면, 통합은 분리에서 시작하여 통합까지 이어지는 연속적인 과정으로서 정도의 문제로 보는 개념이다. 물론 '과정으로서의 통일'이라는 개념을 활용하여 통일 개념이 내포하고 있는 사건중심적이고 이분법적인 사고를 희석할 수도 있다. 가령 「또 하나의 문화 통일 소모임」(1999, 54)은 통일과 통합 개념을 종합하여 현재의 체제화된 분단을 극복하는 과정을 통일로 보고, 통일을 "현존 분단 체제로부터 통합 체제로 가는 것"이라고 정의한다. 이에 따르면 통일을 개별적인 사건으로 보지 않고, 분단체제를 극복함으로써 분단시대를 마감하는 과정으로 보아야 한다. 즉 통일은 국토분단의 종식만이 아니라, 정치·경제·사회·문화적 분단의 총합, 즉 분단체제를 극복한 통합체제로의 변환과정을 의미한다. 이러한 시도는 사건중심적이고 결과중심적인 시각에서 벗어나 과정중심적인 시각으로 통일 개념을 확장한 것이다. 하지만 통일 개념이 통상적으로 사건 중심적이고 이분법적인 시각을 가지고 있는 것은 여전히 변함이 없는 사실이다.

다섯째, '통일=동질화' 대 '통합=차이의 공존'의 대조다. 〈표 2〉에는 나와 있지 않지만, 통일이 획일화, 단일화, 동질화의 위험을 내포하고 있는 반면에 통합은 그러한 위험을 극복할 수 있는 개념으로 보는 경향이 있다. 통일 대신에 탈분단 또는 통합 개념을 사용할 것을 주장하는 논의들의 출발점이 바로 통일 개념이 내포하고 있는 획일주의적 경향에 대한 반감이다. 대표적으로 권혁범(2000, 162-164)은 통일논의에 남북한 간의 이질성을 극복하고 동질성을 회복하자는 논리가 들어 있으며 이런 동질성 회복 논리는 대단히 위험하다고 지적한다. 민족동질성 회복의 논리는 여러 이유로 형성된 차이를 단일한 틀에 용해시켜 버리는 획일주의적 경향을 갖기 때문이다. 권혁범은 정치중심 통일론을 사회문화중심 통합론으로 보완하자는 주장에서 더 나아가서 '통일'이라는 용어를 폐기하자고 주장한다. 그에 따르면, 통일은 "이미 오염된 개념"이다(권혁범 2000, 159). '통일'이라는 개념 자체가 이미 통일을 해야 한다는 전제, 말 그대로 남북이 하나가 되어야 한다는 전제를 포함하고 있기 때문에, 통일의 당위성에 대한 의문 제기를 금기시하고 그에 대한 토론의 공간을 불허하기 때문이다. 통일 논의에 담겨 있는 반다원주의적 집단주의에서 그는 국가파시즘적 세계관의 흔적을 읽는다(권혁범 2000, 164).

전태국(2013, 147)도 체계통합과 사회통합을 구분하면서 비슷한 구별을 한다. 체계통합은 제도적, 정치적 통합으로서, 위에서 언급한 국가통일에 해당한다. 전태국에 따르면 통일문제를 접근함에서 참여자와 관찰자 전망 중 어떤 전망에서 보느냐에 따라 논의의 방향이 달라진다. '참여자 전망'은 북한 주민을 통일의 주체로 인정하고 남북한 모두를 통일의 주체로서 인정하는 '상호주체성'을 전제한다. '관찰자 전망'은 자신만이 통일의 주체이며 상대를 '객체'로 간주한다. 북한 주민은 통일의 객체이며, 북한은 흡수의 대상일 뿐이다. 참여자 전망에서 통일은 '사회통합'을 의미하며 관찰자 전망에서 통일은 '체계통합'을 의미한다고 한다. 결국 전태국에게 체계통합(통일)은 획일화와 동질화를 의미하며, 사회통합은 차이의 인정을 바탕으로 하나됨을 의미한다. 이처럼 '통일=동질화' 대 '통합=차이의 공존'의 대립은 우리 학계에 널리 공유되고 있다.

우리가 통일과 통합의 개념 비교에서 분단-통일의 개념쌍으로 시야를 넓히면 기존의 논의에서 가장 두드러진 특징은 분단 개념에 대한 도전이 없다는 사실이다. 〈표 1〉과 〈표 2〉에서 보듯이 통합 개념이 통일 개념을 보완하거나 도전하는 반면, 분단 개념에 대해서는 거의 아무런

이의 제기가 없다. 분단의 원인과 책임에 대한 논의는 많이 있지만, 막상 우리가 '분단국'이라는 사실에는 어떤 이의도 제기되지 않았다. 이는 남북한이 '분단국'이며 우리가 현재 '분단시대'를 살고 있다는 역사인식을 공유하고 있음을 보여준다.

III. '분단-통일' 개념의 이점과 한계

남북한 관계 및 통일 문제에 적용할 때 분단-통일 개념은 규범적 차원과 분석적 차원의 이점이 있다. 먼저 규범적 차원이다. 분단-통일 개념의 적합성은 무엇보다도 이 개념이 담고 있는 규범적 지향성에 있다. 분단-통일의 개념은 우리가 원래 한 민족이었으며 따라서 통일을 지향하는 분단국이라는 현실 규정과 인식에 바탕을 두고 있다. 분단 개념은 원래 하나였던 것이 둘로 나뉜 상태라는 현실을 있는 그대로 묘사하는 데 그치지 않는다. 단순한 묘사에서 더 나아가 통일을 지향해야 한다는 규범적 함의가 그 안에 녹아 있다. 여기에는 정치적 통일을 유지한 이전의 상태가 정상이며 정치적 통일을 상실한 분단 상태는 비정상이라는 규범적 전제가 깔려 있다. 비정상 상태에서 정상 상태로 나아가야 한다는 당위적 지향성도 담겨 있다. '분단국가'로서의 남북한은 '결손국가'다(임현진 · 정영철 2005, 1-27). 즉, 근대적 국민국가지만 원래 역사적으로 형성된 민족에까지 국민의 범위가 확대되지 못한 비정상적인 상태다. '분단=비정상', '통일=정상'이라는 전제는 비정상에서 정상으로 가야 한다는 규범을 당연한 것으로 만든다.

우리가 '분단시대의 역사인식'을 가지고 분단-통일의 개념을 사용하는 것은 통일을 지향하는 가치를 함유하고 있는 점에서 큰 의미가 있다. 분단-통일 개념은 남과 북이 원래 한 민족이라는 민족적 정체성을 유지하고, '우리'가 누구이며 우리의 '단위'가 무엇인지 또 우리의 역사적 소명이 무엇인지 등에 대한 진단과 처방을 담고 있는 개념이다. 따라서 우리가 '분단시대의 역사인식'을 가지고 분단국의 정체성을 분명히 하는 것은 역사적, 정치적으로 중요한 함의가 있다. 특히 분단된 현실세계를 제대로 보지 못하는 '현실유리'와 함께 분단체제를 스스로 받아들이는 '현실매몰' 현상을 스스로 비판하고 분단체제를 극복하기 위해서 '분단시대의 역사인식'을 분명히 할 필요가 있다(강만길 1978, 16-24). '분단시대의 역사인식'을 강조한 강만길의 사학이 '분단극복사학'으로 불리는 이유다(김기봉 2003 참조).

원래 하나였던 것이 둘로 나뉜 것을 분단이라고 할 때 그 원래 하나는 민족의식과 민족감정을 전제로 한다. 민족의식과 감정을 전제하지 않는다면 원래 하나였던 것이 나뉜 것을 분단으로 보는 시각은 중요한 문제를 야기할 수 있다. 단적으로 일제강점기 때 일본과 조선이 하나를 형성했다고 해서 우리가 해방 이후 분리 독립한 것을 '분단'이라고 한다면, 이는 어불성설일 것이다. 혹은 일제강점기 때 한국과 일본이 원래 하나였기 때문에 현재 한국과 일본이 분단 상태에 있으며 원래 하나였던 상태로 돌아가기 위한 통일 운동을 해야 한다고 누군가 주장한다면, 아무도 주의를 기울이지 않을 것이다. 그런 생각을 아예 상상도 할 수가 없기 때문이다. 우리가 분단과 통일이라는 개념을 사용할 때는 '하나'라는 우리의식을 전제로 하는 것이며, 이는 역사적으로 형성된 민족 정체성을 떼어놓고 얘기할 수 없다.

분단-통일 개념은 이처럼 민족의식과 감정 및 정체성을 토대로 규범적 지향성을 내포하고 있기 때문에 대단히 '실천적'인 개념이다. 분리-통합 개념과 비교할 때, 분단-통일 개념은 통일운동을 위해 더 적합하고 필요한 개념일 수 있다. 분리-통합이 분리와 통합에 대하여 어떠한 가치판단도 하지 않는 중립적인 개념인 데 반해, 분단-통일은 비정상-정상의 가치판단이 내재돼 있기 때문이다. 통합 개념과 비교할 때, 통일 개념은 분단상태의 극복, 즉 통일에 대한 의지를 담고 있으며, 우리 강토와 민족구성원에 대한 배타적 주권 행사의 의지를 담고 있다. 분리 개념과 비교할 때, 분단 개념은 현 상태의 비정상성에 대한 불만을 표현하고 있으며 이를 바로잡으려는 민족적 열망을 그 안에 포함하고 있다.

다음으로 분석적 차원에서도 이점이 있다. 분단-통일은 특수사례에 초점을 두는 개념이다. 임채완(2006, 21-22)에 따르면, 분단은 근대 국민국가 건설 이후의 현상이며 많아야 20여 개 사례가 있다. 제2차 세계대전 이후 우리가 분단국이라고 언급하는 경우는 독일, 베트남, 예멘 등을 포함하여 대여섯 개에 지나지 않는다. 남북한 관계에 적용할 때, 분단-통일 개념은 특수사례를 집중적으로 조명함으로써 우리에게 의미 있는 교훈을 얻고자 한다. 우리가 분단국이라는 특수사례인 이상 통일 문제를 위한 비교분석도 분단국이라는 특수사례들에 국한해서 시행할 필요가 있다. 수많은 분리와 통합의 사례들이 남북한 관계에 대해서 갖는 적실성이 분명하지 않는 상태에서 우리와 유사한 상황에 해당하는 특수사례들을 집중 연구하는 것이 효율적이고 우리의 특수성을 밝히는 길일 수 있다.

백낙청(1994)의 '분단'체제론은 이와 같은 남북한 관계의 특수성을 나타내는 데 특히 유용하다. 남과 북이 단순한 분단국이 아니라 하나의 분단'체제'를 형성하고 있다는 그의 시각은 분리-통합의 개념쌍에서는 나오기 어려울 수 있다. 남과 북이 단순히 분리되어 서로 독립적으로(서로 영향을 주고받지 않으면서) 존립하기보다는, 분단 관계 속에서 서로 긴밀히 연관되어 있으며 서로 상대방의 구조적 위치와 정치사회의 성격 및 내적 모순을 규정한다는 점을 분단체제론은 잘 포착하고 있다. 남북한 관계에 적용할 때 분리-통합은 단순히 갈라져 있거나 합쳐 있는 상태를 기준으로 본다. 반면에 분단-통일의 개념에서는 남북한이 갈라져 있으되 같은 민족적 뿌리에 의해서 연결되어 있는 남북한 분단 상태의 특수성을 좀 더 잘 파악할 수 있다.

이처럼 분단-통일의 개념은 분단시대의 역사 인식과 통일 지향의 사회적 규범을 담고 있고, 남북한 관계의 특수성을 잘 보여주는 점에서 의미가 있다. 하지만 다음과 같은 점에서 한계가 있다.

첫째, 남북한 관계의 특수성을 잘 포착하는 대신에, 다양한 분리와 통합의 사례를 보지 않는다. 특수론의 입장에서는 일반론적인 시각에서 볼 수 있는 많은 것을 보지 못한다. 분단-통일 개념에 입각한 기존의 연구는 남북한 관계를 특수한 경우로 보고 우리와의 유사성을 주로 독일, 베트남, 예멘 등 소수의 '분단국' 사례에서 찾는다(예를 들어, 한국정치사회연구소 2011). 남북한 통일문제를 국가연합 건설 문제로 보고 미국, 독일, 유럽연합, 독립국가연합(CIS) 사례들을 비교 분석한 연구도 있지만(신정현 외 2004), 이는 예외적인 경우다. 남북통일 문제를 위한 비교연구가 분단국 사례연구에서 벗어나지 못하는 것은 남북한 관계를 '분단과 통일'이라는 특수한 문제로 이해하기 때문이다.

앞서 언급했듯이 분단-통일의 특수론적 관점에서 볼 때 민족분단의 극복을 당위적 규범으로 수립하는 것이 장점이 될 수 있지만, 남한 사회 내에 통일에 대한 무관심이 점증하는 현실 속에서 점점 그 적합성을 상실할 수도 있다.[2] 남과 북이 원래 하나라는 민족의식과 민족감정이 약해지면서 통일을 지향하는 분단국이라는 정체성도 약해질 수 있다. 규범

2 통일에 대한 무관심의 증가는 김병로 · 최경희(2012, 115-116) 참고. 한편 통일에 대한 관심의 지속성은 KBS 남북협력단(2012, 93-96) 참조.

적 차원에서의 장점이 점차 도전을 받는 것이다.

분석적 차원에서도 분단-통일의 특수론적 관점은 얻는 것 못지않게 잃는 게 많다. 남북한 관계를 분단국이라는 특수한 문제로 보면, 일반론적 관점에서 우리와 관련성을 갖는 무수히 많은 사례들을 간과하게 된다. 분리-통합이라는 일반론적 관점에서 우리가 교훈을 얻을 수 있는 다양한 사례들이 남북한 관계에 대해 갖는 관련성을 놓치는 것이다. 가령 이 책의 미국 사례에서 보듯이, 남북전쟁 이후 미국이 다시 원만한 통합을 이룬 과정은 분리-통합의 관점에서 남북한에 대단히 중요한 함의를 갖는다(이옥연의 글 참조). 특히 전쟁을 거친 후 결과적으로 남북이 동등한 입장에서 통합을 이루어나간 점에서, 마찬가지로 전쟁을 거친 이후 적대적 대립 관계에서 벗어나지 못한 우리로서는 미국 사례에서 교훈을 찾아야 한다. 하지만 미국이 분단국 사례가 아니기 때문에 남북한 관계 및 통일 문제와 관련하여 분단-통일의 시각에서는 자연히 연구대상에서 제외된다.[3]

둘째, 분단-통일은 단절론적인 이분법에 입각해 있어서 일방향적인 목적론에서 벗어나기 어렵다. 분단과 통일은 그 사이를 연결하는 과정이 단절되어 있는 개념이다. 앞서 보았듯이 보통 통일은 일회적인 '사건'으로 이해되고 통일 이전과 이후가 명확히 구분된다. '과정으로서의 통일'이라는 표현을 쓰거나 통일 대신에 통합 개념을 사용함으로써 통일 개념의 단절론적 한계를 극복하려는 시도도 있다(예를 들어, 백낙청

3 기존에 남북한 문제와 관련하여 미국 사례를 연구한 경우는 거의 없다. 대표적 예외로 신정현 등의 연구를 들 수 있다. 신정현 등은 남북한 통일문제를 국가연합 건설에 초점을 두고 주요 국가연합 구성 사례를 비교 연구한다. 이들이 관심을 갖는 사례는 건국 초기 미국의 국가연합 건설, 독일통일 이전의 독일연합(1815-1848) 및 북독일연합(1867-1871), 유럽연합, 독립국가연합 등이다. 분단이 아니라 국가연합 개념에 초점을 두었기 때문에 이런 연구가 가능했던 것으로 보인다(신정현 외 2004 참조).

2006, 75-80; 전태국 2013, 105-144; 박광기 2002, 274-281; 또 하나의 문화 통일 소모임 1999, 54; 권혁범 2000, 160-161; 김도종 2001, 307-319). 하지만 이러한 시도들도 아직 분단을 대신하여 분리 개념을 사용하는 데까지 나아가지는 못하였다. 가령 임채완(2006, 30-36)은 '분단과 통합'이라는 개념쌍으로 분단-통일의 단절론적 한계를 극복하는 시도를 하지만 아직까지 분단 개념에서 벗어나지 못하고 있다.

'과정으로서의 통일' 개념이 통일의 과정을 강조한다고 해도 통일 개념이 가지고 있는 단절론적 시각을 벗어나기 어렵다. '과정으로서의 통일' 개념도 통일을 '분단' 극복의 문제로 보는 점에서는 동일하다. 즉, 통일을 과정으로 보든 사건으로 보든 간에 통일 개념은 분단의 대칭 개념으로서 이해된다. 분단을 극복해서 둘로 나뉘어 있던 것이 하나가 되는 것이 통일의 개념이다. 이 점에서 '과정으로서의 통일' 개념도 여전히 '분단 대 통일'이라는 이분법적 사고에서 벗어나지 못하고 있다.

통일과 통합을 복잡한 순서로 연결함으로써 둘 사이의 과정을 단계론으로 종합하는 시도들도 마찬가지다. 이런 개념화 작업 속에서도 통일은 여전히 하나의 사건적인 전환으로서 그 앞과 뒤가 구분되는 단절적인 계기로 작동한다. 박광기(2002, 274-281)처럼 '통합(좁은 의미) → 통일(좁은 의미) → 통합(넓은 의미) → 통일(넓은 의미)'의 단계론 속에서 통일 이후의 통합 문제를 고민할 수 있지만, 이는 어디까지나 통일 이전과 이후를 단절적으로 구분하는 바탕 위에서 이루어진다.

단절론적 시각은 통일이 되고 난 이후에도 다시 분리의 문제가 불거질 수 있으며 통합된 정치체가 다시 분리될 수 있다는 문제의식을 갖기 어렵다. 남북한의 관계를 일방향의 목적론적 시각에서 보기 때문이다. 현재 우리가 분단 상태에 있다는 인식은 통일을 지향해야 한다는 목적론적 시각을 내포하고 있으며, 통일 이후에 사회통합도 우리가 마땅히 추구해야 할 것으로 본다. 이 시각에서 통일 이후 통합이 아니라 분리의 움직임이 커지거나 남북한이 다시 갈라질 가능성에 대해 거의 관심을 두지 못한다. 통일은 분단을 극복한 상태이며, 일단 통일을 이루면 그 이후에는 사회통합의 문제만 남게 된다. 이때 사회통합은 분단과 통일보다는 그 체제적 비중이 훨씬 작은 개념이다. 일방향적이고 목적론적인 시각에서 통일 이후의 (재)분리 문제를 고민하기란 대단히 어렵다.

더구나 앞서 보았듯이 분단-통일은 '분단=비정상', '통일=정상'이라는 규범적 가치판단이 전제되어 있는 개념이다. 통일 이후에 다시 재분리가 될 가능성을 보지 못할 뿐만 아니라, 재분리 움직임이 있다고 해도 그것이 바람직하지 못하다는 부정적인 판단을 미리 내포하고 있다. 따라서 재분리 움직임이 일어날 경우 그것을 막아야 한다는 실천적 함의도 갖고 있다. 하지만 실제 통일의 결과가 남북한 주민들에게 이득을 주기보다 너무 커다란 고통과 부담을 안겨준다면 재분리가 더 나을 수도 있다. 이런 가능성에 대해 분단-통일은 열린 자세를 갖기 어렵다. 재분리 가능성을 보지 못하는 것은 분석적 차원의 한계이고, 재분리를 막으려는 실천적 함의는 규범적 차원의 한계다. 이 둘은 긴밀히 연결되어 있다.

셋째, 분단-통일은 국가와 사회의 이분법에 기초한 국가 중심의 개념이다. 통일은 국가체제의 합일을 기준으로 '전부 아니면 전무' 식의 유무(有無)를 구분하는 개념이다. 이는 국가와 사회를 양분해서 바라보는 이분법적 시각에 입각해 있다. 국가-사회의 단절론적인 이분법에 입각해 있기 때문에 통일에서 중요한 것은 국가의 합일을 이루는 것이며, 사회통합은 차후의 문제다. 앞에서 통일을 정치 부문의 통합으로 보고 통합은 정치 이외 부문의 사항으로 보는 경향이 많음을 지적했는데, 바로 정치체의 통일과 사회통합의 개념이 구분되는 바탕이 국가와 사회의 이분법적 구분이다.

하지만 국가체제 차원에서 통일이 되더라도 그 주민들이 하나의 '우리' 또는 '국민'으로 통합되지 않으면, 분리를 향한 움직임과 그 실현 가능성이 대단히 높을 수 있다. 국가와 사회를 단절론적으로 보지 말고 기존의 통일(국가통일) 개념과 사회통합을 한꺼번에 보는 시각이 필요한 이유다. 기존의 분단-통일 시각에서 이 문제를 보완하기 위해서 '통일 이후의 통일' 문제를 고민하기도 한다(김학준 외 2011; 박명림 2011). 통일 이후의 통일이란 통일 이후의 사회통합을 의미한다. 통일 이후 통합 문제에 관심을 갖는 것은 필요하지만, 이는 여전히 통일을 사회통합과 독립적인 문제로, 즉 국가제도와 체제의 문제로 보는 시각에 입각해 있다. 여전히 통일 이전과 이후를 단절적으로 보는 시각이며, 국가통일의 문제와 사회통합의 문제를 분리해서 사고하는 단절적 시각이다.

넷째, 분단-통일은 남북한의 통일을 민족국가(nation-state) 수립이라는 미완의 근대 프로젝트의 완성으로 이해하는 경향이 있다. 대표적으로 이종석(1998, 18-20; 2012, 18-20)은 통일을 근대적 의미의 민족국가 건설의 과제로 이해한다. 그에 따르면 우리 민족은 해방과 동시에 근대국가, 즉 민족국가를 수립해야 했으나 분단으로 인해 아직 근대적 의미의 민족국가를 형성하지 못했다. 그는 통일을 과거에 존재했던 공동체를 복원하는 것으로 보지 않고, 새로운 정치공동체 건설의 문제로 본다. 그에 의하면 우리의 경우 민족주의가 민족을 만들기 이전에, "일반적인 민족구성 조건에 거의 완벽하게 맞아떨어지는 민족이 형성된 뒤에 민족주의가 발흥하였다." 그러나 이에 입각한 단일민족국가를 건설하지 못한 채 일제 식민지를 겪고 이후 분단이 되었기 때문에 통일의 과제는 "새로운 민족국가건설 프로젝트"로 이해해야 한다고 주장한다. 이 시각에서 통일은 분단민족에서 통일된 하나의 민족을 수립하고 '근대국가=민족국가'의 형성이라는 근대주의의 과제를 완수하는 프로젝트가 된다.

통일을 민족국가 건설이라는 근대 프로젝트로 보는 시각은 남북한 관계의 역사적 특수성을 강조하는 점에서 장점이 있지만 중요한 문제가 있다. 우선, 과연 근대국가가 얼마나 민족국가의 이념형에 근접하는지 의문을 제기할 수 있다. 근대국가는 국가건설(state-building)을 먼저 하고 국민건설(nation-building)을 하는 것이 일반적이다. 이때 하나의 민족을 중심으로 국민건설을 할 수 있다. 특히 우리처럼 민족과 국가가 일치되어 온 '역사적 국가'인 경우 '민족=국민'이 바람직하다고 볼 수도 있다. 하지만 이는 오히려 예외적인 경우다. 여러 민족이나 민속집단(ethnic groups)을 통합하여 하나의 국민으로 건설하는 것이 일반적이다.

또한 이 시각은 현재의 남한과 북한이 완성된 근대국가가 아니라고 보는 셈인데, 이는 현실적으로 받아들이기 어렵다. 현실적으로 남북한은 각각 하나의 국민국가다. 남한과 북한은 각각의 국가 수립 이후 각자 자신의 국민을 건설해 왔다. 남북의 국민들이 분단된 민족인 점에서 '결손국가'라고 볼 수 있지만(임현진 · 정영철 2005, 1-27), 결손국가들도 근대적 의미에서 국민국가다. 같은 동족의식을 가진 민족이 하나의 국가를 형성하지 못했다고 해서 근대국가가 아니라고 한다면, 이 책에서 소개한 아일랜드나 (통일된) 독일의 경우, 그리고 아프리카의 많은 국가들이 모두 근대국가에 미치지 못하는 것으로 볼 수 있다. 이러한 문제는 단일민족과 분단국이라는 특수론적인 개념으로 현실을 인식하는 데서 비롯한다. 또 '분단=비정상', '통일=정상'이라는 규범적 전제와도 연결되어 있다.

다섯째, 분단-통일은 규범적 정향을 가지고 있으며 가치중립적인 개념이 아니다. 분단-통일 개념쌍이 담고 있는 규범적 가치는 크게 두 가지가 있다. 하나는 통일 지향성이다. 여기에는 통일은 좋고 분단은 나쁘다는 생각이 전제돼 있다. 민족주의 입장이건 아니건 통일 지향성을 담고 있는 개념은 분단을 극복해야 할 상태로 본다. 따라서 분단은 부정적인 함의를 담게 된다. 분리가 단순히 나뉘어 있는 상태를 의미하는 데 반해, 분단은 원래 하나였던 것이 나뉘어 있으며 그것이 올바른 상태가 아니라는 규범적 판단이 전제되어 있는 개념이다. 이 점은 앞서 언급한 것처럼, 분단-통일이 통일을 지향하는 규범적, 실천적 지향성을 갖게 하는 점에서 긍정적인 측면이 있다. 하지만 동시에 한계가 될 수도 있다. 통일지향성은 정치적, 역사적 맥락에 의해 영향을 받는 상대적 가치일 뿐이며 언제나 어떤 상황에서나 항상 절대적으로 올바른 것은 아니다. 분단과 통일을 규범적으로 판단하는 자세는 자칫 통일지상주의를 가져올 수 있으며 통일지상주의는 커다란 위험과 부작용을 초래할 수 있다.

분단-통일 개념쌍이 갖고 있는 또 하나의 규범적 정향은 동질화 내지는 획일주의의 위험이다. 뭉치면 좋고 흩어지면 나쁘다는 식의 발상은 자칫 사회 내의 다양한 차이를 인정하지 않고 다양성 자체를 분열의 온상으로 배제할 위험이 있다. 이런 생각은 은연중에 우리 국민들과 정치학자들의 마음속에 자리 잡고 있다. 사회통합을 분열보다 늘 좋은 가치로 인식하거나 '큰 정치'를 '작은 정치'보다, '덧셈의 정치'를 '뺄셈의 정치'보다 더 좋은 것으로 간주하는 경향이 그것이다(김영명 2007, 46-50, 67-71). 앞서 언급했듯이 통일 개념에서 벗어나 탈분단이나 통합의 개념을 사용하고자 했던 기존 논의들의 출발점이 바로 통일 개념이 내포하는 획일주의의 위험성이다. 이러한 획일주의 내지는 동질화의 위험은 통일지향성의 규범적 가치에서 그렇게 멀리 떨어져 있지 않다. 통일을 추구하다 보니 분단의 원인이나 결과라고 생각되는 이질성을 줄여야 한다는 생각을 하게 되고 이것이 곧 동질화를 추구하게 되는 이유가 될 수 있다.

IV. '분리-통합' 개념의 이점과 한계

앞서 살펴본 분단-통일 개념의 한계에 비추어 볼 때 분리-통합 개념을 사용하면 다음과 같은 이점이 있다.

첫째, 일반론적 시각에서 다양한 사례들을 비교 분석한다. 분리-통합의 시각은 남북한 관계를 분단국에 국한된 특수한 문제로 보지 않고 일반적인 분합(分合)의 사례로 본다. 분단-통일에 비해 분리-통합의 시각은 대단히 일반적인 사례들에서 우리와의 관련성을 찾는다. 따라서 훨씬 많은 사례들을 연구할 수 있고 보다 풍부한 자료와 시각 및 교훈을 구할 수 있다.

분리는 세계 도처에서 일어나고 있는 현상이다. 유고슬라비아나 체코슬로바키아처럼 하나의 국민을 이루고 있던 나라에서 두 개 이상의 국가로 분리하는 경우도 있고, 이탈리아의 북부동맹에서 보듯이 분리 움직임과 그에 반대하는 통합세력이 충돌하는 지역도 있다. 통합도 세계 여러 곳에서 찾아볼 수 있다. 영국의 경우 잉글랜드와 스코틀랜드, 웨일즈 및 북아일랜드가 통합하였고, 스위스는 서로 상이한 언어를 사용하는 주민들이 하나의 국가로 통합한 경우다. 네덜란드와 미국 등도 모두 통합의 사례들로 볼 수 있다.

분리와 통합은 누구를 중심으로 보느냐에 따라서 같은 현상에 대해서 다른 이름을 붙일 수 있다. 가령 북아일랜드에는 영국과의 통합을 원하는 사람들과 아일랜드와의 통합을 원하는 사람들이 공존한다. 영국의 입장에서 전자는 통합주의 세력이지만 후자는 분리주의 세력이다. 아일랜드의 입장에서는 전자가 분리주의 세력이고 후자가 통합주의 세력이 된다(정병기의 글; 구갑우 2013 참조). 오키나와에도 일본과의 통합을 유지하려는 세력과 이에 반대하는 세력이 대립한다. 일본의 입장에서 전자는 통합주의 세력이지만 후자는 분리주의 세력이다. 오키나와의 독립을 원하는 입장에서는 이들이 다르게 보일 것이다(김용복 글 참조). 비스마르크에 의한 독일통일은 소독일주의 입장에서는 통합이 성공한 것이지만, 대독일주의 입장에서는 사실상 통합이 아니라 분리가 이루어진 경우로 볼 수 있다(이호근의 글 참조). 유사한 비유를 일제강점기 시대 한국에 적용하면 한국의 민족적 감정에서 도저히 받아들일 수 없을 것이다. 하지만 그러한 감정은 아일랜드나 오키나와에도 있다. 분리-통합은 민족주의를 비롯하여 어떤 종류의 규범적 정향도 배제한 가치중립적인 개념일 뿐이다.

둘째, 한반도의 분단과 통일 문제를 단절론적으로 보지 않고 하나의 연속적인 (분리와 통합의 연속선상에 있는) 과정의 문제로 본다. '분리-통합'은 남북한 관계를 분단과 통일의 단절적인 문제로 보지 않는다. 대신에 분리와 통합이라는 연속선상의 문제로 본다. 이러한 과정론적 시각은 중요한 장점이 있다.

무엇보다도 어떤 특정 시점에서의 분리와 통합의 양면성을 동시적으로 파악한다. 연속적인 과정의 정도 문제로 볼 때, 분리와 통합은 양자 선택의 대상이 아니다. 두 가지가 동시에 일어날 수 있다. 분리-통합은 연속적 개념으로서 한 사회 내에서 분리와 통합의 움직임이 동시에 일어나고 있음을 전제로 한다. 즉, 어떤 사회든지 분리와 통합의 양 방향으로 동시에 진행할 수 있으며, 양쪽의 힘 중 어느 쪽이 우세한가에 따라서 분리나 통합의 정도가 더 강해진다. 우리가 분리나 통합으로 보는 사례들도 각각 그 안에 반대 경향을 포함하고 있다. 분리의 사례 안에 통합 움직임이 있고, 통합의 사례에도 분리를 추구하는 세력이 있다. 한마디로 분리와 통합은 동시에 일어나고 있는 것으로 보아야 한다.

실제로 많은 경우 분리와 통합의 헤게모니가 서로 경쟁한다. 이 책에서 살펴본 사례 중에서 가령 구 유고슬라비아의 해체 과정이나 영국의 지역분권화 과정에서 모두 분리를 추진하는 세력과 통합을 추진하는 세력이 서로 갈등하고 있다(박정원의 글, 정병기의 글 참조). 이탈리아의 사례는 다양한 형태의 분리-통합 지점들이 한 국가 안에 공존할 수 있음을 보여준다(김종법의 글 참조). 중국과 티베트의 관계에서도 티베트의 분리를 원하는 세력과 중국과의 통합을 강화하려는 세력 사이에 갈등이 있다(차창훈의 글 참조). 미국의 남북전쟁도 궁극에는 분리주의 세력과 통합주의 세력의 대결이었다(이옥연의 글 참조). 이러한 대립은 서로 다른 개별의식 사이의 헤게모니 투쟁일 수도 있으며, 개별의식과 새로운 공동의식 사이의 헤게모니 투쟁일 수도 있다. 또는 대독일주의와 소독일주의의 경쟁에서 보듯이 서로 상이한 종류의 공동의식들 사이의 헤게모니 투쟁일 수 있다(이호근의 글 참조). 또한 분리와 통합이 서로 배타적이 아닐 수도 있다. 유럽통합의 흐름 속에서 벨기에가 연방화를 통해 분리의 길을 걷고 있는 것이 좋은 예다. 비교적 평화로운 통합과 분리 과정을 거친 노르웨이-스웨덴의 경우도 유사한 사례다(김인춘의 글 참조).

비슷한 관점에서 분리-통합 개념은 남북한에서도 분리와 통합이 동시에 전개되고 있다고 본다. 현재 남북한이 나뉜 상태에서도 남북한 각각의 내부에 남북한의 통합을 선호하고 추동하는 세력과 분리를 선호하고 유지하고자 하는 세력이 공존한다. 남북한 관계와 통일 문제는 남한과 북한 사이의 갈등에만 그치지 않는다. 그와 함께, 남한과 북한 각각의 내부 안에 남북한의 분리를 유지하려는 세력과 통합을 이루고자 하는 세력 사이의 헤게모니 투쟁도 중요한 것이다. 분리-통합의 시각은 이처럼 분리의 움직임과 통합의 움직임이 동시에 일어나고 있다고 파악한다. 서로 다른 방향으로의 움직임이 동시에 일어날 수 있으며 그 헤게모니 투쟁의 결과에 따라 대세가 결정된다.

남북한의 통합은 일회적 사건에 의해 일거에 이루어질 수 있는 단절적인 문제가 아니다. 통합은 급진적인 방식과 점진적인 방식으로 일어날 수 있다. 급진적으로 진행될 경우에도 통합은 연속적인 문제이며 단절의 문제가 아니다. 급진적 통합 조치가 일어난 경우에도 그 전과 후가 확연하게 단절되는 것은 아니다. 즉, 통합은 정도의 문제다. 남과 북이 정치적 통합을 이루어서 하나의 정치체를 형성하는 경우에도 남한과 북한이라는 개별적 국민(소아, 小我) 의식이 없어지는 것은 아니다. 통합한국(대아, 大我) 속에서 남한과 북한의 개별의식이 통합되는 것은 '전부 아니면 전무'의 문제가 아니라 정도의 문제다. 새로운 통합의식과 개별의식의 갈등이 심할 경우 통일 이후에도 통합의 정도가 크지 않을 수 있다. 그럴 경우 통합보다 분리의 움직임이 더 크게 나타날 수 있다.

분리-통합 개념은 남북한이 어느 정도 통합을 이룬 이후에도 (재)분리 가능성을 열어둔다. 남과 북의 '통일' 이후에도 다시 분리될 가능성은 항상 존재한다. 분리-통합의 개념으로 볼 때 남북한의 통합을 어떻게 하면 촉진할 수 있을까도 중요하지만, 남과 북이 합친 뒤에 분리의 움직임이 강해질 경우 어떻게 하면 평화롭고 사이 좋은 분리 과정으로 나아갈 수 있을까도 그에 못지않게 중요하다. 이 책에서 살펴본 사례 중에 체코슬로바키아와 스웨덴-노르웨이의 사례가 특별히 중요한 이유다(박정원의 글; 김인춘의 글 참조). 분단-통일 개념의 단절적이고 목적론적인 시각에서 갖기 어려운 문제의식이다.

셋째, 국가와 사회에 대해 통합적으로 접근한다. 분단-통일이 국가(정치)와 사회를 단절적으로 양분하는 반면에, 분리-통합은 국가와 사회를 방법론적으로 구분하지만 실제 현실에서는 양자가 긴밀히 연결되고 통합되어 있다고 본다. 분리-통합의 연속적 과정은 정치, 사회, 경제 등 공동체 전반에서 다양한 부문에 걸쳐서 일어날 수 있다. 다양한 분야의 분리-통합 움직임이 반드시 동시에 일치할 필요도 없다. 정치적 통합은 많이 진전되었으나, 사회문화 또는 의식의 차원에서는 통합이 더디거나 오히려 분리가 더 강화될 수도 있다. 분리-통합의 시각은 이처럼 정치와 경제, 사회와 문화 및 의식의 여러 측면을 동시에 조망한다. 이들 부분들을 구분해서 부분별로 접근하고 연구할 수 있지만, 정치적 통일과 사회통합을 양분하는 것은 아니다.

우리가 남북한의 통일을 추구할 때에는 정치적, 체제/제도적 합일만을 원하는 것이 아니다. 기본적으로 우리를 구성하고 있는 남북한의 주민들이 하나의 새로운 우리로 통합되는 것을 동반해야 한다. 그렇지 않은 통일은 불완전하고 불안정한 통일이 될 수밖에 없다. 분리-통합은 남북한 통일문제를 정치와 사회가 연결된 정치사회-시민사회 전체의 통합 문제로 봄으로써 기존의 국가중심 시각에서 벗어나 사회 전체로 시야를 넓힌다.

넷째, 분리-통합의 개념은 통시적 일반성도 갖는다. 남북한의 통일은 근대 프로젝트의 완성으로 볼 수도 있겠지만, 근대에 국한된 문제만은 아니다. 남북한의 통일 문제는 근대국가를 건설하는 근대 프로젝트의 문제로만 보아서는 곤란하다. 남북통일 문제는 민족국가건설이라는 미완의 근대 프로젝트를 완성하는 과제인 동시에 "〔남과 북의〕 체제대립의 문제를 해결하는 새로운 공동체 건설과 근대의 모순을 극복하는 탈근대의 과제"이기도 하다(이병수 2010, 366). 근대와 탈근대의 이중적 과제인 셈이다.

우리 학계에는 삼국통일의 역사에서 남북통일에 대한 교훈을 찾으려는 시도들이 있는데, 이는 남북한 통일 문제를 근대 프로젝트로 이해하는 것과 거리가 멀다. 남북한 통일이나 삼국시대의 통일 문제 모두 서로 분리되어서 따로 살던 국가들 사이의 통합 문제이며, 동서고금을 통해서 일반론적으로 고찰할 수 있는 현상이다. 공간적으로뿐 아니라 통시적으로도 일반성이 있는 것이다. 삼국통일에서 남북한 통일에 대한 시사점을 찾으려는 시도들이 있을진대, 수시로 분리와 통합의 과정을 반복해온 중국의 수많은 사례들을 공부함도 당연하다. 기존의 분단-통일 시각에서는 이러한 연관성을 중국-대만에 국한되지 않는 중국의 역사 일반에서 찾지 못하고 있다. 중국뿐만 아니라 세계의 모든 곳에서 분리와 통합의 역사를 볼 수 있다. 오스트리아-헝가리 제국과 오스만투르크 제국, 또는 구 소련의 수립과 붕괴는 모두 통합과 분리의 역사요, 모두 분리-통합의 일반론적인 관점에서 이해할 수 있다. 분리-통합의 다양한 역사적 사례들을 고찰함으로써 일반론적 시각에서 남북한의 분리와 통합 문제도 함께 고찰할 수 있다.

마지막으로, 분리-통합은 단순히 우리 외연의 상대적 크기를 가리키는 가치중립적인 개념이다. 가치중립적 개념으로서 분리-통합은 분리와 통합 중 어느 것이 더 좋다는 판단을 동반하지 않는다. 분단-통일이 통일 지향이라는 규범적 정향을 안고 있는 반면, 분리-통합은 반드시 통합을 지향하지 않는다. 분리와 통합 중 특정한 상태를 지향하기보다는 단순히 우리의 외연이 넓어지고 줄어드는 현상을 서술하고 분석하기 위해서 사용하는 개념이다. 그렇다고 해서 남북한 통일의 당위성을 부정하는 것은 아니다. 다만 남북통일의 당위성은 상황과 과정 및 결과에 종속적이라는 생각을 갖고 있다. 즉, 상황이나 과정, 결과에 따라서 통일을 추구하는 것은 좋은 것일 수도 있고 그렇지 않을 수도 있다고 생각한다(김학노 2013a 참조). 요컨대 통일 지향성은 정치적 역사적 맥락에 의해 영향을 받을 수 있는 상대적 규범의 가치를 갖는 것이지, 언제 어디서나 항상 올바른 절대적 규범은 아니다.

아울러 분리-통합은 통일 개념에 담겨 있는 획일주의와 동질화의 위험을 극복할 수 있다. 기존의 통일 개념과 통일 논의에 담겨 있는 획일주의의 위험성에서 벗어나고자 탈분단이나 통합의 개념을 사용하는 경향이 있음을 언급했다. 또 동질화나 획일주의의 위험이 통일 지향성의 규범적 정향에서 그렇게 멀리 떨어져 있지 않다는 점도 언급했다. 분리-통합은 이러한 규범적 정향에서 벗어나 있는 개념이다. 분리와 통합은 우리 외연의 축소와 확대를 기술할 뿐이지 그 좋고 나쁨을 논하지 않는다. 기존의 통일담론 중에는 국제통합이론에 영향을 받아 '통합=좋은 것'이고 '분리=나쁜 것'이라는 가치가 전제된 경우가 있다. 이 책에서 사용한 분리와 통합 개념은 이러한 규범적 정향에서 자유롭기 위해서 분리와 통합 중 어떤 것이 좋거나 우수하다는 등의 가치판단을 일절 하지 않았다. 분리 중에서도 좋은 분리와 나쁜 분리가 있고, 통합 중에서도 좋은 통합과 나쁜 통합이 있다. 남북한 관계에서도 분리와 통합이 각각 바람직하거나 바람직하지 못한 유형이 있을 수 있다. 통일 개념이 담고 있는 동질화나 획일주의로 경도되는 통합은 좋은 통합이라고 할 수 없을 것이다. 이 책에서 사용한 분리-통합 개념은 남북한의 통일이 동질화를 추구하는 통합으로 경도될 가능성을 열어놓지만 거기에 국한하지 않는다. 가치중립적 개념으로서 통합은 획일성을 강화하는 통합 유형은 물론 다양성을 강조하는 통합 유형도 포함하는 개념이다.

이상과 같이 분리-통합 개념은 분단-통일 개념의 한계를 보완할 수 있다. 물론 분리-통합 개념의 한계도 있다. 우선, 규범적 차원에서 민족적 열망에 바탕을 둔 통일지향성을 담지 못한다. 앞서 분리-통합 개념의 가치중립성을 그것의 장점으로 언급했다. 같은 동전의 다른 측면은 바로 가치중립적 개념이기 때문에 통일지향성을 담기에 적합하지 않다는 점이다. 가치중립적인 개념이 객관적 분석을 위해서 도움이 되겠지만, 우리가 역사적으로 갖고 있는 특수한 정서에서 볼 때 그 가치중립성은 몰가치성으로 보일 수 있다. 특히 통일을 우리 민족의 역사적 소명으로 생각하고 실천하는 운동세력에게 분리-통합의 가치중립성은 오히려 반(反)통일적인 개념으로 다가올 수도 있다. 분리-통합의 개념을 사용할 때 유의할 부분이다.

분석적 차원에서도 우리의 특수성을 담지 못하는 한계가 있다. 분리-통합 개념의 가치중립적 태도가 가지는 규범적 한계는 곧 분석적 한계가 될 수 있다. 앞서 분리와 통합은 누구를 중심으로 보느냐에 따라서 같은 현상에 대해 다른 이름을 붙일 수 있다고 언급했다. 가령 영국의 입장에서는 북아일랜드가 통합이 필요한 문제겠지만 아일랜드 입장에서는 북아일랜드는 영국으로부터 분리가 필요한 문제가 될 수 있다. 이 경우 영국은 단순히 통합 개념을 사용해도 무방하지만, 아일랜드 민족주의자들에게 분리-통합의 일반론적 시각이 마땅하지 않을 수 있다.

아일랜드 민족주의자들의 시각에서 볼 때 북아일랜드와 영국의 관계를 분리-통합의 개념으로 보는 것은 마치 일제감정기 시기를 통합의 시기로, 해방 이후를 분리의 시기로 보는 것과 마찬가지일 수 있다. 우리가 북아일랜드 문제를 분리-통합의 일반론적 개념으로 분석하듯이, 일제감정기와 그 이후의 한일 문제를 분리-통합의 일반론적 개념으로 분석할 수 있다. 하지만 이와 같은 일반론적 접근은 우리의 민족 감정에서는 전혀 받아들일 수 없는 것이다. 일반론이 갖고 있는 분석적 차원의 한계다.

마지막으로, 분리-통합 개념은 '통일' 개념이 담고 있는, 전체가 '하나됨'의 의미를 잘 살리기 어렵다. 통일 개념이 반드시 분단국에게만 적용되는 것은 사실이 아니다. 〈표 2〉와 달리 우리는 원래 하나였다가 나뉘었던 것이 다시 하나로 합치는 것만을 통일이라고 하지는 않는다. 삼국통일이 한 예다. 삼국'통일' 이전에 고구려와 신라 및 백제가 하나의 국가를 형성했기 때문에 우리가 '통일'이라는 용어를 쓰는 것은 아니다. 삼국통일은 단순히 고구려, 백제, 신라 세 나라 사이의 사건이 아니라 당이 신라를 끌어들여 자신의 동북아 정책을 추진한 동북아시아의 국제정치적 역사로 볼 필요가 있다(구대열 2010 참조). 마찬가지로 비스마르크에 의해 통일된 독일이나 피에몬테 왕국의 주도 아래 통일된 이탈리아도 이전에 하나의 국가를 형성했던 것이 나뉜 것을 다시 합친 것은 아니다. 이들 사례는 오히려 본래 여럿으로 나뉘어 있던 국가들을 하나로 합친 것에 지나지 않는다(이호근의 글; 김종법의 글 참조).

우리는 일반적으로 이와 같은 경우들을 '통일'이라는 이름으로 부르고 있다. 이는 단순히 개념의 오용에 불과할 수도 있다. 그러나 좀 더 깊이 생각해보면 우리가 일상적으로 '통일'이라고 부르는 현상이 존재한다. 그것은 두 개 이상의 국가를 하나로 합치는 것을 뜻한다. '국가'통일인 것이다. 이는 정치적 부문의 통합과도 차별되는 개념이다. 정치적 부문의 통합은 국가통일 없이도 일어날 수 있다. 국가통일이 반드시 하나의 단층국가를 형성해야 하는 것은 아니다. 국가연합이나 연방으로의 통일도 가능하다. 중요한 것은 정치적 '단위'다. 전체를 하나의 공동'단위'로 의식하고 그에 따라 제도를 갖추고 주권을 행사하는지가 국가통일의 관건이다.

분리-통합은 이와 같은 통일 개념의 특수성을 포함하지 않는다. 분리-통합의 정도를 정치, 경제, 사회, 의식 부문들로 나누어 고찰하는 것만으로는 국가통일 문제를 제대로 포착하지 못할 가능성이 있다. 하지만 그렇다고 해서 "사회통합 → 정치통합(=통일) → 사회통합" 식의 단계적 전개과정으로 보는 것도 곤란하다. 오히려 사회통합과 정치통합이 동시에 전개될 수 있으며, 정치통합의 여러 과정 중에 단위(주권)의 통합을 '통일'이라는 특수한 모멘텀으로 불러야 할 것이다. 향후 분리-통합 개념을 사용할 때 보완이 필요한 부분이다.

V. 나오는 말

이 책은 남북한 관계 및 통일 문제와 관련하여 지금까지 사용해 온 '분단-통일'의 개념 대신에 '분리-통합'의 개념을 사용할 것을 제안했다. 분단과 통일의 개념쌍은 남과 북이 '분단국'이라는 특수한 상황에 처해 있다는 현실 인식과, 현재의 분단 상태를 극복하고 통일국가 형성이라는 민족적 염원을 구현한다는 규범적 성격을 내포하고 있다. 분단-통일의 개념 대신에 분리-통합의 개념을 사용하자는 이 책의 제안은 이러한 현실 인식과 규범적 지향성을 무시하거나 거부하지 않는다. 남북한과 그 주민들이 분단과 통일의 개념쌍을 사회적으로 통용하고 있는 현실에는 그 개념이 담고 있는 현실 인식과 규범정향에 대한 명시적이거나 암묵적인 합의가 있음도 인정한다. 다만 남북한 관계 및 통일 문제와 관련한 연구를 수행함에서 분단-통일의 개념보다 분리-통합의 개념이 더 많은 이득을 가져올 수 있다고 생각한다.

이 글은 분단-통일과 분리-통합의 개념쌍을 비교했다. 규범과 분석적 차원에서 분단-통일과 분리-통합 개념은 각각의 장단점이 있다. 그것은 서로 동전의 앞과 뒤처럼 연관되어 있다. 한 쪽의 장점이 다른 쪽의 한계가 되곤 한다. 분단-통일 개념은 민족적 감정과 열망에 입각한 규범적 지향성과 남북한 관계의 특수성을 잘 파악하는 장점이 있다. 반면에 분리-통합은 가치중립적 개념으로서 지나친 통일지향성과 획일주의의 위험을 피할 수 있으며, 일반론적 접근이 가지는 다양성과 개방성의 장점이 있다. 그동안 우리가 분단-통일의 개념에 치중해온 점을 고려할 때 이제는 분리-통합의 일반론적이고 가치중립적인 개념으로 옮길 필요가 있다고 생각한다.

이 글은 분단-통일의 개념이 갖고 있는 한계를 분리-통합 개념이 극복할 수 있음을 강조했다. 첫째, 분단-통일은 분단국 사례를 바탕으로 하는 특수론적 개념인 데 반해 분리-통합은 인류 역사에 보편적으로 적용할 수 있는 일반론적 개념이다. 세계 모든 집단의 역사를 분합(분리와 통합)의 역사로 볼 수 있으며, 이 점에서 분리-통합의 일반론적 시각의 이점은 무궁무진하다. 둘째, 분단-통일이 이분법적 단절론에 입각해 있는 반면에 분리-통합은 하나의 연속선 위의 과정을 나타내는 개념이다. 분단과 통일이 양자의 중간 과정을 설정하지 않는 반면, 분리-통합은 다양한 중간 단계를 생각할 수 있으며, 하나의 연속적인 과정에서 전진과 후퇴가 교차할 가능성을 열어두고 있다. 셋째, 분단-통일이 국가와 사회를 단절적이고 분리된 것으로 보는 국가중심 시각인 반면, 분리-통합은 국가와 사회를 방법론적으로 구분하지만 실제 현실에서는 양자가 긴밀히 연결되어 있다고 본다. 분리와 통합은 정치, 사회, 경제 등 공동체 전반에서 다양한 부문에 걸쳐 일어날 수 있으며 부문별로 그 진전 속도나 방향이 반드시 일치하지 않을 수 있다. 넷째, 분단-통일이 남북한의 통일을 민족국가 수립이라는 근대 프로젝트를 완성하는 과제로 보는 반면, 분리-통합은 남북한의 통일문제를 근대에 국한된 문제로 보지 않고 동서고금을 넘나드는, 즉 통시적이고도 일반적인 문제로 본다. 마지막으로, 분단-통일이 통일을 좋은 것으로 보고 또 분단을 극복할 대상으로 보는 한편 동질화의 위험을 내포하고 있는 반면, 분리-통합은 분리와 통합의 상대적 가치에 대한 판단을 미리 전제하지 않고 동시에 동질화의 위험에서 벗어나 다양성이 공존할 가능성을 열어둔다. 이러한 비교를 통해 이 글은 우리가 분단-통일의 개념쌍 대신에 분리-통합의 개념쌍을 채택함으로써 많은 것을 얻을 수 있다고 주장했다.

이 책에서 제시한 분리-통합은 개념에 불과하지만, 굳이 이론의 유형을 빌려서 말하자면 '도구/수단'으로서의 이론에 해당하며 최종 산물로서의 이론이 아니다(무젤리스 2013, 16-21 참조). 도구/수단으로서의 개념 재정립은 우리의 연구에 큰 영향을 줄 수 있다. 분단-통일에서 분리-통합으로 개념을 재정립하는 것은, 우리 학계의 '우리' 문제에 대한 비교정치 연구의 상관성을 재정의할 것이며, 남북관계 및 통일문제와 관련하여 우리의 연구주제를 광범위하게 넓혀줄 것이다. 특수론적 개념에서 일반론적 개념으로 전환함으로써 우리가 갖게 될 이점들인 것이다.

이 책은 이러한 입장에서 분리-통합의 개념을 가지고 다양한 사례들을 검토했다. 이 책에서 수행한 사례분석들은 분리와 통합의 개념으로 볼 때 기존의 해석과 상당히 다른 해석을 내릴 수 있음을 보여준다. 가령, 비스마르크에 의한 독일 통일의 사례가 대독일주의의 시각에서 볼 때는 분리의 사례였으며, 미국의 남북전쟁도 분리와 통합의 싸움이었음을 알 수 있다. 새로운 해석은 우리에게 새로운 함의를 제공한다. 남북한 관계나 통일 문제와 거의 무관했던 미국의 역사가 우리에게 너무나 중요한 사례로 다가온 것이 한 가지 예다. 이 책에서 우리가 제안하고 시도한 개념과 연구가 남북한 관계의 연구와 역사적 진행에 도움이 되기를 기대한다.

참고문헌

강만길. 1978. 『분단시대의 역사인식』. 서울: 창작과 비평.
강명상. 1988. 『중공의 소수민족정책』. 서울: 융성출판사.
강지원. 2012. "북아일랜드도 '英서 독립' 깃발". 〈한국일보〉(1월 31일), http://news.hankooki.com/lpage/world/201201/h2012013115215022530.htm(검색일: 2013.11.24.)
강효백. 2012. 『중국의 습격: 류큐로 보는 한중일 해양 삼국지』. 서울: 휴먼앤북스.
구갑우. 2013. "아일랜드섬 평화과정 네트워크의 형태변환: 합의 이후 실행과정에서 나타난 이념과 세력의 변화를 중심으로". 『한국과 국제정치』 29권 3호, 189-228.
구대열. 2010. 『삼국통일의 정치학』. 서울: 까치.
구영록. 1974. "통합이론에 관한 연구: 통합의 유형과 갈등". 『국제정치논총』 13-14집, 1-30.
______. 1980. 『인간과 전쟁』, 3판. 서울: 법문사.
______. 2000. 『한국과 햇볕정책: 기능주의와 남북한 관계』. 서울: 법문사.
권재일. 1995. 『체코슬로바키아사』. 서울: 대한교과서주식회사.
권혁범. 2000. "통일에서 탈분단으로: '민족동질성 회복'론 및 '민족 번영'론에 대한 비판적 성찰". 『당대비평』 통권 제12호, 154-180.
권혁재. 2003. "민족적 기원의 역사를 통해 본 세르비아와 크로아티아의 차이". 『국제지역연구』 제7권 4호.
그리피스 토니, 차역 역. 2006. 『스칸디나비아』. 서울: 미래의 창.
김계동. 2006. 『남북한 체제통합론: 이론·역사·정책·경험』. 서울: 명인문화사.
김기봉. 2003. "분단시대 극복을 위한 한국사 연구의 패러다임". 교수신문 엮음. 『오늘의 우리 이론 어디로 가는가: 현대 한국의 자생이론 20』, 201-208. 서울: 생각의 나무.
김남국. 2011. "유럽연합은 와해될 것인가". 『아시아리뷰』 제1권 제2호. 서울대학교 아시아연구소.
김누리 외. 2006. 『통일독일을 말한다 1, 2, 3』. 파주: 한울아카데미.
김도종. 2001. "남북한통합논의는 통합되어 있는가?". 『사회과학논총』 17집, 305-322.
김병로·최경희. 2012. "남북한 주민의 통일의식 비교 분석". 『통일과 평화』 4집 1호, 101-138.
김수용 외. 2001. 『유럽의 파시즘』. 서울대학교 출판부.
김승렬. 2004. 「독일의 정치발전과 역사적 배경」, 유럽정치연구회 편. 『유럽정치』, 19-40. 서울: 백산서당.
김신규. 2001. "체코와 슬로바키아의 민족주의". 『슬라브연구』 제17권 1호.
김영명. 2007. 『정치를 보는 눈: 사회 정의 실현을 통한 행복 추구의 정치』. 서울: 개마고원.
김용구. 1997. 『춤추는 회의-비엔나회의 외교』. 파주: 나남출판
______. 2006. 『세계외교사』. 서울: 서울대학교출판부.
김인춘·김욱. 2008. "유럽통합과 스웨덴 중립노선: 역사, 성격, 진화". 『한국과 국제정치』 24권 4호. 경남대학교 극동문제연구소.

김장수. 2010. 『주제별로 접근한 독일근대사』. 서울: 푸른사상.
김재기. 2006. "티베트의 중국으로부터 분리독립 운동의 기원과 전개". 『대한정치학회보』 제13집 3호, 27-53.
김종법. 2003a. "이탈리아 지방자치제도의 비교연구". 『이탈리아어문학』 제12집, 한국이탈리아어문학회.
______. 2003b. "이탈리아 남부문제와 그람쉬". 『인문사회과학연구』 제4집(12월). 대구가톨릭대학교 인문과학연구소.
______. 2004. "이탈리아 남부문제의 역사-카부르에서 니띠까지 부르주아 지배계급의 관점에서". 『이탈리아어문학』 제15집. 한국이탈리아어문학회.
______. 2006. "이탈리아 남부문제에 대한 정치사상적 기원-치꼬띠에서 그람쉬까지-", 『세계지역연구논총』. 세계지역학회.
______. 2007. "이탈리아 권력구조 전환가능성과 시도: 연방주의와 대통령제로의 전환모색", 『세계지역연구논총』. 세계지역학회.
______. 2008. "이탈리아의 이레덴티스모에 관한 역사적 고찰", 김승렬 외, 『유럽의 영토분쟁과 역사분쟁』. 서울: 동북아역사재단.
김중락. 1998. "1641년 잉글랜드의 분열과 스코틀랜드". 『대구사학』 55집(대구사학회), 141-173.
______. 2011. "스코틀랜드 고지대(Highlands)의 정치문화와 영국혁명의 수용". 『역사학연구』 43집(호남사학회), 1-39.
______. 2012. "16세기 스코틀랜드 고지대와 저지대의 갈등: 맥도날드(the MacDonalds) vs 캠벨(the Campbells)의 대립을 중심으로". 『영국연구』 28호(영국사학회), 1-36.
김철민. 2008. "세르비아-크로아티아-슬로베니아 왕국 하에서의 크로아티아: 평등한 공동체 국가 vs 대세르비아주의". 『동유럽발칸학』 제10권 1호.
김철민·김원회. 2009. 『또 하나의 유럽, 발칸유럽을 읽는 키워드』. 서울: 한국외국어대학교출판부.
김학노. 2010. "정치, 아(我)와 비아(非我)의 헤게모니 투쟁". 『한국정치학회보』 44집 1호, 31-58.
______. 2011. "'서로주체적 통합'의 개념". 『한국과 국제정치』 27권 3호, 29-61.
______. 2013a. "남과 북 서로주체적 통합이 필요하다". 『동향과 전망』 여름호(통권 88호), 214-248.
______. 2013b. "'분단-통일'에서 '분리-통합'으로". 분리-통합연구회 세미나 발표문. 서울: 서울대학교. 2013년 10월 18일.
김학준 외. 2011. 『통일 이후 통일을 생각한다』. 서울: 푸른역사.
김한규. 2003. 『티베트와 중국의 역사적 관계』. 서울: 혜안.
김혁. 1997. "한반도 통일을 위한 대안적 이론체계의 모색: 인식론과 방법론을 중심으로". 『통일경제』 3월호, 64-88.
남철호. 2012a. "스코틀랜드의 차티스트 운동(Chartism): 1839년 국민공회(the National Convention)를 중심으로". 『역사와 경계』 83집(부산경남사학회), 275-309.
______. 2012b. "인민헌장운동을 향하여: 1830년대 스코틀랜드의 인민헌장운동 배경". 『대구사학』 107집(대구사학회), 261-296.

니코스 무젤리스(Mouzelis, Nicos), 정헌주 역. 2013. 『사회학 이론, 무엇이 문제인가』. 서울: 아카넷.
데이비드 블랙번·제프 일리, 최용찬·정용숙 역. 2007. 『독일 역사학의 신화 깨뜨리기』. 서울: 푸른역사.
두샨 바타코비치 외, 정근재 역. 2001. 『세르비아역사』. 서울: 선인.
또 하나의 문화 통일 소모임. 1999. 『통일을 준비하는 사람들』. 서울: 또 하나의 문화.
러셀, 최민홍 역. 1995. 『서양철학사 하』. 서울: 집문당.
루이지 살바또렐리, 곽차섭 역. 1997. 『이탈리아 민족부흥운동사』. 서울: 한길사.
마친 키친. 유정희 역. 2002. 『케임브리지 독일사』. 서울: 시공사.
메리 풀브룩, 김학이 역. 2000. 『분열과 통일의 독일사』. 서울: 개마고원.
모종린. 2000. "북아일랜드의 '성금요일(Good Friday)' 평화 협정". 『전략연구』 통권 18호(한국전략문제연구소), 100-119.
몽고메리 버나드, 승영조 역. 2004. 『전쟁의 역사』. 서울: 책세상.
문흥호. 2007. 『대만문제와 양안관계』. 서울: 폴리테이아.
미국정치연구회 편. 2013. 『미국 정부와 정치 2』. 서울: 오름.
박광기. 2002. "통일문제에 대한 이론적 접근: '통일'인가 '통합'인가?". 권혁범 외. 『한반도와 통일문제』, 262-283. 서울: 대왕사.
박래식. 2006. 『이야기 독일사』. 서울: 청아출판사.
박명림. 2011. "두 한국의 변혁·통일·통합: 삼중 복합 가정의 모색". 김학준 외. 『통일 이후 통일을 생각한다』, 13-51. 서울: 푸른역사.
박응격 외. 2006. 『서구 연방주의와 한국』. 서울: 인간사랑.
박정란. 2008. "역대 정부의 통일·대북 정책: 쟁점과 과제". 『사회과학연구』 32집 2호.
박정원. 1998. "민족주의와 사회주의연방의 해체: 체코슬로바키아 사례". 『국제정치논총』 제38집 2호.
______. 2005. "민족분쟁과 인도적 개입의 국제정치: 유고슬라비아에서의 인종청소를 중심으로". 『세계지역연구논총』 제23집 2호.
배정호. 2002. "남북한 실질적 통합과 주변국 협력 유도 방안". 『남북한 실질적 통합을 위한 교류·협력 제도화 방안』. 서울: 통일연구원.
백낙청. 1994. 『분단체제 변혁의 공부길』. 서울: 창비.
______. 2006. 『한반도식 통일, 현재진행형』. 파주: 창비.
백종원. 2012. 『조선사람: 재일조선인 1세가 겪은 20세기』. 서울: 삼천리.
변광수. 2006. 『북유럽사』. 대한교과서주식회사.
볼튼 킹, 한의방·송재원 역. 1994. 『마찌니 평전』. 서울: 한길사.
서정경·차창훈·원동욱. 2011. "중국의 다민족 인식 및 정책: 관방의 정책과 학계의 관점". 『중국문화연구』 제18집, 225-248.
소비에트 과학아카데미 철학연구소, 이을호 역. 1990. 『세계철학사 III, VI』. 서울: 중원문화사.
손병권. 2004. "'연방주의자 논고'에 나타난 매디슨의 새로운 미국 국가: 광대한 공화국". 『국제지역연구』 제13권 4호, 25-50.
______. 2006. "미국 건국초기의 연합의회와 연방의회 비교". 『정당학회보』 제5권 2호, 159-181.

신복룡. 2006. 『한국분단사연구, 1943-1953』, 개정판. 파주: 한울.
신정현·김영윤·김현·정성장. 2004. 『국가연합 사례와 남북한 통일과정』. 파주: 한울.
신현준 엮음. 2013. 『귀환 혹은 순환: 아주 특별하고 불평등한 동포들』. 서울: 그린비.
신혜수. 1998. "북아일랜드, 길고도 멀었던 대립과 갈등". 『역사비평』 43호, 370-379.
안영진. 2003. "영국의 지역주의와 지방분권화". 『한국지역지리학회지』 9권 2호, 105-118.
안토니오 그람시, 김종법 역. 2004. 『남부문제에 대한 몇 가지 주제들 외』. 서울: 학민사.
역사교과서작성위원회, 신준수·이봉숙 역. 2007. 『재일한국인의 역사』. 서울: 역사넷.
윌리엄 카, 이민호·강철구 역. 1998. 『독일근대사』. 서울: 탐구당.
윤건차. 1997. 『일본, 그 국가, 민족, 국민』. 서울: 일월서각.
윤익중. 2003. "영국 스코틀랜드 지역의 지방분권화 고찰". 『유럽연구』 17권(한국유럽학회), 187-211.
이길용. 1983. "스웨덴의 근대발전사". 『유럽연구』 1권 1호(한국유럽학회).
이동률. 2005. "중국의 티베트 연구(藏學) 동향과 티베트 정책". 『중소연구』 제29집 3호.
이병수. 2010. "통일의 당위성 담론에 대한 반성적 고찰". 『시대와 철학』 21권 2호, 355-388.
이영석. 2002. "잉글랜드, 스코틀랜드, 국민 정체성". 『대구사학』 66집(대구사학회), 53-77.
이옥연. 2008. 『통합과 분권의 연방주의 거버넌스』. 서울: 오름.
______. 2014. 『만화경 속 미국 민주주의』. 서울: 오름.
이종석. 1998. 『분단시대의 통일학』. 서울: 한울.
______. 2012. 『한반도 평화통일론』. 파주: 한울.
이호근. 2004. 「독일 정치경제의 구조와 흐름」, 유럽정치연구회 편. 『유럽정치』, 67-94. 서울: 백산서당.
임채완. 2006. "분단과 통합". 임채완·김학성·정지웅·안완기·전형권·선학태. 『분단과 통합: 외국의 경험적 사례와 남북한』, 9-39. 파주: 한울.
임현진·정영철. 2005. 『21세기 통일한국을 향한 모색: 분단과 통일의 변증법』. 서울: 서울대학교출판부.
전성흥. 1998. "개혁기 중국의 티벳 정책: 분권주의 운동에 대한 중앙의 '개발주의 전략'". 『東亞硏究』 제36권, 179-212.
전태국. 2013. 『사회통합과 한국 통일의 길: 내적 장벽을 넘어서』. 파주: 한울.
정병기. 2000. "이탈리아 정치적 지역주의의 생성과 북부동맹당(Lega Nord)의 변천". 『한국정치학회보』 34집 4호(한국정치학회), 397-419.
______. 2003. "정치 변동과 정당 특성 분석을 통해 본 전진이탈리아(Forza Italia)의 성공 요인과 전망". 『국제·지역연구』 12권 1호(서울대학교 국제대학원).
______. 2012. "노르웨이 코포라티즘: 정당정치적 요인과 구조적 요인에 따른 성격 변화". 『국가전략』 제18권 제3호 통권 제61호, 133-156.
제임스 A. 밀워드, 김찬영·이광태 역. 2013. 『신장의 역사: 유라시아의 교차로』. 서울: 사계절.
조나선 D. 스펜스, 김희교 역. 2002. 『현대중국을 찾아서 1, 2』. 서울: 이산.
조지 세이빈·토마스 솔슨, 성유보·차남희 역. 1983. 『정치사상사 2』. 서울: 한길사.
존 K. 페어뱅크, 김한식·김종건 역. 2007. 『캠브리지 중국사 10(상): 청제국 말 1800~1911』. 서울: 새물결.

최영출. 2009. 『영국의 지역정책』. 청주: 개신.
KBS 남북협력단. 2012. 『2012년 국민통일의식 조사』. 서울: KBS 남북협력단.
타키투스, 천병희 역. 2012. 『게르마니아』. 서울: 숲.
한국정치사회연구소 편. 2011. 『분단국의 통일사례와 한반도 통일 과제』. 대전: 프리마북스.
허진석. 2012. "스코틀랜드 2014년 분리 독립 국민투표". 〈동아일보〉(10월 16일), http://news.donga.com/3/all/20121016/50132328/1(검색일: 2013.10.12.)
호광석. 1997. "서유럽 국가의 지역주의와 지방분권화: 영국과 프랑스를 중심으로". 『한국정치학회 학술대회발표 자료집』, 143-171.
호네트 악셀, 문성훈·이현재 역. 2011. 『인정투쟁』. 서울: 사월의 책.
호카마 슈젠, 심우성 역. 2008. 『오키나와의 역사와 문화』. 서울: 동문선.
홍성표. 2007. "스코틀랜드 독립운동의 기원: 에드워드 1세(1272-1307) 통치기를 중심으로". 『호서사학』 48집(호서사학회), 213-243.
______. 2008. "윌리엄 월레스와 스코틀랜드의 독립 전쟁". 『서양중세사연구』 22호(서양중세사학회), 89-124.
______. 2010. 『스코틀랜드 분리 독립운동의 역사적 기원』. 청주: 충북대학교출판부.
홍익표·진시원. 2004. 『남북한 통합의 새로운 이해』. 서울: 오름.
황익주. 2003. "북아일랜드의 민족 갈등과 일상에서의 타자성 경험". 『비교문화연구』 9집 2호(서울대학교 비교문화연구소), 3-38.

高野昭雄. 2009. 『近代都市の形成と在日朝鮮人』. 京都: 佛教大學.
金敬得. 2005. 『新版,在日コリアンのアイデンティティと法的地位』. 東京: 明石書店.
金東勳. 2004. 『共生時代の在日コリアン,國際人權30年の道程』. 東京: 東信堂.
金村義明. 2004. 『在日魂』. 東京: 講談社.
福岡安則. 1993. 『在日韓國,朝鮮人,若い世代のアイデンティティ』. 東京: 中公新書.
山口二郎. 2000. 『現代日本の政治變動』. 東京: 放送大學教育振興會.
徐京植. 2012. 『在日朝鮮人ってどんなひと?』. 山本明子,市川はるみ編輯. 東京: 平凡社.
石川眞澄. 1984. 『デ一タ 戰後政治史』. 東京: 岩波新書.
外村大. 2004. 『在日朝鮮人歷史學的硏究』. 東京: 緣陰書房.
原尻英樹. 1989. 『在日朝鮮人の生活世界』. 東京: 弘文社.
在日朝鮮人運動史硏究會編. 2011. 『在日朝鮮人史資料集, 1-2』. 東京: 緣陰書房.
憲法調査會. 2008. 『日本国憲法に関する調査報告書』.

A.A.V.V. 1981. *La cultura italiana tra '800 e '900 e le origini del nazionalismo*. Firenze: Olschki.
A.A.V.V., a cura di Farnetti, Paolo. 1973. *Il sistema politico italiano*. Bologna: Il Mulino.
A.A.V.V., a cura di R. LILL e F. VALSECCHI. 1983. *Il nazionalismo in Italia e in Germania fino alla Prima guerra mondiale*. Bologna: Il Mulino.

Abelshauser, Werner. 1983. *Wirtschaftsgeschichte der Bundesrepublik Deutschland.* Frankfurt/a. M: Suhrkamp.

Akhavan, Payam and Robert Howse. eds. 1995. *Yugoslavia, the Former and Future: Reflections by Scholars from the Region.* Washington: The Brookings Institution.

Andersen, Ullich and Wichard Woyke(Hrsg.). 1993. *Handbuch des politischen System der Bundesrepublik Deutschland.* Opladen: Leske+Budrich.

Andersson, Ingvar. 1955. *A History of Sweden*, translated by Carolyn Hannay. New York: Praeger.

Banti, A. M. 1996. *Storia della borghesia italiana. L'età liberale.* Roma: Donzelli.

Barnett, Randy. 2004. *Restoring the Lost Constitution: the Presumption of Liberty.* Princeton: Princeton University Press.

Barton, H. Arnold. 1986. *Scandinavia in the Revolutionary Era, 1760-1815.* University of Minnesota Press.

______. 2002. *Sweden and Visions of Norway: Politics and Culture 1814-1905.* Southern Illinois University Press

______. 2005. "The Norwegian-Swedish Union and Its Dissolution 1814-1905: A Review". *Scandinavian Studies*, Vol.77, No.4.

______. 2006. "Finland and Norway, 1808 - 1917: A comparative perspective" in *Scandinavian Journal of History* "Special Issue: Break - up of Political Unions-from the Kalmar Union to Five Nordic Nation - States". Vol.31, Issue 3-4.

Baum, Laurence. 2012. *The Supreme Court*, 11th ed. Washington DC: CQ Press.

Beer, Samuel. 1998. *To Make a Nation: The Rediscovery of American Federalism.* Cambridge: Belknap Press of Harvard University Press.

Bennett, Christopher. 1995. *Yugoslavia's Bloody Collapse: Causes, Course, and Consequences.* New York: New York University Press.

Berg, Roald. "Denmark, Norway and Sweden in 1814-A geopolitical and contemporary perspective". *Scandinavian Journal of History.*

Berg, Roald and Eva Jakobsson. 2006. "Nature and Diplomacy: The Struggle over the Scandinavian Border Rivers in 1905" in *Scandinavian Journal of History*, "Special Issue: Break - up of Political Unions-from the Kalmar Union to Five Nordic Nation - States". Vol.31, Issue 3-4.

Birch, A. H. 1966. 'Approaches to the Study of Federalism', *Political Studies*, XIV(1).

Blanpain R. 2014. *European Labour Law.* Kluwer Law International, Amsterdam.

Boyesen, Hjalmar Hjorth. 2012. *A History of Norway: From the Earliest Times.* Forgotten Books.

Brand, Jack, A. 1985. "Nationalism and Noncolonial Periphery: A Discussion of Scotland and Catalonia". Edward A. Tiryakian and Ronald Rogowski, eds. *New Nationalism of the Developed West: Toward Explanation*, 277-298. London: Allen & Unwin.

Braudel, F. 1986. *Die Dynamik des Kapitalismus.* Stuttgart.

Bravo, G. M, C. Malandrino. 1994. *Il pensiero politico del Novecento*. Piemme: Alessandria.

Bunce, Valerie. 1999. "Peaceful versus Violent State Dismemberment: A Comparison of the Soviet Union, Yugoslavia, and Czechoslovakia". *Politics and Society*, Vol.27, No.2.

Burgess, M. 2006. *Comparative Federalism: theory and practice*. London and New York: Routledge.

Burke, Thomas. 1999. "In Defense of State Sovereignty". Frederick Drake and Lynn Nelson. eds. *States' Rights and American Federalism, A Documentary History*. Westport: Greenwood Press.

Chabod, F. 1951. *La politica estera italiana dal 1870 al 1890*. Brri: Laterza.

______. 1961. *L'Italia contemporanea(1918-1948)*. Torino: Einaudi.

Chung, Chine-peng. 2004. "The Shanghai Co-operation Organization: China's Changing Influence in Central Asia". *China Quarterly*, No.180, 989-1009.

Cigar, Norman. 1995. *Genocide in Bosnia: The Policy of Ethnic Cleansing*. College Station, Texas: Texas A & M University Press.

Connor, Walker. 1977. "Ethnonationalism in the First World: The Present in Historical Perspective". Milton J. Esman, ed. *Ethnic Conflict in the Western World*, 19-45. Ithaca and London: Cornell University Press.

Cornell, Saul. 1999. *The Other Founders: Anti-Federalism & the Dissenting Tradition in America, 1788-1828*. Williamsburg: University of North Carolina Press.

Croce, B. 1977, *Storia d'Italia dal 1871 al 1915*. Roma-Bari: Laterza(1° ed. 1928).

Derthick, Martha. 2001. *Keeping the Compound Republic: Essays on American Federalism*. Washington, DC: Brookings Institution Press.

De Schutter, O. and J. Lenoble. 2010. *Reflexive Governance - Redefining the Public Interest in a Pluralist World*. Oxford and Portland; Oregon.

Deutsch, K. W. *et al.* 1957. *Political Comunity and North Atlantic Area*. Princeton, NJ: Princeton University Press.

Dhondt, Pieter. ed. 2011. *National, Nordic Or European?: Nineteenth-Century University Jubilees and Nordic Cooperation*. Leiden: Koninklijke Brill N V.

Dimitrijevic, Vojin. 1995. "The 1974 Constitution and Constitutional Process as a Factor in the Collapse of Yugoslavia". Payam Akhavan and Robert Howse, eds. *Yugoslavia, the Former and Future: Reflections by Scholars from the Region*. Washington: The Brookings Institution.

Dinan. D. ed. 2006. *Origins and Evolution of the European Union*. Oxford University Press.

Dragnich, Alex N. 1992. *Serbs and Croats: The Struggle in Yugoslavia*. New York: Harcourt Brace & Company.

Dreyer, Teufel June. 1998. "The Potential for Instability in Minority Regions" in David

Shambaugh, ed. *Is China Stable?: Assessing the Factors*. Washington, DC: Sigur Center for Asian Studies.

Dye, Thomas. 1990. *American Federalism: Competition Among Governments*. Lexington: Lexington Books.

Foner, Eric. 1970/1995. *Free Soil, Free Labor, Free Men: The Ideology of the Republican Party before the Civil War*. New York: Oxford University Press.

Fraser, Rebecca. 2006. *The Story of Britain: From the Romans to the Present: A Narrative History*. W. W. Norton.

Gaeta, F. 1981. *Il nazionalismo italiano*. Roma-Bari: Laterza(1° ed. Napoli, 1965).

Galasso, G. 1962. *Cattaneo*. Bologna: il Mulino.

Gallo, S. 1980. *La Lega della Democrazia(1879-1883) e le lettere inedite di Alberto Mario ad Adriano Lemmi e a Giosuè Carducci* in ≪Bollettino della Domus Mazziniana≫, a.XXVI.

Garbari, M. 1979. *La storiografia sull'irredentismo apparsa in Italia dalla fine della prima guerra mondiale ai giorni nostri*, in ≪Studi Trentini di Scienze Storiche≫, a. LVIII.

______. 1979. *L'irredentismo nel Trentino, in Il nazionalismo in Italia e in Germania*, in ≪Studi Trentini di Scienze Storiche≫, a. LVIII.

Garrone, A. G. 1973. *I radicali in Italia(1849-1925)*. Milano: Garzanti.

Gati, Charles. 1989. "Eastern Europe on Its Own". *Foreign Affairs*, Vol.68, No.1.

Gentile, E. 1982. *Il mito dello Stato nuovo dall'antigiolittismo al fascismo*. Roma-Bari: Laterza.

Gentile, G. 2003. *I fondamenti della filosofia del diritto*. Firenze: Le Lettere.

______. 2003. *Teoria generale dello spirito come atto puro*. Firenze: Le Lettere.

Gentile, G. (a cura di H. A. Cavallera) 1990. *Politica e cultura Vol. I*. Firenze: Le Lettere.

Gilpin, Robert. 1981. *War and Change in World Politics*. New York: Cambridge University Press.

Giorgio, Brosio. 1996. *Il sistema del Governo locale in Italia*, in *Il Governo locale*. Bologna: Il Mulino.

Glenthoj, Rasmus and Morten Nordhagen Ottesen. 2014. *Experiences of War and Nationality in Denmark and Norway, 1807-1815*, Palgrave Macmillan.

Goio, F. 1994. *Teorie della nazione*, in ≪Quaderni di Scienza politica≫, a. I, n. 2, Agosto.

Haas, Ernst B. 1971. "The Study of Regional Integration: Reflections on the Joy and Anguish of Pretheorizing". L. N. Lindberg and S. A. Scheingold, eds. *Regional Integration: Theory and Research*, 3-42. Cambridge: Harvard University Press.

Haesly, Richard. 2005. "Identifying Scotland and Wales: Types of Scottish and Welsh National Identities". *Nations and Nationalism* 11, No.2, 243-263.

Hamilton, Alexander, James Madison, and John Jay. 1787/1982. *Federalist Papers*, edited and with and Introduction by Gary Wills. New York: Bantam Books.

Hansen, Lene and Ole Waever. eds. 2001. *European Integration and National Identity: The Challenge of the Nordic States*. Routledge.

Hearn, Jonathan. 2000. *Claiming Scotland: National Identity and Liberal Culture*. Edinburgh: Edinburgh University Press.

Hechter, Michael. 1975. *Internal Colonialism: The Celtic Fringe in British National Development, 1536-1966*. London: Routledge and Kogan Paul.

Henderson, Gregory *et. al*. 1974. *Divided Nation in a Divided World*. New York: David Mckay Company, Inc.

Hilson, M. 2006. "Denmark, Norway and Sweden: Pan-Scandinavianism and Nationalism" in Baycroft, T and Hewitson, M. eds. *What Is a Nation? Europe 1789-1914*. Oxford University Press.

Hine, David. 1996. *Federalism, Regionalism and Unitary State*. in Carl Levy, ed. *Italian Regionalism*. Oxford: BERG.

Hobsbawm. E. 1994. *The Age of Extremes*. London.

Hoffmann, S. and R. Keohane. 1991. *The New European Community*. Boulder: Oxford.

Hutchison, Ragnhild. 2012. *In the Doorway to Development. An Enquiry into Market Oriented structural Changes in Norway ca. 1750–1830*. Leiden.

Hálfdanarson, Guðmundur. 2006. "From one, to two, to five: On the break-up of political unions in the Nordic region" in *Scandinavian Journal of History*, "Special Issue: Break -up of Political Unions-from the Kalmar Union to Five Nordic Nation -States". Vol.31, Issue 3-4.

Ingebritsen, Christine. 2000. *The Nordic States and European Unity*. Cornell University Press.

______. 2006. *Scandinavia in World Politics*. Rowman & Littlefield Publishers.

Israeli, Raphael. 1997. "A New Wave of Muslim Revivalism in Mainland China". *Issues & Studies* 33, No.3, 21-41.

Kaiser, Karl. 1991. *Deutschlands Vereinigung. Die internationale Aspekte. Mit den wichtigsten Dokumenten*. Bearbeitet von K. Becher, Bergisch Gladbach.

Kang, David. 2010. *East Asia Before the West*. New York: Columbia University Press.

Kent, Neil. 2008. *A Concise History of Sweden*. Cambridge University Press.

Keohane, R., J. Jr. Nye and S. Hoffmann. 1993. *After the Cold War - International Institutions and State Strategies in Europe, 1989-1991*. Harvard University Press.

Klessmann, Christoph. 1988. *Zwei Staaten, eine Nation-Deutsche Geschichte 1955-1970*. Bonn: Bundeszentrale fuer politische Bildung.

Knutsen, Jan Normann. 1997. "Aspects of the Union between Sweden and Norway (1814-1905)". *Folla Scandinavica*, Vol.4.

Kærgård, Niels and Ingrid Henriksen. 2003. "Historical Experience with Monetary Unions: The Case of Scandinavia 1875-1914" in Mark Baimbridge and Philip

Whyman, eds. *Economic and Monetary Union in Europe: Theory, Evidence and Practice*. Edward Elgar Publishing, 47-57.

Langer, W. 1942. *La diplomazia dell' imperialismo 1890-1902*. Milano: Istituto per gli studi di political internazionale.

Lapegna, N. 1932-1935. *L'Italia degli Italiani. Contributo alla storia dell'irredentismo*, Milano (etc.): Albrighi, Segati & C.

Lee, H-G. 2000. *Die Europaeische Sozialpolitik im System der Mehrebenenregulation - Vom nationalen keynesianischen Wohlfahrtsstaat zum "europaeischen schumpeterianischen Leistungsregime"*. Marburg.

Leff, Carol Skalnik. 1988. *National Conflict in Czechoslovakia: The Making and Remaking of a State, 1918-1987*. Princeton: Princeton University Press.

Lehmann, Hans Georg. 1995. *Deutschland-Chronik 1945 bis 1995*. Bonn: Bundeszentrale fuer politische Bildung.

Levy, Carl. 2001. *Italian Regionalism: History, Identity and Politics*. Oxford: Berg Publishers.

Lewin, Lief. 1989. *Ideology and Strategy: A Century of Swedish Politics*. Cambridge University Press.

Macchia, G. 1971. *L'irredentismo repubblicano dal 1876 al 1914*, in ≪Rassegna Storica Toscana≫, a. XVII, n. 2, luglio-dicembre.

Madison, James. 1999. "Vices of the political system". Frederick Drake and Lynn Nelson. eds. *States' Rights and American Federalism, A Documentary History*. Westport: Greenwood Press.

Majone, G. 2005. *Dilemmas of European Integration - The Ambiguities & Pitfalls of Integration by Stealth*. Oxford: Oxford University Press.

Mantelli, B. 2000, 1994. *La nascita del fascismo*. Milano: Fenice.

Mario, A. 1880. *L'irredenta la Svizzera e l'ideale*, in ≪La Lega della Democrazia≫, 23 marzo.

______. 1984. *nel centenario della morte Atti del convegno nazionale di studi*, a cura di P. L. Bagatin. Lendinara: Tipografia Litografia Lendinarese.

______. 1985. e la cultura democratica italiana dell'Ottocento, a cura di R. Balzani e F. Conti. Bologna: Boni.

McDonald, Forrest. 2000. *States' Rights and the Union: Imperium in Imperio 1776-1876*. Lawrence: University Press of Kansas.

McIntyre, Andrew. 2003. *The Power of Institutions: Political Architecture and Governance*. Ithaca: Cornell University Press.

McLean, Iain, Jim Gallagher and Guy Lodge. 2013. *Scotland's Choices: The Referendum and Waht Happens Afterwards*. Edinburgh: Edinburgh University Press.

Mitrany, David. 1966. *A Working Peace System*. Chicago: Quadrangle Press.

Moravcsik, A. 1999. "A New Statecraft? Supranational Entrepreneurs and International

Cooperation". in: *International Organization* 53, 2. pp. 267-306.

Moravcsik, A. and F. Schimmelfennig. 2009. "Liberal Intergovernmentalism". in: Wiener, A. and T. Diez. eds. *European Integration Theory*. Oxford: Oxford University Press. pp. 67-90.

Mosca, G. 1971. *Le idee di Imbriani, in idem, Il tramonto dello stato liberale*, a cura di A. Lombardo. Catania: Bonanno.

Musil, Jiri. ed. 1995. *The End of Czechoslovakia*. Budapest: Central European University Press.

Nagel, Robert. 2001. *The Implosion of American Federalism*. New York: Oxford University Press.

Nansen, Fridtjof. 1905. *Norway and the Union with Sweden*. Macmillan.

Naum, Magdalena and Jonas M. Nordin. eds. 2013. *Scandinavian Colonialism and the Rise of Modernity: Small Time Agents in a Global Arena*. Springer.

Necak, Dusan. 1995. "Historical Elements for Understanding the 'Yugoslav Question'". Payam Akhavan and Robert Howse, eds. *Yugoslavia, the Former and Future: Reflections by Scholars from the Region*. Washington: The Brookings Institution.

Nielsen, Jens Petter. 2012. "The Russian-Swedish Union Treaty of 1812 and Norway's Role". *Humanitarian and Social Sciences*, No.4, 40-48. Vestnik of Northern(Arctic) Federal University.

Nipperdey, Thomas. 2000. *Deutsche Geschichte*, 3 Bde. Muenchen: Beck.

Nordlund, Karl. 2010. *The Swedish-Norwegian Union Crisis-A History with Documents*. Fili-Quarian Classics(originally 1905. 8).

Nordstrom, Byron. 2000. *Scandinavia since 1500*. University of Minnesota Press.

Nye, Joseph. S. 1968. "Comparative Regional Integration: Concept and Measurement". *International Organization*, Vol.22, No.4, 855-880.

Orfield, Lester B. 1953. *The Growth of Scandinavian Law*. Oxford University Press.

Pakier, Malgorzata and Bo Stråth. 2010. *A European Memory? Contested Histories and Politics of Remembrance*. Berghahn Books.

Panebianco, A. 1982. *Modelli di partito*. Bologna: Il Mulino.

Pareto, V. ed. da N. Bobbio. 1964. *Trattato sociologia generale*. Milano: Edizioni di Comunità.

Perfetti, F. 1977. *Il nazionalismo italiano dalle origini alla fusione col fascismo*. Bologna: Cappelli.

Phan, Binh G. 1996. "How Autonomous Are the National Autonomous Areas of the PRC?: An Analysis of Documents and Cases". *Issues & Studies* 32, No.7, 83-108.

Pisa, B. 1995. *Nazione e politica nella Società "Dante Alighieri"*. Roma: Bonacci.

Pithart, Petr. 1995. "Towards a Shared freedom, 1968-89". Jiri Musil, ed. *The End of Czechoslovakia*. Budapest: Central European University Press.

Putnam, Robert. 1994. *Making Democracy Work*. Princeton: Princeton University Press.

Rainero, R. 1971. *L'anticolonialismo italiano da Assab ad Adua*. Milano: Edizioni di Comunità.

Ramet, Sabrina P. 1992. *Nationalism and Federalism in Yugoslavia, 1962-1991*. Bloomington, Ind.: Indiana University Press.

Ridolfi, M. 1992. *Il Partito della Repubblica. I repubblicani in Romagna e le origini del Pri nell'Italia liberale (1872-1895)*. Milano: Franco Angeli.

Riker, W. H. 1964. *Federalism: Origin, Operation, Significance*. Boston: Little, Brown & Company.

Rodden, Jonathan. 2006. *Hamilton's Paradox: The Promise and Peril of Fiscal Federalism*. New York: Cambridge University Press.

Rosenau, James N. 2002. "Governance in a New Global Order". David Held and Andrew McGrew, eds. *Governing Globalization: Power, Authority, and Global Governance*, 70-86. Cambridge, UK: Polity Press.

Rosselli, N. 1977. *Carlo Pisacane nel Risorgimento italiano*. Torino: Einaudi.

Rumici, Guido. 2001. *Fratelli d' Istria 1945-2000*. Firenze: Mursia.

______. 2002. *INFOIBATI, i nomi, i luoghi, i testimoni, i documenti*. Firenze: Mursia.

Rupnik, Jacques. 1995. "The International Context". Jiri Musil, ed. *The End of Czechoslovakia*. Budapest: Central European University Press.

Rustia, Giorgio. 2006. *Contro Operazione Foibe a Trieste*. Comunità degli Italiani di Trieste.

Rychlik, Jan. 1995. "From Autonomy to Federation, 1938-68". Jiri Musil, ed. *The End of Czechoslovakia*. Budapest: Central European University Press.

Sabbatucci, G. 1970. *Il problema dell'irredentismo e le origini del movimento nazionalista in Italia*, in ≪Storia contemporanea≫, a. I, n. 3, settembre.

Sabel, C. F. and J. Zeitlin. eds. 2010. *Experimentalist Governance in the European Union - Toward a New Architecture*. Oxford: Oxford University Press.

Salmon, Patrick. 1997. *Scandinavia and the Great Powers 1890-1940*. Cambridge University Press.

Sandholtz, W. and A. Stone Sweet. eds. 1988. *European Integration and Supranational Governance*. Oxford: Oxford University Press.

Sandholtz, W., A. Stone Sweet and N. Fligstein. 2001. *The Institutionalization of Europe*. Oxford: Oxford University Press.

Salvadori, M. 1981. *Il mito del buongoverno*. Einaudi: Torino.

Salvatorelli, L. 1969. *Sommario della storia d'Italia*. Torino: Einaudi.

______. 1975. *Il pensiero politico italiano dal 1700 al 1870*. Torino: Einaudi.

Salvetti, P. 1995. *Immagine nazionale ed emigrazione nella Società "Dante Alighieri"*. Roma: Bonacci.

Salvotti, G. 1990. *Propaganda ed irredentismo nel primo Novecento*. Firenze: Olschki.

Sandonà, A. 1932. *L'irredentismo nelle lotte politiche e nelle contese diplomatiche italo-*

austriache. Bologna: Zanichell.
______. 1932-1938. *L'irredentismo nelle lotte politiche e nelle contese diplomatiche italo-austriache*, voll. 3. Bologna: Zanichelli.
Schiavato, M. 2006. *ITALIANI A FIUME 1946-2006*. Comunità degli Italiani di Fiume.
Schwartz, Bernard. 1993. *A History of the Supreme Court*. New York: Oxford University Press.
Schwarz, Hans-Peter. 1994. *Die Zentralmacht Europas. Deutschlands Rueckkehr auf die Weltbuehne*. Berlin.
Scirocco, A. 1973. *Democrazia e Socialismo a Napoli dopo l'Unità (1860-1878)*. Napoli: Libreria Scientifica Editrice.
______. 1984. *Garibaldi ≪politico≫ e la lega della Democrazia in Garibaldi e il socialismo*, a cura di G. Cingari. Roma-Bari: Laterza.
Sejersted, Francis. 2011. *The Age of Social Democracy: Norway and Sweden in the Twentieth Century*. Princeton University Press.
Smith, Anthony. D. 1969. "Theories and Types of Nationalism". *European Journal of Sociology* 10, 119-130.
______. 1986. *The Ethnic Origins of Nations*. Oxford and New York: Basil Blackwell.
Sorensen, Oystein and Bo Strath. eds. 1997. *Cultural Construction of Norden. Scandinavian University Press*
Spadolini, G. 1980. *I repubblicani dopo l'Unità. Quarta edizione con una parte aggiuntiva sul PRI dalla sua costituzione al 1980*. Firenze: Le Monnier(1° ed. 1960). *Prima appendice: La democrazia e l'irredentismo*.
Stephens, Ross and Nelson Wilkstrom. 2007. *American Intergovernmental Relations: A Fragmented Federal Polity*. New York: Oxford University Press.
Stone Sweet, A. 2009. "Constitutionalism, Legal Pluralism, and International Regimes". in: *Indiana Journal of Global Legal Studies* 16 (2): 621-45.
Stråth, Bo. 2004. "Nordic Modernity: Origins, Trajectories and Prospects". *Thesis Eleven: Critical Theory and Historical Sociology*, Vol.77, No.1, 5-23.
______. 2005. *Union och Demokrati: De förenade rikena Sverige-Norge 1814–1905*. Nora: Nya Doxa.
Strøm, Kaare and Hanne Marthe Narud. 2003. "Norway: Virtual Parliamentarism" in Kaare Strøm, Wolfgang C. Müller, Torbjörn Bergman, eds. *Delegation and Accountability in Parliamentary Democracies*. Oxford University Press.
Thomsen, Robert C. 2010. *Nationalism in Stateless Nations: Selves and Others in Scotland and Newfoundland*. Edinburgh: John Donald Publishers.
Tsoukalis, L. 2005. *What kind of Europe?*. Oxford: Oxford University Press.
Tysdal, Olav. 2007. "The Dissolution of the Union Between Norway and Sweden and the Scandinavian Americans". *Scandinavian Studies*, Vol.79, No.2, 167-196.
Vikør, Lars S. 2002. "Northern Europe: Languages as Prime Markers of Ethnic &

National Identity" in Stephen Barbour & Cathie Carmichael, eds. *Language and Nationalism in Europe*. Oxford University Press.

Walker, David. 1995. *The Rebirth of Federalism*. Chatham: Chatham House Publishers.

Walker, Graham. 1998. "Scotland and Northern Ireland: Constitutional Questions, Connections and Possibilities". *Government and Opposition* 33, No.1, 21-37.

Waltenburg, Eric and Bill Swinford. 1999. *Litigating Federalism: The States Before the U.S. Supreme Court*. New York: Greenwood Press.

Walters, Jonathan. 2013. "Intergovernmental Relations and Federalism: Its Past, Present and Future, and Does Anyone Care?" Laurence O'Toole. ed. *American Intergovernmental Relations: Foundations, Perspectives, and Issues*, 4th ed. Washington DC: CQ Press.

Wang, Yuan-Kang. 2011. *Harmony and War*. New York: Columbia University Press.

Watts, R. I. 1996. *Comparing Federal Systems in the 1990s*. Kingston, Ont: Queen's University, Institute of Intergovernmental Relations.

Wehler, Hans Ullich. 1987. *Deutsche Gesellschaftsgeschichte*, 4 Bde. Muenchen: Beck.

Weidenfeld, Werner. and Korte Karl-Rudolf(Hrsg.). 1993. *Handbuch zur deutschen Einheit*. Bonn.

Wheare, K. G. 1963. *Federal Government*. Oxford: Oxford University Press.

Wolchik, Sharon L. 1995. "The Politics of Transition and the Break-Up of Czechoslovakia". Jiri Musil, ed. *The End of Czechoslovakia*. Budapest: Central European University Press.

Wood, Gordon. 1969. *The Creation of the American Republic, 1776-1787*. New York: W. W. Norton & Company.

Yan, Xuetong. 2011. *Ancient Chinese Thought, Modern Chinese Power*. Princeton: Princeton University Press.

Zhang, Xiaowei. 1998. "Ethinic Representation in the Current Chinese Leadership". *China Quarterly*, No.153, 107-127.

Zimmerman, Joseph. 1992. *Contemporary American Federalism: The Growth of National Power*. Westport: Praeger.

______. 1996. *Interstate Relations: The Neglected Dimension of Federalism*. Westport: Praeger.

Åberg, Martin. 2011. *Swedish and German Liberalism: From Factions to Parties, 1860-1920*. Lund: Nordic Academic Press.

Østergaard, Uffe. 2000. "Danish National Identity: Between Multinational Heritage and Small State Nationalism". Hans Branner and Morten Kelstrup, eds. *Denmark's Policy towards Europe after 1945: History, Theory and Options*. Odense University Press 2000, 139-184.

http://theforeigner.no/pages/news/swedish-royals-drop-bicentennial-norway-constitution-celebrations/

http://utenti.lycos.it/irr_ita

http://www.electoralcommission.org.uk.

http://www.irredentismo.it

http://www.kongehuset.no/seksjon.html?tid=28691

http://www.kongehuset.no/seksjon.html?tid=28691&sek=27320

http://www.leganazionale.it

http://www.nb.no/baser/1905/english.html

http://www.norway.or.kr/News_and_events/press/travel/2/1814-/

http://www.norway.org/PageFiles/243249/NewsofNorway3-05.pdf

http://www.parties-and-elections.eu.

http://www.un.org/News/Press/docs/2005/sgsm9791.doc.htm

http://www.unitalia-movimento.it

http://www3.hf.uio.no/1905//index.php

http://www3.hf.uio.no/1905/english.php

찾아보기

저자 약력

김학노

현 영남대학교 정치외교학과 교수
미국 위스콘신대학(University of Wisconsin-Madison) 정치학 박사
주요 논저: "정치, 아와 비아의 헤게모니 투쟁", "서로주체적 헤게모니" 등

박정원

현 한국교원대학교 윤리교육과 교수
헝가리과학원(Hungarian Academy of Sciences) 정치학 박사
주요 논저: 〈동유럽 민주이행의 특성〉, 〈민족주의와 사회주의연방의 해체〉, 〈민족분쟁과 인도적개입의 국제정치〉 등

김종법

현 대전대학교 글로벌융합창의학부 조교수
이탈리아 토리노국립대학(Universita degli Studi di Torino) 정치학 국가연구박사(Dottorato di Ricerca)
주요 논저: 〈현대 이탈리아정치사회〉, 〈천의얼굴을 가진 이탈리아〉, 〈이탈리아 포도주이야기〉 등

정병기

현 영남대학교 정치외교학과 부교수
독일 베를린자유대학교(Freie Universitaet Berlin) 정치학 박사
주요 논저: 〈제3의 길과 신자유주의: 영국, 독일, 프랑스를 중심으로〉(공저), 〈이념갈등과 사회통합: 영국과 독일의 경험을 중심으로〉(공저), 〈사회과학 논문작성법〉 등

이호근

현 전북대학교 법학전문대학원 교수
독일 마부르그 Phillipps대학교 정치학 박사
주요 논저: 〈비정규노동과 복지〉, 〈한국 노동운동 위기의 원인과 대안적 모색〉, 〈특수형태근로 종사자 실태 및 다단계구조 집단갈등 관리방안에 대한 연구〉 등

김인춘

현 연세대학교 동서문제연구원 연구교수
미국 미시간대학교(The University of Michigan, Ann Arbor) 사회학 박사
주요 논저: 〈스웨덴 모델, 독점자본과 복지국가의 공존〉, 〈생산적 복지와 경제성장〉, 〈서유럽의 변화와 탈근대화〉(공저) 등

차창훈

현 부산대학교 정치외교학과 교수
영국 워릭대학교(Warwick University) 정치학 박사
주요 논저: 〈동아시아 거버넌스〉, 〈현대중국의 정치개혁과 경제발전〉, 〈거버닝 차이나〉 등

김용복

현 경남대학교 정치외교학과 교수
서울대학교 정치학 박사
주요 논저: 〈위기의 일본, 변화의 일본〉, 〈20세기의 유산, 21세기의 진로〉(공저), 〈엔블록과 동아시아 경제〉 등

이옥연

현 서울대학교 정치외교학부 교수
미국 미시간대학교(The University of Michigan, Ann Arbor) 정치학박사
주요 논저: 〈만화경 속 미국 민주주의〉, 〈유럽의 민주주의〉(공저), 〈유럽의 정체〉(공저) 등